国家哲学社会科学成果文库

NATIONAL ACHIEVEMENTS LIBRARY
OF PHILOSOPHY AND SOCIAL SCIENCES

网络犯罪的法教义学研究

刘艳红　著

中国人民大学出版社

作者简介

刘艳红 湖北武汉人，法学博士、博士后，东南大学首席教授、法学院院长、博士生导师，教育部“长江学者奖励计划”特聘教授，第七届“全国十大杰出青年法学家”。兼任国务院学位委员会学科评议组成员、教育部高等学校法学类专业教学指导委员会委员、中国法学会理事、中国法学会刑法学研究会常务理事、江苏省法学会副会长。入选国务院政府特殊津贴专家、国家百千万人才工程暨国家级“有突出贡献中青年专家”、教育部“新世纪优秀人才支持计划”、江苏省“333高层次人才培养工程”。获教育部高等学校科学研究优秀成果奖（人文社会科学）一等奖、江苏省哲学社会科学优秀成果奖一等奖等各类奖励二十余项。已出版“实质刑法三部曲”——《实质刑法观》《实质犯罪论》《实质出罪论》，及其他个人专著《开放的犯罪构成要件理论研究》《罪名研究》《走向实质的刑法解释》；合著有《行政刑法的一般理论》《中国反腐败立法研究》《中西刑法文化与定罪制度比较》《人格刑法导论》；主编教材《刑法学》；在《中国社会科学》《中国法学》《法学研究》等学术刊物共计发表论文两百余篇，被《新华文摘》、《中国社会科学文摘》、中国人民大学“复印报刊资料”、《高等学校文科学术文摘》等转载九十余篇/次。

《国家哲学社会科学成果文库》
出版说明

为充分发挥哲学社会科学研究优秀成果和优秀人才的示范带动作用，促进我国哲学社会科学繁荣发展，全国哲学社会科学工作领导小组决定自 2010 年始，设立《国家哲学社会科学成果文库》，每年评审一次。入选成果经过了同行专家严格评审，代表当前相关领域学术研究的前沿水平，体现我国哲学社会科学界的学术创造力，按照“统一标识、统一封面、统一版式、统一标准”的总体要求组织出版。

全国哲学社会科学工作办公室

2021 年 3 月

前 言

以互联网为代表的信息技术搭建了一个与现实世界相平行的网络空间，网络空间已经成为继陆地、海洋、天空、太空四大自然地理空间之后的第五大战略空间。然而，虚拟的网络空间在复制现实世界时并不区分“好”与“坏”。在互联网对个人、社会和国家进步将发挥更大促进作用的同时，网络空间也面临日益严峻的风险隐患与不断叠加的多重矛盾。[①] 自1997年刑法规定网络（计算机）犯罪以来，多部刑法修正案又予以修正。近年来，我国网络空间法治化进程进一步加快：《中华人民共和国国家安全法》（2015年7月1日第十二届全国人民代表大会常务委员会第十五次会议通过）明确提出国家建设网络与信息安全保障体系；《中华人民共和国刑法修正案（九）》（2015年8月29日第十二届全国人民代表大会常务委员会第十六次会议通过）加大了对网络犯罪的打击力度；《中华人民共和国反恐怖主义法》（2015年12月27日第十二届全国人民代表大会常务委员会第十八次会议通过，2018年修正）规定了网络服务提供者在“反恐”中应承担的义务；《中华人民共和国网络安全法》（2016年11月7日第十二届全国人民代表大会常务委员会第二十四次会议通过）加大了对危害网络安全行为的惩戒力度；《中华人民共和国电子商务法》（2018年8月31日第十三届全国人民代表大会常务委员会第五次会议通过）规范了电子商务行为；《中华人民共和国民法典》（2020年5月28日第十三届全国人民代表大会第三次会议通过）就对数据、

① 参见国家计算机网络应急技术处理协调中心：《2015年中国互联网网络安全报告》，人民邮电出版社2016年版，第216－217页。

网络虚拟财产、个人信息的保护等作了规定。可见，不但网络空间早已不再是法外之地，而且法网渐密渐厉。

然而，“在任何一个国家，刑法创制都不是经常发生的，在一部刑法典生效时间长达百年以上的情况下，一个刑法学者或许一生也见不到刑法的创制（当然，对刑法典的小规模修订可能时有发生）。而刑法适用是常态，一部生效的刑法每时每刻都在司法中被适用”①。一部理想的刑法典的标志是，“它制定了很久，我们只是通过解释，这个刑法典就依然够用……要做到这一点，不能够像我们现在这样，一部刑法典要把所有犯罪规定下来。如果是采取这种模式，我们这个刑法典永远都不可能是理想的，以后必然要经常改，因为社会发展太快”②。在网络犯罪刑法规制体系基本形成的当下，对网络犯罪的研究范式应当由立法论向解释论转型，从服务政治目的的政法法学向具有科学品质的教义法学回归。

网络刑法学的教义学化的本质是网络空间治理法治化。在依法治国的今天，网络空间是社会秩序、国家战略空间的重要组成部分，创新社会治理体制、实现国家治理体系和治理能力现代化要求网络空间法制化向法治化升级。法治是良法之治。先贤亚氏主张，“法律为优良时就应具有至上性”③。这种“优良的法律”主要体现在形式和实质两个方面：一方面，法治是规则之治、守法之治等观点，奠定了法治的形式要件；另一方面，关于法治分为良法之治与恶法之治、正义的法律之治与非正义的法律之治的看法，所针对的是法治的实质要件，即法律之治中法律的价值基础是什么，它在价值上应该如何被评价。④ 而“法教义学是遵循价值论路径的，其塑造了整个法律体系和个别法律领域所依据的价值、法律原则和推导关系”⑤。刑法教义学能以不变之形式和变动之价值保证在日新月异的网络时代刑法的适应性。可见，网络犯罪的法教义学研究具有双重意义。

---

① 陈兴良：《回顾与展望：刑法学的研究现状和发展方向》，《政治与法律》2017 年第 3 期。

② 张明楷：《立法、司法与学术——中国刑法二十年回顾与展望》，《中国法律评论》2017 年第 5 期。

③ ［美］布雷恩·Z. 塔玛纳哈：《论法治——历史、政治和理论》，李桂林译，武汉大学出版社 2010 年版，第 11－12 页。

④ 参见刘艳红：《实质刑法观》，中国人民大学出版社 2019 年版，第 57 页。

⑤ ［德］托马斯·维滕贝格尔：《德国视角下的基础研究与教义学》，查云飞、张小丹译，载李昊、明辉主编：《北航法律评论》，2015 年第 1 辑，法律出版社 2015 年版，第 5 页。

刑法教义学能够优化网络犯罪刑事立法的司法适用。“近年来，刑法教义学的研究方法在我国刑法理论上得到了不少学者的关注。”[①] “刑法学经历了一个从以立法论为中心到以司法论为中心的演进过程……尤其是刑法教义学逐渐生长，成为我国刑法知识的主体内容。”[②] 一方面，网络犯罪层出不穷、案情各异，刑法教义学总能灵活应对。“法莫如一而固，使民知之。”（《韩非子·五蠹》）法的尊严源于法的统一性与稳定性。虽然“皇帝也不能改变语言的意义（Caesar non super grammaticos）”，但是“时间在变化，而我们在时间里变化（Tempora mutantur，et nos mutamur in illis）”，我们“必须善意地解释法律，使其意义得以继续保存（Benignius leges interpretandae sunt，quo voluntas earum conservetur）”。另一方面，网络立法总有缺陷、漏洞百出，刑法教义学总能加以弥补。“法律并不作详尽规定，而是委诸善良之人进行判断（Lex non exacte definit，sed arbitrio boni viri permittit）。”判断时，应当坚信“法律总得显示正义的力量（Lex non deficit in iustitia exhibenda）”，“任何法律规定都符合理性（Lex semper intendit，quod convenit rationi）”，即使再糟糕的立法，“严刑峻法用之恰当，为爱中之劳”（《海瑞集·督抚条约》）。

网络犯罪能够促进刑法教义学的深入发展。与彻底的概念法学不同，法教义学的建构与发展需要活生生的社会生活的质料，是一个如从自然领域的生物人到法律层面的自然人，再到人格的概念化、抽象化、体系化的过程。众所周知，网络时代的网络犯罪是以往社会形态所不存在的社会现象，故以以往社会生活为质料建构和发展起来的刑法教义学将面对网络社会的网络犯罪的挑战。相应地，网络犯罪能够检验传统刑法教义学的真理性，并成为刑法教义学建构与发展的新的质料。面对新型的网络犯罪，刑法教义学通过对其作“抽象的去语境化”[③]，改造或者变革传统的刑法理论，生成修正的或者全新的刑法教义学，而又将其应用于新的网络犯罪或者其他疑难案件之

① 赵秉志：《刑法学：理论与实践的回顾、反思及前瞻》，《检察日报》2018 年 1 月 2 日第 3 版。

② 陈兴良：《中国刑法学研究 40 年（1978—2018 年）》，《武汉大学学报（哲学社会科学版）》2018 年第 2 期。

③ 参见［德］马提亚斯·耶施德特：《法律中的科学——科学比较中的法教义学》，张小丹译，载李昊、明辉主编：《北航法律评论》，2015 年第 1 辑，法律出版社 2015 年版，第 56 页。

中。所以，刑法学者既不能悲观地返回立法论的老路，也不能低级地随意得出解释结论。一种从网络犯罪和刑法条文相互对应的过程中得出的合格解释结论，至少应当既能够适用于线上也能够适用于线下。反之，当一种就网络犯罪得出的理论学说反而在线下案件的应用中得出了不当结果时，解释者需要反思这种解释结论是否合理，是否为体系性地协调应对线下和线上场合的解释结论。

伴随着网络犯罪的刑事立法，网络犯罪的法教义学研究曾出现多个研究热潮。毫无疑问，当下的研究比以往任何时候的都更深入。即便如此，除了解释结论的妥当性，可能仍存在以下三个问题：（1）基础性研究不多；（2）体系化程度不深；（3）方法论提炼不够。本书即尝试从这三个方面入手进行网络犯罪的法教义学研究。首先，以网络犯罪的法律概念为核心，揭示当前网络犯罪刑事立法的象征性特征，指出学界对刑法教义学本身的五大误解，就犯罪学、刑事政策学中网络犯罪概念的刑法学化，网络犯罪据以产生的哲学基础、网络犯罪概念的内涵与类型、网络犯罪与传统犯罪的关系（旧酒新瓶抑或独自一类）、网络犯罪对传统刑法理论的影响与挑战等基础性问题进行抽象化研究。其次，以网络犯罪的具体事例为线索，就以属地管辖为例的刑法的网络空间效力、以网络中立帮助行为为例的共犯论、以言论犯罪为例的网络空间自由的边界等具体问题进行体系化研究。最后，以实质刑法观为基本立场，就网络时代实质解释的思维、要求和方法等进行方法论的总结与加工。

法教义学是“具有规范性和体系性的整体”[①]。本书虽以“法教义学研究”自诩，但远未达到教义学的体系化和精致化。然而，法谚云：“法律文献的意思就是法律的精神所在（Sensus verborum est anima legis）。”本书愿抛砖引玉，与学界同人一起，进一步推动刑法教义学的本土建构与深入发展。

---

① 参见［德］安德烈亚斯·福斯库勒：《法教义学贡献了什么？——介绍与展望之十二个论点》，李浩然译，载李昊、明辉主编：《北航法律评论》，2015 年第 1 辑，法律出版社 2015 年版，第 5 页。

目 录

上 篇 法教义学视野的网络犯罪概念

中　篇　网络空间的刑法介入边界

下 篇 网络时代的刑法实质解释

CATALOGUE

Part Ⅰ The Concept of Cyber crime in the Perspective of Legal Dogmatics

上　篇

法教义学视野的网络犯罪概念

第一章
象征性网络立法对刑法功能的损害

随着网络空间成为人们生活的“第二空间”，网络领域的违法犯罪行为日益增多，网络犯罪立法的修改和完善成为我国1997年刑法颁布至今二十余年来最为活跃的领域之一。经过反复修正，我国刑法中网络犯罪入罪门槛更低，处罚范围更广。这在很大程度上是因为网络社会所带来的风险。人类社会的发展经历了从农业社会到工业社会，再至当下的“风险社会”。信息网络革命所带来的社会结构的变化给社会生活各个方面带来了巨大影响和变化。法律作为管理人类社会矛盾的手段，首当其冲受到了冲击；刑法作为所有法律手段中的最后手段，其立法定位与性质功能受到了前所未有的挑战；以社会契约论和自由为基础的传统刑法学地位尴尬，以风险和安全为核心的现代刑法学全面攻城略地。随着风险概念对刑法的不断冲击，刑法领域中的危险/风险的概念不断扩张，造成刑事立法的日益象征性。回望二十余年来我国刑事立法，从1997年刑法的施行到2020年12月26日《中华人民共和国刑法修正案（十一）》［以下简称《刑法修正案（十一）》］的颁布，可以说，我国刑法在尚未完成自由刑法所赋予的法治国自由与人权保障任务的情况下，即已匆匆转换角色，步入安全刑法与预防刑法的新境地。如何面对社会结构与法律变革对刑事立法所带来的影响，并评价我国刑事立法的得与失，总结二十余年来刑事立法的经验，是当下我国刑事法领域不可回避的重要话题。

一、“象征性立法”：现代风险社会刑法的应对趋势

象征性立法是现代社会各国刑事立法的共同趋势。自从德国社会学家乌

尔里希·贝克（Ulrich Beck）于20世纪80年代提出“现代社会是一个风险社会”的命题以来，风险社会便成为当代社会学中一个被普遍接受的概念。贝克指出，“风险是个指明自然终结和传统终结的概念。或者换句话说，在自然和传统失去它们的无限效力并依赖于人的决定的地方，才谈得上风险”①。传统农业社会带给人们的安全感被工业化高科技发展席卷而去，网络的发展使世界日益全球化。风险社会也因此成为全球“风险网络体”，世界各国对风险与风险社会展开了广泛的研究，“几乎波及自然科学、社会科学和人文学科的各个领域”②。在自然科学之外的领域，催生了诸如风险政治学、风险社会学、风险心理学、风险法学等各交叉学科。风险法学企图通过设立各种法律规范来抗制风险、阻止或预防风险的发生，以实现人类社会的安全目标。各国治理风险最重要的法律手段是公法，刑法作为公法体系中最严厉最具惩罚性的法律，便率先披上了抗制风险的战旗，被各国立法者频繁使用，风险刑法概念由此产生。风险刑法的最重要方法是，将风险概念刑法化并纳入刑事立法轨道，通过象征性立法来抗制风险。

“象征性立法”（symbolishche Gesetzgebung）概念可追溯到20世纪80年代德国及瑞士的学者关于立法理论的分析。立法的正当性何在？一部法律除了要具备程序合法等形式正当性，还要具备实质正当性。瑞士学者皮特·诺儿（Peter Noll）指出，立法的核心价值就是提出一套解决纠纷的理性方法③，而不仅仅是立法过程的正当性。德国学者哈拉尔德·金德曼（Harald Kindermann）指出：一部法律被赋予的意义在于，立法本身必须要以“目的为导向（zweckgerichtet）”。立法者总是试图让法规范发挥所预设的规制效果，其背后的政策重点是，为了实现某种特定目的，“符合此等条件的立法结果应具有积极影响特定社会活动事实的能力，而让社会导向正面的发展”④。反之，德国学者克雷姆斯（Krems）指出，如果立法只是为了作一份“规范申明（Deklaration der Normen），其规范的目的只是国家期待在社会

① 薛晓源、周战超主编：《全球化与风险社会》，社会科学文献出版社2005年版，第7页。

② ［英］伊丽莎白·费雪：《风险规制与行政宪政主义》，沈岿译，法律出版社2012年版，总序第1页。

③ Peter Noll，Gestzgebungslehre，Hamburg：Rowohlt，1973，S. 72.

④ Vgl. Kindermann，Symbolische Gesetzgebung，in：Grimm/Maihofer（Hrsg.），Gesetzgebungstheorie und Rechtspolitik（Jahrbuch für Rechtssoziologie und Rechtstheorie 13），1988，S. 222.

大众之间形成一定的合法与不法意识，实质上并不想影响任何个人的行为取向”，那么这样的立法就是“象征性立法”[①]（symbolishche Gesetzgebung）。可见，象征性立法传递的是立法者在特定时空与社会背景下关于社会问题的情绪或者价值偏好，而并不发挥“实质的规制效果”[②]。在此，法只是形式意义的存在，而立法者只是“为了单纯满足社会期待”，通过不断修改刑法“宣示国家已经着手采取相对应的行动来抗制风险”，并“逐步将公众所认为的风险纳入象征性立法的法规范体系之中”[③]。风险社会中的风险具有不确定性，这决定了象征性立法都是建立在“此种立法或许可以消除或者抗制可能发生的风险”这一逻辑基础之上的。因此，象征性立法重视的是对犯罪的积极预防，通过刑事立法拦截风险以防患未然；是事先预防，而不是针对法益侵害行为造成的危害后果进行惩罚。对此，德国学者罗克辛（Claus Roxin）一针见血地指出，象征性刑事立法“不是服务于法益保护。对于保障和平的共同生活不是必要的，但为了谋求刑法之外的目的，就像安抚选民或者表达国家自我姿态的法律规定”[④]。

可见，象征性立法最大的特点是，立法是一种对犯罪威胁的姿态或者情绪。象征性立法之所以是象征性的，是因为此种立法不追求刑罚规范的实际效果，而更多的只是为了表达立法者对犯罪威胁的某种姿态与情绪、态度与立场。德国扩大修改《德国刑法典》第 130 条关于煽动罪的规定：“对纳粹整体的国际刑法上的罪行”公开地或者在集会上予以赞同、否认或者粉饰的，构成煽动罪。这被认为是象征性立法的典型例子，因为，纳粹行为已属历史，完全或者部分否认历史事实，不承认犯罪，并不损害当代活着的人们的共同生活。该条设立的意义在于，表达德国对纳粹时代不隐瞒、不回避的态度。[⑤] 对于立法者而言，某项立法的颁布，重要的不是实际有效控制某种

---

① Krems，Grundfragen der Gesetzgebungslehre，Berlin：Dunker& Humblot GmbH，1979，S. 34.

② Vgl. Kindermann，Symbolische Gesetzgebung，in：Grimm/Maihofer（Hrsg.），Gesetzgebungstheorie und Rechtspolitik（Jahrbuch für Rechtssoziologie und Rechtstheorie 13），1988，S. 225.

③ Peter-Alexis Albrecht，Das nach-präventive Strafrecht，in：Institut für Kriminalwissenschaften und Rechtsphilosophie Frankfurt a. M.（Hrsg.），Jenseit des rechtsstaatlichen Strafrechts，2007，S. 5.

④ ［德］克劳斯·罗克辛：《刑法的任务不是法益保护吗?》，樊文译，见陈兴良主编：《刑事法评论》，第 19 卷，北京大学出版社 2007 年版，第 155 页。

⑤ ［德］克劳斯·罗克辛：《刑法的任务不是法益保护吗?》，樊文译，见陈兴良主编：《刑事法评论》，第 19 卷，北京大学出版社 2007 年版，第 155 页。

犯罪，而只是在政治或政策层面的考虑，对国民所关切的某个领域的安全问题作出必要的应急反应；它们体现的是立法者对国民渴望安全心态的安抚，以及国家与民同在的姿态（这种姿态会在短时间内迅速取得国民认同的心理效果，并为国民营造出安全感）。修改强奸罪的立法举措则是德国象征性立法的新近典型例证：2015 年 12 月 31 日，以大教堂闻名的德国西部重镇科隆爆发了一起史无前例的大规模性侵案。上千名醉醺醺的男子在科隆火车站对女性进行调戏、性侵和抢劫。事件发生后，多名妇女在科隆大教堂前集会示威，抗议新年夜妇女遭受的巨大伤害。愤怒的声音瞬间在全国蔓延，民众对政府在难民安置、社会安保及法律现状等各方面谴责严厉。《德国刑法典》第 177 条原规定："以下列方式，强迫他人忍受行为人或第三人的性行为，或让其与行为人或第三人为性行为，处 1 年以上自由刑：1. 暴力，2. 以对他人的身体或生命立即予以加害或威胁，3. 利用被害人由行为人任意摆布的无助处境。"据此，"任意摆布"这一实质要件成为德国刑法中强奸行为入罪的关键。德国联邦法院（BGH）对 2012 年的一起强奸案的判决显示，如果被害人的行为没有被德国最高院认定为"表现出强烈的'不'的意识"，比如没有哭喊、逃避、反击等，是无法被认定为达到"任意摆布"程度的。[①]在刑事诉讼阶段，被害人必须就构成强奸的罪行作出自我辩护，被害人仅仅说"不行"是不能给被控强奸者定罪的。可见，德国刑事司法对强奸罪的认定标准非常之高。在科隆性侵案后，民众的愤怒也转向对强奸法严格规定的不满。德国政府为了平息民众的愤怒，决定修改强奸法的有关规定。2016 年 7 月 7 日，德国议院以 601 票通过了刑法修改案，扩大了强奸罪定义，在刑法典第 177 条中增加"不就是不"条款（NeinHeisstNein），亦即，根据被害人的行为和语言，"说'不'意味着没有自愿，也就可以判为强奸"[②]。这意味着，今后德国认定强奸罪时，无须被害人行动上的自卫性反击，哪怕被害人只是以言语表达了不愿意，也可以给被控强奸者定罪。这包括那些类似于科隆性侵案中突袭式的"团体性侵犯"，因为这类性侵事件中被害人无法预料、来不及判断，也因恐惧而未能说"不"，但是，此时也应理解被害

① 参见华忆昕：《德国用修法回应科隆性侵事件》，《检察风云》2016 年第 17 期。

② 《德国将修改强奸法律定义："不"就是"不"》，载http://www.chinanews.com/gj/2016/07-07/7931480.shtml，访问时间：2017 年 1 月 20 日。

人具有出于“不”的意识。然而，此次修改对于解决强奸罪之前即已存在的老问题，例如如何认定究竟是“不”还是“自愿”，并无多大帮助，同时对于修改之后引发的新问题，诸如什么是“团体性侵犯”等，又未能解决。因此，虽然德国法律已经作出了对科隆性侵案的回应，“然而法律专家估计新法通过后，情形也不会发生根本改变。因为受害者不愿重温性侵事件，更不愿将事情公开化，再加上很少能找到目击证人，因此取证难度大，导致法庭上经常双方各执一词，法官难以定夺。这也显示了法律功能的有限与无奈”[①]。可见，德国对强奸法的修改充分体现了象征性立法的特点：安抚国民、回应社会，以表明政府确保国民安全的姿态。但无论其是否修改，往往并无实效。

日本刑法也是如此。一直以来，只处罚法益侵害行为是日本刑法的基本原则。“但是，近年来刑事立法的一个特征是，将国民存在不安的行为，广泛地作为刑罚处罚的对象，存在给予国民安心感的倾向”[②]，从而日本也开始向象征性立法的方向发展，2013 年 12 月 13 日通过的《特定秘密保护法》即为适例。2013 年 1 月，在阿尔及利亚人质事件中有 10 名日本公民死亡，其中一个重要原因是，涉及人质被困及解救的“情报错综复杂，而且没有可靠的情报”。事件结束后，日本自民党认为，“由于日本没有足够充分的法律保护重大机密信息，存在别国政府拒绝提供情报给日本政府的情况”，这才导致未能成功解救人质。而日本政府认为，“其他国家觉得我们嘴不紧，所以不愿意把情报告诉我们”[③]。既然这样，莫如通过国内法管紧自己的嘴巴。同时，世界各国对本国机密信息都给予了特别的法律保护，这也是对国家安全与本国国民负责的体现。为此，日本政府颁布了《特定秘密保护法》。该法规定，国家公务员泄密将被处以 10 年以下有期徒刑；合谋者和教唆者将被处以 5 年以下有期徒刑；经内阁允许后，特定秘密的保密期限可长达 60 年；等等。该法的颁布充分体现了日本政府打击非法泄露本国信息以确保国家与国民安全的姿态，并对泄密行为体现出强烈的不满与谴责情绪，以及对国民受伤心理的精神安慰。事实上，此类事件发生概率极低，阿尔及利亚人

① 参见华忆昕：《德国用修法回应科隆性侵事件》，《检察风云》2016 年第 17 期。

② 参见［日］松原芳博：《国民の意識が生み出す犯罪と刑罰》，《世界》2007 年 2 月号，第 53 页。

③ 《日本为什么要强行通过〈特定秘密保护法案〉，这会带来什么影响?》，载https：//www. zhihu. com/question/22203948/answer/31902442，访问时间：2017 年 1 月 20 日。

质事件也已成为过去，该法的颁布对此已于事无补。它的实际目的只是绥靖有权者的感情、装饰国家的形象等。因此，这一立法被日本学者认为是象征性立法。日本最近出现的象征性立法则是针对熊本大地震中的盗抢行为而修改盗窃罪。2016年4月，日本熊本县发生7.3级大地震，共有47人遇难、一千多人受伤。在大地震中，熊本县灾区已经发生了多起盗窃事件，一些受灾者避难的家庭和公司遭到盗抢。2016年5月10日，“针对日本熊本大地震中出现的针对商店、超市的抢夺、盗窃和抢劫犯罪，立法者认为，针对没有任何防备的受灾者实施盗窃行为，要比一般的盗窃更加恶劣，犯罪性更高，可以说是非难性更强的行为。因此，立法者开始讨论是否有必要将这种行为和一般的盗窃行为进行对比，进而类型化为‘灾害时盗窃罪’，设定更加严厉的刑罚”①。这一立法就是为了安抚在自然灾害中又受盗抢行为二次伤害的日本国民的无助与痛苦的心理，同时也是为了表明日本政府对此类行为的立场与姿态。此外，日本1997年的《器官移植法》、2000年的《有组织犯罪处罚法》与《骚扰规制法》等的规定中也都存在着象征性立法的问题。

象征性立法对国民精神创伤的安抚性功效，在功利主义社会之中被立法与民众双方越来越喜好，这也进一步加剧了象征性立法的活跃。对此种现象，德国学者温弗里德·哈塞默尔（Winfried Hassemer）指出，立法者越来越倾向于“在每一种令人愤慨的状态中，都把刑法作为解决生活问题的神奇武器，并且完全无限地信赖这种神奇武器的功效”②。每当社会中产生风险时，立法者即快速动用立法资源，跟进风险，推动立法制造新罪名。由此，立法者的惩恶扬善情绪得到表达，捍卫国民安全之态度得到传递；国民获得的印象是“采取一些今天能满足公民控制需要的措施就是进行了控制，而不是只有控制的结果才是最重要的”。这种状况最终导致“把刑法和警察法进行的犯罪控制作为纯粹的安慰剂来接受，完全不取决于控制的有效性”③。通过立法，国家和民众似乎在此寻找到了实现安全感的共同途径。

---

① ［日］園田寿：《災害時窃盗罪の新設は必要なのか》，载http：//bylines. news. yahoo. co. jp/sonodahisashi/20160515－00057689/，访问时间：2017年1月19日。

② ［德］哈塞默尔：《面对各种新型犯罪的刑法》，冯军译，见中国人民大学刑事法律科学研究中心编：《刑事法学的当代展开》，中国检察出版社2008年版，第64页。

③ ［德］哈塞默尔：《面对各种新型犯罪的刑法》，冯军译，见中国人民大学刑事法律科学研究中心编：《刑事法学的当代展开》，中国检察出版社2008年版，第67页。

象征性立法之所以被频繁使用，原因在于风险社会下公众对风险的心理态度。类似于苏联的切尔诺贝利核事故、美国“9·11”事件、英国的疯牛病等巨大社会风险给全世界人们的心理造成了极大恐慌。互联网使世界全球化、事件可视化、传播及时化，“很容易将风险和灾难所导致的恐惧感和不信任感传播至全社会乃至全世界，引发社会的动荡不安”，许多人因此认识到风险的存在并因无法预测和控制风险而倾向于向风险制造者“采取严厉的措施，借以回避风险，因而亦可称为风险嫌恶社会”①。同时，风险的不确定性和难以预测性，尤其是诸如恐怖犯罪这样杀伤力大、计划隐秘、行动迅速的风险，更会令人们生活在一种不安全感与不确定感之中，从而产生一种极大的恐慌心理。民众这种恐慌心理常常会通过相互议论、在媒体上暴露或者发泄自己的情绪、相互猜测或者敌对他人等等方式表达出来，而这又会进一步造成社会的不和谐、不稳定。这种恐慌被美国学者戴维·丹尼（David Denny）称为“道德恐慌”。这种恐慌“经由媒体不断传播，造成一些明显不相当或夸大的社会反应”，因而形成一种全社会性的“不安全感下的道德恐慌”，它“包含疑虑、敌意、舆论、不对称与反复无常”②。社会层面的道德恐慌直接动摇了国民对国家的信赖，国家无法视而不见。为此，较之于打击恐怖犯罪等投入与其成效之间存在巨大反差而言，动用国家机器进行风险控制的系列立法，无疑容易得多，并因此成为各国应对风险的最快捷手段。民众的“安心感”或者说“国民生活的平稳”成为立法理由，这种“为了回应国民‘体感治安’的降低，试图保护其‘安心感’，作为象征性立法的色彩要更浓一些”③。作为对民众不安全的恐慌和担忧的回应，象征性立法能够起到对公众情绪的安抚作用和对国家风险控制的表态作用。由此，象征性立法似乎寻找到了其存在的正当性理由。

二、“象征性立法”：二十余年来中国刑事立法之趋势

中国自近代以来开始由传统农业社会向现代工业社会转型。自 1978 年以后，中国社会的转型进入了快速发展时期。20 世纪末至 21 世纪初，在大

---

① ［日］守山正、安部哲夫：《ビギナーズ刑事政策》，成文堂 2008 年版，第 48 页。

② ［美］David Denny：《面对风险社会》，吕奕欣、郑佩岚译，台湾编译馆 2009 年版，第 130 页。

③ ［日］松原芳博：《刑法总论重要问题》，王昭武译，中国政法大学出版社 2015 年版，第 17 页。

规模的城镇化、飞速的工业化以及全球化的影响下，中国社会也步入了一个高风险时代。也许中国当下所处的时代还不能说是，也可能的确不是乌尔里希·贝克所说的严格意义上的风险社会，但中国所面临的诸如太湖污染等环境问题、三鹿奶粉等食品问题、大规模疾病如SARS等疫情问题、昆明火车站暴恐事件等恐怖犯罪问题逐渐增多，却也是不争的事实。面对这些威胁社会安全的风险，我国也选择了与德、日等国的做法极为相似的做法，即试图通过立法实现对风险的管控，进而摆脱风险。其中，刑事立法走在各项立法之前列，并进行了一些象征性刑事立法。纵览1997年至2018年间我国刑事立法的历程，一共颁布了十部刑法修正案，新增了60个罪名[①]，其中有些新罪名或其他修改的罪名在不同程度上体现了象征性立法的特点。《刑法修正案（十一）》新增了18个罪名。[②] 如前所述，象征性立法是立法者在特定时空与社会背景下对社会问题的情绪或者价值偏好，并无实际的实证成效；这种立法以犯罪化为主，但又不服务于法益保护并"招致保护法益的稀薄化"[③]；它以预防犯罪为倾向，是"风险预防在法律上的制度化"[④]，也是风险预防措施的立法构建。对照分析，网络犯罪立法正是如此。此外，恐怖犯罪立法与环境犯罪立法亦具有象征性。

1. 象征性立法之一：网络犯罪

二十余年来，经过刑法修正案的反复修改、完善，网络犯罪由原来的3个增加为10个。2009年2月28日《中华人民共和国刑法修正案（七）》[以下简称《刑法修正案（七）》]在《刑法》第285条"非法侵入计算机信息系统罪"之后，增加了第285条第2款"非法获取计算机信息系统数据、非法控制计算机信息系统罪"，以及第285条第3款"提供侵入、非法控制计算机信息系统的程序、工具罪"。2015年8月29日《中华人民共和国刑法修正案（九）》[以下简称《刑法修正案（九）》]对网络犯罪的修改幅度最大：一是在《刑法》第286条"破坏计算机信息系统罪"之外，新增第286条之一"拒不履行信息网络安全管理义务罪"；二是增加单位为《刑法》第285条规

---

① 参见刘艳红主编：《刑法学》（下），2版，北京大学出版社2016年版，第6-7页。
② 参见刘艳红：《积极预防性刑法观的中国实践发展》，《比较法研究》2021年第1期。
③ [日]松原芳博：《刑法总论重要问题》，王昭武译，中国政法大学出版社2015年版，第17页。
④ 刘刚编译：《风险规制：德国的理论与实践》，法律出版社2012年版，第158页。

定的3个罪名与第286条“破坏计算机信息系统罪”的犯罪主体；三是在《刑法》第287条关于利用计算机实施有关犯罪的规定之外，新增第287条之一“非法利用信息网络罪”、第287条之二“帮助信息网络犯罪活动罪”；四是修改《刑法》第288条“扰乱无线电通讯管理秩序罪”，将“经责令停止使用后拒不停止使用，干扰无线电通讯正常进行，造成严重后果的”定罪条件改为“情节严重的”；五是新增第291条之一第2款“编造、故意传播虚假信息罪”。此外，2001年12月29日《中华人民共和国刑法修正案（三）》［以下简称《刑法修正案（三）》］新增的第291条之一“编造、故意传播虚假恐怖信息罪”，既在恐怖犯罪范围之内，也在网络犯罪之列。需要说明的是，我国传统刑法理论习惯于将上述犯罪称为计算机犯罪，但是，这一概念不如网络犯罪更有涵摄性和时代性。网络犯罪本身属于高科技犯罪，它意味着既要使用作为硬件的计算机，又要使用作为软件的网络信号，因此，科技网络犯罪的概念无疑较之计算机犯罪的概念更为合适。但由于计算机与网络之间水乳交融的关系，计算机犯罪、网络犯罪或科技网络犯罪三个概念之间其实不再有特别清晰的界限。

我国网络犯罪立法同恐怖犯罪立法一样，是传达立法者姿态与情绪的象征性立法。恐怖犯罪与网络犯罪有着密不可分的联系。恐怖主义是一种跨国界的全球性现象，而网络是没有物理边界的虚拟空间，“计算机网络开发出的新型技术可以使用户匿名使用网络、进行秘密交流、利用成熟的加密技术传送或储存数据。这样，全球网络空间提供了一个独一无二的实施网络恐怖主义和追求其他国际恐怖主义目标的环境”[①]。“网络恐怖主义”或者说“恐怖犯罪网络化”，成为全世界的一个重要趋势。[②] 我国国内的恐怖犯罪与网络使用情况也证明了这一点。我国境内分裂势力在境外组织的影响和支持之下，也经历了一个从录像时代到摄影时代，再到网络时代的发展进程。[③] 一方面，网络犯罪实际上是恐怖犯罪的外围罪名，即除了刑法典中含有“恐

① ［德］乌尔里希·齐白：《全球风险社会与信息社会中的刑法》，周遵友、江溯等译，中国法制出版社2012年版，第367页。

② 参见［德］乌尔里希·齐白：《全球风险社会与信息社会中的刑法》，周遵友、江溯等译，中国法制出版社2012年版，第298－302页。

③ 参见古丽阿扎提·吐尔逊：《“东突”恐怖势力个体特征及其发展趋势评析》，《现代国际关系》2014年第1期。

怖”二字的罪名之外的恐怖犯罪相关罪名；另一方面，我国网络犯罪立法同恐怖犯罪立法一样，是刑法“适应犯罪形势变化及其应对的需要，加强对恐怖主义、极端主义犯罪和网络犯罪的惩治”的结果。为了配合打击恐怖犯罪，恐怖犯罪网络化之下的网络犯罪刑事治理，选择了同恐怖犯罪刑事治理一样的立法路径，扩大处罚范围，加强对（网络空间）安全的治理。因此，我国的网络犯罪立法和恐怖犯罪立法一样，是“立法回应社会关切”① 之体现。

《关于〈中华人民共和国刑法修正案九（草案）〉的说明》明确将恐怖犯罪与网络犯罪的立法理由一并论及：“一些地方近年来多次发生严重暴力恐怖案件，网络犯罪也呈现新的特点，有必要从总体国家安全观出发，统筹考虑刑法与本次常委会会议审议的反恐怖主义法、反间谍法等维护国家安全方面法律草案的衔接配套，修改、补充刑法的有关规定。”② 这也表明，如果说我国恐怖犯罪立法是一种严厉打击恐怖犯罪以保卫民众公共安全的姿态体现，那么，网络犯罪立法同样如此，即通过加大对网络犯罪的处罚力度与扩大处罚范围，传递给民众政府维护信息网络安全、确保社会安全的姿态。

然而，网络犯罪立法欠缺实质效果。不同于网络犯罪立法的异常活跃，我国司法实务中网络犯罪罪名的适用情况并不乐观。北大法宝案例库显示，截至 2016 年 12 月 31 日，1997 年刑法中原有三个网络犯罪罪名，其案例数分别为：非法侵入计算机信息系统罪 2 个，破坏计算机信息系统罪 47 个，扰乱无线电通讯管理秩序罪 105 个。2001 年《刑法修正案（三）》中增加的编造、故意传播虚假恐怖信息罪的案例为 23 个。2009 年《刑法修正案（七）》中增加的非法获取计算机信息系统数据、非法控制计算机信息系统罪的案例为 63 个，提供侵入、非法控制计算机信息系统的程序、工具罪的案例为 0 个。至于《刑法修正案（九）》新增的 4 个罪名，即非法利用信息网络罪、拒不履行信息网络安全管理义务罪、帮助信息网络犯罪活动罪，编造、故意传播虚假信息罪，其案例数均为 0 个。虽然北大法宝是“全面精选收录我国大陆法院的各类案例”，而不是对我国法院案例的全样本收录，但

① 记者殷泓、王逸吟：《刑法为什么这样改》，《光明日报》2015 年 8 月 31 日第 10 版。

② 李适时：《关于〈中华人民共和国刑法修正案（九）（草案）〉的说明》，2014 年 10 月 27 日第十二届全国人民代表大会常务委员会第十一次会议。

上述案例数，尤其是《刑法修正案（九）》之前的6个网络犯罪罪名的适用情况，仍能说明问题。这说明，从1997年至2016年12月31日，我国网络犯罪罪名的适用率极低。在立法层面，象征性立法重视的是对犯罪的积极预防，从此角度，网络犯罪立法起到了向社会民众宣示的作用，期待通过明确的法规范的讯息传达，达到预防犯罪的效果。在司法层面，“司法机关依法判决，向国民传达刑法法规的有效性，以儆效尤。传达犯罪会被惩罚与有人犯罪真的受到惩罚的讯息，使有意犯罪但害怕被惩罚的潜在犯罪人，产生心理强制的作用而不为犯罪行为”①。二十多年间，在中国法律信息服务领导品牌、具有最大市场占有率的北大法宝案例库中，10个网络犯罪罪名的案例总数仅为240个，而且其中5个罪名的案例数为0个。如此低的适用率显然无法向国民传达“刑法法规的有效性”并发挥犯罪预防的作用，换言之，我国网络犯罪立法缺乏法本该具有的实质效果。

总之，网络犯罪的治理难度极大，对于恐怖犯罪的发生又具有助力作用。这导致各国频频使用刑法手段，象征性立法由此增多。犯罪行为的多样性，“以及计算机犯罪与传统刑法之间的紧张关系”，意味着“传统刑法很难充分地解决计算机犯罪环境下出现的诸多复杂问题，这也解释了为什么（特别是）网络犯罪已成为传统国内刑法所面临的最重大的挑战之一”②。这也说明，有效治理网络空间安全，并非象征性网络犯罪立法力所能逮。

2. 象征性立法之二：恐怖犯罪

二十余年来，我国最为典型的象征性刑事立法当属恐怖犯罪立法无疑。“从严治恐”始于《刑法修正案（三）》，至《刑法修正案（九）》时达到顶峰。《刑法修正案（三）》提高了《刑法》第120条“组织、领导、参加恐怖组织罪”的法定刑，《刑法修正案（九）》又增加了该罪的财产刑；《刑法修正案（三）》增加了第120条之一“资助恐怖活动罪”，《刑法修正案（九）》增加了“资助恐怖活动培训”为其新罪状，使该罪罪名变更为“帮助恐怖活动罪”；《刑法修正案（三）》新增了第291条之一“投放虚假危险物质罪”和“编造、故意传播虚假恐怖信息罪”；2011年2月25日《中华人民共和国

① 黄国瑞：《刑法在风险社会的课题》，《警大法学论集》2016年第30期。

② ［德］乌尔里希·齐白：《全球风险社会与信息社会中的刑法》，周遵友、江溯等译，中国法制出版社2012年版，第306页。

刑法修正案（八）》［以下简称《刑法修正案（八）》］修改《刑法》第66条的规定，扩大恐怖犯罪构成特殊累犯的条件；《刑法修正案（九）》新增“准备实施恐怖活动罪”“宣扬恐怖主义、极端主义、煽动实施恐怖活动罪”“利用极端主义破坏法律实施罪”“强制穿戴宣扬恐怖主义、极端主义服饰、标志罪”“非法持有宣扬恐怖主义、极端主义物品罪”5个恐怖犯罪罪名。至此，恐怖犯罪罪名由1997年的1个增加到目前的9个。综观之，这些恐怖犯罪立法的特点是，入罪门槛降低，处罚范围扩大，刑罚惩处严厉。

恐怖犯罪立法最突出地反映了我国立法者严厉打击恐怖犯罪的姿态，最充分地发挥了象征性立法的安抚功能。象征性“刑事立法者为了避免因怠慢国内外要求实施刑事政策而遭受批评，而且，为了表明今后迅速果断地解决问题而将要采取积极的刑事政策的姿态”①，快速作出立法反映我国恐怖犯罪立法正是如此。在1997年刑法颁布之前，我国恐怖犯罪时有发生。1992年新疆乌鲁木齐市发生系列汽车爆炸案，共造成3人死亡、23人受伤。这是20世纪90年代以来中国境内发生的第一起暴力事件。此后至2001年，“东突”势力在新疆境内制造了两百多起暴力案件。2001年美国“9·11”事件发生，恐怖犯罪成为全球新威胁。联合国发布了安理会第1373（2001）号决议，“呼吁各国紧急合作，防止和制止恐怖主义行为，包括通过加强合作和充分执行关于恐怖主义的各项国际公约，确认各国为补充国际合作，有必要在其领土内通过一切合法手段，采取更多措施，防止和制止资助和筹备任何恐怖主义行为”。在国内外恐怖犯罪日趋严峻的形势之下，我国1997年《刑法》中仅有的恐怖犯罪罪名——组织、领导、参加恐怖组织罪已无法满足打击恐怖犯罪之精神、心理需求。为此，我国立法者指出，“恐怖主义对和平与安全的威胁受到各国的普遍重视。我国刑法对惩治恐怖犯罪已有一些规定，针对最近出现的恐怖活动的一些新情况，如何适用刑法需要进一步明确”。“为了严厉打击恐怖活动犯罪，更好地维护国家安全和社会秩序”②，在“9·11”事件发生之后不久即2001年12月，我国迅速颁布《刑法修正

① ［日］关哲夫：《现代社会中法益论的课题》，王充译，见赵秉志主编：《刑法论丛》，第12卷，法律出版社2007年版，第344页。

② 胡康生：《关于〈中华人民共和刑法修正案（三）（草案）〉的说明》，2001年12月24日第九届全国人民代表大会第二十五次常务委员会。

案（三）》，对恐怖犯罪进行了修改。这一立法思路也为后来的《刑法修正案（八）》所延续。至 2015 年《刑法修正案（九）》出台前，世界各国恐怖犯罪甚嚣尘上：2011 年挪威奥斯陆爆炸枪击案、2013 年美国波士顿马拉松爆炸事件、2015 年巴黎恐怖袭击等暴力恐怖事件陆续发生。这些暴力恐怖活动造成人员伤亡惨重，使世界民众的心理受到严重创伤。我国国内也陆续发生暴力恐怖事件，仅以 2014 年为例，就发生了云南昆明火车站暴力恐怖事件、“4·30”乌鲁木齐火车站爆炸事件、“5·22”乌鲁木齐爆炸事件、新疆喀什地区“7·28”暴力恐怖事件、“10·28”天安门金水桥事件等重大暴力恐怖事件。在此国内外形势下，社会民众谈“恐”变色，人们充满不安全感并强烈呼吁国家严厉打击暴力恐怖犯罪，以扮演民众心中需要的安全保卫者的角色。为此，在审议《刑法修正案（九）》的草案时，全国人大常委会再次指出，“一些地方近年来多次发生严重暴力恐怖案件”，为此“有必要从总体国家安全观出发，统筹考虑刑法与本次常委会会议审议的反恐怖主义法、反间谍法等维护国家安全方面法律草案的衔接配套，修改、补充刑法的有关规定”[①]。可见，我国恐怖犯罪立法从一开始就立于回应国际国内打击恐怖犯罪需求的基础之上，同时也是对国内外反恐呼声高涨的回应；它们向国际社会表达了中国政府坚定的反恐立场和态度，对于国内民众则有效传达了我国政府反恐的信心和决心。而这正是象征性刑事立法的最大特点，亦即，“尽管一方面无法期待立法能够有效地解决犯罪问题，另一方面甚至也无法通过刑罚的威吓、再社会化等实现抑制犯罪的目的，但是立法者真诚地接受国内外急迫要求解决问题的压力，只不过是一种为了表明立法者要迅速而且果断地应对该种犯罪问题的姿态的刑事立法而已”[②]。在当下极为复杂的国内外恐怖犯罪态势下，象征性立法也许是不得已而为之，同时它对于凝聚人心、聚力反恐无疑有正面促进作用；至少，它们可以让民众的心理创伤得到安抚，不安感得到缓解。总之，恐怖犯罪立法充分体现了我国政府的反恐姿态。

---

① 李适时：《关于〈中华人民共和国刑法修正案（九）（草案）〉的说明》，2014 年 10 月 27 日第十二届全国人民代表大会常务委员会第十一次会议。

② ［日］关哲夫：《现代社会中法益论的课题》，王充译，见赵秉志主编：《刑法论丛》，第 12 卷，法律出版社 2007 年版，第 343 页。

恐怖犯罪刑事立法虽然活跃，但是欠缺实质效果。恐怖犯罪的 9 个罪名，在实践中的司法适用率极低。北大法宝案例库显示，截至 2016 年 12 月 31 日，《刑法修正案（九）》新增的 5 个恐怖犯罪的案例数均为 0 个；在其他 4 个恐怖犯罪罪名的案例数量中，组织、领导、参加恐怖组织罪为 3 个，帮助恐怖活动罪为 0 个，投放虚假危险物质罪 3 个，编造、故意传播虚假恐怖信息罪为 23 个。这表明，恐怖犯罪的罪名虽然较之 1997 年刑法刚颁布时有了大幅度增加，但是，其司法适用率却非常低，实际效果恐怕有限。恐怖犯罪具有准战争的性质，恐怖分子多采用武装袭击或者自杀式爆炸袭击，事先布置周密。事后恐怖分子或死亡或逃亡而极难被抓获，将之绳之以法的概率很低。这决定了各国打击恐怖犯罪的刑事立法的效果也非常有限。自 20 世纪六七十年代开始，联合国即针对恐怖主义犯罪的滋生和蔓延开始制定有关惩治恐怖犯罪的国际公约，至今为止公约可谓不计其数。但是，伴随着几十年的国际社会反恐立法的是，频发甚至愈演愈烈的恐怖犯罪袭击。这从另一个角度表明了以刑事法治手段反恐可能难以达到预期的实质效果。[①]

3. 象征性立法之三：环境犯罪

从 1997 年至今，共有四部刑法修正案对《刑法》第六章第六节“破坏环境资源保护罪”进行了修改：增加了 1 个环境犯罪新罪名，扩大了 6 个原有环境犯罪罪名的处罚范围。2001 年 8 月 31 日《中华人民共和国刑法修正案（二）》[以下简称《刑法修正案（二）》] 是专门针对环境犯罪而颁布的，它将《刑法》第 342 条的犯罪对象在“耕地”之外增加了“林地等农用地”，从而将罪名修改为“非法占用农用地罪”。2002 年 12 月 28 日《中华人民共和国刑法修正案（四）》[以下简称《刑法修正案（四）》] 新增了第 152 条第 2 款“走私废物罪”；将第 344 条的打击对象从珍贵树木扩大到“珍贵树木或者国家重点保护的其他植物”，将该条罪名修改为“非法采伐、毁坏国家重点保护植物罪”“非法收购、运输、加工、出售国家重点保护植物罪”；将

---

① 鉴于恐怖犯罪的特殊性，笔者曾专门撰文针对我国恐怖犯罪立法所导致的法益概念精神化、处罚前置化、效果欠缺性等进行了深入分析。虽然该文不是围绕象征性立法这一主线进行论证的，但其内容实乃详细分析为何恐怖犯罪立法为象征性立法。因此，有关更为深入的探讨，参见刘艳红：《“有限反恐论”：两难选择下恐怖犯罪治理的法治目标》，《法学评论》2017 年第 2 期。

在第 345 条第 3 款新增“运输”行为，并删除了“以牟利为目的”的规定，将该条罪名修改为“非法收购、运输盗伐、滥伐的林木罪”。《刑法修正案（八）》将《刑法》第 338 条中的“造成重大环境污染事故，致使公私财产遭受重大损失或者人身伤亡的严重后果的”改为“严重污染环境的”，从而降低了污染环境罪的入罪门槛；删除了《刑法》第 343 条关于“经责令停止开采后拒不停止开采”的规定，降低了非法采矿罪的入罪门槛。继《刑法修正案（八）》对《刑法》第 338 条污染环境罪作修改之后，《刑法修正案（十一）》第 40 条再次对该罪进行了修改，将该罪加重处罚的条件由原来的“后果特别严重的”改为了“情节严重的”，从而扩大了加重处罚的范围。同时，《刑法修正案（十一）》还对涉及环境犯罪的其他条文进行了修改，这些修改集中体现为增设新罪，即新增第 341 条第 3 款“非法猎捕、收购、运输、出售野外陆生野生动物罪”、第 342 条之一“非法开垦、开发国家公园、国家级自然保护区罪”、第 344 条之一“非法处置外来入侵物种罪”，从而增加了环境犯罪的罪名个数，扩大了环境犯罪的处罚范围。以上四部刑法修正案中对环境犯罪的立法象征性极为明显。

首先，环境犯罪刑事立法都是立法者在面对日益严重的环境污染之时，以立法手段抗制生态风险的姿态之体现，但于对环境犯罪的治理难以发挥实效。当今中国环境污染极其严重，水资源受到严重破坏，森林资源遭到滥砍滥伐，雾霾严重影响了人们的生活，生态危机时时刻刻提醒着中国政府环境治理的重要性和紧迫性。在生态风险面前，我国环境犯罪刑事立法还停留在“应急性”层面，立法者急于通过刑法手段抗制生态风险的情绪表露无遗，治理生态风险的姿态明确。《刑法修正案（二）》是“为了惩治破坏森林资源的犯罪，保护生态环境，对刑法有关条文作相应修改和明确法律的含义是必要的”而颁布的。[①]《刑法修正案（四）》修改环境犯罪的理由基本上也是如此：“有关部门提出近年来某种危害环境的犯罪行为比较严重”，以及“有关部门提出，除珍贵树木以外，根据国家关于野生植物保护的规定，还有许多国家重点保护的珍贵野生植物同样具有重要经济和文化科学研究价值；近年来毁坏珍贵野生植物的情况较为严重，建议刑法对这种新情况作出相应规

① 顾昂然：《刑法有关修正案草案审议结果报告：严惩破坏森林资源的犯罪，保护生态环境》，2001 年 8 月 27 日第九届全国人大常委会第二十三次会议上。

定”；“有关部门提出，近年来各地加大了植树的力度，林区与非林区的界限已不明显”，“有关部门反映，这类犯罪案件大量在运输环节查获”等。[①]《刑法修正案（八）》则是为了“加强刑法对广大人民群众生命健康的保护”[②]。显然，在“污染控制”这一“被认为是最为重要的规制领域之一”，中国“政府受到极大的压力要引入适当的规制措施让国民放心”[③]，于是不断修改环境犯罪刑事立法以表明姿态，而这正是象征性立法的主要特点。但是，象征性立法欠缺对生态风险的治理效果。生态环境是一种没有任何自我意识的客观存在，从被害者角度分析极易遭受侵害，而且，此类侵害行为在发生之前又不易为外界所察觉，等到结果发生之后污染环境事实又已造成，且危害难以短时间消除。这也是为什么刑事立法对环境犯罪的规定越来越严，而现实生活中严重的环境污染未有减轻。当下国人所处的环境似乎也证明了环境犯罪立法的乏力。

其次，环境犯罪刑事立法使法益概念更加薄弱，这正是象征性立法的特质。我国环境犯罪刑事立法表明，在风险社会与风险刑法“理论、积极的一般预防理论与生态环境理念等浪潮推动下，环境法益保护的早期化和精神化观念正聚集成一股强大的力量冲击着传统刑法的谦抑主义”[④]。《刑法修正案（八）》对污染环境罪的修改，将“造成重大环境污染事故，致使公私财产遭受重大损失或者人身伤亡的严重后果的”改为“严重污染环境的”，使该罪的认定不再置重于结果或者实害，只要有排放、倾倒或者处置废物或有毒物质的行为，基本上就可以被认定为犯罪。与此同时，2016 年 12 月 8 日最高人民法院、最高人民检察院《关于办理环境污染刑事案件适用法律若干问题的解释》则对“严重污染环境”进行了详细的解释。尤其是其中规定“造成生态环境严重损害的”也是严重污染环境的情形之一，然而关于其具体内容则并无明确规定。立法与司法解释的修改，意味着我国以刑法治理环境污染最重要的罪名污染环境罪，从结果犯变成了彻底的抽象危险犯。“在

① 参见胡康生：《关于〈中华人民共和国刑法修正案（四）（草案）〉的说明》，2002 年 12 月 23 日第九届全国人大常委会第三十一次会议上。

② 李适时：《关于〈中华人民共和刑法修正案（八）〉（草案）的说明》，2010 年 8 月 23 日第十一届全国人大常委会第十六次会议上。

③ ［英］安东尼·奥格斯：《规制：法律形式与经济学理论》，骆梅英译，中国人民大学出版社 2008 年版，第 207 页。

④ 刘艳红：《环境犯罪刑事治理早期化之反对》，《政治与法律》2015 年第 7 期。

环境法上，预防之概念与危险及风险可谓两相左右、如影随形”[①]，可通过预防环境污染危险来预防生态风险的发生。《刑法修正案（十一）》第41条将污染环境罪的加重处罚条件由原来的“后果特别严重的”改为“情节严重的”，意味着即便后果不严重，但是行为人具备主观恶性大或屡教不改或污染环境行为影响坏、人民群众反响强烈等严重情节的，也可以加重处罚。这一修改使该罪的处罚范围极大地扩张，处罚力度极大地提升。而且，环境犯罪的保护法益观也由所谓的人类中心主义递进为生态中心主义。后者的法益观，是以人类社会对生态安全的保护为宗旨，它是一种集体性法益而非个人性法益。“如果刑法被用来保护集体性或者弥散性的法益的话，比如说刑法用来保护环境的话，这是很有问题的”。按照哈塞默尔教授的观点，“如果单纯造成自然本身的损害的话，还不能动用刑法，只有侵害了个人核心利益才可以动用刑法进行处罚”[②]，否则，将会动摇刑法的根基。

事实上，工业社会的破坏力导致全球气候变暖、石油资源的破坏性开发、海洋资源受到污染等一系列全球性的环境污染和资源破坏。如果人类不停止破坏性开采，并反思工业社会对利益的无限制索求，未来世界的各种巨大环境风险更是难以预期，仅仅在“刑法典里面将污染环境的行为进行犯罪化是很简单的事情，但是更深层次的问题是，如果想要构建一个公平合理的解决环境污染问题的刑法方案，可能是相当困难的”[③]。“对于环境破坏和环境污染可以给人类带来巨大风险和灾难的行为，我们即使采取最激烈的态度和最严格的措施来反对和阻止它，并且还肯定能够得到官方的全力支持，但是这种反对和阻止环境破坏和环境污染的各种努力终究还是有一个限度。”[④] 即或在美国，在打击环境犯罪时，“那些主要依靠威慑和机械化施加处罚的执法策略不再受到重用”，“执法重点放在对公司进行法律培训上，帮助公司努力

① 蔡志方、蔡达智：《论科技法律之概念与衍生之问题》，正典文化出版社2010年版，注释49。

② ［德］基墨：《安全、风险与刑法》，江溯译，见梁根林主编：《当代刑法思潮论坛》，第3卷·刑事政策与刑法变迁，北京大学出版社2016年版，第296页。

③ ［德］基墨：《安全、风险与刑法》，江溯译，见梁根林主编：《当代刑法思潮论坛》，第3卷·刑事政策与刑法变迁，北京大学出版社2016年版，第295-296页。

④ ［德］乌尔里希·贝克：《从工业社会到风险社会（下篇）》，王武龙译，《马克思主义与现实》2003年第5期。

守法”[①]。抗制生态风险，最为有效的手段应该是朝着理性行政的方向发展，制定有效的行业、产业、企业生产标准体系，从源头而非从末端抓起。在这一点上，充分运用行政机制的“英国模式”[②] 可能值得我国借鉴。

网络犯罪及与之相关的恐怖犯罪、环境犯罪，是二十多年来我国象征性刑事立法的典型代表。除此之外，根据象征性立法的特征分析，在十部刑法修正案中还存在着其他象征性立法。例如，侵害人身权利类犯罪中的雇用童工从事危重劳动罪、组织未成年人进行违反治安管理活动罪，组织残疾人、儿童乞讨罪，这三个罪在北大法宝案例库中的案例数均显示为 0 个，这意味着它们对于保护未成年人事实上未能发挥任何实效。又如，侵犯财产类犯罪中的拒不支付劳动报酬罪［《刑法修正案（八）》增设的］就是一个“稻草人”罪名，该罪也只具有打击欠薪行为、建立正常的劳资关系的象征性意义而并无实际效果。[③] 此类象征性立法再如，《刑法修正案（六）》新增的强令违章冒险作业罪、大型群众性活动重大事故安全罪，不报、谎报安全事故罪，以及破坏金融管理秩序犯罪中的背信运用受托财产罪、违法运用资金罪、利用未公开信息交易罪、虚假破产罪、背信损害上市公司利益罪，贿赂犯罪中的对外国公职人员、国际公共组织官员行贿罪，对有影响力的人行贿罪，等等。当然，不能否认，从 1997 年现行刑法颁布至今我国刑事立法也有许多实效性立法的成功典范，比如，《刑法修正案（八）》新增的组织出卖人体器官罪，《刑法修正案（九）》修改《刑法》第 350 条增加的非法生产、运输制毒物品罪；《刑法修正案（七）》新增的组织、领导传销活动罪；《刑法修正案（十一）》新增的生物安全犯罪立法；等等。

三、“象征性立法”对刑法功能的损害

以抗制风险为己任的所谓现代刑法日益增多的象征性刑事立法，固然与风险全球化息息相关，“但更重要的是，国际条约下的折中妥协及实现国内

---

① ［美］尼尔·沙佛、阿隆·S. 罗特：《美国应对环境犯罪的行政范式与刑事对策》，颜九红译，《刑事法学》2009 年第 10 期。

② ［英］安东尼·奥格斯：《规制：法律形式与经济学理论》，骆梅英译，中国人民大学出版社 2008 年版，第 208 页。

③ 参见刘艳红：《当下中国刑事立法应当如何谦抑？——以恶意欠薪行为入罪为例之批判性分析》，《环球法律评论》2012 年第 2 期。

政策目标等……的考量”，“主导着”各国“刑事立法的整体走向”①。如果各国法治国的理念和目标不变，对这种走向必须予以反思。当今象征性刑事立法已经损害了刑法的法益保护功能、人权保障功能和实用功能。如同哈塞默尔指出，它使“刑法最大的功能在于象征性的功能，而这种象征性的功能成为现代刑法（相对于刑法固有的古典性预测）的共通（且独立重要的）内涵，亦可称为现代刑法”的主要功能，这也成为现代刑法的特征与危机。②

首先，象征性刑事立法服务于安全目的而损害了刑法的法益保护功能。刑法的目的是保护法益，“刑法只能保护具体的法益，而不允许保护政治或者道德信仰、宗教教义和信条、世界观的意识形态或者纯粹的感情”③。象征性立法服务于国家的政治安全目标，而不是具体的法益，从而使法益概念丧失了其本该具有的“告诉立法者合法刑罚处罚的界限”④，亦即合理限定刑法处罚范围的作用。

其次，象征性立法使法益抽象化。如前所述，象征性立法所保护的法益，出于危险防范的目的，都是弥散性或集体性法益，如恐怖犯罪保护的社会安全、网络犯罪保护的网络安全、环境犯罪保护的生态环境、经济犯罪保护的市场公平与秩序等。这些法益因其保护的是普遍性的社会中人们的利益，故又被称为超个人法益或者普遍法益。弥散性法益的特点是，它具有高度的广泛性、扩散性和蔓延性。象征性立法保护的法益之所以是弥散性的，与风险犯罪自身所具有的弥散性特点是相对应的。比如，“9·11”过去十多年后，美国即面临“弥散性”恐怖威胁，不复杂但更难防。⑤ 与经过长时间策划、组织结构完整、破坏性大、手段复杂的恐怖犯罪不同，类似于“9·11”事件或巴黎恐怖袭击事件等暴力恐怖事件具有个别针对性。弥散

---

① ［日］高山佳奈子：《“政治”主导下近年日本刑事立法》，谢煜伟译，《月旦法学》2009年第172期。

② Hassemer，Symbolische，2001，S. 1001－1019. 转引自林宗翰：《风险与功能——论风险刑法的理论基础》，台湾大学法律学研究所硕士论文2006年7月，第85页。

③ ［德］克劳斯·罗克辛：《刑法的任务不是法益保护吗?》，樊文译，见陈兴良主编：《刑事法评论》，第19卷，北京大学出版社2007年版，第147页。

④ ［德］克劳斯·罗克辛：《刑法的任务不是法益保护吗?》，樊文译，见陈兴良主编：《刑事法评论》，第19卷，北京大学出版社2007年版，第147页。

⑤ 参见《法媒：美国面临“弥散性”恐怖威胁 不复杂更难防范》，载http：//world. huanqiu. com/exclusive/2016－09/9461235. html，访问时间：2017年1月21。

性的恐怖威胁往往来自美国本土，是小团体在行动，它们跟外界的恐怖组织往往没有直接联系，他们更多的是通过网站、社交网络与极端组织发生接触，因而在攻击对象、时间、规模、手段等方面更具有扩散性和不易察觉性。与之相对，打击恐怖等风险犯罪的象征性刑事立法以保护弥散性法益为己任。如此一来，法益不再以某种具体客体对象的存在为前提，只要有抽象的客体对象如“安全”，就可以动用刑法。为了保障社会的安全，刑法不再是在发生了法益受侵害的危险或者威胁的情况下才介入，只要有抽象的危害公共安全的危险存在，就可以介入，有时甚至连这种危险都不必存在，只要有某种行为，就可以推定其侵犯了抽象的安全法益。与此相适应，刑法中出现了越来越多的抽象危险犯，实害犯渐渐退居其后。面对大量的不需要判断结果的抽象危险犯，刑法的可罚性界限前移。自由刑法以结果或实害为前提的惩罚机制以及行为与结果之间的因果联系性，在有效捍卫社会安全、防卫风险面前，都不再重要，法益保护由此日益早期化、前置化。“如此的发展将动摇行为刑法、法定原则、比例原则、以个别人归责为原则的罪责原则、诉讼法上不自证己罪原则、嫌疑刑法或警察法化的干预行为，甚至在复杂的诉讼程序上必须引用协商机制”。最后，“法益保护原则”也就不复存在并不再适用，而直接用“政策上是否该罚”来决定之。① 而这样做的后果将可想而知。

再次，象征性刑事立法因谦抑不足而损害了法的人权保障功能。现代刑法的象征性立法严重削弱了刑法的自由与人权保障功能。刑法的价值应该受宪法的约束，或者说刑法的价值应该与宪法的一致。宪法的价值是保障公民基本权利，刑法的价值自然也应如此，人权保障是任何时候都不可动摇的重要功能。在古典刑法时代，以社会契约论和三权分立理论为基础建立起来的自由刑法，对于当今各类刑事立法与刑法理论的构建仍具有坐标性的引领作用。具有法律意味、作为个体概念的公民，必须从法律那里获得对人的尊重。根据孟德斯鸠的理论，刑法从宪法处获得了为实现国家管理权而得以设立的正当化根据，而刑法的国家管理权的实现是以惩治犯罪和犯罪人以保障善良人为路径的。根据贝卡里亚的刑事法治理念，刑法对“坏”公民的惩治

① Hassemer，Symbolische，2001，S. 1008. 转引自林宗翰：《风险与功能——论风险刑法的理论基础》，台湾大学法律学研究所硕士论文 2006 年 7 月，第 86 页。

应有“度”的限制，包括广度与深度，前者是惩罚范围，后者是惩罚力度。因为每一个“善”的公民都是潜在的犯罪人，“刑法是犯罪人的大宪章，也是善良人的大宪章”，所以应限定国家的刑罚权，确保公民有最大限度的自由与权利。刑法与其他法之间的关系应该是“被动式”的：在站位问题上，刑法属于最后序列。因此，刑法的价值在以往是人权保障，在当今所谓的风险社会仍然是保障人权和自由。对此，芬兰刑法学者基墨（Kimmo Nuotio）指出，自由主义的刑法理论认为，“刑法不应成为社会管制、社会工程的手段，应当把刑法的目的限定在古典学派所理解的目的上面”，“刑法典的核心应当针对暴力犯罪或者侵害个人的暴力犯罪，如果运用刑法保护具有弥散性的或者集体性的法益的话，是不应当被允许的”[①]。而现在的情形却相反。这种保护弥散性法益或集体性法益的象征性立法对人权和自由的限制有目共睹。例如，2015 年 5 月，欧盟委员会通过的《金融行动工作队建议》规定，不仅资助恐怖主义的行为，对恐怖组织和恐怖分子的资助，即使与具体恐怖活动没有联系，也应该被定罪。[②] 再如，日本的《特定秘密保护法》较之以前的《防止间谍法》，其适用范围有根本的扩大：从专业性较强的“外交”“防务”领域，扩大到了涉及整个社会日常治理范畴的“外交”、“防务”（也称作“国家安全”）、“恐怖主义”和外延更加模糊的“特定有害”领域，而以往法律（《国家公务员法》等）中存在的“一般秘密”和“特别管理秘密”的区分在《特定秘密保护法》的体系下将被打破，一律被纳入严格限制的“特定秘密”范畴。而且，《特定秘密保护法》设立了“适应性评价”，即国家有权对涉密的所有公务与公益机构的人员及其家属的信息，包括隐私，进行常规的检查评估。这些规定都意味着，公权力可以合法渗透进私人领域，而且“秘密”的定义的广泛性和不明确性也将带来权力滥用的危险。[③] 入罪化、早期化、法益概念的抽象化、重罚化等特征，均表明象征性立法没有遵守刑法的谦抑原则，从而损害了刑法的人权保障功能。风险全球化促进各国反思对全球化的风险是否一定可以用全球化的法律手段来治理。即便答案是

---

① ［德］基墨：《安全、风险与刑法》，江溯译，见梁根林主编：《当代刑法思潮论坛》，第 3 卷·刑事政策与刑法变迁，北京大学出版社 2016 年版，第 295 页。

② 参见魏怡然：《后巴黎—布鲁塞尔时期欧盟反恐法的新发展》，《欧洲研究》2016 年第 5 期。

③ 参见潘妮妮：《〈特定秘密保护法〉与日本国民权利浅析》，《日本学刊》2014 年第 5 期。

肯定的，也应该认识到的是，全球化的法律是不存在的，其背后起作用的仍然是一国的意识形态。当今世界各国牺牲国内公民的自由度，迎合风险社会的风险治理理论，大量进行象征性刑事立法，也许得不偿失。

最后，象征性刑事立法因执行不足而损害了刑法的实用主义功能。法律的价值在于实用性与实效性。“法律中所存在着的价值，并不仅限于秩序、公平和个人自由这三种，许多法律规范首先是以实用性、以获得最大效益为基础的。”[①] 立法的实用性与法的适用紧密相连，立法的实效性与法的效益或者效果紧密相关。

一方面，象征性立法欠缺实用性。“象征刑法的功能而言即有未足之处，执行不足的出现即属于功能不彰。”[②] 我国象征性刑事立法所产生的新罪名，在司法实务中的适用率非常低，这使刑事立法成为徒具形式的象征，远离了法律的实用性。比如，多年以来，我国致力于公共安全的营造。为了有效防范大型群众性活动安全风险，2007 年即在《刑法修正案六》中增加了大型群众性活动重大安全事故罪。然而，自该罪实施以来，北大法宝案例库中显示的该罪的案例数为零。这表明该罪的司法适用很不理想。而且，更为重要的是，该罪对于抗制安全风险也并无实效。该罪产生之前的 2004 年北京密云踩踏事故造成 37 人死亡、15 人受伤；该罪产生之后还发生了 2014 年致 36 人死亡、49 人受伤的上海外滩踩踏事故。该罪的适用之所以效果欠佳，原因在于：其一，与该罪的要件设置不当有关。当今各种大型群众性活动多为自发性质，并不存在“举办大型群众性活动违反安全管理规定”的情形，如上海外滩踩踏事故发生时的活动，不属于任何单位或机构举办的，而是纯自发性群众活动，因此无法适用该罪。其二，此类事故发生的原因往往是人流量达到峰值，过于拥挤，以致有人摔倒或者发生突发情况，或者活动场所的建筑设计存在隐患。[③] 被寄予厚望的刑事法安全体系在维护社会安全方面完全没有作用。如果法律的实施持续低适用率，那么，刑法作为最实用的

---

① ［英］彼得·斯坦、约翰·香德：《西方社会的法律价值》，王献平译，中国法制出版社 2004 年版，第 2-3 页。

② 林宗翰：《风险与功能——论风险刑法的理论基础》，台湾大学法律学研究所硕士论文 2006 年 7 月，第 85 页。

③ 参见周进科、刘翠萍等：《拥挤踩踏事件伤亡情况和发生原因分析》，《中华灾害救援医学》2015 年第 2 期；刘艳芳：《大型群众性活动突发事件预警机制的构建》，《江苏警官学院学报》2008 年第 4 期。

法，其实用性价值无疑会受质疑。“法律不能被执行，即等于没有法律”①。当立法无法落到实处时，象征性立法只剩下了空空如也的文字。这对法律的权威性无疑是一种折损。

另一方面，象征性立法欠缺实效性。刑事立法必须具备“实效性”。所谓实效性，是指“通过刑罚来处罚某种行为必须是达到规制该种行为之目的的有效手段，如果即使使用刑罚来处罚某种行为也无法达到抑制该种行为的目的，那么刑罚法规的这种设置就违反了比例原则，是不应当被允许的”②。因此，一项新的刑法法规的产生，必须以此为基础才能具备正当性，而不能以回应大众情绪需求并安抚其痛苦为依据。既然网络犯罪及与之相关的恐怖犯罪、环境犯罪等象征性立法无法减少或抑制相关风险发生，甚至连司法适用的概率都非常小，那么，又何以证明刑事立法是抗制风险犯罪的有效手段？如果欠缺这样的实效，象征性立法的正当性是存在问题的。此外，前已述及，立法价值决定了立法者通过立法必须要获得利益，而且是最大利益即“最大效益”。象征性刑事“立法所具有的物质层面”，比如罪名与刑罚规范，“有助于立法形塑社会公众的心理层面，立法所构建起来的法律大厦，是社会应对风险的主要依据，这座大厦所具有的特征就是像防空洞对飞机轰炸那样的不可比拟的心理安慰性，这种心理层面的积极意义主要体现在立法通过确定风险可以消除公众的未知恐惧”，“有助于建立公众对政府的信任和情感，帮助人们寻找安全的精神家园”③，从而，象征性立法给立法者带来了精神利益。通过“安抚”与“被安抚”，象征性立法快速营造了国民的安全感，立法者与国民皆大欢喜。但是，如果立法无法使立法者获得真正的物质性利益，比如确如立法者所期待的那样减少或者防范社会风险的发生，那么，立法的实效性将受到怀疑。而且，这样的精神利益也只是一种精神麻痹而已，它会使立法者在追求象征性立法的道路上愈行愈远，从而使立法越来越不具有社会实效。事实上，这种心理安慰“对于防范和化解风险来说是无济于事的，因为这种掩饰既不能阻止巨大风险和灾难的到来，还往往会适得其反地起到加速或加剧的作用，以至于风险和灾难会在更大范围内造成更为

① ［英］洛克：《政府论》（下篇），叶启芳、瞿菊农译，商务印书馆2009年版，第138页。

② 陈家林：《外国刑法：基础理论与研究动向》，华中科技大学出版社2013年版，第11页。

③ 何跃军：《风险社会立法机制研究》，中国社会科学出版社2013年版，第56页。

严重的破坏"[①]。这种麻痹也可能使国家和政府因沉浸于其中而疏于寻找理性而有效的风险抗制途径，从而坐失良机。动用国家最宝贵、成本最高昂的刑事立法资源，不应该只满足于精神利益的获得，而应该追求刑法在风险抗制方面的物质利益。如果物质利益无法企及，则需反思此种立法的有效性，并努力寻找风险抗制的合理手段。

象征性刑事立法实效性的欠缺其实也并非立法本身的问题。风险犯罪的全球性也决定了对它们打击的难度非常之大。以恐怖犯罪为例：出于预防这些犯罪的目的而建立的全球性监管机构常常面临难题。"全球性的监管以多种形式出现，并出现了一系列负载的机构。它主要依赖犯罪发生地国所进行的刑事追诉。然而，这些国家不愿意赋予其他国家和国际机构在其领土上确定和实现全球监管的权力。"[②] 没有各国的通力合作，打击恐怖犯罪等以抗制人类社会巨大且难以预料的风险显然难以奏效。企图通过刑法这一法治手段化解或抗制风险，只能是一厢情愿。对于政治、军事与经济领域的问题，动用法律手段，尤其是法律的最后一道屏障——刑法手段，来予以解决，无异于画梅止渴并且小材大用了：它将政治、军事问题降低为法律问题，将经济问题混谈为法律问题，最终导致象征性立法难以产生实效。

四、结语

面对工业社会过度发展所导致的人类社会各种风险，各国虽然将"刑事立法的兴趣转向了风险预防"，以便对"新出现的不受人欢迎的行为能够迅速作出刑罚性反应"，并"通过设立大量的条款，使有效打击有组织犯罪和恐怖主义"等风险犯罪成为可能。然而，"为了实现这个目标，政治已经走到法律允许的边界了"[③]，刑法也已经走到宪法所允许的边界了。安全、稳定和繁荣，是国家政治的核心价值；自由与人权保障，是刑事法治的核心价

---

① ［德］乌尔里希·贝克：《从工业社会到风险社会（下篇）》，王武龙译，《马克思主义与现实》2003 年第 5 期。

② Shover Neal and Andrew Hochstetler，*Choosing White-collar Crime*，New York：Cambrige University Press，2006，p. 108. 转引自［美］亨利·N. 蓬特尔、威廉·K. 布莱克、吉尔伯特·盖斯：《忽视极端的犯罪率：理论、实践及全球经济崩溃》，蔡雅奇译，《中国刑事法杂志》2011 年第 1 期。

③ ［德］弗里希：《法教义学对刑法发展的意义》，赵书鸿译，《比较法研究》2012 年第 1 期。

值。日益增多的象征性刑事立法提醒人们，刑法的价值不应等同于国家政治的价值。当国家强制力被过度使用时，需要的可能不是法律，而是政治和国家的各个部门。刑事立法与司法，都应该防范国家过度追求安全稳定与社会保护，防止国家频频发动刑罚权来限制公民的权利与自由。刑法一再膨胀，工具主义被发挥到极致时，也是公民自由被限制到最狭小范围之时。果如此，则国家同样要在“维权”即维护公民的人权与自由与“维稳”即维护社会安全与稳定之间作出取舍。象征性刑事立法是一种人类对于害恶“古老、原始、直觉式的反应，虽快速但是系情绪化的”①，同时也可能是非理性的。在人类社会当今所面对的前所未有的巨大风险面前，人类必须寻求更为有效和理性的风险抗制手段。就对网络犯罪的研究范式而言，应当由立法论向解释论、由政法法学向教义法学转变。

① 黄国瑞：《刑法在风险社会的课题》，《警大法学论集》2016 年第 30 期。

第二章

网络刑法学的法教义学基本立场

在网络时代全球风险社会的影响之下，我国的刑事立法为了应对日益突发的各类风险，进行了一定数量的象征性网络立法。国民的“体感治安”、民众的安心感，成为晚近以来网络犯罪及与之有关的恐怖犯罪、环境犯罪等新型风险犯罪的立法理由。象征性立法因过多地服务于安全目的而损害了刑法的法益保护功能，因谦抑不足而损害了刑法的人权保障功能，因执行不足而损害了刑法的实用主义功能。在风险抗制与刑事治理的紧张关系之中，宜尽量恪守自由刑法的法治特质：刑法与其他法之间的关系应该是“被动式”的，在站位问题上，刑法属于最后序列。与立法论、政法法学的研究范式相对，对网络犯罪的刑法学研究应当回归解释论和法教义学的基本立场。

一、刑法学变革的逻辑：教义法学与政法法学的较量

在法学领域，曾经风靡一时的“中国法学向何处去”问题并未过时。只不过在当下，它以教义学法学与社科法学之争的面貌呈现出来；在刑法研究领域，则以教义法学与政法法学之争的面貌呈现出来。“刑法教义学建立了一个大家都对其内容精通或者至少都熟悉的学术系统”①。这对于对刑法知识的掌握和学习极为便利。时至今日，刑法教义学共识已深入人心，中国刑法应该实现教义学化似乎不再受到质疑。然而，刑法知识的教义学化还在路上而远未“化成”。苏力教授曾于二十多年前概括并粗略分析了当时中国三

① ［德］耶赛克、魏根特：《德国刑法教科书》（上），徐久生译，中国法制出版社2017年版，第61页。

种比较显著的法学研究传统——政法法学、诠释法学以及社科法学。[①] 后来，“法教义学”取代了“诠释法学”之称，政法法学、教义法学、社科法学这三种范式奠定了当代中国法学的基本格局[②]，并直接影响到部门法领域学派的形成。在刑法领域，我国继受苏俄知识的传统刑法学，实乃政法法学在刑法学领域的投影；我国继受德日知识的现代刑法学，实乃教义法学在刑法领域的构建体现。为了论述的方便，不妨将前者称为刑法政法学派，将后者则称为刑法教义学派。刑法教义学的发展看似兴盛，但与此同时政法法学的影响从未减弱。为此，审视当下刑法领域教义法学与政法法学的现实格局，进一步推动我国刑法学向教义法学变革的完成，是为当下刑法学研究的重要任务。

我国继受自苏俄的传统刑法学，其核心是主、客观相统一的定罪原则及平面四要件体系，它们贯穿在整个刑法理论之中，刑法学“政治化与意识形态化的倾向”[③] 非常明显。晚近以来，在中青年一代学人“刑法知识的去苏俄化”进程中，刑法学日益呈现“知识的教义学化”，但这种努力并未淡化刑法的政治化与意识形态化。比如，以陈兴良教授为代表的刑法学者虽然一再对社会危害性理论进行清理，但作为苏联刑法学的重要遗产，“它至今仍在我国刑法学上占据着统治地位”[④]。同时，建立在“以不变应万变的‘辩证统一’说”[⑤] 基础上的主、客观相一致的定罪原则，以主、客观相一致原则为基础的平面犯罪构成体系，以马克思辩证唯物主义哲学为基础的必然、偶然因果关系等，迄今为止仍然在绝大多数的刑法教科书中占据着通说位置，并在司法实践中具有重要地位。

法学派别形成的主、客观标志，大致有：成果卓著的法学家主体群和带头人、法学者的核心理论（学派创见的基本标志）、学术特质（学派形成的内在精神）、学术共同体（学派形成的人文条件）。客观上，学术不隶属于政治，学术自立基本上形成，法学研究基本上走出了翻译文化的引用，紧密结

---

① 参见苏力：《也许正在发生》，《比较法研究》2001 年第 3 期。

② 参见尤陈俊：《不在场的在场：社科法学和法教义学之争的背后》，《光明日报》2014 年 8 月 13 日第 16 版。

③ 陈兴良：《刑法知识的去苏俄化》，《政法论坛》2006 年第 5 期。

④ 陈兴良：《社会危害性理论：进一步的批判性清理》，《中国法学》2006 年第 4 期。

⑤ 李海东：《刑法原理入门（犯罪论基础）》，法律出版社 1998 年版，自序第 9 页。

合、深化、尊重国情，在思维方式上多元化。[①] 刑法政法学派与刑法教义学派之间不仅经过了长时间的争鸣，也有了双方各自的阵营和学术领头人及骨干，两个学术派别特色明显、泾渭分明。这一点无疑使刑法学科领先其他法学学科领域50年，因为其他学科比如法理学“如果现在有了学派意识，也得经过20年的努力学派才能成形，再加上争鸣的时间和后代传人的成才时间，大约需要50年”。虽然“这只是个逻辑推断，还缺乏经验事实的论证”[②]，但毕竟，刑法学领域已然形成了两个派别。

刑法政法学派以平面四要件为核心范畴并由此展开其理论体系，认为刑法的研究对象是犯罪，而犯罪的本质是社会危害性，刑法的定罪原则是主、客观相统一原则，刑法的哲学基础是马克思主义，刑法的研究方法是辩证唯物主义的研究方法，刑法的机能是社会保护，刑罚的目的是一般预防与特殊预防。刑法政法学派以政治学为导向，以政治话语构建其概念，以政治解读法律，形成了独具中国特色的刑法学。这个学派里的学者基本上是主导或参与新中国刑法的诞生与发展的德高望重的老一辈刑法学家、他们的弟子以及其他由衷赞成或者只是习惯了苏俄刑法知识的其他学者。这个学派基于政法整体性意识、中国整体性文化意识对刑法进行相对抽象的解读，学术的内部分化尚没有形成，理论认识高度一致。这个学派认同的法学观点，比如犯罪本质理论、犯罪既/未遂理论、共犯理论等，对现今问题缺乏解释力。这个学派“过多地强调政治因素”，过多地将政治的、社会的、历史的等因素吸纳进刑法研究之中，而这“可能影响法学的独立性”和刑法规范自身理论品格的塑造，刑法学独有的话语体系不明显，刑法的进入门槛因此而变低，以至于多年以前就有刑法学者提出构建“刑法槽”[③] 的问题。刑法与其他法律部门之间没有什么非常明确的界限，并常常共用一套话语体系，比如保卫人民民主专政的政权，（刑事）法律面前人人平等，所以刑法无法为整个法学领域贡献学科特色鲜明而独特的知识体系。同时，在刑法学研究中对政治因素的强调也潜移默化地影响了这个派别的学者内心中的价值认同，“‘由学入

① 参见汤唯、王加卫：《论中国法学流派分野的基本端倪》，《法律科学》2006年第6期。

② 陈金钊：《当代中国法学的流派化志趣（上）》，《扬州大学学报（人文社会科学版）》2007年第2期。

③ 陈兴良：《刑法哲学》，中国政法大学出版社1992年版，第702页。

仕’使得一批有才智的学人把时间耗在管理上，很可能使得这一学派的精品难出”①。不过，学术成果是否为精品尚需时间检验而不能遽下断言。这一派学者紧跟国家政治发展与民主立法，对中国刑法的制定与修改，反恐怖法、反间谍法、网络信息安全法等众多刑事法或与刑事治理有关的法律的制定奉献良多。如果说，“最近10年来，在中国共产党的正确领导下，我国法治领域取得了巨大成就，刑法领域也不例外”②。这其中在很大程度上，正是因为有这些学者们孜孜不倦的努力和贡献。这派学者在刑法规范研究的基础上，在国家治理层面的高度不断探讨“法治作为治国理政的基本方式”以及对我们“党在不断总结历史经验教训的基础上”如何加强“刑事法治的发展完善”等时代重大问题，并能有针对性地提出“中国特色社会主义法律体系的不断完善”“不断推进司法制度改革”，乃至“提高中国法治话语权”③等一系列关于加强和改进新形势下刑事立法、刑事司法等工作的有益建言，为推动刑事法治发展、进步指明了方向。作为新中国成立以后刑法学发展的开拓者和创新者，政法学派学者对中国刑法学的总体贡献令人尊敬并值得肯定。

从20世纪90年代开始，在刑法学领域，“有一种法学研究占据了中心的地位”，这种研究的“核心组成是对有效律的解释和系统化”④，这就是刑法教义学。放眼中国的刑法教义学派，已经形成了以三阶层核心范畴以及由此范畴延伸所形成的理论体系。刑法教义学派的核心问题清晰，比如，刑法研究的对象是犯罪，犯罪的本质是法益侵害，违法与责任是犯罪论体系的两大支柱；刑法的机能是人权保障，刑罚的目的是以目的刑为导向的报应刑；等等。刑法教义学派以德日刑法教义学知识为参照，“踏踏实实学习甚至复制”⑤德日刑法知识；以学术为导向，以法律话语构建其概念体系，以法理解释刑法规范，尚未但正在形成本土化的刑法教义学思想。这个学派的带头人是中国刑法学人中的少壮派，他们或者有德日留学背景或者继受习得德日

① 汤唯：《创建中国法学流派的主客观条件》，《法学》2005年第12期。

② 高铭暄：《关于刑法实施中若干重要问题的建言》，《法治研究》2013年第4期。

③ 高铭暄：《如何提高中国法治话语权》，《人民法治》2015年第1期。

④ [瑞典]亚历山大·佩岑尼克：《哲学有助于法律教义学吗?》，柳承旭译，见葛洪义主编：《法律方法与法律思维》，第4辑，法律出版社2007年版，第301页。

⑤ 苏力：《中国法学研究格局的流变》，《法商研究》2014年第5期。

刑法知识，其中的骨干精英多为带头人的年轻弟子，以及其他赞叹或向往德日刑法知识的学者。这个学派受西方法学具体划分标准的影响，基本上不整体性地研究刑法，而是主张基于各自不同的教义立场对刑法进行相对具体，从而观点处处对峙的细微解读。该学派的内部分化程度较高，理论认识并不统一，比如法益论与规范论、形式刑法学派与实质刑法学派、结果无价值论与行为无价值论等。该学派内部争论激烈，并在此基础上各自不断进行理论修正和提升。这个学派被认同的法学观点，比如西方经典意义上的罪刑法定主义、法益理论、可罚的违法性理论等，对现实案件具有深厚的解释穿透力。也正因为如此，其理论话语和学派阵地产生了日益扩大的影响力。这一学派为法学领域贡献了深厚而独特的知识体系，以及一大堆只有刑法学人，甚至只限于刑法教义学派的刑法学人，才能看得懂、听得懂的新观点。如果你“经常听到有人对有些新的观点说：看不懂、听不懂！这已根本不是什么指责了”[①]，反而恰恰表明了刑法教义学的高深之处。刑法教义学严格的概念、复杂的解释论与首尾一致的逻辑体系，使该“部门法高度技术化、体系化，形成了较高的‘进入壁垒’”[②]，一举解决了曾经的“门槛”问题。由此，刑法学科的自信心大为提升，刑“法学教义学者”无处不透着“那份骄傲、矜持和自豪”[③]。并且，这一学派的刑法学者受马克斯·韦伯“天职”观念影响[④]，主张“以学术为业”而非“学而优则仕”；他们认为“刑法是一门精细化的学问”，并致力于追求学术的精深发展和高深造诣，这使几乎所有的刑法教义学者都把时间和精力用在了学术探索之上，从而这一学派成果迭出并产生了广泛的影响，法律学术和法律实践的受众日益增多，刑法教义学派可谓初成。

在当下中国，“法教义学并非如某些批评者说的那样已经是法学的主流，相反，自觉的法教义学反思只是正在发生。距离概念清晰、逻辑谨严、体系完整的目标还甚为遥远，其与法律实践的良好互动也未形成”[⑤]。在刑法教

---

① 陈金钊：《当代中国法学的流派化志趣（上）》，《扬州大学学报（人文社会科学版）》2007年第2期。

② 许德风：《法教义学的应用》，《中外法学》2013年第5期。

③ 苏力：《中国法学研究格局的流变》，《法商研究》2014年第5期。

④ 参见苏力：《遭遇哈姆雷特》，《读书》2002年第5期。

⑤ 陈林林：《法治的三度：形式、实质与程序》，《法学研究》2012年第6期。

义学领域，一方面，相对于其他部门法的法教义学建设，刑法教义学领域已走在前列。刑法教义学者很早就有了自觉的法教义学意识，并进而展开了对刑法教义学的立场之争等根本性问题的探讨。尤其难能可贵的是，刑法教义学者早就产出了法教义学意义上的刑法教科书[①]，这对于刑法教义学的形成和发展来说至关重要，因为根据部门法教义学者的看法，“法教义学最主要的载体是教材”[②]。刑法教义学的性质、结构以及功能给刑法教材提出了最低要求，它要求刑法教材为了体系的完整、概念的严谨、教义的发展，必须有着对刑法理论的精准把握及学者独创的自我观念，有着独到而深厚的刑法规范解释能力，并且将其所主张的教义学立场贯彻始终，形成方便刑法学习者学习的教科书。然而，另一方面，刑法教义学虽然发展兴盛，但教义学派内部立场对立鲜明，能取得中国刑法学者共识的教义还在探讨中；刑法教义学派虽然成果众多，但它并不完全已是刑法学的主流，政法法学极为旺盛的活力与重要的地位，导致其与刑法教义学之间的较量一直都存在且远未结束，在某种程度上，政法法学可能还要更有优势。“红皮”[③]与“黄皮”教科书的观点对峙及各自热销充分地反映了政法法学与教义法学在刑法领域的较量格局。

刑法政法学派与刑法教义学派之间的关键性差别是政治化与法治化。政法法学欲将政治与法治融合为一体而为政法，但其实起主导作用的仍是政治。中国刑法欲实现变革，必须从政法法学向教义法学转换。“在中国，政治对法律的理解被凝结在‘政法’这个概念中，至少在具有政治意义的社会领域法律仍然被政治统帅。”[④]这决定了（刑法）政法学派至少在当下还没有出现苏力教授所预言的“传统上地位显赫的政法法学确实已经衰落”。政法法学非常重视刑法实施的社会效果，因为这关系到社会稳定。当我们办理刑事案件讲究社会效果与法律效果的统一、民意与法意的统一时，刑法的形式性可能就会因此而服务于实质性，教义法学的体系与逻辑的完整性可能就会服务于社会与案件的具体需求，抽象正义让位于个案正义，法律稳定性让

---

① 参见张明楷：《刑法学》，5版，法律出版社2016年版。

② 王本存：《论行政法教义学——兼及行政法学教科书的编写》，《现代法学》2013年第4期。

③ 参见高铭暄、马克昌主编：《刑法学》，7版，北京大学出版社、高等教育出版社2016年版。

④ 伍德志：《欲拒还迎：政治与法律关系的社会系统论分析》，《法律科学》2012年第2期。

位于社会稳定性。总之，政法法学使“法律判断承担了过多的政治判断、社会判断和后果裁量的负担”[①]，从而最终损害了法治。

刑法教义学派的形式法治特点有助于实现刑事法治的安定性。刑法作为最严厉的法律，较之任何其他部门法，都更需要体现法律的安定性。教义法学倡导的形式法治恰恰有助于实现法的安定性。“法教义学与形式法治观的关联在于，形式法治的基本目标（法律的一般性、法律的明确性、法律的体系一致性、法律的可预期性和稳定性等）的实现，有赖于法教义学层面的技术保障”[②]。为此，刑法学的发展应“在法学方法上的切割伦理、政治、历史和社会的因素，能够保证法的安定性和自治性，使法外因素的偶然和恣意得到控制，特别是能保证人们的生活免于政治的恣意，实现一种法律下的安全”[③]。这是通过方法的转变实现刑法学研究范式的变革。在研究内容上，去除前述与政法法学紧密相关的内容，以刑法教义学的基本原则为约束，将目光往返流转于刑法规范与案件事实之间，通过个案的判决与理论发展，及至类案的适用，得出具有普遍性的教义，诸如自我答责、客观归责、主观罪责等等各种教义，将刑法学推向具有深厚理论的科学化道路，通过众多教义的形成而淡化人为加诸法学的政治化色彩，强化并打造刑法的科学气质。

法治的建立固然“需要政治的决断和判断”[④]，但是，这并不意味着法学的学术研究应该政治化。教义学化的法学研究对于法治的实现反而可以起到政治之外的学术作用，亦即政治与学术的双重作用。作为部门法的刑法学科，应告别政法法学，实现教义法学。这应该是我国刑法变革的必由之路。

二、中国刑法教义学化过程中的五大误区

晚近以来中国刑法学的发展一直在去苏俄化之后教义学化的道路上发展，“‘教义学共识’也逐渐在一些部门法领域凝聚形成”，“‘宪法教义学’

---

① 陈林林：《法治的三度：形式、实质与程序》，《法学研究》2012年第6期。

② 张翔：《形式法治与法教义学》，《法学研究》2012年第6期。

③ 陈林林：《法治的三度：形式、实质与程序》，《法学研究》2012年第6期。

④ 苏力：《“法治中国何以可能”背后：伪假定VS真命题》，《探索与争鸣》2016年第10期。

‘刑法教义学’‘民法教义学’等逐渐在中国法学界广为人知”[①]。然而，刑法教义学的广为人知不等于刑法学的知识转型已经完成。中国刑法如何实行教义学化，其实是在学界达成教义学共识之后更为重要的问题。“每个时代都必须重写它的法教义学”[②]，当下中国主张刑法教义学的学者基本上都在做此项工作。刑法教义学作为源于法教义学并同时具有刑法学科的知识体系，是刑法教研与实践的工具。这种部门法的教义学，必须基于法教义学的源头以及刑法学科的自身属性，基于立法的基础，经过理论的论证，见于司法实践的适用，才能担当起中国刑法学研究转型的重任。然而，在重写中国刑法教义学的过程中，可能存在一些误区。对之及时加以澄清或探讨，对于今后我国刑法教义学的发展具有重要理论与实践意义。

误区一：在未对“刑法教义学”达成共识的情况下，即已纷纷展开教义学的具体研究

什么是刑法教义学及其中的教义？刑法学界在构建中国刑法教义学时，并未对这一问题进行深入探讨，因而也未能形成对其内涵与特质的中国刑法学界共识。也许在刑法学者看来，诸如什么是法教义学这样的理论准备工作应该由法理学者完成，部门法学者直接借鉴即可。糟糕的是，对整个法学领域而言，什么是法教义学，其实是一个“奥古斯丁的难题”。阿列克西（Alexy）就曾指出，“关于法教义学的概念”，“该问题完全不是很清楚的。尽管有愈来愈多的论著触及这个题目，然而至今还没见到法教义学之普遍被认可的学说”[③]。由此导致的问题是，在我国刑法学界，对刑法教义学也缺乏一个大家一致认可的学说。

中国刑法学者在中国刑法的教义学化过程中绕过了对“什么是我们所认同的刑法教义学”[④]问题的探讨，而直接肯认方法或者表明立场，可谓一出场便“亮剑”。前者如陈兴良教授早在2005年即对刑法教义学方法论进行了分析，指出“罪刑法定原则下的刑法适用，在很大程度上依赖于对法律的正

① 尤陈俊：《不在场的在场：社科法学和法教义学之争的背后》，《光明日报》2014年8月13日第16版。

② ［德］拉德布鲁赫：《法教义学的逻辑》，白斌译，《清华法学》2016年第4期。

③ ［德］阿列克西：《法律论证理论》，舒国滢译，中国法制出版社2002年版，第310页。

④ “什么是我们所认同的刑法教义学”，这一命题系借鉴自“什么是我们所认同的法教义学”。参见雷磊：《什么是我们所认同的法教义学》，《光明日报》2014年8月13日第16版。

确解释以及在此基础上的逻辑推理。为此，在刑法理论上应当加强法教义学方法的研究”[①]。后者如冯军、张明楷教授先后表明了其规范论或法益论的教义学立场。[②] 这些极其重要的中国刑法教义学论述都有一个共性，即有方法论与学派意识自主性，但缺乏对于什么是刑法教义学的深入探讨；即或在表明立场之前对于何为刑法教义学有所涉及，也只是为表明选择何种教义学立场而简短论及。由此一来，中国“教义刑法学概念内涵不明，令人困惑”[③]，不但增加了本就对刑法教义学质疑者的疑虑，更增加了中国刑法教义学化的难度。众所周知，法教义学的一个重要功能是教学功能，对于刑法学习者而言，高深的法理学知识或其对法教义学长篇累牍的探讨可能恰恰会影响对刑法教义学的领会和推行。为此，刑法学者有义务将法教义学概念部门法化。

首先，何为（刑）法教义学？（刑）法教义学的定义多元化，然而，纷繁复杂、表述各异、角度不同、重点殊化的各种概念，反而令人更加困惑：什么是刑法教义学？比如，刑法学界使用得最为广泛的刑法教义学概念，是罗克辛教授的“刑法教义学‘是研究法刑法领域中各种法律规定和各种学术观点的解释、体系化和进一步发展的学科’”[④]。但是，仅此抽象的定义并不易令人了解刑法教义学的全貌或者核心。学者至少应该讨论：对刑法教义学的最低共识是什么？如果说因为德国刑法学者在这方面的努力实在令人瞩目，所以中国刑法学界的确没有必要再给刑法教义学下一个定义的话，那么，就“什么是我们所认同的刑法教义学”达成共识，也可以说在某种程度上是对刑法教义学中国化的一种尽管粗浅但可能有意义的尝试。分析所有的（刑）法教义学的诸多概念，规范、解释与体系是刑法教义学的核心。围绕它们，也许可以找到这个共识。

刑法教义学以刑法规范为研究对象。构成法教义学“研究对象的是实定法秩序。它是一门关于现行法”或者说“实在法的科学，而非应有法的科

---

① 陈兴良：《刑法教义学方法论》，《法学研究》2005 年第 2 期。

② 参见冯军：《刑法教义学的立场与方法》，《中外法学》2014 年第 1 期；张明楷：《也论刑法教义学的立场》，《中外法学》2014 年第 2 期。

③ 齐文远：《中国刑法学该转向教义主义还是实践主义》，《法学研究》2011 年第 6 期。

④ ［德］罗克辛：《德国刑法学总论》，第 1 卷，王世洲译，法律出版社 2005 年版，第 117 页。

学”，它“处理的是法规范而非法事实”[①]。易言之，刑法教义学是关于实然法的科学，不是关于应然法的科学。刑法规范，是刑法教义学的出发点，也是其核心。这决定了对待刑法的态度是动辄嘲笑立法还是奉法律规范为圭臬。前者是立法中心主义，它会导致立法的发达和盛行，但却对法学理论助益甚微；后者是释法中心主义，主张动用法律解释原理与技艺将不好的法律解释为好的，所谓拾漏补缺是也。以刑法规范为核心的刑法学，无疑更加强调后者，因为只有如此，刑法学才会成为具有理论内涵与理论发展的科学，而非立法学。

刑法教义学以刑法解释为研究方法。“法教义学是一门探究法的客观意义的科学”，“它确定法应当被如何理解”[②]。针对个案的解释将刑法中抽象的构成要件变成具体的构成要件，个别的案件事实经过构成要件的适用解释“成为类型化的‘案情’”。同时，刑法理念，比如罪刑法定原则等，也适用于案件事实，从而被具体化及实证化，以便形成新的概念。另外，所讨论的案件事实又“以法律理念为导向来进行典型建构及形成”[③]。通过构成要件体系对个案犯罪事实的转换适用，发挥前者的规范评价作用，进而得出解释结论。

刑法教义学以体系化为其研究目标。法教义学的重要特点之一是体系化，法教义学“将法律描述为一个体系化的整体”[④]。法教义学并不仅仅是经验层面的分析或描述，也不是纯粹描述性的研究立场。它在关注案件事实与意义寻找以及经验知识和规范价值判断的同时，注重将它们“教义化”，“以至于当今后的司法裁判再次遇到类似问题时只需‘中立地’适用教义即可”[⑤]。例如行为理论体系、共犯理论体系，等等，这些理论体系最终合力推动犯罪论体系的形成与变化。犯罪论体系是整个“刑法学上的认知体系”，而认知体系的建立是在“体系要素——也就是个别的概念——澄清到一定程度的时候，方才会发生，而认知体系建立之后，会使概念体系的建立更加迅

① ［德］拉德布鲁赫：《法教义学的逻辑》，白斌译，《清华法学》2016年第4期。
② ［德］拉德布鲁赫：《法教义学的逻辑》，白斌译，《清华法学》2016年第4期。
③ ［德］考夫曼：《法律哲学》，刘幸义等译，五南图书出版有限公司2000年版，第18页。
④ ［德］拉德布鲁赫：《法教义学的逻辑》，白斌译，《清华法学》2016年第4期。
⑤ 雷磊：《法教义学的基本立场》，《中外法学》2015年第1期。

速，更加丰富”[①]。通过对个案事实乃至同类案件事实与刑法规范适用的解释分析，寻找到教义化的一般概念或理论后，一方面将之再适用于司法实践以检验其真伪，另一方面则将一般概念或理论要素上升到犯罪论体系即刑法认知体系层面思考，从而完成刑法的教义化过程。概念的系统化，是刑法学习的必然产物，同时也是学习的工具。刑法教义知识的体系化，能确保刑法知识的提升与传承，以及司法实践的准确适用。

刑法教义学的三个核心——规范、解释与体系紧密联系。“法教义学的概念论立场最核心之处即在于对法律的规范性是什么以及规范性如何可能的问题进行法哲学和哲学上的阐释”[②]，在针对刑法规范进行解释之后，对解释结论进行归纳与总结，使之上升为普遍有效的教义性的刑法概念，并最终与整个刑法秩序发生关联，从而实现教义学知识的体系化过程。同时，这些教义性的刑法概念，最终回过头来指导个案，最终完成从个案到一般解释原理的形成这样一个完整的循环过程。通过解释，刑法规范得以发挥实用性；通过个案到一般解释原理与概念的归纳，刑法体系得以发展。规范、解释与体系是任何一种（刑）法教义学定义不可或缺的核心元素。离开（刑法）规范，教义学将无所依附；而离开（刑法）解释，教义学将无法成为学问；离开刑法教义学概念的体系化建构，刑法将无法成为科学。以刑法规范为出发点，“一方面是解释，另一方面是建构与体系化”[③]。这就是全部刑法教义学的核心。

其次，何为刑法教义学中的教义？刑法学中公认的教义有哪些？这对于刑法教义学的认同和接受以及未来发展至关重要。刑法学中公认的教义，是刑法教义学的最大成果，也从侧面说明了何为教义。

了解法教义学的词源可以帮助我们更好地理解何为教义。刑法教义学德文为 Strafrechtsdogmatik，其中“dogma”意为“教义”。Dogma 的词义来源于希腊文 dogma，后者则从 dokeimoi 演变而来（意为“使我明白，说服了我”）。Dogma 意指定理、原理或原则，后来被引申为教义或信条。[④] “从

① 许玉秀：《当代刑法思潮》，中国法制出版社 2005 年版，第 54 页。

② 雷磊：《法教义学的基本立场》，《中外法学》2015 年第 1 期。

③ ［德］拉德布鲁赫：《法教义学的逻辑》，白斌译，《清华法学》2016 年第 4 期。

④ 参见陈妙芬：《Rechtsdogmatik——法律释义学，还是法律信条学化》，《月旦法学杂志》2000 年第 3 期。

学术角度看，Dogma 这个概念首先是在哲学中使用，然后在（基督的）神学中使用。其中，Dogma 是‘基本确信’、‘信仰规则’的意思，它不是通过理性的证明，而是通过权威的宣言和源自信仰的接受（Akzeptanz）来排除怀疑，从这个意义上，Dogma 应当具备效力。”① 简言之，教义，就是神圣规则、信仰规则。其一，教义是差异化、系统性、稳定性的概念。教义本身千差万别，一个部门法有很多教义，但同时，这些教义又都为体系化服务，以最终维护裁判的统一，发挥法治的稳定性功能。埃瑟（Esser）指出，法教义学关注的是“概念的差异化、系统化以及稳定性”②。从法教义学的历史来看，使用教义可以保证司法裁决的一致性。这一点非常重要。“这种一致性并不强调结果的一致性，而是论证的一致性”，亦即法教义学中解释的一致性，维护裁判统一，“确保对相同案件能够一视同仁”③ 普遍有效的原理。其二，教义具有填充法条与超越法条的同质性。教义颇有几分法律原则的特点，是刑法领域长期发展理性法的思考并经过实践理性检验而获得公认的刑法法理。这样的刑法法理来源于刑法规范又超越了刑法规范，从而使“法教义学”具有“超越法条的功能”④。如果没有这样的功能，只能囿于刑法规范内部，就不可能对实定法进行发展和推动。其三，教义最终回到法条并为实践服务。“法教义学的教义性”在于“它的理性思考结果必须能够再回到法条上来”⑤，如果最终不能回到法条并为司法实践服务，那不是教义而是教条。具体到刑法领域，参考魏德士关于法律教义的看法，刑法教义包括一切可以在刑法领域中找到的理论规则、基本规则和原则。⑥ 据此，简单地说，在刑法领域那些被确信、认同的规则，可以被称为刑法教义学中的教义。

在今天日益增多的法律部门中，真正拿得出手的“教义”并不多，而其中，公认的刑法教义毫无疑问首推犯罪构成理论。人们“理解的法教义学主要关涉制定法的司法解释，但除制定法、判例外，也包括个别部门法学者长

① ［德］魏德士：《法理学》，丁小春、吴越译，法律出版社 2013 年版，第 136－137 页。
② ［德］弗里希：《法教义学对刑法发展的意义》，赵书鸿译，《比较法研究》2012 年第 1 期。
③ ［德］弗里希：《法教义学对刑法发展的意义》，赵书鸿译，《比较法研究》2012 年第 1 期。
④ ［德］弗里希：《法教义学对刑法发展的意义》，赵书鸿译，《比较法研究》2012 年第 1 期。
⑤ ［德］弗里希：《法教义学对刑法发展的意义》，赵书鸿译，《比较法研究》2012 年第 1 期。
⑥ 参见［德］魏德士：《法理学》，丁小春、吴越译，法律出版社 2013 年版，第 137 页。

期奉行的学说，如刑法的犯罪构成理论”[①]。刑法知识的教义学化首先是刑法总论的教义学化，而“刑法总论的教义学化，主要是指建立一个合理的犯罪论体系”[②]。犯罪构成理论是根据刑法的罪刑法定原则所蕴含的法治内涵，发展出来的解决定罪量刑这一刑法基本问题的重要理论。刑法理论在分析犯罪是否成立时，早期并无犯罪构成理论，罪刑擅断代替了规范认定。自 18 世纪启蒙运动以及罪刑法定主义诞生之后，才发展出了以行为为中心、以犯罪的客观违法与主观归责为内容的犯罪构成理论。解释刑法分则中的每个规范可以发现，行为是它们的共同核心和解释难点，为何要归责（客观违法）以及归责于谁（主观有责）这样的问题被贯彻在整个刑法分则体系的内在之中。将这样的内在意义脉络提炼出来，并使之上升为全部刑法分则规范背后的原理，那就是犯罪论体系。每种罪行是否构成犯罪，均可由犯罪构成理论这一教义出发来认定，从而降低了刑法适用的成本；通过它，不同行为在犯罪认定上的差异性被解决了，从而为刑法提供了一个稳定的可以确保司法裁决一致的概念和系统，并使之具有强烈的实践性；它始终为刑法体系服务，它约束着法官的判决，避免恣意性，始终保持着论证即法解释上的一致，并进而保证着罪刑法定主义形式正义价值的实现。因此，犯罪构成理论不但方便了法律人的工作，而且更为重要的是，它落实了法的安定性，并确保了刑法教义学的结构性稳定。这正是法教义学的价值所在。因此，犯罪构成理论既是一种刑法教义学理论，也是一种刑法教义学方法，它是典型的刑法“教义”。对于作为刑法“教义”的犯罪构成理论，有学者认为，它专指阶层式的犯罪论体系：“大陆法系的犯罪阶层体系是一种教义学体系”，我国继承自“苏俄的犯罪构成体系则背离了刑法教义学传统”[③]。这种说法有一定道理，然而也难免偏颇。无论哪种犯罪构成理论，在一定程度上都具有“教义”的系统性、稳定性、填充与超越法条的通识性以及实践性等特点，我国的犯罪构成理论也有一定的教义色彩。只不过，相比较而言，阶层犯罪构成理论“所具有的递进性、动态性以及犯罪成立条件之间的位阶性”使其“具有逻

① 参见苏力：《中国法学研究格局中的流变》，《法商研究》2014 年第 5 期。

② 陈兴良：《刑法知识的教义学化》，《法学研究》2011 年第 6 期。

③ 周长军、马勇：《刑法教义学与犯罪论体系的分野》，《政法论丛》2009 年第 3 期。

辑性与实用性”，因此，它“是一种教义学化程度更高的犯罪论体系”[①]。刑法教义学发端于德国法学界，阶层犯罪构成理论同样发端于德国（刑）法学界，其理论脉络和学术传承就决定了它较之平面犯罪构成理论具有更高的教义性。

犯罪构成理论是罪刑法定主义落地于刑法犯罪论领域的一杆大旗。犯罪构成理论是刑法公认的教义，那么，罪刑法定原则是否为刑法教义学中公认的教义？罪刑法定有两个层面的意义：一是作为刑法法定主义基本理论的罪刑法定，此即罪刑法定主义；二是作为实定法基本原则的罪刑法定，此即罪刑法定原则，比如中国刑法第 3 条的规定。罪刑法定主义产生于罪刑法定原则之前，无论各国刑法是否以及何时规定罪刑法定原则，不可否认的是，历经 17、18 世纪启蒙思想家的讨论，及至 19 世纪刑法学者费尔巴哈的“法无明文规定不为罪不为刑”的标语化，罪刑法定主义作为一种重要理论影响了世界各国刑法。罪刑法定主义指引着全部刑法理论的法治目标，决定着刑法解释的方法与方向。它是刑法体系化的指针，是刑事法治的稳定器，更是应对司法实践的指南针并因此为实践减负甚多。有了它，可以解释是否违背罪刑法定来论证其有效性，故它对刑法的适用发挥着基底性的约束作用，同时其形式与实质的双侧面一同发挥着对刑法的革新与批判功能。“法教义学应当通过对相关规范的解释，最终形成法体系的内在意义脉络。这个意义脉络提纲挈领的表现就是这一法规整的法原理与法原则”，“例如刑法上的‘罪刑法定’，并未告知何为罪，只是说‘犯罪’必须由某种规范预先明确规定，否则就不是罪。这样一来，法教义学就与多种多样的道德、政治诉求保持了中立关系”[②]。在这个意义上，刑法教义学可以说是罪刑法定之学：全部刑法理论体系的构建其实都是解决何为“法无明文规定不为罪”、何为“法有明文规定即为罪”的问题，亦即处罚的边界问题，这一问题，正是罪刑法定主义的全部核心。通过罪刑法定主义，解释刑法规范，尤其是分则的罪刑规范，并使之适用于司法实践，最终形成一整套体系化的内在意义脉络，比如犯罪论体系等。因此，作为理论的罪刑法定主义，当然是刑法的“教义”。作为“教义”的罪刑法定主义，与作为刑法基本原则的罪刑法定原则，是不

① 陈兴良：《刑法知识的教义学化》，《法学研究》2011 年第 6 期。

② 王本存：《论行政法教义学——兼及行政法学教科书的编写》，《现代法学》2013 年第 4 期。

矛盾的，后者是法典化的产物，前者是后者的先导。

穷尽所有的刑法教义无疑是困难的，也是不可能的，比如，刑法中的犯罪概念是否为刑法教义？“德国刑法教义学历史悠久，同时也是德国刑法学的核心内容。在德国，犯罪概念的发展颇具特色，各种概念的基本内容有时候彼此补充，有时候又相互交织在一起。”[①] 犯罪概念引发的是对犯罪的本质、罪与非罪、入罪与出罪等基本问题的探讨，它决定着一国刑法犯罪认定的半径，以及刑法犯罪构成理论如何具体化等问题，因此，犯罪概念是刑法教义学的重要教义。法益论与规范论的对峙既体现了法教义学的立场，也体现了不同犯罪概念对刑法教义学的影响，而这，似乎可以印证法益论与规范论都应该是刑法教义学的重要概念。法益主要是犯罪概念所关心的内容，因此，认为犯罪概念是基本的教义似乎不存疑问。当然，这样的论证恰恰表明，刑法中有哪些公认的教义，其实是一个需要逐个探讨的问题，远非寥寥数语即可得出结论。但是，总体上可以认为，刑法中的教义还有很多，比如行为论、不法与罪责概念，等等，以及现代刑法教义学领域新发展出来的教义，比如“客观归责理论发展成为刑法教义学”[②]，从而使其成为新的刑法教义。刑法教义学的任务正是不断使用和发展各种教义，以使刑法学具有更多获得共识的理论成果，学科也更具有科学性。

误区二：在未将刑法教义学与刑法解释学之间的关系彻底厘清时，等同使用这两个概念

明确了刑法教义学是关于刑法规范的解释及其体系化的学科，也无法回答一个紧紧跟随也困扰着（刑）法教义学的问题，即刑法教义学与刑法解释学之间的关系。对此问题，刑法学界存在着不同观点。一种观点认为，刑法教义学就是刑法解释学。比如张明楷教授认为，“刑法教义学就是刑法解释学”，“不要以为刑法教义学有别于刑法解释学……更不要以为，将刑法解释学更名为刑法教义学之后，我们的刑法学就向前迈进了一大步”[③]。对此观

① ［德］阿恩特·辛恩：《德国犯罪理论的发展及现状》，徐久生译，《国家检察官学院学报》2009年第1期。

② ［德］阿恩特·辛恩：《德国犯罪理论的发展及现状》，徐久生译，《国家检察官学院学报》2009年第1期。

③ 张明楷：《也论刑法教义学的立场》，《中外法学》2014年第2期。

点，陈兴良教授也表示赞同："刑法教义学与刑法解释学具有性质上的相同性。刑法教义学只是与刑事政策学、犯罪学、刑罚学以及刑法沿革学之间具有区隔性，但与刑法解释学则是一词二义而已。因此，并不存在一种刑法解释学之外的刑法教义学。"① 陈瑞华教授也指出，"一些法学研究者有个思维定式，对于明明属于自己每天都在坚持的东西，经常要冠之以西方的名称和概念。对那种以法律规范为研究对象的方法，本来已经有'规范法学''法解释学'等现成的称谓，可一些学者却偏偏引入了源自德国的'法教义学'这一个洋名词"②。第二种观点认为，刑法教义学与刑法解释学之间还是"略有区别的"，"刑法教义学基于体系内的逻辑一致性对刑法规范进行解释，形成的共识性理论通常就成为刑法上的所谓教义"③。以上两种观点中，持第一种观点的学者都认为，刑法教义学就是刑法解释学，它们是等同的概念。至于理由，他们没有深入说明。第二种观点指出了刑法教义学的体系性特征，以及其与作为发展刑法教义学之工具的解释学之间的区别。这无疑是难能可贵的。但是，对于刑法教义学与刑法解释学之间的关系，它还欠缺更为全面和深入的探讨。那么，刑法教义学和刑法解释学之间是什么关系？刑法教义学等同于刑法解释学吗？在建立刑法教义学的过程中，这一问题实乃涉及法教义学与法解释学这一法学领域（而非仅仅是刑法领域）的根本性问题。

从法教义学的来源分析，法教义学的两大分支是神学和法学，而"巴勒施泰特和福斯特霍夫就明确指出：'神学和法学在本质上就是注释学，也就是解释的科学。'"④ 从历史上看，这种解释是独断性的。"法律的权威不是建立在人们对它的理性研究的态度之上的，而是借助于政治上的强者。因此，传统法学对法律的研究基本上是建立在一种对之深信不疑的基础上，而鲜有批判精神。一如对圣经的解释态度，法律解释学亦被归属为一种独断性解释学。"⑤ 而独断性解释的意思是，"文献中的意思早已清楚明了，无须我

① 陈兴良：《刑法教义学彰显对法条的尊崇》，《检察日报》2014 年 7 月 1 日第 3 版。

② 陈瑞华：《法学研究方法的若干反思》，《中外法学》2015 年第 1 期。

③ 孙国祥：《刑法教义学与刑事一体化关系论要》，《法治现代化研究》2017 年第 4 期。

④ ［德］弗里希：《法教义学对刑法发展的意义》，赵书鸿译，《比较法研究》2012 年第 1 期。

⑤ 焦宝乾：《法教义学的观念及其演变》，《法商研究》2006 年第 4 期。

们重新加以探究”[①]。换言之，在对刑法规范进行解释之前，“法律解释的独断性，假定了事实的法律意义在被解释出来以前，是存在于法律文本之中的，法官解释只能解释出法律的意义”[②]。毫无疑问，这种意图排除法官主观任意性的独断性法律解释，并不是真正意义上的法律解释学，而是真正意义上的法教义学。如前所述，法教义学是一门探究法的客观意义的科学，这正是拉德布鲁赫对法教义学的界定。正因为如此，“所谓独断性的法律解释学，在法学上，往往亦被称为‘法律教义学’”[③]。正因为法教义学一开始就和法解释学联系密切，人们常常误以为法教义学就是法解释学。这也是中国刑法教义学化过程中的两个“不要论”的理由。此外，“法教义学和法律解释学都具有鲜明的实用科学和技术科学之特征，具有突出的实践品格”等共性，这些“恐怕也是人们往往将二者等同视之的重要理由”[④]。

然而，仅仅因为法教义学与法解释学之间关系密切就认为（刑）法教义学就是（刑）法解释学，显然非常武断。实际上，（刑）法教义学不等同于（刑）法解释学。法教义学是德国法律文化的标志，它具有地域文化性。英美国家的法律思考一般不谈法教义学，更多的是以实用主义为法律思考方式。而法律解释学是跨时空、跨地域、跨文化的法律适用方法，无论是大陆法系国家还是普通法系国家，无论过去或现在，都会使用法解释学方法适用法律。

考察法教义学的历史发展，从古希腊、罗马的法教义学观念到中世纪时期的法教义学观念，及至中世纪以后16世纪到18世纪的法教义学观念，以及19世纪法教义学的观念变化，德国法学家逐渐形成了一种习惯，即“越来越多的法学家认为自己的任务主要就是对法律概念进行逻辑分析，之后建构法律体系，它是一种体系运用于司法裁判，并逐渐形成了构成德国法律文化一个标志的法教义学传统”。自19世纪耶林的法教义学观念之后，德国法律界“基本没有跳出到此形成的传统”[⑤]。这样的“法律教义学在德国法文

① 洪汉鼎：《诠释学——它的历史和当代发展》，人民出版社2001年版，第16页。
② 陈金钊：《法律人思维中的规范隐退》，《中国法学》2012年第1期。
③ 武秀英、焦宝乾：《法教义学基本问题初探》，《河北法学》2006年第10期。
④ 陈金钊：《法律解释学》，湖南人民出版社2009年版，第52页。
⑤ 周升乾：《法教义学研究》，中国政法大学博士学位论文2011年3月，第35页。

化中有特殊意义”，这是因为：一方面，通过“以阐释性的法律教义学为基础”展开法学与司法之间的对话，形成了“法学与法律实践”这一独有的“德国的标志”；另一方面，由于19世纪主宰德国法文化的历史法学派的影响，法教义学被赋予理解法律规范“实际的”即客观含义的任务[①]，从而法教义学在德国被发展成为发现法律的一种模式与方法。

除此之外，法教义学之所以成为德国法律文化的标志，还与德国各部门法的法典化密不可分。德国是成文法国家，其成熟而完备的法典，逻辑清晰、内容合理，形式统一、集中的法规范，要求发展出发达的法教义学来解释法的客观意义，以弥补成文法缺乏灵活性和具体妥当性的缺陷，缩小成文法典的适用与立法之间的距离，有效指导司法实践。德国法教义学的发展为法典的制定提供了质料。1991年《德国民法典》的制定过程就反映了这种做法：“财产的概念界定只有教义上的含义，因而不应该制定在法典中，而应该反映在教科书中。”[②] 1871年《德国刑法典》的制定、修改过程也反映了这种做法。罪刑法定原则作为传统刑法教义学中最为重要的教义，于1871年《德国刑法典》制定时就被吸收写进法典，中间虽经纳粹政权废除，但是在二战后德国民主国家的重建过程中，“饱经沧桑的德国人民希望在更高的层次上，用更有力的方式来维护罪刑法定原则，这一共识最终在1949年5月23日颁布的基本法中获得了满足”[③]，并由此重新确立了德国刑法的这一基本原则。与此同时，法典化又推动了法教义学的进一步发展。1871年《德国刑法典》第248条并没有关于盗用电力构成盗窃罪的规定，随着实践中盗窃电力的事件日益增多，刑法教义学者提出应将电力解释为盗窃罪中的“物”，以解决对窃电行为的惩处问题。虽然“帝国法院认为，电力不能从‘物’（Sache）的概念中推论出来”，但是，在强大的实践需要以及教义理论的推动下，德国“立法者在1900年为了处罚取得电力颁布了一个特别

① 参见［德］诺依曼：《法律教义学在德国法文化中的意义》，郑永流译，见郑永流主编：《法哲学与法社会学论丛》（五），中国政法大学出版社2002年版，第15-16页。

② Benno Mugdan，Die gesammten Materialien zum Bürgerlichen Gesetzbuch für das Deutsches Reich，Band 3，1899，S. 997. 转引自周升乾：《法教义学研究》，中国政法大学博士学位论文2011年3月，第35页。

③ 郑伟：《德国刑法的最新发展》，《法学》1997年第4期。

法”[①]，这项内容随后被纳入《德国刑法典》之中，也就是后来的《德国刑法典》第 248 条 C 款：“意图为自己或他人不法获取电力，以不符合规定的导线，从电力设备或设施中盗用他人电力”的，构成盗窃罪。这一立法，与硫酸是否可以被解释为武器等类似相关问题一起，极大地推动了以考夫曼为代表的对“设证、归纳、类比与演绎”等法律解释方法的运用[②]，以及对刑法类型思维的研究，并深化了类推解释与扩大解释之间的有关问题。[③] 总之，法教义学“在法典化兴起的背景下，根据法典化过程中形成的经验对法典进行补充和修改得到了肯定”[④]。法教义学甚至因此被学者定义为“一般是指民法、刑法、宪法、刑事诉讼法、民事诉讼法等具有成文法典与具体条文的个别科学”[⑤]。法典与法教义学之间的互动使德国法教义学的发展达到了巅峰，其成果就是“德国法律评注文化”：它“以逐条释义为基本特征，通常卷帙浩繁、作者众多、影响巨大，其不仅是法律文献中的集大成者，亦是德国法学方法论的载体和法律文化的缩影”[⑥]。德国法律评注文化的坚实基础正是法教义学；法教义学已经深深地融入德国法律文化之中，成为其中具有标志性的部分。

英美法系国家并没有成文法典，其法学界一般不谈法教义学，实用主义法哲学是其主要的法律思考方式。法教义学是以法律规范为前提展开解释的方法，法教义学的工作被喻为“带着规范的镣铐跳舞”，亦即“使预设的价值、规范在事实的运动场上跑起来，让它们在舞动中获得新生或延续生命”[⑦]。英美法系国家没有统一的成文法典，没有权威性的法律规范，自然无从发展以法律规范释义为主要内容的法教义学。虽然英美历史上并非完全没有法教义学，比如，在 20 世纪二三十年代的美国，法教义学一度居于主流，但是，“自 20 世纪 60 年代以来，法律和社会科学运动风起云涌，传统

① ［德］恩吉施：《法律思维导论》，郑永流译，法律出版社 2004 年版，第 48 页。

② 参见［德］考夫曼：《法律获取的程序：一种理性分析》，雷磊译，中国政法大学出版社 2015 年版，第 189 页。

③ 参见［德］考夫曼：《类推与“事物本质”——兼论类型理论》，吴从周译，学林文化事业有限公司 1999 年版，第 1 页以下。

④ 冯军：《法学研究方法的理论与实践》，《法学研究》2013 年第 6 期。

⑤ 吴从周：《论民法第一条之“法理”》，《东吴大学法律学报》2004 年第 15 卷第 2 期。

⑥ 贺剑：《法教义学的巅峰》，《中外法学》2017 年第 2 期。

⑦ ［德］恩吉施：《法律思维导论》，郑永流译，法律出版社 2004 年版，第 284 页。

的旨在为司法实践服务的法教义学研究已经日渐式微和沦为末流”，其在成就和影响力方面显然无法与德国的法教义学相提并论。①

法教义学在大陆法系的代表德国和英美法系的代表美国的历史发展与今日之地位表明，较之前述法律教义学在德国法文化中的意义而言，“以实用主义哲学为基调的美国法学没有强大的法教义学传统”，“法教义学似乎是一种地域文化色彩更为浓厚的学问，这尤其适合于以德国为主的欧陆法系国家”②。英美法系国家即或在历史上短暂有过法教义学，那也无法与主流的实用主义法文化相提并论。

法律解释学是跨时空跨地域跨文化的法律适用方法，无论何种法系国家，无论其是否有成文法典，都会使用法律解释方法。这意味着：其一，较之法教义学，法律解释学历史更悠久，内涵更加丰富，外延更加宽广。法律解释学是关于法律解释现象的系统理论认知和学科知识体系，法律解释学的内容架构涉及法律解释原理、技术和制度等内容。简而言之，因解释法律而形成的学问被称为法律解释学。③ 在西方法学上，法律解释学历史悠久，“以致有人将狭义上的法学看作是法律解释学”④。较之于法教义学，法律解释学的历史更久远。法律解释学因此而成为西方法学史上的一个重要问题，“一部西方法学史，就是一部法律解释史”⑤。离开法律解释学几乎无法讨论法学史。但是，离开法教义学，根本不影响对法学史的研究和探讨。其二，法律解释学是人类共有的法文化方法，它既通行于德、法等欧洲大陆国家，也畅通于英美等普通法系国家，同时也为世界其他各国所使用。它不分地域、不分文化，并一直为法学研究所使用。哪里有法律，哪里就有法律解释学。但是，并不是哪里有法律，哪里就有法教义学。如前已述及，法教义学与法典化有着紧密联系，它是一个文化和地域的概念，它在英美法系国家基本不存在；再如在中国，是否要实行法教义学化就有极大争议。没有法教义学，法律一直在适用；没有法律解释，法律就会瘫痪。其三，相较于法教义

① 参见贺剑：《法教义学的巅峰》，《中外法学》2017 年第 2 期。

② 武秀英、焦宝乾：《法教义学基本问题初探》，《河北法学》2006 年第 10 期。

③ 参见张志铭：《〈法律解释学〉的内容框架与写作场景》，《国家检察官学院学报》2016 年第 1 期。

④ 武秀英、焦宝乾：《法教义学基本问题初探》，《河北法学》2006 年第 10 期。

⑤ 陈金钊：《法律解释学》，湖南人民出版社 2009 年版，第 54 页。

学，法律解释学的内容更丰富、外延更宽泛。在人类历史上，不同法学学派都基于不同的法哲学立场进行法律解释，如自然法学派的法律理性主义解释、实证学派的实证分析解释、自由法学派的利益解释、社会法学派的经验解释、实用法学派的实用主义解释，等等，所不同者，只是解释的立场或者根据。正是在此意义上，可以说“几乎所有的法学都可以称为法律解释学”[①]。为了使法律解释的内容更加具体化，法理学领域也将针对法律规范所作的解释称为狭义的法律解释学。而法教义学主要“通行于法学各分支学科”[②]。但不能说几乎所有的法学都是法教义学。在影响波及层面，法教义学远不及法律解释学。法律解释学是一般性学科，是超然于所有法学分支学科同时又为所有法学学科共同使用的方法。

总之，“法教义学和法律解释毕竟不同，切不可将其简单等同”[③]。“刑法教义的内容是对现行刑法进行解释”[④]，这只表明法教义学也使用法律解释方法，但不等于法律解释学就是法教义学。法律解释学是一门独立的学科，法教义学不是；法律解释学无论在成文法国家还是在判例法国家一样存在，法教义学主要存在于法典化国家；法律解释学是一个跨越时空、地域与文化的概念，法教义学更多的是一个地域文化概念；法律解释学内涵丰富、外延宽广，法教义学内容稳定、任务明确。“有些学者将法教义学完全等同于法释义学或法解释学……如此法教义学的边界就变得很模糊。”[⑤] 因此，我国刑法学者将刑法教义学等同于刑法解释学的两个“不要论”无疑值得商榷；如果不能说是错误，至少也是我国刑法教义学化过程中可能存在的误区。由于该问题的复杂性，对之还需深入探讨。

误区三：缺乏对刑法教义学科学特质的探讨，进而缺乏对刑法教义“化成”过程的揭示

如果说，前述误区一和二解决的都是什么是刑法教义学的问题，那么，误区三其实是要解决为什么中国要实行刑法教义学的问题。刑法教义学的真

① 陈金钊：《法律解释学》，湖南人民出版社 2009 年版，第 19 页。
② 焦宝乾：《法教义学的观念及其演变》，《法商研究》2006 年第 4 期。
③ 陈金钊：《法律解释学》，湖南人民出版社 2009 年版，第 52 页。
④ 唐莱：《舒纳曼教授的学术演讲介绍》，《法学家》2000 年第 3 期。
⑤ 苏力：《中国法学研究格局中的流变》，《法商研究》2014 年第 5 期。

正价值或者说独特魅力是什么？对此不予以回答，就无法回答为什么“近年来又萌生一种奉德日刑法为圭臬的倾向”[①]。对这种倾向的质疑，在很大一部分刑法学者中一直存在。齐文远教授就曾明确指出：“走向教义学的刑法学之主张中，采用德日的三阶层犯罪论体系彻底取代我国的四要件体系通说是其最核心的内容。对此笔者颇感困惑。要指出的是，笔者并不抽象地反对引进西方法学资源、学说，但问题是我们为什么不能采取符合国情的理论与实际相结合的方式而非采取这种颠覆性的做法不可？”[②] 很显然，如果要舍却中国传统刑法学的知识体系，转型为刑法教义学，必须后者有着前者所没有的价值和意义。

刑法教义学的独特价值不在于某一个具体的教义比如结果或行为无价值、规范论或法益论，而在于，通过对规范的解释，关联刑法知识整体的体系化，积淀刑法学科的内涵，形成来源于实定法但又超越实定法的教义，从而使刑法发展为一门科学。锻造刑法的科学气质，推动刑法学科的科学化，是刑法教义学最大的价值与独特之处。而刑法教义学的科学特质，通过对刑法教义如何“化成”的过程，可以得到充分体现，否则，“人们仍然不知该标签究竟指何物，应如何进行具体操作”[③]。没有教义形成的“具体操作”过程，没有通过此过程体现的刑法教义学的科学特质，刑法教义学将无法令人接受和信服。然而，遗憾的是，综观当下中国刑法教义学的研究，在肯认其方法论意义或表达教义学立场或对刑法教义学化的呼唤，以及更多的只是直接使用刑法教义学方法之外，并无对刑法教义学科学特质的探讨，进而缺乏对刑法教义“化成”过程的揭示，即缺乏刑法科学性的展示过程。

法学是一门科学吗？自 19 世纪中期基尔希曼《作为科学的法学的无价值性》这篇举世闻名的演讲作品发表以后，虽然耶林以“法学是一门科学吗？”这一颇为耸人听闻的标题发表了同样效果惊艳的演讲，并试图把“法律的科学性安置在一种（法律基于其性质所固有的）发展思想中”[④]，而萨

---

① 高铭暄、曹波：《当代中国刑法理念研究的变迁与深化》，《法学评论》2015 年第 3 期。

② 齐文远：《中国刑法学该转向教义主义还是实践主义》，《法学研究》2011 年第 6 期。

③ 齐文远：《中国刑法学该转向教义主义还是实践主义》，《法学研究》2011 年第 6 期。

④ ［德］耶林著，［德］贝伦茨编注：《法学是一门科学吗？》，李君韬译，法律出版社 2010 年版，编者前言第 4 页。

维尼也“曾经在所有人眼中，将法律提升至科学的位阶”，拉伦茨则更是针锋相对，发表了那篇著名的《论作为科学的法学的不可或缺性》[①]，但是，人们对法学作为科学的质疑自此从未消绝，对此问题的探讨也持续将近两个世纪。“法学并非科学”“法学作为科学是无价值的”[②] 已成为近两个世纪来法学人的梦魇之语。“立法者修改三个字眼，全部的法律藏书就变成了一堆废纸”[③]，基尔希曼的这句名言更是穿越时空的长廊而流传至今，并让不同国度不同时代的人们都惊讶于这句话的准确性。在所有对基尔希曼的反驳声中，拉伦茨的反驳无疑具有代表性。拉伦茨对法学的科学性进行了辩护，他指出，“科学是任何可以用理性加以检验的过程，这种过程借助于特定的、为其对象而发展出的思考方法，以求获得系统的知识。在这种意义上法学也是一门科学”，同时，在拉伦茨看来，法学就是法教义学，法学也就是“按照特定方法对实在法进行的思想的诠释和领悟”的“所谓的法律教义学”，它的使命有四项——法律解释、法律发展、法律统一（亦即整合法律资料）、为立法做准备，通过法律解释和法律发展为法律实践提供理论支撑[④]，而且通过将关乎法的各种问题纳入法学的研究视野，尤其是将典型的生活关系乃至“立法所涉之实体”作为自己的研究对象，起到为立法做准备的作用。然而，法教义学的四项任务即法律解释、法律发展、法律统一、立法准备中，前两项才是最重要的：没有法律解释，法律无从发展；没有解释与发展，法律统一即资料的整理毫无意义，进而也不可能对立法提供任何帮助。因此，法律解释和法律发展，才是法教义学的主要任务。而这两项任务最终要达到的目的无非是发现法学规律。“一如自然科学，法学是一门规律科学。”[⑤] 然而，法学作为规律科学，就必须具备规律的必然性、稳定性，不是“偶然的定在”。“法学本来应该传播真理，可是实在法却使法学不得不服务于偶然、谬误、狂热和愚昧。法学的研究对象本应具有永恒性、绝对性，现在却充满

① 参见［德］拉伦茨：《论作为科学的法学的不可或缺性》，赵阳译，《比较法研究》2005年第5期。

② ［德］基尔希曼：《作为科学的法学的无价值性》，赵阳译，《比较法研究》2004年第1期。

③ Vgl. Isay，Rechtsnorm und Entscheidung，S. 29. 转引自［德］拉德布鲁赫：《法教义学的逻辑》，白斌译，《清华法学》2016年第4期。

④ 参见［德］拉伦茨：《论作为科学的法学的不可或缺性》，赵阳译，《比较法研究》2005年第5期。

⑤ ［德］恩吉施：《法律思维导论》，郑永流译，法律出版社2004年版，第5页。

了偶然和缺陷；可以说法学是从苍穹掉进了泥沼。”[①] 法教义学可以使以偶然定在即实在法为研究对象的没有科学气质的法学转换为必然存在，即受永恒规律支配、具有科学气质的法学。可见，要使法学更加接近科学，唯一的途径就是实现教义学化；刑法教义学化，也成为刑法科学的必然之路。

前已述及，规范、解释与体系是刑法教义学的核心，刑法教义学化作为刑法科学的必然之路，正是以对刑法规范的解释为基础，进行体系化的思考，发展出刑法教义，最终推动刑法理论体系的进化和发展。根据我国刑法第 264 条关于盗窃罪的刑法规范，解释该罪中的主观非法占有目的，到刑法中的主观违法要素，及至开放的犯罪构成要件或者不成文的构成要件要素的提出，就是一个典型的发现法学规律的教义学过程，在此过程中，单个的解释结论被上升为普遍有效的规律，进而与刑法犯罪论体系，与整个刑法秩序相关联，教义得以发现，刑法教义学得以发展。以我国刑法中财产犯罪的非法占有目的为例，从其被解释出来，及至上升到开放的犯罪构成要件或者不成文的构成要件要素的过程，就深刻地展示了刑法教义如何化成。

盗窃罪是否需要以非法占有为目的？实践表明，盗窃犯罪差异很大，有的盗窃取得财物是为了使用，有的是为了自己占有，有的是为了取得所有权，“没有任何人的实际上行动能力或罪责能力与另一人的相同，因为所有人无论在认识、能力、性格、理解力及意志力等各方面皆不相同”[②]。何种情况可以被认定为犯罪，是否需要对行为人的主观目的予以限定，需要具体案例具体解释。甲盗窃乙的汽车并使用后丢弃于山野，是否构成盗窃罪？甲盗窃乙的汽车并使用后又归还给乙，是否构成盗窃罪？根据关于盗窃罪的刑法规范的字面含义并采用文义解释方法分析“盗窃”的含义，根据罪刑法定原则的实质侧面采用限缩解释方法分析盗窃罪的处罚范围，根据刑法第五章“财产犯罪”的保护法益，进而采用目的解释方法分析盗窃罪的立法目的，根据刑法中关于侵占犯罪、毁坏财物犯罪之罪刑规范并采用反对解释方法分析盗窃罪的主观要素等，并通过多种解释方法的综合运用，可以发现两个盗窃案中甲的行为都不构成盗窃罪。

然而，法教义学并不止步于此，因为再遇到类似问题时可以“中立地”

① ［德］基尔希曼：《作为科学的法学的无价值性》，赵阳译，《比较法研究》2004 年第 1 期。

② ［德］考夫曼：《法律哲学》，刘幸义等译，五南图书出版有限公司 2000 年版，第 23 页。

适用的教义或者说“体系要素”还没有找到。如果进一步分析无数的盗窃罪个案，及至抢劫罪、抢夺罪、诈骗罪、敲诈勒索罪等“抢盗诈”型财产犯罪，可以发现它们的共同之处在于，保护的都是他人对财产的占有事实或者占有权利，是保护占有而不是保护所有。财产犯罪是对他人占有的转移，即由他人占有转为自己或者第三人占有，故出于非法占有目的应为“抢盗诈”型财产犯罪的主观构成要件要素。虽然我国刑法并没有规定这些财产犯罪的主观目的，但是，这一肯定性解释结论，具有合理的理论基础以及有效区分罪与非罪以及此罪与彼罪之效果，因而得到了刑法理论与实践的一致赞同。从无数个甲盗窃乙的财物这类的个案，到所有的盗窃犯罪，甚至除毁坏财物犯罪之外的所有财产犯罪，应该得出财产犯罪的主观要素中有非法占有的目的。在此基础上，对主观非法占有目的的探讨又延伸到对诸如票据诈骗罪等金融诈骗类犯罪的主观目的探讨，并在最终得出了同样的肯定性结论。

然而，法教义学仍未止步于此。非法占有目的只是个别“体系要素”，如何将它上升到整个刑法知识层面予以体系化思考，才是教义学化的终极方向。“作为实用性很强的科学，为了适应刑事司法的需要，并从司法实践中汲取更多的营养，刑法学必须自成体系，因为，只有将体系中的知识系统化，才能保证有一个站得住脚的统一的学说，否则，法律的运用只能停留在半瓶醋的水平上。它总是由偶然因素和专断所左右。”① 只有实现了刑法知识的体系化，实现了教义学的终极方向，才能说发现了法学规律，而规律是事物最本质的东西，它支配着事物的表象。法律解释，经由对案件事实适用于法律规范的分析，通过法律规范的构造与内容发现它们的意义；法律发展，通过对法律规范意义的寻找和在不同案件中的适用，提炼出抽象意义的概念或者原理，反过来再指导实践案件的运用。这样的过程，其实就是一个发现法学规律的过程。既然法“教义学的目标是以科学方法，尤其是体系思维有序和稳固地重构现行法”②，那么从无数单一的个案现象中归纳出了“非法占有目的”这一构成要件要素之后，如何能将之上升为犯罪论体系层面，并进一步发展成为教义，才是终极性问题。“‘实证法（Gesetz）’只有

---

① ［德］李斯特著，［德］施密特修订：《德国刑法教科书》（修订版），徐久生译，法律出版社2006年版，第4页。

② ［德］扬森：《民法教义学》，朱晓喆、沈小军译，《苏州大学学报（法学版）》2016年第1期。

蕴含更高级别的相关公正性价值，才能成其为‘法（Recht）’”，“该价值作为‘精神存在’而为广义的事实科学（Seinswissenschaft）（本体论）的对象”[①]，这样的事实科学才是法教义学。从犯罪论体系角度分析，非法占有目的是主观的违法要素，它决定着行为是否符合构成要件，以及抽象符合构成要件的行为是否具有违法性，最终决定着犯罪的成立；而非法占有目的要素，并非由刑法规范直接载明，而是根据构成要件的开放性并采取补充解释后得出的。经由对其他类似开放性要件的概括，刑法理论将这种构成要件称为开放的构成要件。开放性犯罪构成要件因此而成为刑法犯罪构成要件的重要类型，如何适用它也因此成为犯罪论中的重要问题。[②] 对于否定开放的构成要件概念的学者而言，它们是不成文的构成要件要素[③]，是根据刑法规范的间接文理采用目的解释等解释方法得出的。但是，无论是开放的构成要件概念还是不成文的构成要件要素概念，它们本质上都是一样的，都是刑法规范没有规定而通过解释得出的一般性法律概念；这种法律概念都是在犯罪论体系的层面对构成要件或者违法性/有责性的探讨，是对明文规定的刑法规范的延伸和拓展，是对犯罪论体系中的实质可罚性程度的限制与理论化、教义化。“法教义学概念一方面是指一种对现行法进行体系—科学化的工作，另一方面也指这一活动的成果和对象。”[④] 开放的犯罪构成要件或者不成文的构成要件要素，正是最终得出的刑法教义学意义上的概念。它们都是对现行刑法规范进行体系化与科学化解释工作的结果，也是这种解释活动的成果和对象。

事实上，法教义学一直在反复尝试，试着从单一的法律现象归纳出法律的概念。[⑤] 也因此，法教义学才能成为法律科学。在个案解释层面，“每次理解皆为不同理解”[⑥]；在类案层面，每次理解皆为同类理解；当典型案件

① 马克昌主编：《近代西方刑法学说史》，中国人民公安大学出版社 2008 年版，第 327 页。

② 参见［德］罗克辛：《德国刑法学总论》，第 1 卷，王世洲译，法律出版社 2005 年版，第 195－198 页。

③ 参见张明楷：《犯罪构成体系与构成要件要素》，北京大学出版社 2010 年版，第 135 页。

④ ［德］扬森：《民法教义学》，朱晓喆、沈小军译，《苏州大学学报（法学版）》2016 年第 1 期。

⑤ 参见［德］拉德布鲁赫：《法哲学》，王朴译，法律出版社 2005 年版，第 31 页。

⑥ 朱庆育：《私法推理的典型思维：从司法三段论到意思表示解释理论》，见郑永流主编：《法哲学与法社会学论丛》（五），中国政法大学出版社 2002 年版，第 123 页。

的建构与形成完成之后，将所归纳出的教义学概念与产物用之于个案之后，“每次理解皆为相同理解”。从不同到相同，教义得以产生并发展。这样一个典型的教义学的过程，“不拘泥于具体案件的特殊情况，而转为关注案件的典型性；概括不断重复出现的特征，建构上位的概念，揭示它们之间的关联。这已经超出了解释法律和发展法律的本来范畴，是法学典型的系统性成就”①。“人们一再期望规律具有普遍有效性，统治着法律并通过它法律进行着统治的。”② 教义学的特点是，它不至于使法律规范在面对每一个案件事实时都没有头绪，而是发展出规律之后，可以再面对纷繁复杂的案件事实，而这样的规律是稳定的，可以支配法律规范的适用以确保刑法的实用性。

对刑法规范的解释至普遍性规律的教义学化，这正是刑法摆脱偶然性因素的必由之路，也是刑法教义的“化成”过程，是刑法解释演进为刑法教义学的过程，也是刑法教义学化之后刑法科学化的体现，因为“化”乃“深度融合”③ 之意。从个案解释到类案适用，再到一般概念或者原理的得出，乃至教义的形成，再回过头来指导司法实践，这一过程，就是刑法理论自身从具体到抽象的深度融合过程，以及教义与实践的深度融合过程。离开刑法理论的教义化，刑法就无法发挥其科学性的特质，教义学的价值也将无从发挥。“我国部门法学的研究，尤其是刑法学和民法学，历来都主要采行法教义学的立场与方法，此点概无疑问。但是，部门法学的法教义学立场并不自觉，且由于过分关心法条及其适用之技术，而易于忽视对于经由规范之关联脉络而达成的实在法整体的理论概观，从而可能在实践中遭遇信任危机。”④ 教义化成的过程，正是实现经由“规范之关联脉络而达成实在法整体的理论”过程，也是提升刑法教义学的科学程度以及其外界信任度的过程。

根据耶林的看法，科学性是对法律的一种要求，“是一种在理论中的精神力量，其活动中心即在教义学范畴”。促使近代法学开展的推动性思想，就是一种追求，一种在法学领域上对科学的渴望，亦即要奋力争得一个不受

---

① ［德］拉伦茨：《论作为科学的法学的不可或缺性》，赵阳译，《比较法研究》2005 年第 5 期。

② ［德］恩吉施：《法律思维导论》，郑永流译，法律出版社 2004 年版，第 5 页。

③ 储槐植：《刑事一体化论要》，北京大学出版社 2007 年版，第 25 页。

④ 白斌：《论法教义学：源流、特征及其功能》，《环球法律评论》2010 年第 3 期。

外在规章、时空变换影响的领域。[①] 刑法作为所有法律中最严厉的部门法，如果要满足支配刑法理论发展与刑事司法实践的需要，就不能完完全全地受实定法的差遣，而必须要超越烦琐的个案与琐碎的语词、浩瀚的法条与不同时代的立法，无止境地探索并发展具有安定性与实用性的刑法教义，从而使其自身成为一门科学。“科学性是法学作为一门学科的根本标志。然而，在相当长的一个时期内”，中国法学“严重偏离或脱离科学的轨道”，虽然经过学者的努力，“科学性得以回归”[②]，但是，从今天法学学科建设的成效来看，其科学性显然还需要加强。为了彻底去除中国传统刑法学科的政治气息，使刑法成为概念完备、逻辑严谨、实践性强的学科体系，必须吸收法教义学的科学气质，致力于实现中国刑法的教义学化。不过，值得警惕的是，当下中国刑法教义学的研究中，一部分学者不结合中国本土实践需要，盲目移植德日刑法教义学中的一些概念，如“主体间性理论”“解释熵值”“累积犯”等，而罔顾其可能与中国刑法理论及实践之间的水土不服。有一些所谓的刑法教义学理论之争，可能浪费了很多的精力与篇幅，但于解决实践问题无益。对我国刑法共犯论体系作单一制与区分制的区分即为适例：何种共犯论体系并不重要，重要的是，如何将中国现行刑法的共犯规定准确地适用于实践。如果中国刑法教义学脱离本土司法实践的需要，则可能呈现有的学者所担心的空洞化、殖民化，乃至教义学的过度精致化等现象。[③] 对此，中国刑法学界必须防微杜渐。

误区四：将刑法教义学等同于法条主义/反实践主义，并因此误解，甚至反对刑法教义学

中国刑法是否应该转向法教义学？刑法学界对刑法教义学有种观点，认为刑法教义学等同于法条主义、反实践主义，并因此反对中国刑法实现刑法教义学化。“中国刑法学该转向教义主义还是实践主义”？“中国刑法学研究转型应以实践为路径”，“我国的刑法学研究不能单纯依赖教义刑法学的研究

① 参见［德］耶林著，［德］贝伦茨编注：《法学是一门科学吗?》，李君韬译，法律出版社2010年版，第91、92、53页。

② 张文显：《世纪之交的中国法学发展趋势》，《中国法学》1994年第2期。

③ 参见刘仁文：《再返弗莱堡》，《法制日报》2017年12月27日第9版。

范式而必须采用多种方法，当下主要应该强调刑法学的实践理性”[①]。在此，齐文远教授所说的实践主义其实是指社科法学的经验主义研究方法，“强化狭义的刑法规范学（教义刑法学）的实践”是指刑法学者不应该“把主要精力花在争论实践中很少有人关注的概念上面”，而应“适当地引入其他社会科学的方法”，这些方法主要是社科法学的经验主义研究方法。“如果我们观察一下当今其他人文社科学科的同行们在干什么，就会发现经济学家们在密切地观察市场，管理学家们在仔细调查企业，文学艺术家们在民间频频采风，社会学家在认真调查田野”，因此，刑法学者应该多关注“中国社会经验、客观现实”[②]。社科法学的特点是关注社会和经验，教义法学的特点是关注法规范和概念。然而，如果据此认为刑法教义学是法条主义或反实践主义，那么这是重大误解。

法教义学容易陷入“法条主义”或“概念法理学”，导致价值与事实的相分离，导致价值虚无主义，致使法律的发展无法跟上新的且不断变化的社会与经济环境。[③] 这的确是法教义学所面临的指责。“法教义学的概念、概念与意义是常议常新的主题。目前理论上对法教义学的慎重态度，主要（原因）在于将法教义学等同于‘概念法学’，等同于公理式的推演”[④]。总之，传统的刑法教义学被视为书本中的法，一如传统的法教义学。而社科法学被视为行动中的法。然而，这种对法教义学的审慎看法可能适合传统（刑）法教义学，而不适合现代（刑）法教义学。根据康德的定义，教义学是“对自身能力未先予批判的纯粹理性的独断过程”[⑤]。这宣告了传统（刑）法教义学的诞生，并奠定了其法条主义的立场。对“自身已经确定而无须再作任何检验的信条为前提的，而且通过对这些前提的深入思考可以进一步认识教义学”[⑥]。这表明，刑法规范被认为是神圣不可批判的。在法源的问题上，现行刑法被视为一个完整的体系，可以对它进行解释，并通过解释进一步认识

① 齐文远：《中国刑法学该转向教义主义还是实践主义》，《法学研究》2011年第6期。

② 齐文远：《中国刑法学该转向教义主义还是实践主义》，《法学研究》2011年第6期。

③ 参见邓正来：《中国法学向何处去（上）》，《政法论坛》2005年第1期。

④ 许德风：《法教义学的应用》，《中外法学》2013年第5期。

⑤ ［德］考夫曼、哈斯默尔主编：《当代法哲学和法律理论导论》，郑永流译，法律出版社2013年版，第4页。

⑥ ［德］弗里希：《法教义学对刑法发展的意义》，赵书鸿译，《比较法研究》2012年第1期。

刑法规范。人们秉承对 dogma 一样的情怀，对待刑法如《圣经》般：从刑法规范的权威性出发解释刑法，将刑法当作自给自足的封闭体系，不允许以非法律的东西为基础解释刑法。然而，传统教义学的实用性逐渐受到质疑。在法哲学领域从本体论转向认识论后，在威尔策尔的目的论刑法学的影响下，当今德国刑法学的目的理性体系，已由传统刑法教义学转变为现代教义学，后者的特点是开放性思维、目的性考量、现实性关照及实质性解释。在目的理性刑法学的倡导下，刑法学者不断地从外部，包括从刑事政策、其他部门法、刑法的目的与任务等刑法规范之外的因素，寻找解决现实案件的答案。封闭的刑法体系被证明是不存在的，耶林、埃利希等引导的自由法运动更使唯理主义的合理性受到怀疑，一个有益的刑法教义学体系由此被认为应该满足三个目的：概念性的秩序及明确性；与现实相联系；以刑事政策上的目标设定为指导。[①] 在维护刑法规范稳定性的前提之下，现代刑法教义学及时关照当下现实，并将刑事政策上的犯罪预防目的与刑法法益保护目的纳入刑法解释之中。在法条主义之下，价值判断逐渐渗透进刑法封闭的概念体系之中。[②] 由此，现代刑法教义学通过开放性、目的性、现实性及实质性获得了刑法科学的实践性。

在刑法教义学中，法律解释只是揭示出刑法规范本来的含义，其内容相当于阿列克西所说的内部证成。而实际上"解释的固有领域是外部证成。各个被选择的解释都要在外部证成中被证立。什么是好的证立、什么是坏的证立，什么是正确的解释、什么是错误的解释，其标准在根本上是要通过解释的目标来确认"[③]。"而外部证成就是要通过法律与其他社会规范的沟通实现法律与其他社会规范的融贯。"[④] 在此，现代刑法教义学提供了更多可供选择的解释结论，为刑事案件的判决提供了可供参考的多种答案。这样，"在争议事实有多个可供选择的法律规则时，为裁判者提供可言说、可交流、可

---

① 参见［德］罗克辛：《刑事政策与刑法体系》，蔡桂生译，中国人民大学出版社 2011 年版，第 20 页。

② 冯军教授对于传统教义学向现代教义学的演变有极为翔实的分析。参见冯军：《刑法教义学的立场与方法》，《中外法学》2014 年第 1 期。

③ ［德］阿列克西：《法理性商谈——法哲学研究》，宋光、雷磊译，中国法制出版社 2011 年版，第 74 页。

④ 陈金钊：《法律人思维中的规范隐退》，《中国法学》2012 年第 1 期。

检验的规则选择与法律论证机制”[①]。而这正是实现刑法教义学的实践理性的体现。“刑法中的实践理性，表现在法共同体成员关于刑法规范的相互理解之中。符合实践理性的刑法解释结论，总是法共同体成员在相互争论和相互沟通后能够理解和接受的。”[②] 在偶然防卫的问题上，不同教义即规范论与法益论就给理论界与实务部门提供了有罪与无罪、既遂与未遂完全不同的解释结论，然而，问题不辨不清，理不争不透，这两种不同的教义学立场及其得出的结论，以及在法益论内部对偶然防卫的不同解释结论，尤其是学者之间的相互论争，正是“法共同体成员在相互争论和相互沟通后能够理解和接受”的结论。这也是法教义学的实践理性之体现。

认为刑法教义学反实践主义这一指责来源于刑法教义学对概念、逻辑与体系的倚重，以及实证研究的欠缺。事实上，一方面，刑法教义学对法的客观意义的探究决定了它具有天然的实践性。如果认为诸如社会科学田野调查一类的方法才是法律实践性的体现，那么这显然过于狭隘，同时也存在问题。苏力教授指出，社科法学领域存在着一个假定，即“这个世界某些地方，学者通常称其为‘田野’，会更有利于产生重要学术成果”，但实际上“不能将‘田野’实体化、本质主义化”，只要有“自己的专业实践，其中也可以包括一部分日常生活”[③]，就可以说有了法学研究的田野。刑法教义学的解释不是纯粹地将案件事实归入刑法规范的过程，不是一个单纯的逻辑推演过程，而是将对社会现实的考量纳入解释之中。在这一点上，已有刑法客观解释承载其任务。刑法解释有主观解释与客观解释之分，二者的区别是按照“产生时还是按照适用时来解释”[④]：按照刑法规范产生时即制定时的立法意图来解释的是主观解释，按照刑法规范适用时来解释的是客观解释。关于客观解释这种解释方法虽然在刑法学界存有争议，但其已经毋庸置疑地因其时代性、现实性而早已在刑法教义学通说中有了一席之地，并在急剧变化的网络时代有了极强的生命力和市场。这说明，客观解释方法似乎天然与刑法教义学有密切关系，或者说，刑法教义学极力倡导刑法客观解释。客观解

① 许德风：《法教义学的应用》，《中外法学》2013 年第 5 期。
② 冯军：《法学研究方法的理论与实践》，《法学研究》2013 年第 6 期。
③ 参见苏力：《中国法学研究格局的流变》，《法商研究》2014 年第 5 期。
④ ［德］魏德士：《法理学》，丁小春、吴越译，法律出版社 2003 年版，第 355 页。

释方法立足于法律一旦产生即与立法者无关的立场，力图把握刑法规范的时代生命以及随着时空因素变化而变化的特性，努力对刑法规范寻找富有社会现实意义的解释。比如，对于网络游戏装备等虚拟财产，刑法根据网络时代虚拟财产的属性与特点，认为行为人对虚拟财产如同对有形财产一样具有占有、使用、处分和收益的权利，并且虚拟财产在现实世界中具有可以交易兑现的财产价值，其在本质上与有形财产别无二致，因此，从解释学的角度认定其属于财产犯罪的犯罪对象。这种解释就是基于网络时代财产表现形式的变化以及保护此种财产权的意义而得出的。该解释结论及其在司法实践中得到的广泛认同，无不体现了刑法教义学的实践性特性。它体现了刑法预防犯罪的刑事政策的需求，也证明了现代刑法教义学早已不是一个封闭的刑法公理体系：以刑法规范为前提，但又根据这些禁止或命令的法规范背后的意义来探索法规范的可能含义，在注重正义性的前提下，重视刑法规范的正义性。这充分体现了现代刑法教义学的实践性。刑法客观解释是一种吸收了自由法学派、实用主义法学派的观点的解释方法，它在某种程度上体现了刑法教义学对社会的关注。虽然这不能等同于社科法学的实践性，但其关注社会及现实问题与社科法学如出一辙。法教义学可以被理解为说明学科、诠释学科、逻辑学科，甚至可以是经验学科、试验学科。[①] 实际上，实践中的法教义学并不固守于任何一种理论模型，也不以任何一种单一范式作为评价标准。[②] 在这个意义上讲，真正的法教义学研究必然是依赖于具体情境和实践需求的。当然，当客观解释的适用毫无节制时，需对之进行适当约束。这是另外的话题了。总之，刑法教义学通过对社会现实与情境实践需求的考量而进行的客观解释，充分体现了社科法学“田野”或者实证研究所体现出的法律实践性。另一方面，刑法教义学可以并正在采用当下时代的实证研究方法。当下时代的实证研究可以是但不限于早期刑事人类学派龙勃罗梭式的研究，实证研究还应包括结合当下社会现实与司法实践，参照同类案件（类案）的判决，找出适合案件事实（个案）的结论。而且，这样的研究在刑法

---

① See Mark van Hoeeke, *What is Legal Theory Acco*, 1985, pp. 118－122. 转引自宋旭光：《面对社科法学挑战的法教义学》，《环球法律评论》2015 年第 6 期。

② See Aulis Aarnio, *On Legal Reasoning*, *Turun yliopisto*, 1977, pp. 262, 282. 转引自宋旭光：《面对社科法学挑战的法教义学》，《环球法律评论》2015 年第 6 期。

教义学领域早已运用，比如当下最为热议的大数据研究，通过对同类案件比如盗窃案件判决的全样本分析，找出犯罪金额档次与犯罪情节相似的盗窃犯罪判决，对今后其他同类型盗窃罪的判决发挥类案的预判作用，这对于关于盗窃罪的刑法规范的准确适用有着极为重要的指示作用。再比如，对全国盗窃虚拟财产的案件进行全样本分析，找出定罪与不定罪的案件数量之比例以及地域之差异，分析定罪理由与不定罪理由的共性，为今后同类案件中理解关于盗窃罪的刑法规范中的“公私财物”提供实践素材，避免过于悬殊的判决或误判。这样的研究方法正是高科技与互联网时代所赋予刑法教义学的实证研究方法，因为“大数据的核心是尊重经验真实，敬畏经验真实，在乎经验的代表性。哪怕从一个小故事切入，只要收集足够的信息，也可能得到大张力、大格局的结论，用来解释、预测较大时间跨度和空间跨度的社会现象”①。这种方法类似于“运用社会科学的方法来处理教义学问题，帮助法律人理解法治或法律规范的意义并为法治建设和司法裁判提供实证数据的帮助”②。可见，实证研究每个时代都有，只是其内容和方法并不相同。同时，从根本上讲，任何经验研究如果试图影响司法判决或者在法律领域内发挥作用，都需如此。通过刑法规范的解释和适用，实证研究才能在司法实践中发挥影响判决的实际效果，而这正是刑法教义学的法治功能之所在。如果我们对不同时代刑法教义学的实证研究方法视而不见并因此指责刑法教义学缺乏实证研究，无疑是片面的。

社科法学家常常指责法教义学是不考虑后果的规范思维，并进而认为法教义学缺乏基于实际问题的实践性。在社科法学家那里，只有自己才是后果思维，教义法学只是规范思维。社科法学“大多数时候都不是以法律规范为前提来思考问题的，反而一些利益或者后果的考量可能更为重要。因此，教义法学与法律实践的良好互动关系只是法学家自我虚构的一种‘想象’”③。事实并非如此。刑法教义学既是一种规范思维，也是一种后果思维，并在对后果的衡量上，常常与法律实践良好互动。如同在犯罪论体系中一样，法益也是刑法的基础性教义。“刑法规范既具有决定何谓值得动用刑罚来保护的

---

① 白建军：《大数据对法学研究的些许影响》，《中外法学》2015 年第 1 期。

② ［德］拉德布鲁赫：《法教义学的逻辑》，白斌译，《清华法学》2016 年第 4 期。

③ 熊秉元：《论社科法学与教义法学之争》，《华东政法大学学报》2014 年第 6 期。

法益这种评价机能，又具有基于这种评价发布禁止、命令的命令机能。这样，如果把保护法益理解为刑法的首要机能或目的，就会认为犯罪的本质，也就是犯罪的处罚根据在于，客观的法益侵害这种犯罪结果或者结果发生的危险（法益侵害说）。"[①] 为此，如果坚持法益论，就会主张结果无价值的刑法立场，并在此前提下主张将法益衡量融合在对行为之违法性的判断中。这一过程，正是刑法的实践性充分体现的过程。比如对于紧急避险、正当防卫等，既有合法性的判断，更有侵犯法益与保护法益之间大小衡量之判断，在行为所保护的法益大于所侵害的法益的情况下，紧急避险或者正当防卫作为违法阻却事由才有可能正当化。刑法在所有个案予以适用，在犯罪论体系的违法性判断中，都要适用结果无价值理论来帮助进行违法性判断，而结果有价值或者无价值取决于侵害法益之结果的轻重：如果是不值得予以刑罚处罚的法益侵害，往往违法性难以成立，反之则具备违法性。这些充分证明，刑法教义学具有充分的实践性，因为它就是衡量刑法上所保护的利益或者考量后果的规范之学，而不是离开实践考量的悬空之学。可见，"一旦规范思维被理解为从规范到结论的推论或者演绎，这就片面理解了教义方法的特征。法教义学并不排斥后果考量的重要性"[②]，而且这种考量至少在刑法教义学的领域还发挥着证明合法性的作用。在此，刑法教义学通过利益与结果衡量而不仅仅是逻辑概念的演绎，充分体现了其实践性。同时，现代刑法教义学之中也糅合或者说不可避免地有刑事政策的考量，比如针对未成年人犯罪解释、适用刑法规范时，必须结合各国预防未成年人犯罪以及保障未成年人权益的目的来进行，不允许如同对待成年人犯罪一样解释、适用刑法规范。这种"对法律政策的参与同时也意味着'对法结果负责'"，也就是说，在建立刑法教义学的"概念和原则时，要对结果进行衡量"[③]。从这个角度而言，刑法教义学正是塑造和表达现实的工具。在此过程中，刑法教义学的实践性彰显无遗。

事实上，反对刑法教义学的学者指出其欠缺实践性，往往是源于其误认为社科法学有着极强的实践性，因为社科法学关注社会和经验、重视实证研

---

① ［日］西田典之：《日本刑法总论》，王昭武、刘明祥译，法律出版社 2013 年版，第 24 页。

② 宋旭光：《面对社科法学挑战的法教义学》，《环球法律评论》2015 年第 6 期。

③ ［德］魏德士：《法理学》，丁小春、吴越译，法律出版社 2013 年版，第 147 页。

究。然而，殊不知，社科法学的一个重要不足是缺少强有力的实证研究。[①]既然如此，就更没有理由要求刑法教义学进行充分的实证研究。当实证研究的缺乏不是刑法教义学的不足而是整个法学领域研究的不足时，就不能以缺乏实证研究为由指责刑法教义学缺乏实践性了。刑法教义学中的教义并不是实践的反义词或者对立面，教义恰恰来源于对实践问题的解剖、解释和反复试验，实践问题得以在教义运用中得到解决。现代刑法教义学的生命力如此强大，与其强烈的实践性不无关系。

误区五：将中国刑法的教义学化等同于研究中的概念转换，庸俗了刑法教义学化的志业

在当下中国法学界如火如荼地展开的法教义学化的学术研究中，刑法学者态度非常积极，贡献也非常良多。刑法学者通过对法教义学方法论的介推以及中国传统刑法知识的去苏俄化，初步回答了中国刑法为什么要实现教义学化的重要问题；精通德日刑法教义学的学者更是已经形成了自己的立场和观点，并展开了基于不同刑法教义学立场的争论；基于不同教义学立场的体系化刑法教科书也纷纷面世。一时之间，刑法教义学的工作似乎已领先于其他学科的工作。刑法学者对刑法教义学的深入探讨也的确引起了其他部门法学者的关注与好评，比如，对于刑法学者关于法教义学与法律解释学之间存在相等关系的观念，法理学者就指出，“相比于其他学者的不加反思、不加论证，相比于想当然地认为自己以往所做的法解释学研究就是法教义学，刑法学者的理论反思显然具有更为清醒的方法论自觉”[②]。但是，与此同时也有一个不好的现象在蔓延：随着中国刑法的教义学化成果日渐丰硕，很多刑法学者不加论证并不加甄别，也没有思考过什么是刑法教义学，就纷纷在自己的研究成果上冠名刑法教义学。一时之间，产生了很多以刑法教义学命名的成果，诸如“刑法教义学视野下……研究”“……罪的法教义学研究”等。仿佛对刑法教义学的研究，就是将成果以（刑）法教义学几个字予以冠名。中国刑法的教义学化被等同于研究中的话语转换，并使研究者误以为自己所从事的都是（刑）法教义学研究。这一误区如不避免，将会庸俗中国刑法教义学化的志业，影响中国刑法学的理性发展。然而，中国刑法学者研究刑法

① 参见侯猛：《社科法学的跨界格局与实证前景》，《法学》2013 年第 4 期。

② 凌斌：《什么是法教义学——一个法哲学追问》，《中外法学》2015 年第 1 期。

教义学，很多只是拿来主义或断章取义，对于刑法教义学概念，既不加辨别，也不加剖析；对刑法教义学的研究往往停留于概念的使用，自然也不可能形成方法论的研究。种种现象导致，“在我国当前的法教义学研究中，存在大量的重复性劳动，因此尽管从业者众，个别制度的构建也小有成就，但研究效率低、可持续性差的问题明显，难以形成学术传承”[①]，从而导致影响中国（刑）法学流派的形成和发展。

对于中国部门法领域的法教义学研究所存在的问题，有学者概括为以下四种表现形式：第一，单纯阐释现行法与比较法上特定条文的字面含义，不关注体系关联与价值权衡。学术期刊中相当一部分研究成果只是泛泛地介绍现行法或比较法上的制度，而忽略了有关制度的社会背景与现实应用，忽略了该制度与其他制度的关联，与单纯的文字重述或翻译无异，很难具有参考价值。第二，在已有在先研究的情况下，后来者在自己的研究中采取“掩”的态度，故意避开对在先研究的引用而自诩独创。第三，在其他法律部门已经达成共识的情况下，仍叠床架屋，构建自己的封闭话语体系。第四，大量研究存在缺乏规范论证、无法查考检验的问题，导致后来者不得不推倒重来，重新考证。[②] 这四种情况，在刑法教义学的研究中，均有不同程度的体现。

一个真正研究刑法教义学的学者，会了解刑法教义学领域的问题，因此并不一定要在研究成果的标题上冠名（刑）法教义学，而是通过其研究的内容来判断其是否研究的是刑法教义学的内容。比如，研究法益、阶层犯罪论体系、自我答责、客观归责、注意规范保护目的、共犯与正犯等主题，即或成果名称中并无（刑）法教义学几个字，了解刑法教义学的学者一样能明白，其所研究的是刑法教义学的问题。相反，如果对刑法教义学毫不知情或一知半解，为了增加学术自信，或者为了追赶学术时髦，或者基于“发表功利主义”，而盲目冠名以（刑）法教义学，则只会适得其反。刑法教义学有其自身的话语体系和研究内容，其作为一种研究刑法的方法有自己的研究方法与研究任务，但是中国学者“过去未曾受到过严格的方法论的‘规训’，以至于我们的学者难以保持理性、严谨和科学的问学态度，难以保持思想谦

① 许德风：《法教义学的应用》，《中外法学》2013年第5期。

② 参见许德风：《法教义学的应用》，《中外法学》2013年第5期。

抑的心情”[①]，拿来主义盛行，糊涂主义遍地，动辄就是刑法教义学。不了解刑法教义学不同于其他研究方法的独特之处，甚至还会造成一些误会或错误。刑法教义学本系为研究实定法规范的解释、适用及其体系化而构建的科学，它通过对刑法规范意义的寻找得出具有普遍性的教义原理，来维护刑法秩序的统一。“确定的信条学可以强化法院判决的可预见性（也就是法的稳定），特别是对法律没有明确规定的问题”[②]，因此，法教义学的稳定功能殊为重要：该功能使“它同时事实上约束着法官”，“只有利用法律教义学的帮助工具，法官才能坚实地处理法律”[③]。为了避免刑法教义学的稳定化功能被消解，刑事政策尤其要避免进入刑法教义学的领域。但是，有学者罔顾刑法教义学的基本定义，也未掌握国外刑法教义学的真正动态，即认为刑法教义学与刑事政策学之间的融合是未来刑法发展趋势[④]，并主张通过以刑制罪来消除刑法教义学和刑事政策学之间的隔阂。同时，主张将刑法教义学与刑事政策学贯通融合的学者在刑法学界不在少数。对于这种现象，苏力教授指出，有的刑法学者的刑法教义学研究“甚至包括极为宽泛的刑事公共政策”，或者将“法教义学等同于除法社会学、法史学之外的关于法律司法适用的一切法学学问”[⑤]。当刑事政策冲破刑法教义学的藩篱，法教义学的稳定化功能将不复存在，法教义学也将丧失其最重要的形式法治的特质与优势。这也许恰恰是刑法学者对（刑）法教义学的隔膜所致：“在不知教义为何物之际，实际上法教义学概念也就没有能指的意义了。”[⑥] 事实上，研究刑法教义学的最好方法是，事先知道并了解什么是刑法教义学。做到了这一点，并且如果想做真正的刑法教义学而非政法刑法学或社科刑法学的研究的话，其所选择的研究主题自然就是妥妥的教义学式的。这种老老实实的做法，比盲目地玩概念游戏、术语标榜，要好得多。

法教义学作为德国法文化的重要标志，自然在德国法学者的研究中处处

---

① 舒国滢：《思如浮萍》，中国政法大学出版社 2007 年版，第 186 页。

② ［德］魏德士：《法理学》，丁小春、吴越译，法律出版社 2013 年版，第 145 页。

③ ［德］考夫曼、哈斯默尔主编：《当代法哲学和法律理论导论》，郑永流译，法律出版社 2002 年版，第 285 页。

④ 参见赵云锋：《以刑制罪法理分析与适用考察》，《政法论丛》2016 年第 1 期。

⑤ 苏力：《中国法学研究格局的流变》，《法商研究》2014 年第 5 期。

⑥ 苏力：《中国法学研究格局的流变》，《法商研究》2014 年第 5 期。

体现。“德国学者通常的操作是，在著作或文章的开头，对法教义学作一个大概的界定，然后以这种思维模式，去分析具体部门法中的某个问题，或者将其与立法、法律解释、法律适用结合起来讨论。而法律解释和法律适用问题又构成了法学方法论的核心问题，这也导致了法教义学和法学方法论的研究是不可分割的。”① 显然，德国法学者对法教义学的研究是非常严谨的，他们有着良好的教义学学术传承以及教义学研究规范，教义学研究是融合在内容之中的，而不是题目与内容是两张皮。这样严谨的研究态度不但推进了德国各部门法中法教义学的研究，而且还发展了德国法学方法论研究。也许这正是德国法学界的很多学者，比如民法领域的冯·耶林、卡尔·拉伦茨、伯恩·魏德士，刑法领域的拉德布鲁赫、考夫曼等，能从部门法学者上升为法（理）学者的原因吧。从部门法教义学到法学方法论的研究进路，不但提升了整个德国法学的理论水平，而且加强了德国法学理论的实践性，从而不存在我国学者苏力所说的“没有部门法的法理学”。德国法教义学的研究使法理学者的研究都能从其之前所研究的部门法领域的具体问题出发并予以回答，这样的法理学研究最终又反哺了部门法的教义学研究。中国的法理学研究目前存在无法回答具体问题、理论研究自娱自乐的现象。“如果法理学不能回答具体的问题，或者说，中国的法理学甚至连中国的问题都回答不了、解决不了，你怎么可能回答普遍的问题……中国的法理学必须也只能扎根于当代中国，必须首先努力回答当代中国的问题。”② 然而，这种状况的造成并非全是法理学者的责任，还有部门法学者的责任。对中国具体问题的回答，恐怕最适合的角度就是从部门法开始，再上升到跨部门法乃至整个中国社会。如果中国部门法学者的法教义学研究足够严谨、规范和深入，并且能够习成微观问题宏观解决、宏观问题微观分析的学术素养，最终其研究能在从具体到抽象、部门法到法理学法哲学层面，将自身部门法如刑法的研究上升到纯粹法理学的研究，就像考夫曼那样，那么，最终能够回答中国问题的法理学者就会越来越多，中国法（教义）学也才会越来越发达。

以上中国刑法教义学化过程中的五个误区，看似表现各异，其实其背后存在共同的根源性问题：对于何为刑法教义学缺乏深入探讨。如果彻底明确

① 周升乾：《法教义学研究》，中国政法大学博士学位论文 2011 年 3 月，第 3-4 页。

② 朱苏力：《中国法理学需要回答具体问题》，《文史博览》2010 年第 9 期。

了什么是刑法教义学，就不会有误区一和误区二；如果理解了什么是刑法教义学，就能明白其中的教义是如何形成的，则自然不会有误区三；如果明确了刑法教义学的实践特性，就不会误解刑法教义学为脱离实践的科学，也不会将不该出现于中国刑法教义学化过程中的理论进行盲目移植，则自然误区四就不复存在；如果理解了什么是刑法教义学，那么误区五就会从中国刑法学研究中消失。可见，中国刑法学如果要实现教义学化，必须对什么是教义、什么是教义学、什么是刑法教义学进行追根溯源的深入探讨。在此基础上，刑法学者再致力于推动刑法的教义学化。反观当下中国刑法学界，直接出“政”（政法法学）入化（教义学化）蔚然成风，刑法学者在教义学内部的耕耘已然颇有心得，却对于什么是刑法教义学的根源性问题缺乏探讨。前述中国刑法教义学化过程中的可能误区，恰恰是因此而产生的。同时，除了这五大误区，也许还存在着其他未能为此处所涵括的其他问题。为此，今后中国刑法的教义学研究，在置重教义学内部的教义精深化研讨的同时，更应回过头来，多做做本源性的工作，以避免刑法的教义学化出现方向性误区或者偏差。

三、中国法学流派化志趣下刑法学的发展方向：教义学化

经过晚近二十年来刑法学者“刑法知识的去苏俄化”和“刑法知识的教义学化”[①] 的努力之后，刑法教义学得以在中国刑法学界迅速生根发芽并开花结果。然而，刑法知识去苏俄化与刑法教义学之间并没有必然的逻辑因果关系，去苏俄化不等于教义学化，去苏俄化之后的中国刑法学未必没有其他可能。刑法是否应该实行教义学化是“中国法学向何处去”[②] 这一法学发展根本性问题在刑法学领域的反映。只有在中国法学及其学派之争的大背景下，才能更清晰地发现中国刑法学为什么要实现教义学化；只有在不同中国法学派的共识及相互砥砺之下，才能明确中国刑法学的发展方向。仅仅局限于刑法学内部而不联系中国法学学派发展的大背景讨论刑法的教义学化问题，既显得过于草率，又降低了刑法“保护人类社会共同生活秩序”[③] 这一源自部门法又超越部门法的功能，并降低了刑法教义学化命题的可信度。为此，下

① 陈兴良：《刑法知识的教义学化》，《法学研究》2011 年第 6 期。

② 邓正来：《中国法学向何处去》，《政法论坛》2005 年第 1 期。

③ ［德］耶赛克、魏根特：《德国刑法教科书》（上），徐久生译，中国法制出版社 2017 年版，第 1 页。

文拟结合晚近以来中国法学流派化志趣，结合刑法学科自身的属性，探讨中国刑法学的发展方向问题。

（一）积淀与变迁：中国法学“流派化志趣”

在人类历史的长河中，法学思潮的形成与发展为人类贡献了宝贵的知识文化。西方三大主流或者说经典法学流派即自然法学、分析法学、社会法学，是西方法学者在探索法的本质等真理性问题过程中留下的足迹，它们奠定了后世法学的发展方向，影响了当今法学研究的思想格局。三大法学流派代表人物主要思想明显，其流派不但有内容上的系统性与一贯性，更具有方法论上的独特性，如规范分析法学、历史法学、新自由主义法学、经济分析法学、综合法学等。从西方三大法学流派的发展中可以发现：其一，流派，是指以具有传承性、具有某种鲜明的风格或形式以及独特内容为标志的派别。“何谓‘派’？志同道合、兴趣一致之群体也。何谓‘流派’？此群体之影响不仅及于本国，也传播于世界；不仅炽乎当时，也施于后世；而在群体之中，亦不仅有倡导者、阐述者，且有继承者、发扬壮大者也。”[①] 西方三大法学流派的基本内容和方法论虽然有所不同，但均来源于对自然法思想及其方法论的质疑和挑战，它们是在人类各个历史阶段不断生长的法文化；三大流派之间相互论战，不但发展了各自的思想，更是发展了对方的学说。同时，每个流派自身也在不断进化与完善，比如自然法学派，作为人类历史上最古老的法律思想，历经了古代自然法学派、古典自然法学派和新自然法学派即复兴自然法学派三个不同时期，但无论这三个不同历史时期的自然法学派如何变换，其象征着人类自然和谐秩序以及相信正义的绝对性等自然法的内核不会改变；并且，这些不同自然法学学派最终汇聚成了源远流长的自然法学流派，并成为人类历史长河中生生不息的法治文明。其二，流派不同于学派，前者的内涵与外延广于后者的，并涵括了后者。学派是具有相同价值观与方法论的共同体，详言之，它是指因研究内容或研究方法而形成的具有相同或相似学术特色的学术群体。而流派，首先是存在学术派别，存在作为学术共同体的学派；当学派的思想超越时代流传下去，就形成了流派。而“法学流派”，是“围绕法的现象世界中的某一重大问题，持相同之立场，发

---

① 何勤华：《西方法学流派撮要》，中国政法大学出版社 2003 年版，序第 1 页。

相同之议论，倡相同之学说之法学家群体也。法学流派之成立，必定有其核心人物或代表人物”[①]。法学流派中的“流”，非流行的流，也非流星的流。流派的本质是超俗而非庸俗，其特征是流芳百世而非稍纵即逝。因此，凡是“能被称为学术流派的，无论其范围大小、时间长短，其学术观点都是与时俱进、不断翻新的”[②]。总之，流派是指思想相似或相同的研究群体及其流传于世的学术思想。流派与学派都具有研究队伍的群体性、研究内容与方法的独特性，但除此之外，流派还具有学术思想的传承性。从这一点来说，“法学流派是一个历史的概念”[③]，法学学派只是一个现实的概念；学派是流派的前提，流派来源于学派又超越学派；流派是学派沉淀后的结果。

20 世纪 80 年代，在改革开放及西学东渐的影响之下，中国法学者发出的一声呐喊“结束法学无流派的历史”[④]，开启了中国法学流派梳理研究之旅。最先作出贡献的是上海社会科学院法学研究所，其推出的《法学流派与法学家》[⑤] 作为辞典性质的资料性参考读物，至今仍为学术界所引用。随后，中国法学界又陆续推出了多种这方面的论著[⑥]，何勤华教授的《西方法学流派撮要》[⑦] 在上述研究成果的基础上，进一步对西方历史上的各法学流派进行了梳理；而徐爱国教授新近选取了九个西方法哲学命题并以此为线索阐述了“西方法律思想与法学流派”[⑧]。这些梳理性的研究对于中国法学学派的建立，乃至流派的形成，无疑提供了良好的前期准备。

在关注法学流派梳理的同时，中国法学者也开始关注中国自身是否需要法学流派、有无法学流派、有何种法学流派等问题。在是否需要法学流派的问题上，有的法理学者富有历史责任感地提出，应该“创建我国的法学流派”，“中华人民共和国四十余年的法学发展史，尚没有推出一个令世人侧目

---

① 何勤华：《西方法学流派撮要》，中国政法大学出版社 2003 年版，序第 1 页。

② 陈金钊：《当代中国法学的流派化志趣（上）》，《扬州大学学报（人文社会科学版）》2007 年第 2 期。

③ 陈兵：《“法学流派”类型研究》，《江汉论坛》2009 年第 7 期。

④ 张文显主编：《法理学》，高等教育出版社、北京大学出版社 1999 年版，第 33 页。

⑤ 参见徐步衡、余振龙：《法学流派和法学家》，知识出版社 1981 年版，第 1 页以下。

⑥ 参见沈宗灵：《现代西方法理学》，北京大学出版社 1992 年版；吕世伦主编：《现代西方法学流派》，黑龙江出版社 2018 年版；张文显：《20 世纪西方法哲学思潮研究》，法律出版社 2006 年版；等等。

⑦ 参见何勤华：《西方法学流派撮要》，中国政法大学出版社 2003 年版。

⑧ 徐爱国：《法学的圣殿——西方法律思想与法学流派》，中国法制出版社 2017 年版，第 1 页以下。

的法学流派来，这不能不说是令人遗憾的事。当社会发展把法治推为中华民族追求的目标取向时，法学流派的产生就不是任何个人的主观意愿所能阻止的，社会需求必然会将其推向法学家的议程”[①]。有的法理学者则富有现实担当性地指出，随着当下“中国法治国家的建设进入一个新的阶段”，必须大力推动法学的发展，而“法学是由法学家和法学流派所组成的”，为此，应大力推动法学流派的形成暨法学家的产生，“时代呼唤法学流派和法学家”[②]。对法学流派的渴望，于20世纪末悄然萌芽于我国学人心中。

真正法学流派的形成必须是在自觉的流派化意识的推动之下。法学流派的形成不能缺少法学派别的争论，法学派别的争论首先要求承认不同派别的存在。要先树靶子，再来驳斥，一来二去，学派论战成为常态化，学派才能在争鸣中得到确立与发展。苏力教授一眼洞察了法学流派化志趣下的时代需要。21世纪初，针对世纪之交的中国法学的发展，苏力教授粗略分析并概括了当时中国存在的“比较显著的法学研究传统：注重政治意识形态话语的政法法学，注重法律适用、解决具体法律纠纷的注释法学，以及借鉴社会科学的经验研究方法、试图发现制度或规则与社会生活诸多因素之间相互影响和制约的社科法学”[③]。苏力教授不但对长存于中国法治领域的政法法学进行了鲜活概括，而且，成功地树立了一个新的学派即社科法学，并主动将诠释法学作为其对立面，从而不但全面概括了世纪之交时中国法学的格局，而且引发了后来社科法学与教义法学的一系列论证，双方成果产出顿增，学派领军与灵魂人物已经或日益清晰，从而大力推动了中国法学流派化的过程。时至今日，苏力教授对中国三种学术传统的概括不但深入人心，而且成为自此之后研究中国学术流派问题，包括其中具体派别问题如教义法学或社科法学等的学者的重要引证来源。与此同时，中国法学研究的格局虽然经过了二十余年的变化，但是苏力的概括在当下仍未过时，政法法学仍然兴盛，诠释法学如日中天，只不过在称谓上有了变化。“在当年被苏力归为‘诠释法学’的学派中，年青一代的学者正在使用另一个舶来的新词——‘法教义

① 谢晖：《创建我国的法学流派初论》，《法商研究》1995年第6期。

② 蒋晓伟：《时代呼唤法学流派和法学家》，《政治与法律》1999年第4期。

③ 苏力：《中国法学研究格局的流变》，《法商研究》2014年第5期；苏力：《也许正在发生》，《比较法研究》2001年第3期。

学’——加以自称”，而“社科法学有时也会在一些学者的笔下被换成诸如‘法律与社会科学’之类的别称”[①]。不过，除教义法学成功替代诠释法学之外，其他两种的称谓或许有细微不同，但总体上延续了苏力教授的概括。比如邓正来教授曾将中国法学概括为权利本位论、法条主义、本土主义和法律文化论四种理论模式[②]，汤唯教授则认为当代中国有五个学术流派，即政法法学派、诠释法学派、社科法学派、批判法学派、综合法学学派。[③] 但是，从时间上看这些概括都是在苏力教授的概括之后，而且其中所使用的称谓或者与苏力教授使用的称谓一致，如政法法学派，或者可以在苏力教授的概括中找到大致对应的概念，如权利本位论可对应政法法学、法条主义可对应诠释法学、法律文化论可对应社科法学等。从这个角度而言，毋宁说，在苏力教授之后，其他法理学者对中国法学流派的分析其实是对苏力教授之观点的肯定。因此，迄今为止，政法法学、教义法学、社科法学，已成为当下中国法学研究格局中公认的三种法学研究传统或者范式，或者，基于历史观的角度，也许是三种流派。之所以不能断定苏力教授所概括的三种学术传统就是三种法学流派，是因为，只有经过实践与时间的检验，最终默默地在社会实践中体现其价值，在解释现象时体现其实用性，在生活中萌发认同感，也许一个流派才真的形成了。但至少可以说，作为流派的前提，这三个不同学派，即政法法学派、教义法学派、社科法学派，在中国已然初步形成。毫无疑问，当下中国法学的格局印证了法理学者在20世纪末提出的预言，即随着中国法学的多元化发展走向，“将出现中国法学流派”，“同法学的分化相连带的一个必然趋势将是中国法学流派的出现。虽然我们今天还不能说中国已有了法学流派，但从法学发展角度预测，这一趋势不可避免”[④]。当下中国虽然没有形成法学流派，但毕竟初步有了三种学派，从而实现了法学流派的前提条件；而且，最为难能可贵的是，整个中国法学界都涌动着一股流派化意识，这种“正在涌动的流派化意识也许正是中国法学向前发展的契机”，

---

① 尤陈俊：《不在场的在场：社科法学和法教义学之争的背后》，《光明日报》2014年8月13日第16版。

② 参见邓正来：《中国法学向何处去——建构“中国法律理想图景”时代的论纲》，商务印书馆2006年版，第3页。

③ 参见汤唯、王加卫：《论中国法学流派分野的基本端倪》，《法律科学》2006年第6期。

④ 刘作翔：《多元的时代与多元的法学》，《学习与探索》1995年第3期。

这种流派化意识亦即对法学流派建立的渴望，被中国法学者称为“中国法学的流派化志趣”[①]，它表达了中国法学者对于建立法学流派的志向和兴趣，是中国法学者群体对法学流派的心意所向，因而难能可贵。

中国法学流派甚至不仅仅停留在志趣上，中国法学者主动构建法学流派的尝试也已经开始。“法学流派的形成要具备法学领军人物”[②]，法学流派的重要特点在于有代表性人物与思想。受此启发，在发展中国法学流派的大讨论中，各派（如果有的话）学者暂时搁置法学流派中“是否具有可能流传于世的法学思想”这一重大难题，首先纷纷对未来中国法学流派中的可能派别进行了站位或者表态。在法学流派尚未形成之际，“法学派别抢注”行为早已开始：通过凝练某一类人群的研究特征，或者概括某一类研究类型的研究对象与内容，总结出法学学派，取得先占优势。如“西北法学研究与中国法学流派”[③]、“中国法学的‘人大学派’”[④]、“中国法学流派的创生和珞珈法学派的可能”[⑤]、“一个成长中的学派”、“中国法治实践学派”[⑥]，等等。这些法学学派的提法也许不够成熟，也许还要继续深入探讨，但毫无疑问，它们的提出都是中国法学者对于具有自主“知识产权”的中国法学流派的期待，是将流派志趣化为现实的构建流派化行为的可贵之举。未来中国法学流派的发展和形成，可能还需要一个很长的历史时期，但无论如何，其前景值得期待。

综上所述，中国法学者从呼吁“中国法学应该树立流派化意识”[⑦]，到中国法学流派化志趣的形成，中间经历了一个很长的过程。虽然流派暂时未有建立，前路仍然漫漫，但中国法学流派化志趣本身，已然让人欣慰。

（二）刑法的应对：中国法学派别之争下部门法的派别化

如前所述，政法法学派、教义法学派、社科法学派已然在中国法学形成

① 陈金钊：《当代中国法学的流派化志趣（上）》，《扬州大学学报（人文社会科学版）》2007年第2期。

② 汤唯、王加卫：《论中国法学流派分野的基本端倪》，《法律科学》2006年第6期。

③ 谢晖：《西北法学研究与中国法学流派》，《甘肃政法学院学报》2010年第1期。

④ 韩大元：《人大法学六十年：特色与贡献——中国法学的“人大学派”》，《法学家》2010年第4期。

⑤ 肖永平、徐锦堂：《中国法学流派的创生和珞珈法学派的可能》，《学术界》2006年第1期。

⑥ 张文显：《中国法治实践学派是一个成长中的学派》，《光明日报》2016年10月24日第10版；钱弘道：《中国法法实践学派的兴起与使命》，《浙江大学学报（人文社会科学版）》2013年第5期。

⑦ 陈金钊：《当代中国法学的流派化志趣（上）》，《扬州大学学报（人文社会科学版）》2007年第2期。

了三足鼎立的格局。反对者也许认为，中国法学学派尚未成，但是，在共识层面，这三个学派至少是中国法学流派显性化的例证。那么，作为部门法的刑法，对此又是如何应对的？对此问题，在“刑法知识的去苏俄化”和“刑法知识的教义学化”的命题之下，刑法学界似乎早已有了答案，那就是，实行刑法的教义学化，推动中国教义法学派的进一步巩固和发展。然而，事实并非如此简单。回望及放眼当下中国刑法学，中国刑法学早已形成了两大学派，即刑法政法学派与刑法教义学派。[①] 在所有部门法里，刑法学是最先拉开学派之争的序幕的，也是最早实现了“部门法的派别化”的学科。然而，中国刑法对法学学派之争的应对显得有些漫不经心。

首先，刑法教义学化看似趋势不可逆转，但是，在刑法教义学日益繁荣的过程中被忽视的是，刑法教义学的发展并未得到中国法学者的一致认同。放眼当下中国刑法学理论，表面看来，“在中国法学研究中，传统上地位显赫的政法法学确实已经衰落”[②]，但实际上，传统苏俄刑法学并没有偏安一隅，政法法学强大的生命力以传统苏俄刑法学为载体在刑法学领域得到了最为充分的彰显。刑法领域以平面四要件犯罪构成为体系的刑法教科书及其庞大而坚固的阵营均表明了政法法学派的强大影响。以老一辈刑法学家为引领，坚守政法法学派的学者队伍庞大且根深叶茂，“一马平川”式的中国刑法学是政法法学派在中国刑法学领域的体现[③]，红皮刑法教科书是这一派学者的成果代表。曾经发生的社会危害性与法益论、四要件与三阶层之间的争论，可以说都是政法法学派与教义法学派之间最令人瞩目的大论战。而且，这样的论战到今天仍以不同的形式再出现。尤其是最近，刑法政法学派要重归主流地位的势头非常明显。比如，刘仁文教授最近指出，法学研究的方法和风格应当是多元的本土的，应当从中国实际出发形成本土性的中国刑法理论，“珍惜已有的知识谱系、理论框架甚至是概念表述，以切实解决中国的问题作为出发点和归宿点”，为此，类似于客观归责、法益、结果无价值、行为无价值等刑法教义学的概念都是没有必要的，“中国的一些刑法学者把从德国引入的‘法益’这个概念神话了，认为它相比我们过去使用的‘社会

---

① 参见刘艳红：《刑法学变革的逻辑：教义法学与政法法学的较量》，《法商研究》2017 年第 6 期。

② 苏力：《中国法学研究格局的流变》，《法商研究》2014 年第 5 期。

③ 参见刘艳红：《刑法学变革的逻辑：教义法学与政法法学的较量》，《法商研究》2017 年第 6 期。

危害性’这个概念而言，具有无法比拟的优势。其实，‘社会危害性’这个概念所面临的空洞性和缺乏规范性等问题，在‘法益’这个概念中也几乎同样存在”[①]。这些宏大的叙事目标并没有错，问题是，在这些目标的背后，论者的基本立场并不是真正倡导所谓的多元化研究，而只是回归传统苏俄刑法，坚守政法刑法学派、坚持社会危害性而取代法益、坚持刑法的主客观相统一原则而批判客观归责都是其体现。政法刑法学派传统地位的变迁和旁落不等于中国刑法学研究的主体性丧失，中国刑法学研究的主体性不等于以苏俄刑法知识为主体，中国刑法教义学借鉴德日刑法理论也不等于脱离了中国实际或没有解决中国问题，更不等于刑法学研究丧失本土性或民族性。多元化的刑法学研究必须以不同研究范式为前提，批判刑法教义学的概念、理论与方法，回归苏俄刑法，坚守政法刑法学派，拒绝新型概念和理论的引入，这恰恰是反多元化。比较政法刑法学派与教义刑法学派的优劣，非常重要，笔者将在下文予以展开，但同时它也不是最重要的，最重要的是，面对不同学术研究范式与派别，理性的做法是，吸引不同学派优劣，倡导真正的学术自由。在中国法学流派化志趣下，在政法法学派、教义法学派、社科法学派基本格局已形成的态势之下，中国刑法学想要置之不顾，坚守着单一的政法刑法学派的做法，恐怕与中国法学流派化大趋势背道而驰。富有中国特色的刑法研究成果，可能恰恰是在政法刑法学派与教义刑法学派或社科刑法学派的争论下产出的，而不是在对教义法学的视而不见以及政法法学的独大下产出的。

其次，晚近以来，刑法教义学研究成果迭出，整个刑法教义学队伍都在致力于促进法律的应用与法律公正的实现，并不断通过技术性的法律概念和高超的法律解释技艺及理论，“将其研究成果转化为符合形式逻辑的样态，并通过法律构建的技术将其与既有体系相整合”[②]。但是，在此过程中，教义法学派的学者忽视了，社科法学对教义学的冲击与挑战也直接影响到教义法学的发展。2014 年发生的中国法学方法论之争就是这一挑战的体现：社科法学对教义法学提出了抵抗，有人还预言，30 年后在中国将有教义法学之殇。[③] 同时，随着时间的推移，社科法学与教义法学之间的争论热度非但

① 刘仁文：《再返弗莱堡》，《法制日报》2017 年 12 月 27 日第 9 版。

② 许德风：《法教义学的应用》，《中外法学》2013 年第 5 期。

③ 参见季卫东：《法律议论的社会科学研究新范式》，《中国法学》2015 年第 6 期。

未下降，反而成为“中国法学界近年来的核心议题之一”①。近几年来，以教义法学与社科法学为主题召开的学术会议之多，刊物发表的相关专题研讨文章之多，是其他类型主题难以企及的。教义法学并未完全建立，社科法学派即已虎视眈眈。这在法学，尤其是法理学领域体现得非常明显，在刑法学领域也已显露端倪。

一方面，在刑法学外部，法理学学者、刑事诉讼法学学者等对教义法学提出了严厉的批评，并大力倡导社科法学。对于中国法学界研究得如火如荼的教义法学，法理学者并不看好，如苏力教授直接指出，以传统刑法为典型的法诠释学，主动与德日等接轨而自称法教义学或法信条学，是以法律的教义或信条为核心理念展开的理论话语，但是，刑法中的法教义学“甚至包括极为宽泛的刑事公共政策”，“如此法教义学的边界就变得很模糊”，而且，在部门法中，真能拿得出手的“教义”并不多，“教义”几乎一直局限于传统的刑、民法领域。② 同样反对刑法教义学的，还有陈瑞华教授。陈教授指出，“法学方法上，法学界出现了‘法教义学’与‘社科法学’的两大流派”，而教义法学只不过是中国学者代之以“规范法学”或“法解释学”的“源自德国”的“洋名词”而已，同时，由于教义法学“仅仅站在法律之内看法律”，走不出自说自话、循环论证的“逻辑怪圈”，因此它“对于成文法规范的正当性，研究者习惯从基本原则上加以解释，而这种基本原则又深深地受到西方法学的影响，如刑法中的罪刑法定、罪刑均衡、适用法律一律平等……而对于司法实践中存在的问题，特别是那些按照现行成文法无论如何也走不出困境的疑难案件，研究者除提出一些老生常谈的立法完善方案以外，再也无法给出富有启发性的建议”③。根据苏力教授的见解，刑法教义学者对教义法学的坚守可能主要是因为其方便实用与简化办案信息的社会学和实用主义功能，而不是自身的教义；而且，即便如此，教义法学也面临着对立法与司法实际后果疏于关注的重大缺陷，缺乏对案件灵活应变的解决能力，缺乏配得上教义法学这一概念的真正“教义”，而变得越来越像基于经

① 杨帆：《法国法社会学的发展与转型——兼议中国语境下的法学研究范式之争》，《法学家》2018年第1期。

② 参见苏力：《中国法学研究格局的流变》，《法商研究》2014年第5期。

③ 陈瑞华：《法学研究方法的若干反思》，《中外法学》2015年第1期。

验的政策与对策研究。既然如此，对教义法学的坚守就是没有意义的，莫如转为社科法学，因为社会学、实用主义、对策研究、经验论等词汇，恰恰是社科法学所置重的。陈瑞华教授也主张社科法学，反对教义法学，并对刑法学界面对许霆案等重大案件的基于教义法学的分析或者政法法学基于立法论的分析非常不满意，认为刑法教义学加深了部门法之间的隔膜，削弱了理论的说服力与生命力。

另一方面，在刑法学内部，刑法学者对刑法教义学进行了质疑，虽未明确提出但却表现出强烈的社科法学倾向。刑法学者齐文远教授即以教义法学欠缺实践性为名，展开了对刑法教义学的批判，并由此主张中国刑法学应该转向“实践主义”，即放弃概念的争论，关注实践调查与实证分析，强化对刑法的社会学研究，多从“我国基本的犯罪形态、社会结构、政治经济文化等事实层面”展开对刑法学研究的把握。[①] 在此，齐文远教授虽然没有明确表明但显然倾向于将刑法学派之争从单纯教义法学派内部的争论转化为教义法学与社科法学之间的争论。在齐文远教授看来，教义法学论理性太强，而社科法学才更具有实践性。然而，也许是刑法教义学者正在忙于构建真正的可以流传的刑法“教义”，对于刑法学外部如苏力、陈瑞华等教授的批判，刑法学界几乎没有回应。

毫无疑问，以上对（刑）法教义学的批判不无道理。但是，这些问题究竟是中国刑法学者在构建中国刑法教义学过程中的内部问题，还是刑法教义学的方向性问题，需要思索。第一，与社科法学的自觉性相比，中国教义法学的自觉性要晚一些，但是，中国刑法的教义学化在所有部门法中是相对较早的；但与刑法教义学的发展相比，中国刑法社科法学的意识则要逊后一筹。这意味着，在是否发展中国刑法教义学的问题上，教义法学与社科法学在时间上没有对等过。这一现象折射出，也许刑法学作为研究刑法这一人权保障之底线以及所有部门法的保障法的学科，有着其他学科学者未必完全窥见的实行教义学的自身原因。泛泛地、不深入刑法学科内部，去质疑刑法的教义学化，可能本身在方法论上就过于社科法学了：其研究内容和视线过于宽泛而未能有效聚焦。第二，教义法学的概念固然有些模糊，但这是否意味

① 参见齐文远：《中国法学研究之转型》，《法学研究》2011 年第 6 期。

着这恰恰是教义法学的事业有待推进而不是放弃的理由？社科法学的边界更为模糊，到现在为止，中国社科法学派的学者都没有一个清晰的定义告示人们社科法学是什么。“社科法学的内涵和边界究竟在哪里？社科法学究竟是一种什么样的研究立场和进路？”[①] 这些问题并未明确。但是，支持社科法学的人并未因此而放弃其志业。这意味着，反对刑法教义学显然不能从教义法学的边界不清着手，这明显缺乏说服力；而且由边界更为不清的社科法学家说出来，就更接近于嘲讽了。第三，部门法之间的壁垒日益森严，忙于墙内知识自我生长的刑法教义学，常常自得于体系的完整、概念的严谨、逻辑的自洽，并在将刑法学打造成自给自足的法律科学的轨道上努力不懈，因为这正是教义法学的特征。但这样一来，在某种程度上可能会导致法条主义，以及陈瑞华教授所批评的“往往把界限划得太严格，久而久之，风不进，雨不透，不同法律部门的疆域之间难以发生关系”。许霆案的定罪、关于强奸幼女的司法解释的规定、摆摊打气球案的不当入罪，等等，的确在某种程度上反映出教义法学在某些问题上的捉襟见肘和自视太高。然而，将各种重大疑难案件投射于刑法之外，固然能起到类似于苏力教授对关于强奸幼女的司法解释的探讨、对许霆案的分析催人深思的效果，然而，从办案经验与说服力来看，它们显然不能属于刑辩思维，因为它们总是有一种强烈的突破刑法教义比如罪刑法定原则的冲动，而这些恰恰是刑法的底线。同时，即便社科法学者指责刑法教义学者对重大疑难案件只能“提出一些老生常谈的立法完善方案”，这也不是刑法教义学者独有的，如苏力教授基于社科法学立场对肖某军案的探讨最终也只是“针对中国相关法律制度，提出了一些完善相关法律的建议”[②]，显然，陈瑞华教授的指责也有些牵强。对重大案件的分析缺乏新意或提出了立法完善的建议是否就是反对教义法学的理由？它们是否有些表面化或者过于牵强？第四，至于提到教义法学的实践性欠缺，这样的指责更不能成为中国刑法走向社科法学或者放弃教义法学的理由。政法法学也非常欠缺实践性，社科法学也未必有实践性。关键是，对实践性怎么理解。如果只把田野调查当作实践性，那么苏力教授早已指出，“有必要基于

① 苏力：《中国法学研究格局的流变》，《法商研究》2014 年第 5 期。

② 苏力：《医疗的知情同意与个人自由和责任——从肖志军拒签事件切入》，《中国法学》2008 年第 4 期。

法学研究来反思‘田野’”，事实上，“‘田野’其实一定不是一个自然地理空间，而是一个由思想构建的空间。要构建这个‘田野’，除了日常的经验材料，更需要熟练运用各种可适用的相关理论和工具”[①]。很显然，社科法学者夸大了田野与实证调查之于社科法学研究的分量，误以为这是区别它与其他学派的重要一点。实际上，社科法学研究可能更需要的是问题意识与学术想象力，而教义法学一向都是这么做的；并且，刑法教义学的研究一直都是在各类案件中条分缕析，而且还有基于实证（田野）调查的数据分析。可见，所谓的实践性，无论如何理解，刑法教义学其实一直都有。

然而，无论是对于政法法学的再度兴起，还是对于社科法学的虎视眈眈，刑法教义学都没有作出积极的回应。以上政法法学或社科法学对刑法教义学的质疑更多的是局部的挑刺，而不是整体的构建或者解决问题。“挑刺是容易的，重要的是解决问题”，局部的挑刺或者局部的回应固然重要，然而，基于刑法学科整体性来探讨未来刑法学在中国法学流派化志趣下的发展方向，才是问题的根本解决之道。

（三）审视与剖析：中国法学流派化志趣下的刑法教义学化方向

“法学流派的涌现是中国法律学人的夙愿。虽经中国法学者的多方呼吁，但法学流派的‘建构’依然步履蹒跚。”[②] 中国刑法学对法学流派化的前述应对也表明了这一点。中国刑法学其实也有着“法学流派的志趣”，否则就不会产生刑法政法学派与刑法教义学派、刑法教义学派与刑法社科学派之间的争论。与此同时，刑法学参与中国法学派别论争的热度与其他学科比如法理学等的相比还有待提高，对整个中国法学派别的发展的关注也有待提高。为此，结合新近中国法学流派化的大背景，深入探讨中国刑法学的未来发展趋势就极有必要了。鉴于政法法学与社科法学的各自属性，它们均不适合于刑法学理论体系的构建与发展，刑法学的发展方向应该是教义法学。

1. 在政法法学与教义法学之间，中国刑法学应选择（刑）法教义学

随着刑法教义学派初成，刑法政法学派的特色更加明显、阵营更加稳定，刑法政法学派与刑法教义学派两大派别泾渭分明。然而，“法学研究必

---

① 苏力：《中国法学研究格局的流变》，《法商研究》2014 年第 5 期。

② 陈金钊：《当代中国法学的流派化志趣（上）》，《扬州大学学报（人文社会科学版）》2007 年第 2 期。

须有自己独立的研究对象、研究领域、研究特色和研究方法；法学流派的形成也有它自身的学理要求和内在规律，有它自己的社会条件和专业团队，有它自己的独特领域和评价体系。现代法律和法学发展，确需为自身争夺一个更为自由开放的学术空间，确需法律的运作日益与政治性因素相疏离，实现从‘隶属政治’向‘法学自立’的学术体制转变”[①]。为此，中国刑法学如果要获得独立于政治的法学学科属性，必须彰显其作为独立学科的地位和影响，学者们要学会从逻辑理论上论述其合法性和正当性；刑法作为一门法律职业的思想要受到重视和发展，要通过刑法教义学呈现刑法学自身的话语和问题。在这方面，以德日阶层体系为内容的系列刑法教科书的出版昭示着我国刑法的去苏俄化与教义学化的初步成果。在之前刑法知识的去苏俄化与刑法知识的教义学化的努力之后，告别刑法政法学派，发展刑法教义学派，在刑法领域无疑仍是一个需要继续深入的问题。

自刑法知识的去苏俄化以后，刑法学原先喜欢讨论的、曾引发过长期热烈争论的问题，例如，社会危害性是否是犯罪的本质、犯罪侵犯的是什么样的社会主义社会关系、犯罪构成体系究竟应该是平面的还是阶层的、必然偶然因果关系论的合理性与实践性、犯罪既未遂与犯罪成立相混同的问题、主客观相统一的不能犯未遂的认定问题等，经过晚近以来刑法学人的努力，如今不再为刑法学者所关注。罪刑法定原则作为刑法帝王原则的地位，以及中国传统平面四要件犯罪论体系的强大生命力，至少使政法法学在刑法领域不但有着法定的根据，还有着旺盛的理论。司法实践中不断发生的刑案如“河南农民采集野草案”、“深圳鹦鹉案”、仿真枪案、玉米案等，正是政法法学在刑法实践领域的体现。本该作为出罪渠道的罪刑法定原则被我国规定为出罪禁止的入罪渠道，社会危害性的灵活性与主客观相统一的平面犯罪构成要件的似是而非使刑法失去了司法实践中的规范性与准确性。定与不定罪似乎都有足够的理由，因为社会危害性与主客观相统一等这类弹性极大的概念为定罪提供了足够的空间。这也间接解释了为何司法实践中奇葩案层出不穷。当刑法的本质一再“被描绘成道德争议、阶级意志、政治政策、事物的本质以及社会关系等等”[②] 时，刑法与其他因素的较量中，刑法规范的作用在减弱。

---

① 汤唯、王加卫：《论中国法学流派分野的基本端倪》，《法律科学》2006 年第 6 期。

② 陈金钊：《法律人思维中的规范隐退》，《中国法学》2012 年第 1 期。

刑法教义学“是一门研究法律规定的解释、体系化和发展以及刑法领域的各种科学理论的学科”[①]，规范、解释和体系是刑法教义学的核心。刑法教义学提倡根据案件事实与刑法规范之间细小的差别对案件的定性和处理进行教义学上的阐释，而非泛泛采用社会危害性之有无与主客观构成要件是否相统一。比如根据“大学生掏鸟窝案”“深圳鹦鹉案”的案件事实以及刑法第 341 条关于非法收购、运输、出售国家重点保护的珍贵、濒危野生动物及其制品罪的规定，根据“河南农民采集野草案”以及刑法第 344 条关于非法采伐、毁坏国家重点保护植物罪的规定，根据构成要件符合性、违法性与有责性三阶层犯罪论体系进行分析，在客观违法层面可以发现，“大学生掏鸟窝案”、“深圳鹦鹉案”与“河南农民采集野草案”中，涉案金额少、法益侵害程度低，行为人均未实施值得刑罚处罚的法益侵害行为；在主观有责层面可以发现，行为人对国家重点保护的动物与植物缺乏认识，也即这些案件中的行为人均不具备归责可能性。因行为人欠缺违法性意识，不具备主观有责性，故其行为不能被认定为犯罪。通过刑法教义体系，案件的事实得到了重新塑造，刑法规范的融贯性和清晰度有所提高，人们从主流的规范性方法而非政治话语概念中获得启示。正因为如此，尽管（刑）法教义学也受到了来自不同方面的不同程度的抨击，但是教义法学还是幸存下来并且在各个学科得到了长足发展。[②] 同样是适用刑法犯罪论体系，适用政法法学的平面四要件体系与适用阶层犯罪论体系有如此大的差别，原因在于，基于教义法学发展出的阶层犯罪论体系是刑法学教义化最大成果，而教义法学中的教义的最大特点是提供界限，它不但“有坚固的内核”而且有“固定的边界”[③]。这样的教义提供了法的安定性，比如法益。此外，体系化的刑法教义也给事物本身的定性提供了理论积淀深厚的辨识标准，如阶层犯罪论体系。因此，（刑）法教义学致力于发展各种刑法解释方法丰富、抽象的刑法概念，推动体系的完善化与科学化。这也是为什么德日（刑）法教义学的理论内容如此丰富，

① ［德］罗克辛：《德国刑法学总论》，第 1 卷，王世洲译，法律出版社 2005 年版，第 117 页。

② 参见［荷］扬·斯密茨：《法学的观念与方法》，魏磊杰、吴雅婷译，法律出版社 2017 年版，第 108 页。

③ ［德］阿图尔·考夫曼：《古斯塔夫·拉德布鲁赫传》，舒国滢译，法律出版社 2012 年版，第 112 页。

而继承自苏俄的我国传统刑法学内涵如此单薄。

在刑法教义学眼里，成千上万的案件和规范都有着它们细微的差别，而绝非社会危害性或主客观相统一的平面犯罪构成要件体系可以笼统概括、适用的对象。刑法政法学派“在刑法学中讲犯罪构成理论，但却很少讲犯罪构成如何运用的方法”[①]，原因是，主客观相统一的犯罪构成理论是通过似是而非的主客观相统一来适用的，它告诉了我们适用的方法即主客观相统一，但这其实等于什么都没说，所以，传统刑法学不是不讲犯罪构成如何运用的方法，而是其自身无法展示方法，或者说其所存在的方法是无用的方法。但是，刑法教义学下的阶层犯罪构成理论，就可以发展出各种各样的刑法解释方法，或者说，刑法教义学本身就是一种方法。在刑法教义学的方法之下，根据规范内容更清晰的法益概念，以及出罪渠道更通畅、更有利于被告人发挥刑事诉讼抗辩机能的阶层犯罪论体系，定罪或不定罪的结论无疑更为合理，说理更为充分。以刑法规范为出发点，以刑法解释为适用方法，以刑法知识的体系化为目标，这样的刑法教义学无论在科学性还是逻辑性上都更容易获得人心；其在人权保障机能方面的优势更是通过其与刑法政法学派截然不同的犯罪论体系而早已获得了公认。

在当下中国阶段，法律体系建设任重道远，因此，现阶段中国刑“法学研究的一项最重要的任务还是加强法律适用的推理和解释环节”，“在法律职业共同体当中鼓励法教义学的规范思维方式，让制度担纲者本身树立必要的法律信仰，进而通过示范作用在公民的社会日常生活中酿成守法精神。否则，施密特式的主权决断论或者具体秩序论就会横行无忌，法治原则根本就无法落到实处，作为正义屏障的法律职业精神也难以弘扬”[②]。为了让刑法发挥其人权保障的机能，也为了让刑法学发展出内涵丰富、解释技艺深厚的理论体系，也为了让法律的职业化尽早实现，中国刑法学必须实现教义学化。这些目标远非政法法学所能应对。也因此，在对立法和司法的穿透力与学术影响力方面，刑法教义学派能够提供更为充分的概念、理论与体系工具，较之政法刑法学派，无疑更胜一筹。虽然说法律是政治权力的外在表

① 陈金钊：《当代中国法学的流派化志趣（上）》，《扬州大学学报（人文社会科学版）》2007年第2期。

② 季卫东：《法律议论的社会科学研究新范式》，《中国法学》2015年第6期。

现，法律的本质是政治上的权力[①]，然而，法律和政治并非同一回事。刑法政法学派与刑法教义学派之争“是学术领域中的事情，一旦把它意识形态化就会出现一枝独秀局面，百家争鸣式的真正学术流派就不会存在”[②]。因此，我们不但应该提倡刑法政法学派与刑法教义学派之争，而且应该彻底告别政法法学，建立中国化的刑法教义学。中国刑法教义学借鉴德日刑法理论，同时结合中国本土刑事实务问题，故并非单纯的“言必称德日的移植主义”。

2. 在教义法学与社科法学之间，中国刑法应选择（刑）法教义学

在教义法学与社科法学之间，中国刑法学应该选择教义法学，实现刑法的教义学化。社科法学是指“借鉴社会科学的经验研究方法，试图发现制度或规则与社会生活诸多因素之间相互影响和制约”[③] 的学科，它倡导“面向中国社会实际，通过运用社会科学方法研究法律现象和法治问题”[④]，它实际上是法律社会学派。最近几年，社科法学的强大攻势使教义法学备受挑战，虽然这种挑战目前在刑法领域暂且没有发生。然而，如果着眼于刑法教义学的未来，必须面对当下教义法学与社科法学的争议对刑法教义学所可能产生的影响。

刑事法治是法治的底线。刑法规范的安定性、教义学解释结论的稳定性、刑法知识的体系性和整体性，可以确保刑事法治的实现。社科法学力图运用社会科学的方法而不是规范分析的方法，从而会使刑法的适用演变为超越规范的危险活动，这对于刑事法治而言，无疑是一个巨大的危险信号。“在刑法中，法治国家的形式保障得到最强有力的规定”，因此，刑法的主要任务“是突出保证法安定性的法治国家原则的要素”[⑤]，罪刑法定原则中法定原则与明确性原则的要求正是保证刑法安定性的基本体现。尤其是，刑法是所有法律中制裁最为严厉的法，“刑法通过国家强制最终确保法秩序的不可破坏性。虽然民法和公法同样规定了适用强制，但对刑法而言，刑罚威慑和实施强制处于中心地位”，而且“使用最严厉的权力机制，即国家刑罚”，

---

① 参见徐爱国：《法学的圣殿》，中国法制出版社2016年版，第283页。

② 陈金钊：《当代中国法学的流派化志趣（上）》，《扬州大学学报（人文社会科学版）》2007年第2期。

③ 苏力：《中国法学研究格局的流变》，《法商研究》2014年第5期。

④ 《中国法学研究格局中的社科法学》，《法商研究》2014年第5期。

⑤ ［德］耶赛克、魏根特：《德国刑法教科书》（上），徐久生译，中国法制出版社2017年版，第174、36页。

“个人的自由不会受到比国家借助于刑罚权的个人自由的限制更为严厉的限制”①。这意味着，为确保刑法的安定性和刑法适用的稳定性，“法律的优先权和先决条件，在刑法中表现得比在其他任何现行法律中都要强些”②。在刑法教义学领域，刑法规范的存在可确保刑法的安定性，而刑法解释及刑法教义的发展，乃至刑法知识的体系化构建，“使合理的、与事实相适应和均衡的判决成为可能，而且它对维护法安定性是起到很大安全作用的”。刑法教义正体现了刑法解释结论的稳定性：“刑法解释论中含有一个值得注意的稳定性，该稳定性通过判例的不断影响而得到加强。”③ 具有稳定性的解释结论最终上升为教义。教义法学中的教义才是法学得以长盛不衰、持久发展的生命力之所在。萨维尼和普赫塔认为，教义法学中的教义是“那些在其概念中以法律来规制生活的精神性事物，乃是某种具有生命的事物”④。由个案到类案到解释到概念，再发展出教义学，并经“由那些被提升为法学上的概念形式的法律规定所构成的整体”即体系，刑法学得以成为知识得到传承的学科，因为“‘体系’是一个‘新素材的永不枯竭的来源”⑤。最终，通过对解释结论的教义化以及对教义的系统化，形成关联刑法整体的体系化的知识结构。然而，这一切正是社科法学所欠缺的。

社科法学导致规范边缘化，甚至会超越实定法。这与刑法的安定性背道而驰。刑法作为最严厉的法律不但要求处罚目的正当性、处罚结果的公正性，而且要求罪刑的法定性。这决定了规范犯罪构成要件与刑罚的刑法规范是法教义学存续的前提。突出社会不重视规范的社科法学将导致刑法规范的地位和意义受到削弱，刑法的安定性与稳定性势必备受影响。刑法教义学面向法律规范及其解释、适用，并将目光流转于案件事实与刑法规范之间，根

---

① ［德］耶赛克、魏根特：《德国刑法教科书》（上），徐久生译，中国法制出版社 2017 年版，第 2、174 页。

② ［德］耶赛克、魏根特：《德国刑法教科书》（上），徐久生译，中国法制出版社 2017 年版，第 37 页。

③ ［德］耶赛克、魏根特：《德国刑法教科书》（上），徐久生译，中国法制出版社 2017 年版，第 270、271 页。

④ ［德］耶林著，［德］贝伦茨编注：《法学是一门科学吗?》，李君韬译，法律出版社 2010 年版，第 105 页。

⑤ ［德］耶林著，［德］贝伦茨编注：《法学是一门科学吗?》，李君韬译，法律出版社 2010 年版，第 138 页。

据稳定的刑法规范，得出妥当的结论；而目光流转的过程，是利用一般性概念的解释过程，“法学借以建立加工或添学说的素材，其实就是一个关于同一性的一般性逻辑概念，被套用在对于物的改造上”①。比如刑法中的法益概念或者添加在其上的值得处罚的法益概念，作为一般性的刑法概念，当被用于对个案或者类案的解释时，又通过在违法性领域具体化，发挥其实践使命。刑法规范作为明确的法规范的安定性、一般性概念所具有的教义的稳定性，根据规范进行解释后对于案件的实用性，使刑事法治的人权保障机能充分发挥作用。刑法涉及对人的生命与财产权的予夺，规范的边缘化意味着公民权利保障的边缘化与危险化，这意味着巨大的法治风险。与教义法学相反，社科法学的“深层实际上是对严格法制的瓦解”，它“把社会放到了首位，法律成了打着社会的旗帜就可以改变的东西”②。对于社科法学来说，这样做非常正常。比如对于秋菊打官司，通过探讨该案背后的社会、历史原因，探讨法律制度在中国的实际运作状况以及其构成的社会条件等，可以得出令人信服的结论。这正是社科法学的特点。这种社科法学视角的分析往往不需要法律规范，即或运用到了法律规范，法律规范也只是一个素材，而不是核心：在面向解释的时候，规范显然不处于中心地位。然而，在个人自由与国家刑罚权之间发挥作用的刑法学如果忽视规范，首先是对刑法最古老的教义之一罪刑法定主义的违反，同时，没有了法定性与稳定性。比如通篇不联系杀人罪刑法规范及刑法典中侵犯公民人身权利罪的法益保护目的（这实际上也是刑法规范的内容），而仅仅从伦理学、社会学、生物学、医学等角度大谈刺杀胎儿是否构成犯罪，这样的分析，无论是过程还是结论，都是令人难以信服的。正因为如此，在刑法学科的发展上，“形式主义法学是整个法学学科的脊梁。法学作为相对独立的学科，其知识体系是由形式法学所建构的，离开法学的概念体系、原理体系和方法体系等，法学无法作为大门类的学科”③。社科法学远离刑法规范，会导致立于实定法基础之上的刑法解释学难以发展，刑法规范受到忽略，从而动摇刑事法治的根基即法的形式性

① ［德］耶林著，［德］贝伦茨编注：《法学是一门科学吗?》，李君韬译，法律出版社 2010 年版，第 139 页。

② 陈金钊：《当代中国法学的流派化志趣（下）》，《扬州大学学报（人文社会科学版）》2007 年第 3 期。

③ 陈金钊：《当代中国法学的流派化志趣（下）》，《扬州大学学报（人文社会科学版）》2007 年第 3 期。

与安定性。

教义法学的重要价值是法的安定性与实用性。[①] 社科法学则面向法律规范背后的社会历史根据，探讨制定法在社会中实际运作的状况以及构成这些状况的诸多社会条件。[②] 这样的关注，在前述诸如许霆案、仿真枪案等案件中的确有其重要的作用。这种关注在对刑法规范及其解释论的关注的前提之下，可以将对刑法规范在社会中运作的状况与诸多条件的探讨融合进对法规范的解释之中。事实上，很多刑法解释已经这样做了，很多教义学意义上的刑法解释学也在吸纳社科法学的优点，但是，这绝不意味着要放弃教义法学而去走社科法学之路。后者的关注，更多贴近社会现实，更少注重法律规范。它充满弹性与实质裁量，让刑罚权的适用变得难以预料和不确定，人权与公正无法得到保障。"严格遵守刑法文字所遇到的麻烦，不能与解释法律所造成的混乱相提并论"[③]，根据刑法规范进行刑法解释固然保守或概念封闭，但由此带来的问题不能与采用社科法学立场适用刑法带来的人权风险相提并论。对于刑法这一制裁体系完备与惩罚程度严厉的部门法，离开法规范及其解释，而投身于对其背后制度形成的原因及相关社会条件的分析，难免有舍本逐末之嫌。

社科法学导致知识碎片化，这与刑法教义学所要求的"知识共识"背道而驰。社科法学无法提供教义法学那样稳定性的解释结论并因此而无法形成整体性的刑法体系。"社科法学往往遭受知识碎片化的批评"，因为"社科法学并不追求概念化和体系化，而是主张法律外部的研究视角，强调围绕具体的法律问题展开研究，是问题导向而不是法条导向。"[④] 知识碎片化的社科法学导致无法为刑法提供稳定的教义与完整的体系，刑法学很可能发展成一个头痛医头、脚痛医脚的，致力于解决个案同时又无法公正解决个案的学科，甚至，都不是一个独立学科。同时，社科法学对经验知识、地方知识、多样性知识的寻找，亦即对社会"'深描'的倡导不足以提供知识增量"[⑤]，

---

① 参见［德］耶林著，［德］贝伦茨编注：《法学是一门科学吗？》，李君韬译，法律出版社2010年版，第38页。

② 参见苏力：《也许正在发生》，《比较法研究》2001年第3期。

③ ［意］贝卡里亚：《论犯罪与刑罚》，黄风译，中国大百科全书出版社1993年版，第13页。

④ 侯猛：《社科法学的传统与挑战》，《法商研究》2014年第5期。

⑤ 邵六益：《社科法学的知识反思》，《法商研究》2014年第2期。

因为对每一个案件的经验考量都不同，每一个地方知识提供的智识贡献也不同，田野调查中显示出的统一性之外的多样性更是不同，如万花筒般精彩的知识无法形成交集、难以达成共识，从而无法提供增量。对于最为严厉的刑法而言，这可以增加谈资，但可能无助于公正地解决问题。缺乏知识共识，没有知识增量，自然无法形成教义，而没有教义，刑事司法的适用成本会增加，同案不同判的现象也会更加严重。教义法学的功能在于简化办案决策时的信息需求①，因对某一法律问题通常会有很多解决方法，如果没有教义法学，人们就必须对每一个解决方法进行讨论。教义"规则为特定的裁判问题提供了普遍使用的模式"，"如果这种模式得到贯彻，那么它将更长时间地影响同一类案件的判决"。确定的教义法学"可以强化法院判决的可预见性"，"也就是法的稳定性"②。欠缺教义的刑法学，无法在普遍有效规律的支撑下构建体系化知识，从而会丧失体系的完整性。这样一来，转型为"更具有社会亲和力、更能回应社会和公共政策需求"③ 的社科法学，刑法学可能直接沦为社会科学中的一个分支，变成诸如"刑法社会学"这类原本属于法政策学领域的东西，从而彻底被消解。

社科法学所展示的法律的推理与论证可能更加合理，但却往往欠缺教义法学的解释结论的合法性。社科法学往往从案件发生的社会背景与大众民意、社会制度与司法制度、政治视角与政策考量等多角度解释对案件如何定罪，比如苏力教授曾经完美分析过许霆案，他"集中关注作为制度的司法在难办案件中的决策过程"，并用有别于刑法教义法眼光之外的制度眼光，也就是社科法学的眼光对许霆案的一审判决作出了分析。这样的分析启发人的思维、开阔人的眼界，令人们有一种"跳出法外看法，法非法"的认识。然而，对于以定罪量刑、生杀予夺为内容的刑事法律来说，如果不能将政治判断与政策考量纳入构成要件的分析之中，如果不将司法民主与民意放进刑罚理论之中，即或分析再细致入微，恐怕也难以作为刑事法官定罪量刑的根据。"跳出法外看法"最终应该是为了更好地"进入法内看法"，否则，以法学人深邃的制度眼光考察却无法为民众得出具有合法性的结论。这也是苏力

① 参见苏力：《中国法学研究格局的流变》，《法商研究》2014 年第 5 期。

② ［德］魏德士：《法理学》，丁小春、吴越译，法律出版社 2003 年版，第 145 页。

③ 陈柏峰：《社科法学及其功用》，《法商研究》2014 年第 5 期。

教授对许霆案的定罪量刑结论的分析为何总令刑法学者有一种“看上去很美却并不实用”之感。社科法学的分析非常合理，但是，并非所有合理的东西都符合刑法之人权保障目的。作为法治底线的刑事法治，不能为了研究方法与视角的合理性而祭出法治国家原则。合理性固然引人入胜，合法性才是刑事法治的王道。正是从合法性的角度而言，教义法学而非社科法学才是保证刑事法治的基本手段。

社科法学具有开放性和方法的多样性，教义法学具有封闭性与方法的单一性，然而，恰恰后者能“保证法安定性的法治国家原则”，从而实现刑事法治。社科法学是开放的，这体现为不再采用单一的法律研究方法，“而是注重社会学、经济学、人类学、心理学，以及社会生物学、认知科学等在内的多学科方法”[①]。然而，这些学科视角固然丰富，但是，它们以放弃规范考量与判断为共同点，置重于刑法之外的分析。教义法学则是在真实的或者想象的自给自足的法律体系内部，通过解释、适用法律规范，探求结论与教义。可见，教义法学内求解释，社科法学外求援道；教义法学通过一般性的概念发挥对实务的指引作用，社科法学通过具体的价值判断发挥对实务的建言献策。然而，关注社会现实的社科法学，视野广阔、视角多样、观点新颖。然而，提供给个案的解释可能力度欠缺，因为它并不需要借助概念的辩证思考，也不是从现有的法律中推出结论。这样一来，将欠缺安定的法规范与稳定的教义，只有开放性的社会、历史、政治、经济等视角的思考。如果刑法学转向社科法学，势必无法通过对每个刑法规范与案件事实上的“细节提出精确而一贯的定义，并且赋予其效力”[②]，然后形成稳固的教义。“在人类的知识中，法学是属于这样的一支：对其而言，辩证的方法、概念的推动几乎在每个地方都变成真实。”[③] 失去了逻辑的推理与概念的运用和对教义的探寻，对个案忙于从不同视角予以剖析，这看起来更像是头痛医头脚痛医脚，显示出对法学理论的不负责任和任性，最

① 侯猛：《社科法学的传统与挑战》，《法商研究》2014 年第 5 期。

② ［德］耶林著，［德］贝伦茨编注：《法学是一门科学吗?》，李君韬译，法律出版社 2010 年版，第 180－181 页。

③ ［德］耶林著，［德］贝伦茨编注：《法学是一门科学吗?》，李君韬译，法律出版社 2010 年版，第 120 页。

终可能连法律在个案中的准确适用都无法做到。“在法学方法上切割伦理、政治、历史和社会的因素，能够保证法的安定性和自治性，使法外因素的偶然和恣意得到控制，特别是能保证人们的生活免于政治的恣意，实现一种法律下的安全。”[①]

刑法学不需要，也不应该向社科法学转型，但是，刑法学已经并正在同时，未来也会更多地运用社科法学的知识。教义法学的理论轮廓是吸收其他学科中的共识，这些理论表现于许多方面：“它们的范围要比哲学的小，它们的抽象程度更低。它们在理论的逻辑层级的位置更低”，但它们“可以很好地符合一个又一个的宏大和抽象的哲学，然而它们的可争议性要比这些哲学的小”[②]。刑法教义学尤其如此。在人类历史长河中，刑法教义学吸收了自然法学、概念法学、历史法学、实证法学、功利主义法学等各种法哲学思想的有益成分，并形成了自身独特的理论体系与概念群，前者的代表乃犯罪论体系，后者的代表乃法益、行为、罪过等基础概念。同时，在我国，社科法学所提倡的从社会的、政治的、经济的角度等研究刑法的观点其实也并不新鲜，在刑法领域，刑事一体化的思想早已表达了这样的诉求。根据储槐植教授的看法，刑事一体化主张刑法的研究注重两个维度，刑法之前的犯罪状况及之后的刑罚执行情况，刑法之上的意识形态、政治体制、法文化等及刑法之下的经济制度、生产力水平、物质文明等，由此，刑法与其他部门法也应该建立紧密的连续，“刑法学许多问题的解决和演化往往得助于其他学科的知识”，应充分发挥“其他学科对刑法学的促进”作用，“建立刑事一体化思想”，以保证刑法运行内外协调机制顺畅。[③] 显然，在某种程度上看，刑事一体化思想与社科法学非常接近。问题是，刑事一体化与社科法学最大的区别是，无论刑事如何一体化，其首先关注和研究的是刑法之内的问题，亦即刑法规范如何解释、适用于个案的问题，与此同时，才会进一步关注刑法之外的问题，包括之上之下之左之右。这表明，社科法学对于刑法学而言，并不是一个新鲜的事物，多学科的研究在刑法学领域早已实现。

① 张翔：《形式法治与法教义学》，《法学研究》2012 年第 6 期。

② ［瑞典］亚历山大·佩岑尼克：《哲学有助于法律教义学吗?》，柳承旭译，见葛洪义主编：《法律方法与法律思维》，第 4 辑，法律出版社 2007 年版，第 308 页。

③ 参见储槐植：《刑事一体化论要》，北京大学出版社 2007 年版，第 24、25、37、43 页。

既然如此，舍却规范追寻经验的社科法学，至少对于刑法学而言，可能是一场多余的冒险。更何况，“时下社科法学的最大问题是，特别是在诸如刑法和民法这些领域在司法实践同教义法学竞争时，社科法学还没有拿出足够数量且更令教义法学者信服的学术成果”①。这意味着，社科法学自身的学术建设尚未成功；已然在教义法学领域建树颇丰的刑法学断无向社科法学转向的可能。此外，刑法学的研究中，其实一直都有哲学、政治学、历史学、伦理学等不同学科的知识，但刑事法治作为人类社会的法治底线，决定了刑法学只能实现教义学化，与此同时，对其他学科的知识予以吸收，融化在其自身的教义发展过程中。

四、结语

晚近以来，中国刑法在去政治化之后一直在教义学化的道路上发展。然而，在中国刑法教义学化的过程中存在着五大误区，即：在未对“刑法教义学”达成共识的情况下，就已纷纷展开了具体的刑法教义学的研究，导致根源性问题先天不足；在未将刑法教义学与刑法解释学之间的关系彻底厘清时，等同使用这两个概念，造成了一定的理论混同，导致对刑法教义学的认识莫衷一是；缺乏对刑法教义学之科学特质的探讨，进而缺乏对刑法教义“化成”过程的揭示，导致中国刑法实行教义学化的必要性未能得到充分揭示；将刑法教义学等同于法条主义/反实践主义，并因此误解，甚至反对刑法教义学，导致刑法教义学招致了莫须有的不信任；将中国刑法的教义学化等同于研究中的概念转换，庸俗了刑法教义学化的志业，导致中国刑法教义学化进程受到影响。在刑法教义学化过程中，随时反省各种可能存在的偏差或问题，有助于中国刑法教义学化的深入进行。

中国法学目前有初步的派别，但是远未形成流派；有法（理）学者一致认可的流派化的志趣，但还未有获得一致认可的流派化行动。在法学流派最低共识即“流派化志趣”视野下分析中国刑法学的发展方向，鉴于“时至今日，学术与政治之间的区隔已经形成，苏联刑法学中的政治话语已经丧失了其正当性”②，继受自苏俄刑法知识的中国传统刑法学应彻底告别政法法学

① 苏力：《中国法学研究格局的流变》，《法商研究》2014 年第 5 期。
② 陈兴良：《刑法知识的去苏俄化》，《政法论坛》2006 年第 5 期。

而实现向教义法学的转向。社科法学所奉行的实质法治观，关注社会现实而忽视法律规范，以及其内涵与边界、方法论的模糊等局限，决定了作为所有部门法的保障法以及推行法治之底线即刑事法治的刑法学科，不能转向社科法学；“注重形式与逻辑”的教义法学已为实施法治准备好了“规则、原理、原则、概念和方法论体系”，它在这些“方面已进行了千年准备”。刑法学作为相对独立的法学学科，“其学科的知识体系是由形式法学所建构的，离开法学的概念体系、原理体系和方法体系等”，刑法学“无法作为大门类的学科”①。“社科法学的发展是现代社会的一种潜在威力和未来预期强大的一种趋势”，但至少还“不是今天的现实”②。告别政法法学，坚持教义法学，同时借鉴社科法学的知识经验与方法，才是中国刑法学的发展方向。只有在刑法学研究中各学派相互砥砺、百家争鸣，刑法学的发展才能获得长足的进步，中国刑法学者也才能将中国法学的流派化志趣变为现实的行动，并推动中国法学流派的部门化发展。

网络犯罪为中国刑法的教义学化提出了新问题，为中国刑法教义的建构提供了新素材；同时，刑法教义学也为网络犯罪的司法应对提供了知识体系和技术路径。长期以来，网络犯罪的研究立场是立法论的。二十年来，经过不断的修改和完善，在中国刑法中已经形成一个网络犯罪立法体系。至此，网络犯罪的立法完善的任务已经告一段落，虽然仍有学者主张制定形形色色的带有“信息网络”印记的罪刑规范，甚至一部独立于传统刑法典的网络刑法典。面对此种境况，网络刑事立法似乎应该暂停其不断犯罪化、处罚前置化、规范象征化的脚步，从立法论转向解释论。即使要制定一部所谓的网络刑法典，也应进行一定的理论准备，而该理论论证的任务应该落在教义法学的肩上。网络犯罪与传统犯罪到底有何不同？现行刑法典是否无法规制当下的网络犯罪，以至于需要一部网络刑法典？对此需要以犯罪和网络犯罪的概念为中心构建一套网络刑法教义学来加以解答。

① 陈金钊：《当代中国法学的流派化志趣（下）》，《扬州大学学报（人文社会科学版）》2007年第3期。
② 汤唯、王加卫：《论中国法学流派分野的基本端倪》，《法律科学》2006年第6期。

第三章

法教义学上的网络犯罪的理论初建

犯罪是刑法典与刑法学、犯罪学、刑事政策学的核心概念之一。互联网技术与社会科学的交叉研究中，“网络—学术用语”往往用来表示某一特定的正在被讨论的现代性主题。在传统的“犯罪”这一术语前插入“网络”就形成了一个新的法律概念——网络犯罪。一方面，网络犯罪作为一种有害行为，与交通犯罪、毒品犯罪、青少年犯罪、老年人犯罪等一样，是一个实证性、对策性的犯罪学或者刑事政策学概念。另一方面，网络犯罪概念的刑法学化是网络犯罪法教义学理论体系化的出发点。

一、网络犯罪的代际特征与刑事政策

犯罪是一种社会现象。“不同的社会中犯罪行为的流行形式也是不同的；不同社会的犯罪控制机构也有明显的不同。”[①] 当下社会是科技时代，互联网成为生活的主要方式，甚至等同于生活本身。网络改变了生活，也改变了犯罪行为的形式。随着网络科技从 web1.0 到 web2.0，再到 web3.0 的发展变化[②]，网络犯罪相应经历了不同代际的迭代升级。网络时代犯罪行为的形式区别于传统社会犯罪形式，其对刑法适用提出诸多新的挑战。为此，应将

---

① ［美］迈克尔·戈特弗里德森、美特拉维斯·赫希：《犯罪的一般理论》，吴宗宪、苏明月译，中国人民公安大学出版社 2009 年版，第 161 页。

② Web（World Wide Web）即全球广域网，又称万维网，是一种基于超文本和 HTTP 的、全球性的、动态交互的、跨平台的分布式图形信息系统。Web1.0、web2.0、web3.0，也可称为互联网 1.0、互联网 2.0、互联网 3.0。科技界一般使用 web1.0/2.0/3.0 的简称，以此代表互联网迭代演进的三个不同时代。

网络犯罪根植于网络科技的代际变化之中，总结出各代际网络犯罪的特点及变化，推动刑法理论因应“科技时代传统刑法理论与新问题之间的关系”问题[①]，促进网络犯罪研究的纵深化发展。

（一）Web1.0/2.0 时代网络犯罪的代际特征：物理性

如同计算机犯罪的概念是伴随着计算机的出现而出现，网络犯罪的概念也是伴随着网络的出现而出现的。1969 年 10 月，美国“因特网之父”莱昂纳德·克莱因罗克（Leonard Kleinrock）首次把加利福尼亚大学洛杉矶分校的一台电脑和一家研究机构的一台电脑连接起来，并让它们“交谈”，成为互联网的雏形。1983 年 TCP/IP 协议成为全球互联网的标准协议时，计算机之间的连接（也即终端连接）才通行世界，全球性的终端连接真正开始。[②] 1991 年，我国建成第一条与国际互联网连接的专线。1994 年，我国实现与国际互联网的全功能连接，开启了真正意义上的中国互联网时代。在国际与中国互联网发展的三十年左右的时间里，瑞达网络公司的创始人诺瓦·斯皮瓦克（Nova Spivack）以 10 年为一个周期，将网络发展的第一个十年（1990—2000）作为“信息单向发布的 web1.0 时代”，将第二个十年（2000—2010）视为“互动参与的 web2.0 时代”[③]。与之相适应，这两个时代的网络犯罪也呈现出相应的代际特征，而它们共有的代际特征是：物理性。

其一，web1.0 时代网络犯罪的代际特征是物理性，具体是犯罪对象与犯罪方法上的物理性。在 web1.0 时代，人与网络的关系是单向传播的，即网站编辑信息发布给网民，网民只是单纯地被动接受网站发布的信息，和网站没有任何互动。网站就好比公告牌，只不过它是数据海量的电子公告牌，而且数据会不断提供更新。[④] 网民与网络之间的关系类似于读报：网民是读者、接受者，电脑屏幕是“报纸”，上网不过是传统生活的网络延伸。在 web1.0 时代，网络是一种新事物，各大门户网站备受欢迎，新浪、搜狐、

① 参见刘艳红《刑法理论因应时代发展需处理好五种关系》，《东方法学》2020 年第 2 期，第 6 页。

② 参见彭兰：《“连接”的演进——互联网进化的基本逻辑》，《国际新闻界》2013 年第 12 期。

③ 刘琼、任树怀：《论 web3.0 下的信息共享空间》，《图书馆》2011 年第 2 期。

④ 参见倪颖杰等：《基于高性能数据挖掘的网络海量信息处理平台》，《计算机工程与科学》2009 年第 A1 期。

网易、腾讯等适时兴起，IE 浏览器也是浏览网页的主要工具。网络以计算机为媒介，充当着“报纸”的作用，决定了此一阶段的网络犯罪只能是以网络或计算机为损坏对象，犯罪方法也呈现物理性特征。在 web1.0 时代常见的物理性破坏是针对计算机的安全系统。计算机系统包括各个系统运转的电网，还包括防火墙以及计算机内部内容。通过防火墙连接外面的世界就要借助基于 TCP/IP 协议开发出来的因特（Inter），但是因特需要通过局域网系统往外突破。若要获得计算机内部的资料、重要机密文件等内容，则需打开数据库。为了用户信息安全和计算机自身安全，就必须设置防火墙。防火墙是在“内部网与外部网之间实施安全防范”的系统，能够加强网络间访问控制，阻止未授权的外部网信息传输，保护内部网的安全，免受非法用户侵入。① 而防火墙的防范并非万无一失，总有系统漏洞存在并被计算机犯罪高手运用。系统安全漏洞，也叫系统脆弱性，广义而言是导致损害、威胁计算机信息系统的因素。它是计算机系统在硬件、软件、协议的设计与实现过程中或系统安全策略上存在的缺陷和不足。非法用户可利用系统安全漏洞获得计算机系统的额外权限，在未经授权的情况下访问或提高其访问权，破坏系统，危害计算机系统安全。② 因此，这一阶段网络犯罪的刑法适用主要涉及两个罪名，即《刑法》第 285 条规定的非法侵入计算机信息系统罪和第 286 条规定的破坏计算机信息系统罪。总之，在 web1.0 时代网络犯罪具有一些明显的犯罪特点：对象固化为物理性的介质即计算机和信息系统。此时的网络犯罪行为跟网络无关而是和计算机有关。犯罪方法主要为物理性方法，即强行地破坏信息系统或称之为强行攻陷，而非篡改软件数据。因此，这一阶段的网络犯罪在技术侦查与取证方面相对较为容易，案件定性也比较简单。然而，与此同时，立法滞后所导致的传统计算机犯罪罪名及处罚漏洞日益明显，口袋罪成为这个时代计算机犯罪适用的趋势。

其二，在 web2.0 时代网络犯罪的代际特征也是物理性，具体是犯罪工具上的物理性。在 web2.0 时代，人与网络的关系类似于开会，网民与网

---

① 参见罗明宇等：《计算机网络安全技术》，《计算机科学》2000 年第 10 期。

② 参见翟钰等：《系统安全漏洞研究及数据库实现》，《计算机工程》2004 年第 8 期。

民、网站和网站之间可进行双向交流互动。[①] 网络不再是简单的信息发布者，而是社交平台，人人网、维基网、天涯社区、博客、百合网等成为人与人之间沟通的重要平台，"就连一些垂直平台也融入了社交功能，淘宝的阿里旺旺就是一个很好的例证"[②]。网民不再是单纯从网络接收信息，而是网络进行互动，最终达到人与人之间的互动。所以在 web2.0 时代以往人和机器之间互动的基础上，发展出了人和人之间的具有即时性、便捷性的双向互动，类似于不同人在一个会场开会。人们上网，不再是简单地将传统生活延伸到网络，而是通过时时互动和交流，使传统生活在网络上发展为新的形态，如天涯社区、QQ 的个人空间等成为网民保留自己隐私的重要方式，从而取代传统社会保留隐私的方法。与 web2.0 时代相适应，此一阶段的网络犯罪呈现出传统犯罪的网络异化。于是立法上"重点增加利用网络作为犯罪工具的规定，加强网络作为犯罪对象的规定，逐步摒弃计算机犯罪的陈旧立法观念，逐步推动网络立法理念的代际变革"[③]。网络由此成为传统犯罪物理性的犯罪工具或者说媒介。也因此，web2.0 时代网络犯罪的代际特征也为物理性，只不过是以网络作为犯罪工具意义上的物理性。在 web2.0 时代的早期阶段"在即时通信和社区网络服务系统中还没有合适的方式或方法能够用来在好友或组/成员间共享计算机或其他智能设备的 CPU、内存、磁盘、应用软件及其他资源或能力"[④]，用户更倾向于利用计算机现有资源或能力，在一定程度上缺少"他有我无"的这种共享机制。因此，在这一阶段，计算机系统仍然受到网络攻击的威胁，并且威胁网络安全的原因来自多方面。计算机系统可能会受到非法入侵者的攻击，各类数据可能遭到泄露或者进行非法交易，"从内部网向共网传送的信息可能被他人窃听或篡改"等。[⑤] 不同于在 web1.0 时代由各门户网站平台主导内容生成，在 web2.0 时代出现由用户主导内容生成的互联网产品模式，而这一模式主要是采用了 AJAX 应用技术，"借助 AJAX 可以将笨拙的 Web 界面转化成强交互性的

① 参见董慧、唐敏：《语义检索在 Web2.0 环境下的应用探讨》，《中国图书馆学报》2011 年第 2 期。

② 刘岩：《技术升级与传媒变革：Web1.0 到 Web3.0 之路》，《电视工程》2019 年第 1 期。

③ 孙道萃：《网络刑法知识转型与立法回应》，《现代法学》2017 年第 1 期。

④ 崔金红、王旭：《能力共享架构及其在 IM 和 SNS 中的应用研究》，《计算机科学》2008 年第 12 期。

⑤ 参见金雷、谢立：《网络安全综述》，《计算机工程与设计》2003 年第 2 期。

AJAX应用程序”[①]。传统的网络应用采用同步交互过程：用户向HTTP服务器发出请求，服务器接收请求后向用户返回一个HTML页面。[②] 在这个过程中，用户等待时间较长，交互体验比较不理想。相比较而言，在web2.0时代，强调服务器与客户端的交互过程，服务器能够较为迅速地响应用户需求，并减少等待时间，糟糕的用户体验得到较大改变。此外，二者的核心区别在于从“外部应用”到“核心内容”的变化，用户从简单地浏览、搜索获取信息发展成网络平台的交互行为，网络内容的建立者也由计算机专业人员转向全部用户。[③] Web2.0时代的网络平台特征，决定了这一时期的网络犯罪基本上都是利用web2.0时代交互的及时性，使用网络平台作为犯罪工具的。此一时期各类利用网络作为物理性工具的犯罪飞速增加。[④]

其三，随着web2.0时代的快速发展，刑法中几乎所有的犯罪都出现了网络化，几乎所有的传统犯罪都可以利用网络实施，网络作为犯罪工具的物理属性被放大到极致。颜某凡盗窃案是web2.0时代利用网络作为犯罪工具的常见类型。[⑤] 该案被告人利用网络公司的系统漏洞骗取被害人网络游戏账号安全码，非法进入被害人账号，窃取被害人在网络游戏中的虚拟装备并出售给他人获利。在同一时期，类似案件大量发生。在这些案件中，作为web1.0时代网络犯罪主要特征的对象物理性退居其后，行为人犯罪的对象是游戏装备等虚拟财产，而不再是物理性的计算机及信息系统。作为物理性的客体而存在的计算机及信息系统仍然完好，被侵犯的只是虚拟性的财产。但是，行为人的作案工具却是真实存在的物理性网络，借助网络系统，行为

---

① 吴吉义、平玲娣：《Web2.0主流应用技术——AJAX性能分析》，《计算机工程与设计》2008年第8期。AJAX技术是指“Asynchronous JavaScript And XML”（异步JavaScript和XML），它是一种创建交互式网页应用的网页开发技术。

② 参见吴吉义、平玲娣：《Web2.0主流应用技术——AJAX性能分析》，《计算机工程与设计》2008年第8期。

③ 参见孙茜：《Web2.0的含义、特征与应用研究》，《现代情报》2006年第2期。

④ 参见江苏省南京市雨花台区人民法院（2013）雨刑初字第126号刑事判决书；黑龙江省哈尔滨市宾县人民法院（2015）宾刑初字第254号刑事判决书；罗书臻：《最高法院公布利用网络侵害妇女未成年人犯罪案例》，《人民法院报》2014年10月22日第1版。

⑤ 参见广东省广州市天河区人民法院（2005）天法刑初字第1230号刑事判决书，广东省广州市中级人民法院（2006）穗中法刑二终字第68号刑事裁定书。

人才得以登录他人账号并实施犯罪。在此，行为人实施的是传统盗窃犯罪，只不过利用了网络作为犯罪工具。这充分体现了 web2.0 时代的网络犯罪以网络作为犯罪工具的物理性代际特征。在整个 web2.0 时代，网络犯罪主要是以网络作为犯罪工具来实施传统犯罪。传统杀人、抢劫、绑架、盗窃、诈骗等犯罪经历了网络异化，侵财犯罪爆发性增长，帮助犯地位凸显。与之相适应，2000 年 12 月 28 日全国人大常委会通过《关于维护互联网安全的决定》，对这一时期将网络作为犯罪工具而实施犯罪的问题作了解释，从而使利用网络实施传统犯罪如何适用刑法问题得到了解决。在 web2.0 时代网络之所以成为实施传统犯罪的工具，出现传统犯罪的网络异化与大爆发，是因为“web2.0 时代要求为用户提供的服务具备体验性（Experience）、沟通性（Communicate）、差异性（Variation）、创造性（Creativity）和关联性（Relation）”①，而社交媒体的爆发和人们通过网络实现的人和人之间的时时互动，使利用网络实施犯罪极为便捷。

总之，web1.0 时代的网络犯罪是以计算机及其系统为物理性对象采物理性方法而实施；web2.0 时代的网络犯罪是以网络作为物理性犯罪工具，并出现以侵财案件为主的传统犯罪的网络异化。无论是物理性对象还是物理性工具，web1.0 与 web2.0 时代的网络犯罪的共有特性都是物理性。该阶段的网络安全治理，主要针对的是计算机及其系统的安全保护。

（二）Web3.0 时代网络犯罪的代际特征：智能性

Web3.0 是在 web2.0 的基础上发展起来的，它能够满足网民对生命深度体验的心理需求，更好地体现网民的劳动价值，并且能够实现价值均衡分配。② 伦斯勒理工学院副教授吉姆·亨德勒（Jim Hendler）将 2008 年确定为 web3.0 时代的开端。③ 同时，斯皮瓦克认为，web3.0 是“网络发展的第三个 10 年，即 2010 年至 2020 年”，它“就是将统计学、语言学、开放数

① 李德仁、胡庆武：《基于可量测实景影像的空间信息服务》，《武汉大学学报（信息科学版）》2007 年第 5 期。

② 参见刘畅：《网人合一·类像世界·体验经济——从 Web1.0 到 Web3.0 的启示》，《云南社会科学》2008 年第 2 期。

③ J. Hendler, W. Hall and N. Contractor, “Web Science: Now More Than Ever”, Computer, vol. 51, no. 6 (2018), pp. 12 - 17.

据、计算机智能、集体智慧和用户在网上生成的内容全部集合到一起”[①]。当我们有了移动终端的时候，就全面步入了万物互联时代，也就是 web3.0 时代。目前，中国的手机网民规模达 8.97 亿，网民中使用手机上网的比例由 2018 年年底的 98.6%提升至 2020 年 3 月的 99.3%，手机上网已成为网民最常用的上网渠道之一。[②] 这意味着，web3.0 时代是全方位互动的时代。web3.0 时代的特征是个性化、互动性和精准的应用服务。用户的应用体验与分享，对于网站流量和产品营销具有决定性作用。[③] 网民和网络之间在衣食住行等各个层面全方位紧密结合，以个人终端（手机）为中心点，由此出发，与整个网络世界进行信息互动。网络对用户了如指掌，替用户进行资源筛选、智能匹配，直接给用户答案。在 web3.0 时代上网既不是 web1.0 时代时传统生活在网络的简单延伸，也不是 web2.0 时代时传统生活在网上的异化，而是在传统物理的社会空间之外，多出一个网络的社会空间，人们在网络空间中全方位量身定制想要的生活：web1.0 时代的“读报纸”到 web2.0 时代的“开会”，终于发展到了 web3.0 时代的“私人定制”。在这个时代，不再是人找信息而是信息找人。[④] 智能性成为这个时代的典型特性。

一方面，web3.0 时代的网络是虚拟的社会空间，也是犯罪空间。在万物互联的 3.0 时代，网络社会空间作为独立于物理社会空间的存在，也被犯罪人充分利用，言论犯罪、传播淫秽物品犯罪等以网络作为空间的犯罪盛行。此外，非法经营罪等以网络为经营场所的罪名同样高发。传统犯罪场所从物理空间转移到了网络空间。比如，王某开设赌博网站案中，王某与他人合伙在网络上开设某互联网赌博网站，并雇用他人利用微信等移动通讯终端招揽众多赌徒向该网站投注，进行彩票网络投注赌博活动。[⑤] 本案中王某行为的发生地点即为网络空间而非物理世界的某个场馆。再有最高人民法院第 20 批指导性案例 105 号洪某某、李某某等开设赌场案等。[⑥] 这些案例所涉及

① 周易君编著：《Web3.0 时代的服装网络营销：理论与实务》，经济日报出版社 2016 年版，第 3 页。

② 参见中国互联网络信息中心（CNNI）：《中国互联网络发展状况统计报告》2020 年 4 月，第 19 页。

③ 参见崔婉秋、杜军平等：《基于用户意图理解的社交网络跨媒体搜索与挖掘》，《智能系统学报》2017 年第 6 期。

④ 参见殷慧霞：《Web3.0 及其教育应用探究》，《信息技术与信息化》2018 年第 6 期。

⑤ 参见张小虾等：《开设网站供他人进行彩票投注该定何罪》，《检察日报》2019 年 6 月 2 日第 3 版。

⑥ 参见江西省赣州市章贡区人民法院（2016）赣 0702 刑初 367 号刑事判决书。

的都是利用网络空间而实施的犯罪行为。同时，在 web3.0 时代作为独立空间的网络空间中，各种资源应有尽有，网民既是网络世界的受众，又是网络世界的主宰。网民对网络的参与重在体验在整个网络世界生存、生长、生活的感觉。这也是为什么现在的很多软件都是免费的：电脑一开机，软件就会自动启动，软件拥有者依靠发布广告、做代理获得利润。这也是 web3.0 时代流量经济的产物。也因此，流量劫持、域名盗窃、深度链接等新型网络空间违法犯罪行为层出不穷。比如张某等人诈骗案中[①]，张某通过互联网购买了一个网络游戏装备交易平台程序，并对该程序进行修改，再通过互联网向域名提供者和网站空间提供者分别购买域名使用权和网络空间使用权，将修改后的网络游戏装备交易平台程序上传到他人购买的网上虚拟空间运行发布，诱骗玩家到其网络游戏交易平台中注册充值购买游戏装备，并通过第三方支付平台、网上银行转账等方式骗取钱财。由此可见，在 web3.0 时代，传统犯罪已经进入网络空间实施。传统犯罪既可以在物理空间实施，又可以在网络空间实施，现代社会正式步入双层社会时代。

另一方面，web3.0 时代的网络犯罪是以人工智能和大数据为特征的智能化网络科技犯罪。Web3.0 时代的特征就是人工智能、关联数据和语义网的构建。[②]“智能时代是由大数据与人工智能等技术驱动发展的时代”[③]，通过搜索引擎对大数据的优化搜索，形成人和网络、人与人之间的沟通。人工智能则是通过人来训练机器，使机器不断实现人的智慧，实现机器自己学习、迭代、发展。关联数据，是指数据网络上以结构化形式存在的数据集合体。它们能够为语义化网络所管理。语义网，是一种智能网络，它不但能够理解词语和概念，而且还能够理解它们之间的逻辑关系，可以使交流变得更有效率和价值。语义网的构建是通过人工智能识别数据，实现人和人之间沟通的便利性。[④] 通过人工智能、关联数据和语义网，智能型平台海量收集大

① 参见贵州省高级人民法院（2015）黔高刑二终字第 27 号刑事裁定书。

② J. Hendler，“Web 3.0 Merging”，Computer，vol. 42，no. 1（2009），pp. 111－113.

③ 周佑勇：《智能技术驱动下的诉讼服务问题及其应对之策》，《东方法学》2019 年第 5 期。

④ N. Shadbolt，W. Hall and T. Berners-Lee，“The Semantic Web Revisited”，*IEEE Intelligent Systems*，vol. 21，no. 3（2006），pp. 96－101. 语义网（Semantic Web）由蒂姆·博纳斯-李（Tim Berners-Lee）于 1998 年提出，是 web3.0 时代的重要特征之一，意味着能使整个互联网成为一个通用的信息交换媒介。

数据，并通过开发人工智能应用平台，使机器自动学习，帮助犯罪行为人精准实施犯罪，犯罪行为的实施已超脱人工阶段。在 web3.0 时代“物联网依托多种信息获取技术，包括传感器、射频识别（Radio Frequency Identification，RFI）、二维码、多媒体采集技术等，其关键技术环节可以归纳为感知、传输、处理，数据处理和融合贯穿于物联网采集、控制、传输和上层应用的全过程”①。比如全国首例 AI 犯罪中，以黄某为首的团伙先非法获取网站后台用户数据，再将数据卖给下线。然后以吴某为代表的制作撞库软件团伙，通过“快啊”平台软件验证所盗来的账号、密码是否匹配。该团伙将成功匹配的账号、密码贩卖给其他网络诈骗团伙，对方再利用获取的账号实施各类网络诈骗和非法推广等违法活动。② 本案中，“快啊”具有深度学习的功能，效率和准确率远超过人工方式。基于“智能搜索、个人化空间和用户兴趣模型”的 web3.0 时代，具有“信息的聚合以及提供个性化的信息服务”功能，能够通过人工智能学习和数据挖掘等新技术手段，提炼出用户个性化的信息聚合，使人机交互、人人交互更具有人类特征和个性特征。③ 智能化的结果是，在 web3.0 时代的网络日益向网民提供个性化、精准性应用服务的同时，网络平台的犯罪参与度也大为提高，网络犯罪的追责重点似乎发生了转移。

总之，与 web3.0 时代相适应，此一阶段的网络犯罪主要发生在网络空间领域，且是以人工智能和大数据为特征的智能化网络科技犯罪，同时各种新型犯罪层出不穷。如何对它们进行准确定性并精准地实现 web3.0 时代的刑法规制，在理论上和实务中均面临着巨大挑战。

（三）新时代网络犯罪治理的刑事政策：刚柔并济

“十四五”时期，我国将大力实施网络强国战略。这是技术升级带来的治理转型的必然选择。然而，我国互联网发展已进入重要的战略机遇期，面临日益严峻的风险隐患与不断叠加的多重矛盾。这具体表现在网络安全受到全面挑战、网络经济创新缺乏激励、网络信息权受到侵犯以及网络言论亟待

① 王兴伟等：《面向“互联网＋”的网络技术发展现状与未来趋势》，《计算机研究与发展》2016 年第 4 期。

② 参见王春：《绍兴警方侦破首例利用 AI 犯罪案》，《法制日报》2017 年 9 月 26 日第 8 版。

③ 参见熊回香等：《基于 Web3.0 的个性化信息聚合技术研究》，《情报理论与实践》2011 年第 8 期。

规范。若不合理化解上述隐患与矛盾，互联网强国战略的实现将严重受制约。

（1）推进依法治网的模式转型。法治作为社会治理创新的重要模式，理应积极回应如何把互联网治理难题转换为执法、司法问题。在互联网发展的初期，依托各部门职能分工、全程严格监管的法律路径取得了良好的成效。然而，互联网的每一次技术革新，都会挑战已确立的法律原则与规则。传统依法治网路径重条块轻整合、重管制轻激励、重打击轻引导的“刚性”弊端日益凸显，亟须创新构建“柔性”的依法治网模式。这就需要在互联网法治治理中，加强互联网法治治理的整合，凸显法律的激励和引导功能，将管制降到最低限度，将打击作为最后手段，最终实现从“管理”到“治理”，再到“善治”的理念转变。

（2）构筑互联网安全新生态。在互联互通之后的智慧互联网时代，传统安全生态受到了很大的冲击。过度强调管制的法治化治理路径有可能扼杀互联网创新，削弱互联网的活力。科学的网络安全法律保障机制并非把“刚性”的法律管制作为第一道防线，而是把互联网安全上升到社会综合治理层面，通过立法鼓励、推动、引导互联网安全意识教育与互联网行业自律，使它们与互联网法律规制有机结合起来，打破行政法、民事法、商事法和刑事法的界限，建构互联网安全的法律泛生态圈。

（3）助力互联网经济创新。互联网经济是网络强国战略得以实现的经济基础，为经济创新的引擎，我们应该尽量避免以扼杀创新为代价的对互联网经济的刚性法律管制，而应该对其细心呵护，引入柔性的法律治理模式，从而在保证创新的基础之上，有效防范互联网经济风险，做到趋利避害，为网络强国战略的实现打下坚实的经济基础。具体而言，包含三个方面的内容：一是有限的事前法律规制——确定互联网经济的业务边界和准入条件，二是适度的事中法律规制——动态监管与及时的信息披露，三是强有力的事后法律规制——划定风险底线、保护合法互联网经济模式、坚决打击违法与违规行为。

（4）保障公民网络信息权。我国目前对网络隐私权的保障仍然停留在传统时代，即遵循告知、授权与匿名保护三大基本原则。然而，一方面，大数据时代对用户海量网络信息的再分析使传统的告知与授权变得成本巨大，会极大限制网络信息运用的创新；另一方面，多组数据集的交叉检验也使匿名化操作失去意义。在此背景下，大数据时代网络信息侵权的法律治理需要实现由“隐私保障”向“财产保障”、由侵权补偿向合理使用的柔性模式转型。具体而言，借助数据财产化的理论，跳出隐私权的传统窠臼，赋予公众对相关网络数据的信息权。在赋予公众网络信息财产权属性的基础上，改变侵权补偿的模式，转而强调相关机构对网络信息的合理使用。

(5) 引导互联网言论。目前，网络空间言论秩序的法治化治理更多依靠对网络造谣和侮辱诽谤等行为进行严厉打击的“刚性模式”。此种模式的弊端主要体现在两个方面：其一，它固然有利于在短时间内净化网络环境，但却包含扩大打击的风险。其二，对于造谣与侮辱诽谤之外的其他负面言论缺乏有效引导。在智慧互联网的背景下，对于网络空间的言论自由应该更多地借助柔性治理的模式，即通过法律给言论自由划定明确的边界，并鼓励依靠网络舆论、网络伦理、网络文明建设，发挥道德的教化、引导作用。

最后需要说明的是，强调网络的柔性法治治理并非完全摈弃法律的刚性规制。法律，尤其是刑事法的刚性规制是互联网治理的最后一道防线。对于侵犯互联网安全、影响互联网经济和污染互联网文化的网络黑客、网络诈骗等违法犯罪行为，法律应该重拳出击。唯有通过刚柔并济的法治治理，方能最终实现建设网络强国的重大战略目标。

二、网络犯罪的概念：刑法学化重述

2015 年 10 月 30 日最高人民法院、最高人民检察院（以下简称“两高”）《关于执行〈中华人民共和国刑法〉确定罪名的补充规定（六）》将现行刑法第 287 条之二——《中华人民共和国刑法修正案（九）》［以下简称《刑法修正案（九）》］第 29 条——的罪名确定为“帮助信息网络犯罪活动罪”。“网络犯罪”在确定罪名的司法解释中的正式使用，促进了该概念的刑法学化，为其哲学基础建构与实定规范解释提供了动力。

网络空间具有社会性。20 世纪 70 年代，空间的社会本体论化与空间概念进入西方主流社会学研究的核心，空间成为一个社会学的概念。[①] 在空间哲学中，“存在着一门空间的政治学，因为空间是政治性的”，建筑师是空间

---

① 参见郑震：《空间：一个社会学的概念》，《社会学研究》2010 年第 5 期。

的生产者，然而，“空间不仅仅是被组织和建立起来的，它还是由群体，以及这个群体的要求、伦理和美学，也就是意识形态，来塑造成型并加以调整的”①。例如，女性地理学的观点之一就是，“原野、树林等好玩的地方，以及停车场和小巷等封闭场所，都变成了男人的空间，因为女性害怕在这些地方会遭到侵犯”②。原本具有自然属性的原野、树林、停车场、小巷等地理空间，在性别维度的透视下，显现出其两性权利的隐性本质。因此，空间并不仅仅意味着自然环境的地理空间。一方面，“电视、远程通讯和国际互联网的广泛应用，开辟出一个超地理的全球性的技术空间。它具有前所未有的共时性、自如的跨空间性以及强大的连通、整合诸空间的能力”③。作为超地理空间，网络空间与现实物理空间并行，成为继陆地、海洋、天空、太空这四大自然地理空间之后的第五大战略空间。另一方面，“空间在人类实践中发生着由自然向社会、由物理向人文空间的让渡与转换”④。自然性质的上网动作所留下的登录痕迹，隐藏在网络空间的每个角落，都烙印着人们的社会经历的社会意义。作为社会面的空间，网络空间成为一种社会存在形态，而上网是一种社会生产、生活和交往形式。总之，网络空间的社会性意味着，通过互联网技术搭建的网络空间具有超地理性与非自然性；网络空间实质上是法律（概念）空间，储存有网络犯罪概念。

其一，网络空间因其社会化而成为法律空间。传统的法律独立性说认为，法律是“一个独立的自成体系的领域”，空间和法律这两个概念是“不受影响的，二者是分离的”。突破这种二元框架束缚的“法律地理学或地理法学，又或称法律与空间研究，关注的是法律之于空间、空间之于法律，以及二者间的相互影响，其根本上也是对法律封闭性的批判”⑤。因此，法律

① 参见［法］亨利·勒菲弗：《空间与政治》，李春译，上海人民出版社 2008 年版，第 9、52、66 页；［英］R. J. 约翰斯顿：《哲学与人文地理学》，蔡运龙、江涛译，商务印书馆 2010 年版，第 196－199 页。

② ［英］约翰·仑尼·肖特：《城市秩序：城市、文化与权利导论》，郑娟、梁捷译，上海人民出版社 2010 年版，第 354 页。

③ 冯雷：《当代空间批判理论的四个主题——对后现代空间论的批判性重构》，《中国社会科学》2008 年第 3 期。

④ 胡潇：《空间的社会逻辑——关于马克思恩格斯空间理论的思考》，《中国社会科学》2013 年第 1 期。

⑤ 於兴中：《法理学前沿》，中国民主法制出版社 2015 年版，第 144－148 页。

地理学的一个侧面，就是从法律的角度理解空间。就网络空间而言，其社会性表现为法律性。“市民社会是处在家庭和国家之间的差别的阶段……作为差别的阶段，它必须以国家为前提，而为了巩固地存在，它也必须有一个国家作为独立的东西在它面前。”① “在现代国家中，法律是国家的独家产品，而且，从逻辑上讲，国家的意志就是法律。”② 有国家，就有国家意志，从而就有法律。国家，作为一个具有清晰疆域的空间体，是一个法律空间。“根据某种预想结果来阐述的各种目的论哲学在科学思想史中曾经是极其重要的，它们在地理学中也并不陌生……李特尔把地球看成是神计划的，因而人类活动的目标就是实现这个计划。”③ 就法律地理学而言，此功能主义哲学需要阐明网络用户的上网行为在各个系统 s（如电子商务、娱乐、言论发表等）中在某一时间 t 的一定特性 i。具言之，特性 i 就是“某种预想结果”和对“行为型式或社会文化体制”的认识。当某种必要条件 n 得到满足时，s 才在网络空间 c 中充分发挥功能。如果 s 中出现特性 i，那么作为一种结果，条件 n 会得到满足。因此，t 时特性 i 必须出现于 s 中。作为法律空间的国家的最优状态是法治，“法治即法律主治或法的统治（the rule of law），不仅仅包含依法而治的意思，而且包含有目的、有价值的观念”④。如果将 i 设为法治，则具有秩序、权利、自由等内容的 n 得到满足，网络空间 c 中的 s 就得以繁荣。总之，“国家的目的就是社会的目的和个人的目的——由意志的基本逻辑所决定的最美好的生活。作为国家，它使用的手段总会带有暴力的性质”⑤。社会性网络空间自我向“善”的内生需要使其成为具有强力控制色彩的法律场所。

其二，网络空间因其社会性而存在网络犯罪。网络空间作为科技（人类实践）的产物，天然是一种文化现象，应属于当代空间概念的范畴，而非纯粹中立的没有任何政治、道德色彩的自然技术。之所以强调网络空间的社会化空间身份，是因为，“人的行为是属于社会范畴的现象”，而社会现象“产

---

① ［德］黑格尔：《法哲学原理》，范扬、张企泰译，商务印书馆 1961 年版，第 197 页。

② ［法］狄骥：《法律与国家》，冷静译，郑戈校，中国法制出版社 2010 年版，第 158 页。

③ ［英］大卫·哈维：《地理学中的解释》，高泳源、刘立华、蔡运龙译，高泳源校，商务印书馆 2012 年版，第 524 页。

④ 刘艳红：《实质刑法观》，中国人民大学出版社 2009 年版，第 50 页。

⑤ ［英］鲍桑葵：《关于国家的哲学理论》，汪淑钧译，商务印书馆 1995 年版，第 191 页。

生于人群互动和交流关系”或者“存在于若干个体相互作用的地方”[①]。在互联网与现实社会深度融合的今天，错综复杂的社会关系既几乎同步平移，复制于网络空间之中，又与网络空间的工具性价值和独立性价值发生“化学反应”，而生成或线上与线下相互交织或独立存在于网络空间的新型社会关系。“按照常理来推断，既然网络世界或虚拟世界是真实世界的反映，而虚拟世界的法律与秩序就是真实世界的法律与秩序的反映，那么真实世界的法律就应该适用于网络世界……契约的概念就应该适用于网络世界，财产的观点也应该适用于网络世界，侵权的概念也应该适用于网络世界……要约、承诺、所有权等法律概念也就自然而然地成为虚拟存在的理论术语。”[②] 犯罪的概念也概莫能外。网络空间是虚拟的，而法益侵害是现实的。在网络空间具有当代空间概念的社会性的前提下，“如同每一种不法行为一样，犯罪也是反社会的行为，即使犯罪行为直接针对某个特定的个人，它也是对社会本身的侵犯”[③]，所以犯罪作为一种社会现象，自然会以网络犯罪的面孔出现在网络社会空间之中，而创生于网络空间内部的违法行为也会因被犯罪化而形成新的具体的网络犯罪概念。

其三，在网络犯罪概念于社会性网络空间的生成机理之外，需要说明的是，网络犯罪（cybercrime），通常与计算机犯罪（computer crime）、计算机相关犯罪（computer-related crime）彼此相同，从而能够互换使用。这一表面上看似无须细究的概念等价做法，其背后蕴藏着深刻的社会发展内涵：科技进步引发社会观念和社会关系变革。1984 年，Sun Microsystems 公司的科学家约翰·盖奇（John Gage）以其自创的“网络就是计算机（The Network is the Computer）”这一新词——后来成为 Sun Microsystems 公司的座右铭——来描述当时分布式计算机的新兴世界。在处理器运行速度和互联网连接速度二者都飞速提高的三十多年后的今天，很多消费者认为互联网连接速度比处理器运行速度更加重要。[④] 事实证明，John Gage 是对的：当

① ［阿塞］拉基莫夫：《犯罪与刑罚哲学》，王志华、丛凤玲译，黄道秀校，中国政法大学出版社 2016 年版，第 37 页。

② 於兴中：《时代的法理学：世界与中国》，《浙江社会科学》2016 年第 1 期。

③ ［德］李斯特：《德国刑法教科书》，徐久生译，法律出版社 2006 年版，第 8 页。

④ See David D. Thornburg，The Network is the Computer：The Changing Direction of Classroom Computing（2009），available at http：//www.tcse-k12.org/pages/network.pdf（last visited January 10，2016），pp. 1-4.

今的计算机已不是单个台式的计算机，而是以网络为中心的计算机。因此，网络概念与计算机概念随着计算机、网络的发展而趋同。相应地，冠以二词的犯罪概念也无二致。此外，2011 年 8 月 1 日“两高”《关于办理危害计算机信息系统安全刑事案件应用法律若干问题的解释》第 11 条规定，计算机信息系统和计算机系统包括计算机、网络设备等。因而，不仅网络犯罪与计算机犯罪、计算机相关犯罪的概念相同，现行《刑法》第 285、286 条中的“计算机信息系统”“计算机系统”，与《刑法修正案（九）》增设的第 286 条之一、第 287 条之一、第 287 条之二中的“信息网络”的含义也相同；现行刑法第 287 条中的“利用计算机”与第 287 条之一、第 287 条之二中的“利用信息网络”的意义也一致。

概言之，网络空间与线下现实空间都是社会空间形态，网络犯罪存在的现实基础是社会性的网络空间。随着计算机网络的发展，网络与计算机在技术上的相互依附与渗透使二者在功能性概念上越来越接近；从计算机、计算机系统、计算机信息系统到信息网络的刑法用语的变化，正反映了技术发展的社会存在对社会意识的决定作用，结果是“计算机犯罪”向“网络犯罪”转移。由此，“计算机信息系统”、“计算机系统”与“信息网络”、“利用计算机”与“利用网络”、“网络犯罪”与“计算机犯罪”、“计算机相关犯罪”，往往可等价视之。进言之，对网络犯罪概念一般是从广义上来理解的。

三、网络犯罪的类型：外延膨胀交错

虽然关于网络犯罪概念的具体内涵和外延还没有完全一致的表述，但其基本轮廓已经显现。欧洲理事会《关于网络犯罪的公约（2001）》（Convention on Cybercrime，以下简称《公约》）制定了一个较为宽泛的认知网络犯罪本质的框架，这系全球首创。[①] 截至 2015 年 9 月，已有 47 个国家批准该公约，还有 7 个国家签署了该公约但尚未在国内获得批准。[②] 据《公约》，网

① See Shahid M. Shahidullah, “Federal Laws and Judicial Trends in the Prosecution of Cyber Crime Cases in the United States: First and Fourth Amendment Issues”, *Criminal Law Bulletin*, vol. 45, no. 6 (Winter, 2009), ART 2.

② Council of Europe web site, at http://www.coe.int/en/web/conventions/full-list/-/conventions/treaty/185/signatures (last visited January 10, 2016).

络犯罪是指“针对计算机系统、网络和计算机数据的机密性、完整性和可用性以及滥用这些系统、网络和数据的行为”[①]。《公约》“呼吁将四类九种行为犯罪化。第一类是‘侵犯计算机数据和系统的机密性、完整性和可用性的违法行为’，包括非法侵入计算机系统、非法拦截计算机数据、非法干扰计算机数据、非法干扰计算机系统和滥用计算机设备。第二类是‘计算机相关违法行为’，包括计算机相关伪造行为和计算机相关欺诈行为。第三类是‘内容相关违法行为’，包括儿童色情相关违法行为，并辅之以 2002 年 11 月 7 日通过的新协议规定的通过计算机系统传播种族主义或者仇外材料的行为。然而，这个新协议是一个独立于《公约》的法律文本，《公约》缔约国没有义务采用它。第四类是‘侵犯版权及其相关权利的违法行为’，将版权侵犯行为犯罪化”[②]。美国于 2006 年 9 月 29 日批准了《公约》[③]，其有关法律规定反映了《公约》的基本内容[④]，但也有自己的一套话语。

美国司法部认为，网络犯罪的范围应十分广泛，包括“对涉及与犯罪、侦查、起诉有关的计算机技术知识的刑法的任何违反”。这一可膨胀的概念有必要涵盖越来越多的各种各样的一系列与计算机相关的违法行为。[⑤] 在这一理念下，网络犯罪大致是指利用计算机促进或者实施犯罪行为，不但包括通过计算机迅速实施的传统犯罪，而且包括与其他非网络犯罪不同的某些特定的技术犯罪。根据计算机在特定犯罪中所扮演的角色，网络犯罪可分为三种类型。第一，计算机可能是犯罪对象（the object of a crime）。这些犯罪要么以计算机（或者服务器）本身为犯罪目标，要么以其上存储的信息为犯罪目标。第二，计算机可能是犯罪主体（the subject of a crime）。计算机作为

---

① See Convention on Cybercrime, Nov. 23, 2001, European Treaty Series-No. 185, Preamble.

② Amalie M. Weber, “The Council of Europe's Convention on Cybercrime”, *Berkeley Technology Law Journal*, vol. 18 (2003), p. 431; Convention on Cybercrime, Nov. 23, 2001, European Treaty Series-No. 185, ch. Ⅱ § 1 tit. 1 - 4.

③ Council of Europe web site, at http: //www.coe.int/en/web/conventions/full-list/-/conventions/treaty/185/signatures (last visited January 10, 2016).

④ See 18 U.S.C. § § 1030, 1362, 2252B, 875 (b), 1951, 1028, 1028A, 1343, 1956 - 57, 1343, 1029, 2251 - 52, 2423, 1465 - 66A, 875, 793, 2511, 2701, 1037; 15 U.S.C. § § 52, 6821, 1644.

⑤ See Catherine Pelker, Anthony J. Palmer, Brittany Raia, Jamin Agosti, “Computer Crime”, *American Criminal Law Review*, vol. 52 (Fall, 2015), p. 795.

犯罪主体，意指计算机是犯罪的物理场所，或者独特形式的资产损失的源头或者原因，例如对病毒、蠕虫、逻辑炸弹、特洛伊木马等的使用。第三，计算机可能是犯罪工具（a criminal instrumentality），利用它以更加复杂的行为方式实施传统的犯罪行为，如盗窃、诈骗、侵占、冒犯他人等。[①]

美国的网络犯罪三分法值得我国借鉴。

首先，与欧洲的分类法相比，美国的三分法类型化效果更好。《公约》按照所侵犯的法益的种类对网络犯罪进行分类，然而其第二、三、四类可以统一划归美国的“作为犯罪工具的计算机”这一类。而且，美国的划分方法的特别之处在于，将病毒等攻击作为单独一类：既不同于作为犯罪工具的计算机，也不同于作为犯罪客体的计算机，携带病毒的计算机能够成为犯罪主体并可在犯罪分子的操控下非法干扰、拦截、获取或者攻击其他计算机数据、系统或者网络。随着信息网络的发展，单独划分出“作为犯罪主体的计算机”的意义将更加突出。

其次，美国的三分法与我国网络犯罪的刑法规制体系相融洽。其一，现行《刑法》第 285 条第 1、2 款规定的非法侵入计算机信息系统罪，非法获取计算机信息系统数据、非法控制计算机信息系统罪，与第 286 条第 1、2 款所规定的破坏计算机信息系统罪，同属于计算机作为犯罪对象的网络犯罪。其二，现行《刑法》第 286 条第 3 款规定的破坏计算机信息系统罪、第 286 条之一规定的拒不履行信息网络安全管理义务罪、第 287 条之一规定的非法利用信息网络罪、第 287 条之二规定的帮助信息网络犯罪活动罪，与第 285 条第 3 款规定的提供侵入、非法控制计算机信息系统程序、工具罪，同属于计算机作为犯罪主体的网络犯罪。其三，现行刑法第 287 条规定的利用计算机实施的有关犯罪，属于计算机作为犯罪工具的网络犯罪。

再次，网络犯罪的三类对应了三种需要刑法侧重保护的计算机（信息网络）法益。第一，以计算机作为犯罪对象的网络犯罪侵犯的是计算机系统、信息网络和计算机数据的机密性、完整性和可用性。第二，以计算机作为犯罪主体的网络犯罪体现了计算机系统、信息网络作为科学技术应当

---

① See Eric J. Bakewell, Michelle Koldaro, Jennifer M. Tjia, “Computer Crime”, *American Criminal Law Review*, vol. 38 (Summer, 2001), pp. 485 - 486; Michael W. Carroll, Robert Schrader, “Computer-Related Crimes”, *American Criminal Law Review*, vol. 32 (Winter, 1995), pp. 185 - 186.

被人类正当使用，而不应被滥用。第三，刑法规制以计算机作为犯罪工具的网络犯罪，是为了保护利用计算机实施的传统犯罪行为所侵犯的那些法益。

最后，日本关于常规电脑犯罪的理论类型是，“（1）滥用电脑而实施的犯罪；（2）加害于电脑的犯罪；（3）窃取电脑信息的犯罪”[①]。与欧洲和美国的分类模式相比，清楚的是，日本学者的分类项目（1）与（2）大概分别对应美国的以计算机作为犯罪工具的网络犯罪和以计算机作为犯罪对象的网络犯罪，而（3）大致对应欧洲的第一类网络犯罪，即“侵犯计算机数据和系统的机密性、完整性和可用性的违法行为”。这至少说明，美国和日本的“作为犯罪对象的计算机”和“作为犯罪工具的计算机”这两个分类框架较为固定，不同的是具体的分类内容。日本学者严格区分电脑与电脑信息，因而并不认为窃取电脑信息的犯罪属于以“计算机作为犯罪对象”的网络犯罪；而美国学者将“作为犯罪主体的计算机”从“作为犯罪工具的计算机”中分离出来，单独作为一类。由于（1）信息网络技术的发展使当下“计算机信息系统”、“计算机系统”与“信息网络”等刑法用语可以通用，（2）信息网络技术的发达使未来病毒等计算机形似犯罪主体本身的智能型高科技犯罪更为凸显，所以美国的三分法具有前瞻性。

总言之，网络犯罪的概念在国际上一直被宽泛理解和广义使用，而我国刑法也对网络犯罪采取了三分法。需要注意的是，在三分法之下，各类型的网络犯罪并不互斥，同一种网络犯罪行为可能同时属于这三种类型。比如，黑客利用计算机病毒将他人名下的银行账户中的存款通过网上转账转到自己名下的银行账户中：其一，黑客将计算机作为犯罪工具实施了盗窃行为。这属于第三种类型。其二，黑客利用病毒攻击银行计算机系统。这种行为属于第二种类型。其三，被害人银行账户中的网上记录是计算机数据，对其进行删除、更改的犯罪行为属于第一种类型。即使按照《公约》中的法益种类分类法，将网络犯罪分为侵犯计算机数据和系统的机密性、完整性和可用性的网络犯罪以及以计算机为犯罪工具实施传统犯罪行为的网络犯罪，也会存在分类的交叉问题。例如在上述的黑客网上盗窃银行案中，黑客的网络盗窃行

① ［日］上田宽：《犯罪学》，戴波、李世阳译，商务印书馆2016年版，第303页。

为既侵害了被害单位银行的计算机数据的机密性和完整性，又侵犯了被害自然人的财产法益。这一方面是因为分类标准尚存缺陷，另一方面也反映了网络犯罪现象的复杂性导致网络犯罪类型之间相互交错。

四、网络犯罪的性质：进化论之提倡

“互联网＋”具有放大所加对象的好与坏的秉性。广义与交织的网络犯罪类型，正是不法行为在网络这一新型的社会空间内被放大的结果：这些具有复杂类型的网络犯罪有新有旧（something old，something new）。[①] “首先，信息社会中产生的新价值形式需要刑法的保护，特别是与数据和计算机系统的保密性、完整性和可用性相关的新利益。其次，原则上已享受了刑法保护的新的侵害传统价值观的形式，可能要求对刑法进行某些调整。”[②] 具体而言，当网络犯罪是特别涉及电子侵犯和非法使用或者攻击计算机、网络或者存储系统的犯罪行为时，网络犯罪是一种新型犯罪。“利益是刑罚保护动机”[③]，法益具有“使刑事立法具有合理目的性”的刑事政策机能。[④] 网络社会亦是信息社会。“信息不仅关系到经济，而且关系到预警和法益”，在“信息和通讯技术的形成和使用”与“法律及各法律教义学专业”之间起着一种交叉学科联结作用的法律信息学的任务是，使对信息权和数据的“真实保护目的能切实兑现”[⑤]。众所周知，1979 年刑法没有关于计算机犯罪的规定。自 1997 年刑法始，历经 2009 年《刑法修正案（七）》、2015 年《刑法修正案（九）》，针对计算机系统、信息网络和数据保护的网络犯罪的刑法规制体系逐渐完善。

人类文明的进步促使新的法益的需要刑法保护，不可避免通过刑事立法将相关侵犯法益行为犯罪化。“然而，对于计算机来说，被用作促进传统犯

① See Lenese C. Herbert, “Cybercrimes and Hacking Issues”, *ALI-ABA Course of Study*, vol. SK102 (April, 2005), pp. 141 - 143.

② ［德］乌尔里希·齐白：《全球风险社会与信息社会中的刑法》，中国法制出版社 2012 年版，第 308 页。

③ ［日］伊东研祐：《法益概念史研究》，秦一禾译，中国人民大学出版社 2014 年版，第 259 页。

④ 参见张明楷：《法益初论》，中国人民大学出版社 2000 年版，第 197 页。

⑤ ［德］考夫曼、哈斯默尔主编：《当代法哲学和法律理论导论》，郑永流译，法律出版社 2013 年版，第 560 - 564 页。

罪的工具，目前来看，更加常见。”[1] 技术，尤其是信息技术和生物技术，是重塑我们身体符号的主要工具[2]，而作为信息技术优秀成果的互联网能够带来特有的“人格的解放和扩大感”[3]，传统犯罪在网络空间中被放大。“网络犯罪的特点之一是犯罪无国界。一方面，犯罪分子与被害人交流的媒介是信息网络，犯罪分子可以借助网络虚拟世界实施犯罪行为，不需要与被害人进行直接接触，被害人可能与犯罪分子素未谋面。另一方面，网络犯罪分子可以跨越地域，进行远程控制。不同于传统犯罪中需要将‘犯罪工具’随身携带，网络犯罪分子甚至可以将实施犯罪的网络场所转移至境外，采取信息倒流、跨国联合等方式，如我国境内 90%以上的诈骗网站、钓鱼网站、赌博网站的服务器位于境外。”[4] 如果说对那些在信息社会中产生的与信息和数据相关的新价值形式的刑法保护，是从无到有的刑事立法的扩张，因而完全不同于以往，那么，对已经享受了刑法保护的传统价值形式的新的侵害——就以计算机作为犯罪工具的网络犯罪而言，其是自成一类的犯罪（sui generis），还是仅仅是“新瓶旧酒”（old wine in new bottles)?[5] 换言之，网络犯罪的“放大”现象是不是颠覆性的，从而具有根本上的质变？网络犯罪与传统犯罪是否存在本质上的不同这关系到如何“对刑法进行某些调整”以及调整的程度，关系到是否需要对传统刑法理论进行彻底的重新思考并予以重构。

异化说认为，网络空间是一个全新领域，在其中需要重新思考法律的首要原则。美国有学者主张，物理空间（民族国家或者其他政治实体）与传统法律空间的边界具有普遍相关性、高度重合性，而网络空间不以自然地域为基础的边界，是由分离有形世界与虚拟世界的屏幕和口令构成，这彻底颠覆了基于物理空间边界的规则制定体系，因此，网络空间并非天然地应受地域性规则的统治，它是一个具有（更具法律意义的）新边界的“场所”，对其

---

① Michael Edmund O'Neill，“Old Crimes in New Bottles：Sanctioning Cybercrime”，*George Mason Law Review*，vol. 9（Winter，2000），p. 249.

② 参见周丽昀：《身体：符号、隐喻与跨界——唐娜·哈拉维“技科学”的主体解析》，《科学技术哲学研究》2011 年第 5 期。

③ 参见［日］上田宽：《犯罪学》，戴波、李世阳译，商务印书馆 2016 年版，第 307 页。

④ 赵秉志主编：《〈中华人民共和国刑法修正案（九）〉理解与适用》，中国法制出版社 2016 年版，第 163 页。

⑤ See Lenese C. Herbert，“Cybercrimes and Hacking Issues”，*ALI-ABA Course of Study*，vol. SK102（April，2005），p. 141.

适用特别的法律，应当是自然而然的事。① 这是较为绝对的异化说，我国则有相对缓和的异化说。我国有学者认为，信息时代的到来使传统犯罪挣脱了物质载体的束缚，可以自由扩散和传播，也使网络犯罪的侵害方式开始多样化、虚拟化，而传统的刑法罪名显然对此措手不及。由于网络技术性和虚拟性的介入，传统犯罪的行为方式、危害后果都产生了异化，其网络异化后带来危害结果评价的难题。面对传统犯罪的网络变异，一方面，知识经济和信息时代对刑法规范的影响是不可逆的，对刑法规范进行一定的扩张解释，可以弥补相当一部分刑法保护的缺陷和不足；另一方面，也需要实现宏观刑事政策的转化。② 总之，绝对的与缓和的异化论都强调，互联网创造了一个独立的网络空间，它生来不同于现实空间，现有的（至少有些）法律规则不适合数字时代，因此需要重塑传统的刑法规范。

异化说虽然充分关注了网络空间的特性与其之于传统犯罪的影响，但也存有缺陷。首先，绝对异化说的哲学前提并不周延。传统法律的效力虽然能够及于国家等物理空间的每个角落，在此意义上，物理空间与传统法律空间是重合的，但传统法律效力的范围可能并不止步于此。例如，根据属人主义原则，凡本国人，无论在国内或国外，均受本国法律约束。③ 换言之，既然传统法律的效力可以突破自然疆域的限制，那么也就存在穿透由屏幕和口令所形成的界面而进入网络空间的可能。其次，绝对异化说的治网方案并不现实。依该说，独立的网络空间需要独立的网络空间法来规治。虽然各国针对互联网的法律法规渐多渐密，但未见立法者单独创建所谓的与现有法律体系并行的网络空间法体系。相反，更有甚者主张，计算机仅仅是一个工具而已，网络空间的犯罪应该和现实空间的犯罪一样，以同样的方式受到规制。美国司法部即主张刑法应该是技术中立（technology neutral）的，不应被改变以适应网络空间的特点。④ 再次，缓和异化说显然发现了绝对异化说的极

① See David R. Johnson & David Post, "Law and Borders: The Rise of Law in Cyberspace", *Stanford Law Review*, vol. 48 (May, 1996), pp. 1368, 1370, 1378, 1379.

② 参见于志强：《我国网络知识产权犯罪制裁体系检视与未来建构》，《中国法学》2014 年第 3 期。

③ 参见张文显主编：《法理学》，高等教育出版社 2011 年版，第 62 页。

④ See Neal Kumar Katyal, "Criminal Law in Cyberspace", *University of Pennsylvania Law Review*, vol. 149 (April, 2001), pp. 1004 - 1005; Michael Edmund O'Neill, "Old Crimes in New Bottles: Sanctioning Cybercrime", *George Mason Law Review*, vol. 9 (Winter, 2000), pp. 237 - 238.

端性，进而将治网方案改良为刑事立法与刑法解释并用。但这一方案中关于预备行为实行化[①]与共犯行为正犯化[②]的立法建议，可能并不高明：它会导致刑法总则可能发挥的作用进一步减弱，刑法分则中各罪的构成要件盘根错节、相互交叉，罪数的确定更加复杂。当然，这是解释论需要解决的问题。最后，缓和说的异化逻辑在马克思主义哲学视阈中存有内在矛盾。马克思使用“异化”这一概念来说明“劳动异化”现象，即动物与人都有生命活动，而有意识的生命活动把人同动物直接区别开来。人的有意识的生命活动意味着，生命活动（劳动）是意识（人）对象，这时，人的活动才是自由的活动；“异化劳动把这种关系颠倒过来，以致人正因为是有意识的存在物，才把自己的生命活动，自己的**本质**变成仅仅维持自己**生存**的手段”[③]。历史唯物主义就是要去透视并揭穿一层层颠倒的、异化的、对象化的假象，达到那个真实存在的本质和规律。[④] 根据缓和说，网络犯罪是传统犯罪的异化。反之，作为异化之物的网络犯罪的本真就在于传统犯罪。亦即，网络犯罪的本质与规律也存在于传统犯罪之中。由此，规制传统犯罪的传统法律（刑法）也就可能约束网络犯罪，网络空间完全在传统法律（刑法）的效力射程之内，新的立法于是就失去了逻辑基础。但是，这与异化说中重构新的网络空间法（刑事立法）的观点明显不符。

进化说可能是认识网络犯罪与传统犯罪之间关系的第二条路径。该说主张，网络犯罪是传统犯罪在网络空间新环境下的进化而非异化。其理由在于：第一，在网络时代更加高级的犯罪手段使传统犯罪在线上极易实现，且网络空间的开放性与扩散性使其社会危害性在一般意义上相应地被放大。第二，与网络科技的发展阶段相适应，当网络空间的科技特性不足以改变传统犯罪的罪质与类型结构时，新的立法是不必要的，但层出不穷的附着专业的科技背景知识的新犯罪使案件事实的认定变得困难，而解决此类案件的刑法解释学需要在网络空间新常态下进行自我检验与自省发

① 参见阎二鹏：《预备行为实行化的法教义学审视与重构》，《法商研究》2016年第5期。

② 参见陆旭：《网络服务提供者刑事责任及展开》，《法治研究》2015年第6期。

③ ［德］马克思：《1844年经济学哲学手稿》，中共中央马克思恩格斯列宁斯大林著作编译局译，人民出版社2000年版，第57页。

④ 参见张一兵：《回到马克思：经济学语境中的哲学话语》，江苏人民出版社2013年版，第573页。

展。第三，现有的分析与批判还是建立在颇为传统的刑法学理所奠定的思考模式的基础上，仍然存在一定程度的历史局限性。可以想见的是，倘若信息网络的发展在未来根本性地改变人类社会与生活形态，那么，刑法思维就会相应发生革命性的改变。[①] 因此，当网络科技高度发达，以至于在网络空间出现了新的犯罪类型或者新的值得刑法保护的法益时，新的立法就需要马上跟进。

进化说比异化说具有优势。与异化说一样，进化说当然也承认网络犯罪具有不同于传统犯罪的自身特性，关键是如何认识这些不同。进化说与异化说的相异之处在于：第一，进化说将传统犯罪与网络犯罪的不同视作传统犯罪在网络新环境下的进化，从而认为网络犯罪处于相对独立的地位。既然网络犯罪是独立存在，也与传统犯罪紧密相连，那么对其基因在逻辑上不像异化说主张的只能在传统犯罪中寻找。第二，由于网络犯罪的相对独立性，关于治网策略，进化说主张根据网络科技的发展程度以及其对传统犯罪的影响深度，决定在某一历史时期与某一犯罪领域是采取解释论的立场还是采取立法论的立场，而不是中庸地同时采取解释论与立法论的立场。第三，进化说将网络犯罪看作网络空间建立与发展的必然且自然的产物，而异化说将其贬为传统犯罪在网络空间变异的“怪胎”。前者是一种对待网络“新常态”的积极态度。而在治理网络犯罪过程中，后者可能于刑法理论上更加体现为或在刑事政策上容易滑向一种重打击的态度。“无论正当程序（due process）是否禁止另类地延伸旧的成文刑法，以覆盖应由立法者制定但其却没有想到的新行为，自由保留原则也同样要求，对古老的自由原则作宽泛解释，以在正在到来的电子时代维持一个文明和体面的社会。”[②] 可见，相比之下，进化说能够为网络空间法治化治理中惩罚犯罪与保障人权之平衡提供思想基础和实践指南。

五、结语

对于传统犯罪在网络空间中进化为网络犯罪，需要根据网络科技的发达

---

① 参见徐育安：《资讯风险与刑事立法》，《台湾大学法学论丛》2014 年第 91 期。

② Harvey A. Silverglate & Philip G. Cormier, “Old Wine in New Bottles: Cyberspace and the Criminal Law”, *Boston Bar Journal*, vol. 41 (May/June, 1997), p. 13.

程度及其对传统犯罪的颠覆力度，决定采取解释论或者立法论的治网方案。据此，对当前我国网络科技的发展阶段作出准确的实事求是的判断是必要的。1994年4月20日，中国全功能接入国际互联网，从此开启互联网时代。[①] 虽然经过二十多年的发展，中国的互联网事业取得了长足进步，但是，从信息技术的发展前景来看，不仅中国，乃至整个世界，可能都处于网络时代的初级阶段。“尽管计算机可以方便某些类型的罪行的实施，并无疑催生了新的犯罪机会，但是，计算机与方便犯罪或者造成新的犯罪市场的其他技术创新，实际上没有什么不同。例如，数字复印机使伪造发生了变革。汽车不仅使某些犯罪更容易，而且创造了全新的犯罪市场。”[②] 因此，将互联网作为犯罪工具的网络犯罪仍然保留了线下传统犯罪的强大基因，传统刑法概念的滞后性并未超越其开放性，基于现行刑法的解释论立场仍大有可为。

① 《中国接入互联网20年大事记》，载http：//news.xinhuanet.com/info/2014－04/20/c_133275990.htm，访问时间：2016年7月27日。

② Michael Edmund O'Neill，“Old Crimes in New Bottles：Sanctioning Cybercrime”，*George Mason Law Review*，vol.9（Winter，2000），pp.256－257.

中　篇

网络空间的刑法介入边界

第四章

新挑战：网络犯罪之于传统刑法的影响

目前，总体而言，网络犯罪与传统犯罪的差异是程度问题，不是性质问题。网络犯罪是自动化犯罪（automate crime），增强了行为人的“单兵作战”能力。首先，网络犯罪是远程犯罪（remote conduct），不同于线下常态的面对面的犯罪。远程性与匿名性等共同降低了告发的可能性，使侦查和逮捕变得相对困难。其次，网络犯罪是一对多的犯罪，不同于线下常见的一对一的犯罪（one-to-one crime）。这增加了犯罪行为人的预期收益，扩大了法益侵害规模。最后，网络犯罪是虚拟环境中的犯罪（crimes in a virtual environment），无形的、数字化的证据存在收集、固定、审查、运用和认定方面的困难。[①] 虽现有的刑法典不必为由传统犯罪进化而来的网络犯罪而重修，但也不可否认，网络犯罪的虚拟生存环境及进化之处也为刑法的诸多实体概念的线上适用带来了新挑战，且遍及刑法基础论、犯罪论、法律后果论等各个领域。需要强调的是，这些一反线下常态的刑法适用难题会随着网络技术的更新而不断演化出新样态，因而互联网时代的刑法解释结论具有显著的暂时性和历史性，不可能一劳永逸。为此，刑法上的概念不但要具有开放的本性，而且应随时展现这种开放的姿态。

一、犯罪智能化中行为构造的演进

由于网络犯罪的虚拟生存空间的无形性、数字性与智能性，线上传统犯

① See Susan W. Brenner, “Cybercrime Metrics: Old Wine, New Bottles?”, *Virginia Journal of Law & Technology*, vol. 9 (Fall 2004), p. 13 - 5 - 12.

罪的行为构造可能发生适应当前科技所重塑的外部环境的变化。行为是一种具有一定存在形式的外部现象，因而离不开一定的时间、地点、环境与条件等。如将这些因素从行为概念中抽出来，行为就成为一个空洞的概念，行为本身也就不复存在了。[①] 故而，行为是一系列要素的有机体，具有自身构造，而外部世界的这些变化也就会成为行为的构造组成的变化。在网络时代，人类在原有的物理世界中创造了一个全新的网络空间，这一存在的改变势必会对原有的关于客观世界的执念产生冲击，刑法上的行为概念也概莫能外，包括：（1）与网络虚拟性相关的行为孳生之物与行为地点要素的概念。网络空间是无形空间，刑法上的空间概念是否包括网络空间就是值得研究的问题。（2）与信息数字化相关的行为对象要素与行为对向主体[②]的概念。网络实体是数字产品，刑法上的物主概念是否包括数字称谓就是值得提出的疑问。（3）与机器智能化相关的裸的行为方式的概念。信息网络是智能机器，刑法上的关于行为方式的传统认知是否可能被颠覆就是需要回答的质问。总之，相较于线下传统犯罪的行为构造，网络犯罪可能在关乎行为孳生之物与行为地点要素的空间概念、关乎行为对象要素和行为对向主体的物主概念、关乎裸的行为本身的行为方式等三大方面、五个行为构造部分上发生演进、重组。而各个犯罪的行为构造是否会发生变化以及其变化程度，需要具体问题具体分析。

具体以裸的行为本身为例：它是指犯罪行为的方式方法或者手段。犯罪分子非法利用信息网络进行犯罪活动可能会形成新的犯罪行为方式。例如，毛某在某栋楼下看见二楼某室的厨房窗户未关，随即爬窗入室，在卧室盗得李某正在充电的价值 2 138 元的 OPPO 手机一部。盗窃手机得手后，毛某通过李某手机里的支付宝账户，将其工商银行卡内的 700 元转账盗走。审理法院认为，被告人毛某以非法占有为目的，盗窃他人财物共价值 2 838 元，数额较大，其行为构成盗窃罪。[③] 该案的典型之处在于，一个罪名之下存在两

① 参见张明楷：《刑法学》，法律出版社 2011 年版，第 162－163 页。

② 行为对向主体，主要针对机器能否被骗的情形。被骗的财物是诈骗行为的行为对象，但这个“被骗人”即机器，则通过行为对向主体概念表述为诈骗行为的一部分。

③ 广西壮族自治区桂林市象山区人民法院（2016）桂 0304 刑初 61 号刑事判决书。相似案例，参见李亮：《拾得手机后盗用支付宝构成何罪》，《江苏法制报》2016 年 2 月 18 日第 00C 版；浙江省平湖市人民法院（2012）嘉平刑初字第 703 号刑事判决书；湖北省武汉市江汉区（2016）鄂 0103 刑初 1032 号刑事判决书，等等。

种不同的行为方式。显而易见，2 838 元是由 2 138 元（手机价值）和 700 元（转账金额）相加得来的。虽然审理法院以盗窃罪评价二者，但是，其中，针对手机的取得是人们常见之盗窃手段，对其予以盗窃罪之定性自不待言，而针对银行账户转账的盗窃是互联网金融市场中所特有的盗窃方式。针对后者，还有审理法院将其评价为现行《刑法》第 196 条中的“冒用他人信用卡”，进而认定其构成信用卡诈骗罪。[①]

由于线下传统犯罪的行为方式往往为人们所熟知，所以司法者很容易将那些“面熟”的行为置于某个相应的刑法条文之下。可是，面对复杂又“面生”的“互联网＋”犯罪行为，法律的适用可能会成为难题。可以肯定的是，出于保护法益的需要，司法者不可能不评价上述通过支付宝转账获取财产的行为，即使结论可能引发争议。因此，在使法律规范向案件事实靠近的过程中，在不违反罪刑法定原则的前提下，司法者不得不改变对某些法律概念的以往认知，将以往线下没有的通过支付宝转账获取财产的行为争议性地评价为盗窃罪或者信用卡诈骗罪。在网络时代，那些业已深入人心的所谓“常识”可能只是偏执过去、不思变革的守旧者的一厢情愿，而革新者会认为，新的行为方式能够催促法律概念的传统内部结构发生变化，从而促使法律概念以新的面貌适应新的社会生活。

例一：猥亵不要求接触性。

人身犯罪中的刑法概念可能会因信息网络的虚拟性而与传统认知相悖。现行《刑法》第 237 条规定，以暴力、胁迫或者其他方法强制猥亵他人或者侮辱妇女的，构成强制猥亵、侮辱罪；猥亵儿童的，构成猥亵儿童罪，并根据《刑法修正案（十一）》第 28 条的规定，根据情节不同而分别处 5 年以下或以上有期徒刑。一般而言，所谓暴力，是指采用殴打、捆绑、堵嘴等手段；所谓胁迫，是指以杀害、伤害、职权、地位、隐私等相威胁、恫吓；所谓其他方法，是指用药麻醉、用酒灌醉等方式；所谓侮辱妇女，是指堵截、强行亲吻、搂抱妇女等；所谓猥亵儿童，主要表现为对儿童鸡奸或者让儿童为其手淫等。[②] 上述列举的暴力等概念所存在的情形的共同点是，具有肢体

---

① 参见上海市长宁区人民法院（2016）沪 0105 刑初 442 号刑事判决书。

② 参见高铭暄、马克昌主编，赵秉志执行主编：《刑法学》，北京大学出版社、高等教育出版社 2016 年版，第 466 - 467 页。

接触性。在司法实践中，该观点也具有一定市场。

例如，乔某以刺激或者满足性欲为目的，于2014年3月至8月间，在其自住房的电脑上，通过QQ添加不满14周岁的幼女为其好友，并冒充生理老师，以视频教学为名，诱骗16名幼女与其视频裸聊。按照乔某的要求，被害人脱光自己的衣服，抚摸自己的乳房和生殖器。乔甘也脱光衣服，趁机手淫。乔某的辩护人的辩护意见是，猥亵儿童的手段一般是抠摸、舌舔、吸吮、亲吻、搂抱、手淫、鸡奸等与儿童的身体直接发生接触的行为，没有接触儿童身体的淫秽行为构成猥亵儿童罪的法律依据不充分。[①]

又如，沈某通过QQ与包某某（15周岁）聊天，获知其基本信息后，谎称包某某的电脑中了病毒，已秘密拍摄包某某的裸照，并将包某某的裸照发布到互联网为由，胁迫包某某脱衣露出隐私部位，裸体与其视频聊天，并进行录像。后，沈某与包某某聊天时，胁迫包某某和其同学卢某某（不满14周岁）在视频中脱掉衣服，互舔私处，并进行录像。沈某采取类似上述方式，胁迫游某某（不满14周岁）、文某某（15周岁）裸体与其视频聊天并录像以供其自慰时观看。有一种意见认为，强制网络裸聊不同于强制猥亵行为，网络裸聊仅在于聊和看，行为人与被害人不在同一物理空间，双方没有身体接触，而刑法中的猥亵一般表现为对妇女抠摸、亲吻、搂抱等行为，因此，沈某的行为不构成猥亵犯罪。[②]

然而，处理上述案件的审理法院和实务专家均认为，行为人的强制、引诱网络裸聊的行为构成猥亵犯罪。这一结论值得肯定。实际上，上述反对意见都犯了把刑法概念的常见情形当作概念内涵本身的错误：因猥亵的常见情形为在同一物理空间的身体接触，就认为猥亵具有肢体接触性，从而将其作为刑法的规定。但是，只要考虑到强制猥亵、侮辱罪和猥亵儿童罪的保护法益是他人的性自主权，就不难将上述案件中的观看儿童裸体、让儿童观看淫秽视频等行为认定为猥亵的一种行为方式。而主观地为猥亵罪增加“接触性”的要素，会不当限制刑法的处罚范围，造成刑法的处罚漏洞。而且，随着信息网络的普及，一些在今天和线下生活相比看似不常见的“互

① 参见江苏省兴化市人民法院（2015）泰兴刑初字第182号刑事判决书。

② 参见赵俊甫：《关于强制网络裸聊行为性质认定问题的探讨》，见最高人民法院刑事审判一至五庭主办：《刑事审判参考》，总第105集，法律出版社2016年版，第245页。

联网＋”犯罪的行为方式，可能在不久的将来就会成为常见情形；同时，新的不常见的“互联网＋”犯罪的行为方式又会出现。因此，形式的行为方式不足以表达完整的法律概念，实质的法律概念能够涵摄层出不穷的行为方式。

例二：盗窃不要求秘密性。

财产犯罪中的刑法概念在网络时代可能会因电子系统的自动性而与传统认知相悖。现行《刑法》第 264 条规定，盗窃公私财物，数额较大的，或者多次盗窃、入户盗窃、携带凶器盗窃、扒窃的，构成盗窃罪。通说认为，“本罪的客观方面一般表现为以秘密窃取的方法，将公私财物转移到自己的控制之下，并非法占有的行为”[①]。据此，盗窃是指秘密窃取，具有秘密性。

图 4－1 所显示的是“秘密窃取”的表述在裁判文书中“本院认为”部分的使用情况，由此可见“秘密窃取”的观念在司法实践中根深蒂固。

裁判文书的“本院认为”部分是审理法院关于裁判理由的集中阐释，反映了法官对相关法律规范的理解与适用。法官在“本院认为”部分使用“秘密窃取”这一表述的频率，在一定程度上反映了在司法实践中法官关于盗窃之本质的认识。从图 4－1 至图 4－4 可以看出，第一，在刑事、民事、行政三大诉讼中，通常刑事法官会主张盗窃具有秘密性（见图 4－1）；第二，不仅在侵害财产犯罪领域中，而且在侵害人身犯罪、侵害社会管理秩序犯罪领域，均存在盗窃具有秘密性的观点（见图 4－2）；第三，“秘密窃取”的主张在 2014 年达到顶峰（见图 4－3）；第四，即使在东部沿海经济发达地区，“秘密窃取”的观点依然盛行（见图 4－4）。[②] 概言之，虽然以张明楷教授为代表的学者在十几年前就极力倡导“公开盗窃也是盗窃”[③]，但是，在十几年后的今天，“秘密窃取”的观念在刑事领域依然浓厚，不仅在整部刑法典

① 高铭暄、马克昌主编，赵秉志执行主编：《刑法学》，北京大学出版社、高等教育出版社 2016 年版，第 500 页。

② 受到不同种类、不同法院、不同地区上网的案件数量以及其他因素的影响，该结论不可避免具有一定的偏差，但鉴于“聚法案例”数据库收录了裁判文书 107 673 522 篇（截至 2021 年 1 月 23 日）（当日，中国裁判文书网收录的裁判文书是 28 037 177 篇，少于前者）。这是一个接近全样本的大数据，在巨大的体量前，由该数据得出的统计结果仍具有一定的相关性和可参考性。

③ 参见张明楷：《盗窃与抢夺的界限》，《法学家》2006 年第 2 期。

的适用中随处可见，而且深深植根于法治水平较高的东部地区的法官头脑中。

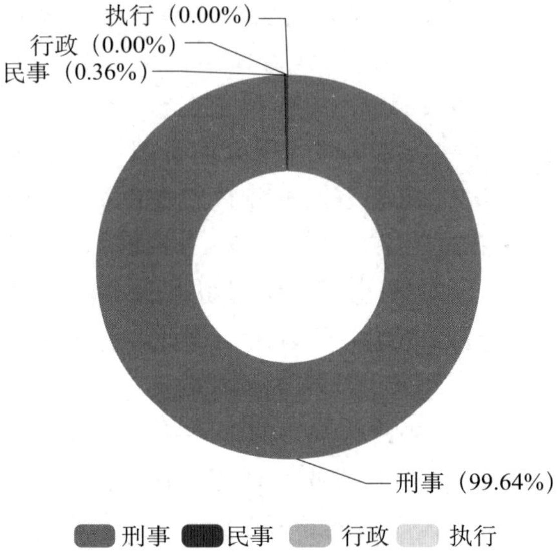

图 4-1　案件类型

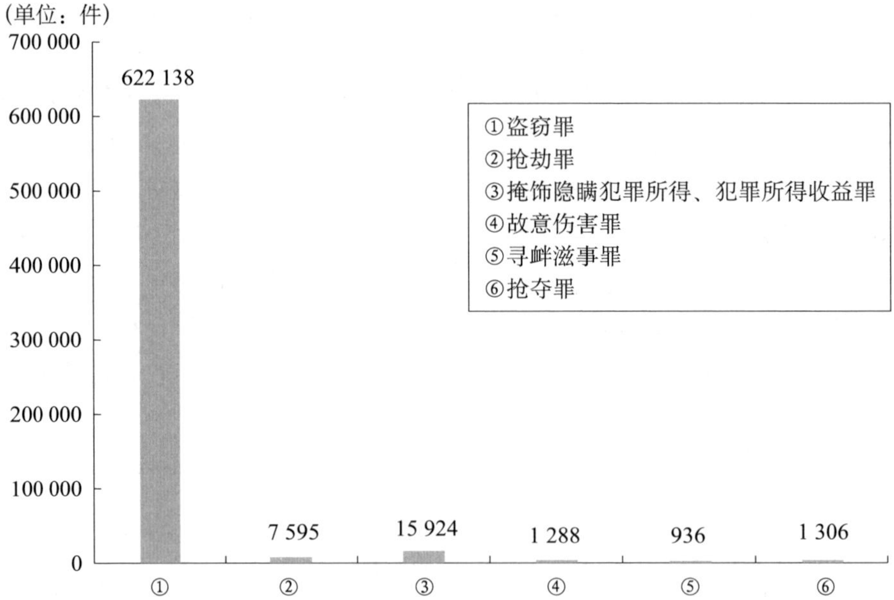

图 4-2　案由

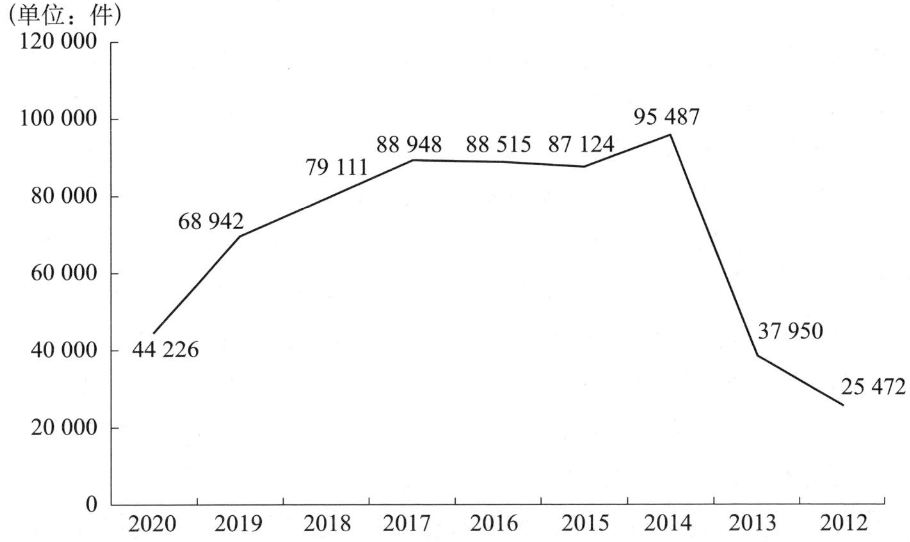

图 4-3 审判年份

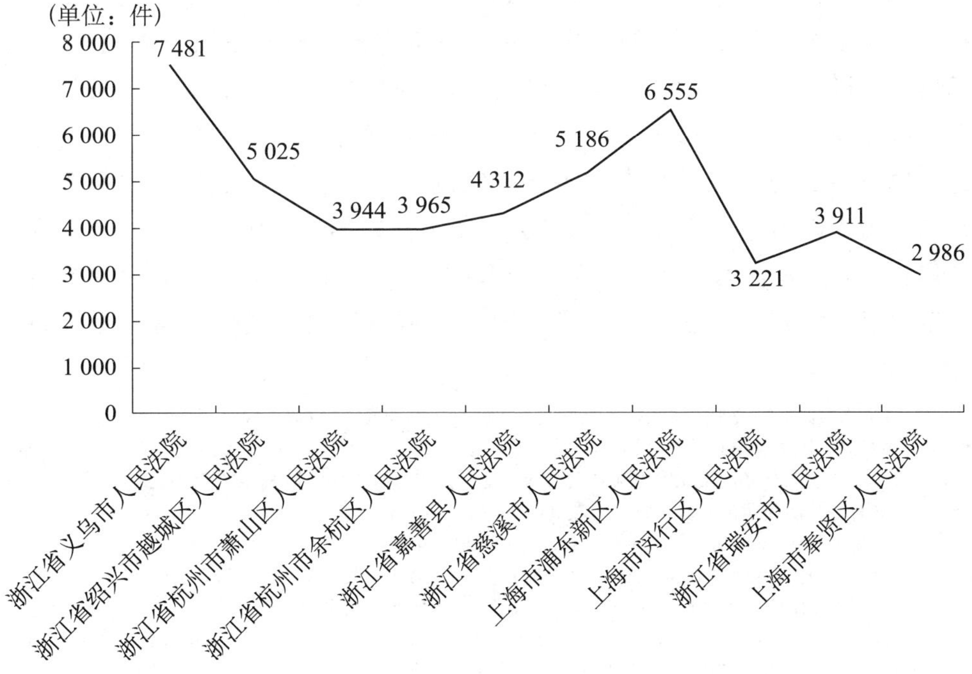

图 4-4 审理法院

数据来源：聚法案例，https：//www.jufaanli.com/，访问时间：2021-02-23。

然而，图4－3还显示，2014年之后，“秘密窃取”的观念具有下降趋势。这说明实务部门的观念正在悄然革新，不过，在东部沿海经济发达地区“私密窃取”的观点还比较盛行。[①] 实际上，秘密窃取只是盗窃的方式之一，秘密性并不是盗窃的本质属性。以往反对“盗窃是指秘密窃取”的理由大多具有规范性，如主观要素与客观要素相区别的理由、盗窃罪与抢夺罪相区分的理由等。[②] 规范的理由虽然具有体系解释的说服力，但也极易因解释者所持的理论基础、价值观念以及对构成要件的理解等不同而产生争议。例如，秘密窃取的主张者认为，秘密性具有区分盗窃罪与抢夺罪的功能；反对者则认为，盗窃罪与抢夺罪的区分标准是致人伤亡的可能性。[③] 俗话说，“事实胜于雄辩”。事实的说服力来源于事物本身。如果公开盗窃的情形确实存在，盗窃的秘密性立论自然不攻自破。

其实，秘密窃取或许只是人们观念中常见的盗窃形态，并不能代表盗窃的全部。通常，判断秘密性的标准有二。一是客观说：“盗窃罪中的秘密窃取系针对财物的占有人而言，只要被告人系在占有人不知情的情况下获取财物，即属于秘密窃取。”[④] 简言之，客观说所主张的秘密是指被害人不知情。二是主观说：“只要行为人主观上是意图秘密窃取，即使客观上已被他人发觉或者注视，也不影响盗窃性质的认定。秘密窃取，可以是物主不在场时实施，也可以是物主在场，乘其不备时实施。”[⑤] 换言之，主观说物主的秘密是指行为人以为他人不知情。“在法官做出裁判的过程中同时有两方面在起作用：一方面是法官对制定法的理解和领会，另一方面他也从自己对问题的理解出发来填充制定法的内容。”[⑥] 旧念与新情的错位会倒逼法官更新以往

---

① 《最高人民法院关于人民法院在互联网公布裁判文书的规定》（以下简称《规定》）于2013年11月13日由最高人民法院审判委员会第1 595次会议通过，自2014年1月1日起施行。《规定》第2条规定，最高人民法院在互联网设立中国裁判文书网，统一公布各级人民法院的生效裁判文书。因此，2014年之后的统计数据所显示的趋势变化具有较高的可信度。

② 参见张明楷：《刑法学》，法律出版社2016年版，第949页。

③ 参见张明楷：《刑法学》，法律出版社2016年版，第998页。

④ 北京市朝阳区人民法院（2015）朝刑初字第1909号刑事判决书。

⑤ 高铭暄、马克昌主编，赵秉志执行主编：《刑法学》，北京大学出版社、高等教育出版社2016年版，第500页；赵秉志、彭新林：《关于许霆案件的法理问题思考》，见赵秉志主编：《刑法论丛》，第14卷，法律出版社2008年版，第257页。

⑥ ［德］迪特尔·施瓦布：《民法导论》，郑冲译，法律出版社2006年版，第74页。

认知，从而丰富制定法的内在含义，以适应不断发展变化的社会生活。在线下生活中，常举的公开盗窃的情形是："行为人进入住宅后，明知卧床不起或者胆小的占有者盯着自己，但依然搬走他人的计算机。"[①] 然而，这一例子容易被秘密窃取的主张者分析为，行为人利用了被害人卧床不起或者胆小的特质，因而属于胁迫；行为人在被害人受到其威胁的情况下公然夺取其财物，其行为构成抢夺罪。所以，上例的事实性理由依然可能会引发争议。当然，这并不排除线下还有其他诸多公开盗窃的情形。

线上公开盗窃更为普遍。在电子眼的监视之下，公开盗窃不但可能会成为盗窃的常态方式，而且不会产生上述潜在疑问。电子眼，俗称"摄像头"，是一种智能监摄管理系统。它通过光电成像、自动控制、网络通信、计算机等多种技术，在拍摄范围内进行全天候监视，实时记录图像，保存视频。如今，电子眼被广泛应用于交通管理等行业和学校、医院、商店、汽车、银行等公共场所。如果行为人故意在被害人的远程电子监控下拿走被害人放在房间的财物，那么，客观的秘密和主观的秘密便都将不符合，可是，没有人不会认为行为人正在实施盗窃行为。又因被害人远在他地，所以也不会引发上述争论。因此，在大街小巷长满电子眼的今天，公开盗窃的情形可能会司空见惯，人们也就会逐渐见怪不怪。归根结底，盗窃秘密性的观点犯了与猥亵具有接触性的观点相同的错误。

例三：赌场不要求场所性。

行为孳生之物，是指犯罪行为所生之物。例如，在伪造货币案中，行为人伪造的货币就是伪造行为的孳生之物。空间也可能成为某一犯罪行为的孳生之物，比如，行为人开设的赌场。根据现行《刑法》第303条第2款的规定，开设赌场的，以开设赌场罪定罪处刑。问题是，虽然《刑法修正案（六）》[②] 施行前后的2005年5月11日"两高"《关于办理赌博刑事案件具体应用法律若干问题的解释》（以下简称《赌博案件解释》）与2010年8月31

① 张明楷：《刑法学》，法律出版社2016年版，第949页。

② 《刑法修正案（六）》第18条将《刑法》第303条原条文——"以营利为目的，聚众赌博、开设赌场或者以赌博为业的，处三年以下有期徒刑、拘役或者管制，并处罚金。"修改为："以营利为目的，聚众赌博或者以赌博为业的，处三年以下有期徒刑、拘役或者管制，并处罚金。""开设赌场的，处三年以下有期徒刑、拘役或者管制，并处罚金；情节严重的，处三年以上十年以下有期徒刑，并处罚金。"本书分别称其为聚众型赌博罪、常业型赌博罪与开设赌场罪，统称为赌博犯罪。

日“两高”《关于办理网络赌博犯罪案件适用法律若干问题的意见》（以下简称《网络赌博案件意见》）都规定，建立赌博网站属于“开设赌场”，但是，在 web2.0 时代自媒体高度普及的今天，“开设赌场”的认定又遇到了新情况：建立赌博微信群是否属于“开设赌场”？针对该新情况，现有的司法实践并没有一致的应对办法，定罪异见主要存在于聚众型赌博罪与开设赌场罪之间以及开设赌场罪本身的认定路径。以下三个案例有效反映了上述问题。

案例 1：王某创建名为“68.4 少接”的微信群，并让陈某做微信群群主，组织成员进行赌博。2015 年 8 月 6 日至 8 月 14 日，王某、陈某作为代包手从每个定额 68 元的红包中抽头 8 元，其中，3 元归自己所有，5 元作为奖金放入奖池。在此期间，陈某代发红包一千多个，王某代发红包一千五百多个，二人共计抽头获利七千五百余元。审理法院认为，王某、陈某以营利为目的，聚众赌博，其行为已构成赌博罪。[①]

案例 2：林某、詹某创建名为“潮人菜市场”的微信群，发布赌博规则，并雇用“车手”、“赔食”人员发送微信红包供群内参赌人员以“斗牛”的形式进行赌博。2015 年 9 月 5 日至 9 月 20 日，林某、詹某共招引 120 名网友参与赌博，赌资数额累计 650 000 元，抽头渔利数额累计91 000 元。审理法院认为，林某、詹某以营利为目的，利用网络建立赌博微信群供他人赌博，从中参与利润分成，情节严重，其行为妨害社会管理秩序，破坏良好的社会风尚，均已构成开设赌场罪。[②]

案例 3：2015 年 7 月初，袁某利用网络聊天工具微信建立群名称为“红包押大小”的微信群。在微信群内，袁某某制定了赌博规则，当庄组织赌博，进行“一元三包押大小”的赌博活动。2015 年 7 月 17 日至 10 月 3 日，袁某又多次建立其他微信群连续组织赌博活动。2015 年 10 月 17 日，袁某再次建立群名为“开心娱乐时时彩 1 群”和“开心娱乐时时彩 2 群”两个微信红包赌博群，继续组织他人进行“四元五包猜尾数”的赌博活动。审理法院认为，袁某利用移动通讯终端传输赌博数据，组织赌博活动，建立赌博网站并接受投注，其行为已构成开设赌场罪。[③]

---

① 参见浙江省诸暨市人民法院（2015）绍诸刑初字第 1753 号刑事判决书。

② 参见广东省普宁市人民法院（2015）揭普法刑初字第 845 号刑事判决书。

③ 参见河北省宽城满族自治县人民法院（2016）冀 0827 刑初 49 号刑事判决书。

比较上述三个案例，有以下两个显而易见的问题。

一方面，案例 1 与案例 2 的案件事实极为相近[①]，判决结果却彼此不同。就建立赌博微信群供他人赌博这一新型案件，案例 1 的审理法院将其认定为“以营利为目的，聚众赌博”，从而以赌博罪定罪处罚；案例 2 的审理法院将其定性为“开设赌场”，从而以开设赌场罪定罪处罚。而赌博罪与开设赌场罪在法定刑与司法解释所规定的入刑标准等方面不同。基于罪刑相适应原则，即使赌博罪与开设赌场罪存在并罚或者竞合情状，将二者的构成要件予以明确区分也具有重要意义。具言之，根据现行《刑法》第 303 条、《赌博案件解释》第 1 条、《网络赌博案件意见》第 1 项的规定，以营利为目的，组织 3 人以上赌博，抽头渔利数额累计达到 5 000 元以上的，属于“聚众赌博”，处 3 年以下有期徒刑、拘役或者管制，并处罚金；利用互联网、移动通讯终端等传输赌博视频、数据，组织赌博活动，建立赌博网站并接受投注的，属于“开设赌场”，处 3 年以下有期徒刑、拘役或者管制，并处罚金；开设赌场，抽头渔利数额累计达到 3 万元以上的，应当认定为“情节严重”，处 3 年以上 10 年以下有期徒刑，并处罚金。假设：甲以营利为目的建立赌博网站，组织 3 人赌博，抽头渔利数额累计达到 3 000 元。如果甲的行为属于聚众赌博，那么由于数额不达法定入罪标准，甲的行为无罪；如果甲的行为属于开设赌场，那么由于开设赌场罪的入罪标准并无数额要求，甲的行为有罪。又假设：乙以营利为目的建立赌博网站，组织 3 人赌博，抽头渔利数额累计达到 30 000 元。如果乙的行为属于聚众赌博，那么乙的最高刑罚是 3 年有期徒刑并处罚金；如果乙的行为属于开设赌场，那么乙的最高刑罚是 10 年有期徒刑并处罚金。由此看来，在建立微信群供他人赌博的场合，判断行为构成聚众型赌博罪还是开设赌场罪，抑或二罪，关系到行为人有罪或者无罪、刑重或者刑轻。总之，厘清开设赌场罪与聚众型赌博罪之构成要件的关系是解决该问题的关键。

另一方面，案例 2 与案例 3 虽然判决结果相同，但判决理由的路径不

① 虽然案例 1 与案例 2 中的赌博者各有具体的赌博规则，但各自赌博规则之间并没有本质差异，其共同点是以偶然之胜负决定财产（财物和财产性利益）之得丧，因而并不影响现行《刑法》第 303 条中“赌博”要件的认定。正是在将按照各自具体的赌博规则进行赌博这一案件事实抽象为赌博的意义上，这两个案例的案件事实是极为相近的。

同。就建立赌博微信群供他人赌博这一新型案件，与案件 1 的判决结果不同，案件 2 与案件 3 的判决结果皆为行为人犯开设赌场罪。然而，前者认为，行为人利用网络建立赌博微信群供他人赌博，从中参与利润分成，其行为已构成开设赌场罪；后者主张，行为人利用移动通讯终端传输赌博数据，组织赌博活动，建立赌博网站并接受投注，其行为已构成开设赌场罪。二者的微妙差别在于，前者直接将建立赌博微信群供他人赌博认定为开设赌场，而后者先将赌博微信群评价为赌博网站，进而将建立赌博微信群供他人赌博认定为开设赌场。显然，后者的认定路径依赖于现有的司法解释。根据《赌博案件解释》第 2 条、《网络赌博案件意见》第 1 项的规定，建立赌博网站或者为赌博网站担任代理，并接受投注的或者提供给他人组织赌博的或者参与利润分成的，属于开设赌场。然而，当时的司法解释只规定了网站可以被评价为赌场。至今没有司法解释规定微信群、QQ 群等通讯群组可以被认定为赌场。案例 3 的审理法院为了寻找明确的规范性判决依据，只能采取最贴近的先将微信群认定为网站的迂回方法。而通过这种曲线路径的判决并不是个例①，并且得到了某些学者的支持。例如，有学者认为，根据《赌博案件解释》第 2 条、《网络赌博案件意见》第 1 项的规定，“所谓的赌博网站是指开设在互联网、移动通讯终端上组织赌博活动的地点，对此不能作扩大解释，也不能作缩小解释”，“微信交往群能够被认定为赌博网站”②。从该学者对司法解释中的“赌博网站”这一用语的再解释不难看出，该学者已将网站扩大解释为互联网、移动通讯终端上的地点。换言之，在该学者看来，网站等同于信息网络本身。然而，这种观点值得反思：一是，网络空间的范畴高于网站的范畴，网站只是网络空间的一种表现形态，而网站在技术原理与网民认知等方面也不同于微信群组，所以，正如该学者所言，这种解释绝不是缩小解释；但与其所言又相反，这种解释一定是扩大解释，甚至是类推解释。二是，刑法典在效力上高于司法解释。刑法典是解释者（司法者）根本的解释（适用）对象，司法解释在本质上仍然是对刑法典的解释。与其费尽心力错误地将司法解释当作法源而对其进行再解释，不如回到刑法典本身。

---

① 参见相同认定路径的判决：江苏省建湖县人民法院（2016）苏 0925 刑初 36 号刑事判决书，浙江省宁波市海曙区人民法院（2016）浙 0203 刑初 146 号刑事判决书。

② 李永红等：《利用微信“抢红包”聚赌行为如何处理》，《人民检察》2016 年第 10 期。

在某种程度上说，该学者犯了司法解释“依赖症”。既然现有的司法解释没有规定赌博微信群组的情形，就不应再从司法解释中寻找根据，应该重新审视现行《刑法》第303条第2款所使用的“赌场”概念。总之，认识成文刑法所规定的“赌场”概念是解决此问题的基础。

综合上述三个案例所引发的两个问题，建立微信群组织他人赌博的行为的性质取决于开设赌场罪的构成要件之认定以及其与聚众型赌博罪的关系。当前，“‘赌场’可以是物理性赌场，也可以是虚拟性的网络赌场”的观点已经成为共识。问题是，如何看待开设赌场罪和聚众型赌博罪的关系。一种观点是，从场所由谁支配、规模大小、完备或者简陋、一时性抑或永久性、公开还是秘密等方面区分二者。[①] 可是，这些要素都是以线下常见情形，并非“赌场”的本质要求，故该观点早已不被采纳。[②] 另一种观点为，“区分开设赌场罪和聚众赌博罪，可以确立以下关键性的区分基准，即发挥吸引他人赌博的效果的，是‘场所’还是‘人’：是‘场所’的，就是开设赌场罪；是‘人’的，就是聚众赌博。”该观点虽另辟蹊径，但无法说明为什么对场所作为吸引源的场合的处罚重于对人作为吸引源的场合的处罚。

其实，“赌场”中“场”的重心并不一定在于赌博的空间性，而在于赌博活动的聚集性。当“场”作为“场所”讲时，通常文义强调的是“所”而非“场”，是指多人聚集或者活动的“地方”。而其中，“场”本身可指多人聚集。例如，酒场、会场、市场都有多人聚集的内涵，而具体地点的一面并不重要或者应予以淡化。我国台湾地区“刑法典”第268条[③]直接使用了“赌博‘场所’”的表述，而其司法实践将“场所”淡化为“一定之所在”。我国台湾地区的法院认为，所提供的该赌博场所，“只要有一定之所在可供人赌博财物即可，非谓须有可供人前往之一定空间场地始足为之。且以现今科技之精进，电话、传真、网路均可为传达赌博讯息之工具，例如主观上有营利意图而提供网址供人赌博财物者，亦属提供赌博场所之一种，而以传真

① 参见李永红等：《利用微信“抢红包”聚赌行为如何处理》，《人民检察》2016年第10期；罗开卷，赵拥军：《组织他人抢发微信红包并抽头营利的应以开设赌场罪论处》，《中国检察官》2016年第18期；许晓燕：《建微信群组织他人抢红包并从中抽头营利的行为如何定性》，《中国检察官》2016年第18期。

② 参见甘添贵：《刑法各论》（下），三民书局股份有限公司2015年版，第341页。

③ 该条规定，“意图营利，供给赌博场所或聚众赌博者，处三年以下有期徒刑，得并科三千元以下罚金”。

或电话之方式签注号码赌博财物，与亲自到场签注号码赌博财物，仅系行为方式之差异而已，并不影响其为犯罪行为之认定”①。因此，将赌博微信群认定为赌场的司法实践体现出赌场的场所性在网络时代愈加微弱，而不仅仅是网络空间也可以被指为场所。倘若“赌场”中的“场”意为“多人聚集”，那么，开设赌场罪的构成要件与聚众型赌博罪的构成要件就没有本质区别。② 根据上述相关司法解释规定的入罪标准，首先，尚未达到聚众赌博的入罪标准，但情节严重的，应以开设赌场罪定罪处罚，处 3 年以下有期徒刑、拘役或者管制，并处罚金，例如案例 3；其次，业已达到聚众赌博的入罪标准，尚未超过开设赌场情节严重的标准的，应以聚众赌博型赌博罪定罪处罚，处 3 年以下有期徒刑、拘役或者管制，并处罚金，比如案例 1；最后，业已达到开设赌场情节严重的标准的，应以开设赌场罪定罪处罚，处 3 年以上 10 年以下有期徒刑，并处罚金，譬如案例 2。总之，在网络赌博的背景下，赌场的场所性不再突出，开设赌场与聚众赌博的界限更加模糊乃至消失。

例四：诽谤不是复合行为。

世界各国刑事法制千姿百态，其诽谤罪却同具有一贯的古老历史。综观两大法系主要国家的刑法和当下我国刑法中的诽谤概念，同皆以散布毁损他人名誉之事实言论为核心要素。其中，毁损名誉是诽谤的实质侧面，事实言论构成诽谤的内容载体，散布于众则为诽谤的形式侧面。犯罪是行为，“任何人不因思想受处罚”；“言论本身不是行为，发表言论的举动才是行为”③，才有可能构成犯罪。具言之，毁损名誉之事实言论本身不是行为，将毁损名誉的事实言论散布于众才是行为。因此，诽谤罪是毁损名誉之事实言论的散布行为。美国法学会对诽谤有着类似的定义：“传播有毁损他人名誉之虞的信息”④。当今社会已进入网络社会，网络时代是信息时代，网络是这个时代的信息高速公路。因而，相比之下，“传播”比“散布”，“信息”比“言

---

① 我国台湾地区“最高法院”2005 年度台非字第 108 号刑事判决书。

② 开设赌场，即经营赌场，意味着“以营利为目的”，因而，营利目的并非开设赌场罪和聚众型赌博罪的本质区别。参见张明楷：《刑法学》，法律出版社 2016 年版，第 1079 页。

③ 张明楷：《刑法格言的展开》，北京大学出版社 2013 年版，第 204 页。

④ American Law Institute，*Restatement of the Law of Torts*，2d ed.，Philadelphia：American Law Institute，1975.

论”，更加符合网络时代的特征。据此，毁损名誉之信息与传播媒介便成为影响诽谤犯罪的刑法规制的两大因素。

诽谤是一种传播行为。然而，长期以来，传播媒介对诽谤行为受法律规制的影响并没有受到司法者的足够重视，他们更热衷于对诽谤言论的内容性质以及其毁损名誉的侵害结果进行详尽的判断。与司法者相比，立法者会作出适时的反应。先前英语国家与德国对口头诽谤和书面诽谤进行明确区分，而今网络媒介的迅速发展又使反网络诽谤立法呼声高涨。从口头诽谤、书面诽谤到网络诽谤，反映了从人际传播、大众传播到网络传播的媒介发展对诽谤行为的影响。18 世纪工业革命以降，大众传媒获得了长足发展，反诽谤立法多以此为社会背景而建构，历经多年而不变。与此相应，关于诽谤案件的司法审判亦逐渐成熟，并在宪法层面言论自由的基本权利下开启了诽谤罪的非犯罪化进程：一方面，就整体而言，诽谤罪与煽动型犯罪相分离，经历了从维护统治阶层权威到保护国民个人法益、从科以重刑到处以轻刑的轻刑化过程；另一方面，自二战以后，诽谤行为与刑事诉讼渐行渐远，呈现出从绳之以刑事犯罪到论以民事侵权、从一般法律规制到最高宪法审查的除罪化趋势。因此，在大众媒介时期，如何平衡言论自由与名誉保护之间的冲突，是一项历久弥新的课题。

诽谤罪，是指捏造并散布虚构的事实，足以损害他人人格、破坏他人名誉，情节严重的行为。关于上述诽谤罪的定义，恐无争议。然而，对于诽谤罪的构成要件的内容具体是什么，却存在两种相反的观点。一种观点认为，要构成该罪，必须“捏造”与“散布”同时齐备，只有“捏造”没有“散布”，或者只有“散布”但没有“捏造”的，均不构成该罪。[①] 另一种观点主张：诽谤罪的构成要件的内容为，散布捏造的事实。明知是损害他人名誉的虚假事实而散布的，也属于诽谤。[②] 2013 年 9 月 6 日“两高”《关于办理利用信息网络实施诽谤等刑事案件适用法律若干问题的解释》（以下简称《网络诽谤案件解释》）采取了折中的态度，规定，“明知是捏造的损害他人名誉

① 参见黎宏：《刑法学》，法律出版社 2016 年版，第 263、264 页。

② 参见张明楷：《刑法学》，法律出版社 2011 年版，第 823 页。此外，张明楷教授虽然主张诽谤罪的构成要件内容为“散布捏造的事实”，可是在诽谤罪的概念中却表述为“捏造并散布”。这恐有自相矛盾之嫌。

的事实，在信息网络上散布，情节恶劣的，以‘捏造事实诽谤他人’论”。“以‘捏造事实诽谤他人’论”的表述表明，司法者本来赞同“捏造”与“散布”必须同时具备方可构成诽谤罪，然而，为了打击利用信息网络诽谤他人的犯罪行为，不得不对“捏造事实诽谤他人”作扩大解释，可又担心这样的解释会不当扩大处罚范围，于是再以“情节恶劣”加以限缩。在英美法系和大陆法系主要国家或地区，这可能不是一个问题，其诽谤罪的构成行为毫无争议地是“散布”行为。[①] 和其他国家一样，我国的诽谤罪的构成行为也应该是“散布”或者“传播”行为，而非“捏造”与“散布”同时齐备。

上述两种观点的分歧出现在行为人只实施了散布行为而没有实施捏造行为的场合。同时具备说认为单一散布行为说扩大了处罚范围，因而不能体现言论自由基本权利指导下对诽谤罪作限缩性解释的解释方向，或者单一散布说直接违反了罪刑法定原则。然而，这样的观点值得商榷。首先，只有散布而没有捏造与先捏造后散布在客观的法益侵害性上没有区别。易言之，行为人散布自己捏造的事实与散布他人捏造的事实对被害人的社会名誉的侵害程度是一样的，捏造行为对于行为人诽谤他人的违法性并没有影响。其次，“捏造”与“散布”是相对的概念，有时会重合为一个行为，如网上的实时演说。在此情形下，同时具备说认为行为人同时具有捏造与散布行为，单一散布行为说认为行为人散布了不实言论，二者会得出一致的行为人犯诽谤罪的结论。但是，显然，同时具备说不会承认自己也违反了罪刑法定原则，并且不得不承认散布行为的决定作用。再次，在只有捏造而没有散布的情形下，同时具备说比单一散布行为说更加重视捏造行为，故更容易以诽谤罪的预备犯，甚至未遂犯对行为人进行刑事处罚，因而并没有真正达到限制诽谤罪处罚范围的目的。又次，“刑法的目的是保护法益，故犯罪的本质是法益侵害；没有侵害法益的行为不可能构成犯罪，当然也不可能称其为实行行为。不仅如此，即使某种行为具有侵害法益的危险性，但（当）这种危险性非常微小时，刑法也不可能被将其规定为犯罪，这种行为也不可能（被）称为实行行为……当刑法分则条文仅使用了捏造、编造等动词时，必须对此做

① 根据翻译的不同，可能为“散布”“披露”“指摘”“传播”等。在传统大众媒介的语境下，通常使用“散布”“指摘”等用语。在新型网络媒介的语境中，似乎使用“传播”一词更为恰当。

出合理解释，揭示出真正的实行行为”[①]。现行《刑法》第 243 条第 1 款规定“捏造事实诬告陷害他人”，但该罪的成立只要求虚假告发一个行为。现行《刑法》第 221 条规定“捏造并散布虚伪事实”，但该罪的实行行为也只有一个即散布行为。对诽谤罪的行为构成也可以作此类解释。最后，将诽谤罪的行为方式认定为单一的散布行为也可以得到刑法文义的支持。侮辱罪的部分文字表述是，“以暴力或者其他方法公然侮辱他人”，其中的“以……”表明侮辱罪的行为手段。这对于处于同一条文中的诽谤罪也有相同作用，亦即，“捏造事实诽谤他人”，可以和“以”连接起来，成为“以捏造事实诽谤他人”。“捏造事实”中的“捏造”可不再用作动词，而是动名词，此动名词可作形容词使用。简言之，在“捏造”与“事实”之间加入一个“的”字，成为“捏造的事实”。于是，诽谤罪的构成要件就是“以捏造的事实诽谤他人”。概言之，罪状中的“捏造事实”只是表明行为人的言论所涉事实为虚假事实时，其传播行为方才可能构成诽谤罪，或者只是标明行为人具有犯罪故意，从而将发表真实言论或者没有故意的散布、传播行为排除在犯罪之外。况且，现行《刑法》第 246 条的表述是“捏造事实诽谤他人”，而非“捏造事实并诽谤他人”。因此，将诽谤罪的构成行为定性为散布行为并不违反罪刑法定原则。

其实，诽谤罪的行为方式到底是“散布”这一单一行为还是“捏造＋散布”这一复数行为，和言论自由没有关系，纯属我国现行刑法典的文字表述所导致的争论，而《网络诽谤案件解释》将诽谤罪的行为方式作为利用信息网络实施诽谤罪的问题关键，忽略了诽谤行为的其他组成部分。真正和言论自由有密切联系的是所散布事实的内容和性质以及入罪标准。在大众媒介背景下，这表现为言论自由与名誉保护之间的衡平；在网络新媒介背景下，缓解二者之间的紧张关系同样是个不能回避的问题，正所谓新背景下的旧问题。如果说捏造与散布的行为方式的问题是我国刑法特有的问题，那么，一个涉及各国刑法的共有问题就是诽谤事实的真假。就立法而言，相比之下，我国诽谤罪的处罚范围并不广。一方面，日本的诽谤罪原则上处罚毁损他人社会名誉的真实言论的散布行为；另一方面，德国的诽谤罪虽然只处罚毁损

① 张明楷：《刑法分则的解释原理》，中国人民大学出版社 2011 年版，第 499、503 页。

他人社会名誉的虚假言论的散布行为，但法定刑相对较高，最高刑为5年有期徒刑。而我国诽谤罪只规制毁损他人社会名誉的虚假言论的散布行为，法定最高刑为3年有期徒刑。可见，我国诽谤罪的处罚范围相对较窄，法定刑相对较低。然而，司法实践对诽谤罪的适用却不容乐观。美国学者曾言："世界对于言论自由的观念明显不同于美国。世界有超过三分之一的人们生活在根本没有言论自由的国度……在尼泊尔、埃塞俄比亚厄立特里亚省……记者会仅仅因为使用了'错误'的文字和图片而在监狱度过数年。"[①] 虽言过其实——曾几何时，美国司法界坚信"诽谤言论不在宪法对言论自由的保护之列"[②]，但今天美国确实"只有不到半数的州有刑事反诽谤法，在仍然拥有这些法律的州，它们也很少有适用的机会"[③]。究其原因在于，美国在长期的司法实践中形成了较为固定的言论自由保障传统。

在我国，法官往往以"缺乏证据"或者尚未达到"情节严重"为由不予立案或者驳回自诉。为了明确适用标准，《网络诽谤案件解释》将"情节严重"予以细化，其中，"同一诽谤信息实际被点击、浏览次数达到五千次以上，或者被转发次数达到五百次以上的"，"应当"被认定为"情节严重"。有学者称，《网络诽谤案件解释》"将被点击、浏览次数确定为五千次，是依据实证调研的结果，也参考了有关司法解释的先例。将被转发次数确定为五百次，与被点击、浏览次数保持一比十的关系，是根据网络传播规律，听取了专业部门意见，进行了技术论证，严格审慎确定的"，并被认为是"较为严格的入罪门槛"[④]。有学者支持认为，"如果没有这样一个明确标准，在司法实践中将无法具体操作"[⑤]。但是，这些理由丝毫掩盖不住该解释有违反罪刑法定原则的嫌疑：其一，"情节严重"是整体的评价要素，"是指客观方面的表明法益侵害程度的情节"[⑥]，而点击、浏览、转发次数并不必然表明

① Christopher Wolf, "A Comment on Private Harms in the Cyber-World", *Washington and Lee Law Review*, vol. 62, no. 1 (2005), pp. 361 - 362.

② Beauharnais v. Illinois, 343 U.S. 250 (1952).

③ [美] 唐·R. 彭伯：《大众传媒法》，张金玺、赵刚译，展江校，中国人民大学出版社 2005 年版，第 228 页。

④ 最高人民法院刑事审判第三庭：《〈关于办理利用信息网络实施诽谤等刑事案件适用法律若干问题的解释〉的理解与适用》，《人民司法》2013 年第 21 期，第 22 页。

⑤ 周光权：《法学专家释疑"两高"网络诽谤司解五热点》，《法制日报》2013 年 9 月 26 日第 005 版。

⑥ 张明楷：《犯罪构成体系与构成要件要素》，北京大学出版社 2010 年版，第 241 页。

被害人的社会名誉受侵害的程度，只是说明了有人看到了这条信息，仅此而已。从法益侵害的角度看，“点击、浏览次数”的标准尤其不合理。通说认为诽谤罪是抽象危险犯，而这种抽象的危险表现在具有欺骗性的虚假言论造成了预期听众或者观众对行为人之言论的信赖。[①] 这种信赖是指，听众或者观众因为相信诽谤者的言论“而采取了如果他知道真相就不会采取的行动”[②]。然而，我们无法期待受众在点击、浏览之前就判定了行为人的言论为诽谤言论。其二，目前设定的点击、浏览、转发次数可能并不是“较为严格的入罪门槛”，反而有可能成为恣意入罪的借口。随着信息网络的进一步普及，这一矛盾恐怕会越来越突出。其三，有关司法解释的先例并不能成为其具有合理性的理由。如果先前的司法解释在方法论上存在缺陷，那么，该解释就只是延续了错误而已。其四，简单以点击、浏览、转发次数为准认定“情节严重”，有降低刑事诉讼证明标准之嫌。即使其可以证明“散布”之广泛，进而认定属于“情节严重”，也只是对作为证据的点击、浏览、转发次数的评述，“不应当具有不可推翻的效力，并且最好是被设定为允许性的而非强制性的”[③]，即该解释中的“应当”亦不合理。

此外，“自印刷业肇始，书面诽谤案就一直是一个重要问题。近25年来，书面诽谤已成为美国新闻界面临的最严重的法律问题”[④]。然而，众所周知，美国宪法第一修正案最终还是赋予了美国新闻界以极大自由，与此同时，针对不同种类的大众媒介，这种自由也有一定程度的差异，换言之，政府也对不同大众媒介给予了不同程度的管制。在所有大众媒介中，印刷媒介——报纸、杂志、书籍、传单——享受了最大限度的免于政府管理的自由；空中广播媒介——电视与无线电台——享受的免于政府审查的自由最

① 通说认为诽谤罪的保护法益是外部的、事实的名誉，即对人的积极的社会评价。但是否降低了被害人的社会性评价，事实上很难举证。因此，只要有散布足以降低被害人的社会评价的言论的行为，即达到该罪既遂，并不要求被害人的外部名誉具体地受到了侵害。然而，通说无法排除即使散布了虚假言论，被害人的社会名誉可能实际上并未受损的合理怀疑，往往蜕变为保护被害人的精神感觉利益（内部名誉）。这是一种对行为人极为不利的推定。而以“受众之信赖”为标准相对具体，也与外部名誉说相契合。

② ［美］理查德·波斯纳：《论剽窃》，沈明译，北京大学出版社2010年版，第23页。

③ 劳东燕：《刑法基础的理论展开》，北京大学出版社2008年版，第135页。

④ ［美］唐·R. 彭伯：《大众传媒法》，张金玺、赵刚译，展江校，中国人民大学出版社2005年版，第129页。

少；有线电视享受的自由处于广播媒介享受的自由和印刷媒介享受的自由之间；而通过电话传播的信息的自由基本上不受限制。为这种管制程度提供理论基础的是媒介物质的获取难易程度，由此形成了稀缺理论，即作为媒介的物质越稀缺，越需要政府管制以保证其符合公益的需要。能够出版的报纸、杂志或传单的数量在物理没有任何限制。近代以来，在反对封建社会而建立民主国家的过程中，印刷媒介发挥了巨大作用，先贤亦将出版自由、新闻自由等言论自由的具体内容明文规定在成文宪法之中。因此，印刷媒介在传统上就是自由的。包括电台和电视台在内的广播媒体都是借助电磁波频段传播其信息，而电磁波频段是一种由公众托管的稀缺商品，因此，电台和电视频道存在的数量是有物理条件限制的，可供使用的资源有限。既然不是任何想拥有一个频道的人都能拥有，那么就只能由政府选择由谁来掌控这些稀缺的电磁波频段，并且确保获得频段的人为所有听众和观众的利益服务。① 总之，虽然稀缺理论为政府管制媒介提供了理论依据，但是大众媒介仍享有不同程度的自由。总体而言大众媒介时代是一个相对开放与自由的时期。

据此，一方面，德国刑法、我国台湾地区刑法将“书面诽谤”作为法定刑升格条件，从一开始就是值得怀疑的。我国台湾地区实务部门有判例认为行为人在网络上或以大字报方式指摘具体事实相侮辱的，应以加重诽谤罪论处。② 然而，这与印刷媒介的自由传统相矛盾。我国台湾地区学者较早时对加重诽谤罪作了限缩解释，主张“虽科技之发展，传播事业日益发达，传播工具愈益进步，广播电台、无线电视、有线电视、光碟以及网际网路之使用，日趋普遍，如有假借此等传播工具毁损他人名誉者，其侵害之程度，更远甚于文字或图画，惟在修‘法’前，此等传播工具如无文字或图画者，基于罪刑法定原则，仍只能依普通诽谤罪处罚。惟如有文字或图画者，仍得依加重诽谤罪论科”③。然而，这样的解释没有彻底摆脱传播自由与规制本身的矛盾。我国台湾地区学者进一步认为，“行为人假电视或无线电广播等大

① 参见［美］唐·R. 彭伯：《大众传媒法》，张金玺、赵刚译，展江校，中国人民大学出版社 2005 年版，第 122－124 页。

② 参见我国台湾地区高等法院 87 年度上易字第 2385 号刑事判决书。

③ 甘添贵：《刑法各论》（上），三民书局股份有限公司 2009 年版，第 164 页。

众传播工具之助，而指摘或传述，则其流传可能还较写成文字或绘成图画之行为方法为广，故解释上，似应作为本条第二项[①]之行为方法，故应成立加重诽谤罪；惟就罪刑法定原则及刑法之解释方法观之，则如此之解释显有抵触类推禁止原则。因此，为解决此一问题之理想方法仍宜在‘刑法’修正时，对于本条第二项作适当之修正规定”[②]。随着网络媒介的发展，书面诽谤的概念，尤其是将书面诽谤定为加重诽谤罪的做法，越来越不合时宜。要知道，媒介越是发达，言论自由的程度就会越高，而不是相反；如果因为网络传播速度快、传播范围广而对言论自由予以排斥，亦即认为媒介越是发达，对言论愈是需要管制[③]，那么，在网络时代，从诽谤线下转到线上，普通诽谤罪就没有存在的余地了，加重诽谤罪亦失去其“加重”的意义。在我国司法实践中，应杜绝以书面诽谤为由判处行为人较重刑罚。

另一方面，信息网络并不是一种稀缺的表达工具。截至 2020 年 3 月，我国网民规模达 9.04 亿，互联网普及率为 64.5%；我国手机网民规模达 8.97 亿，网民中使用手机上网人群占比 99.3%；即时通信作为第一大应用，使用率占手机网民的 99.2%。[④] 所以，作为“处理广播媒体案件之核心法理”的资源稀缺理论一直饱受批评。当今，该理论的事实基础已变得更为可疑。“随着有线电视、光纤的出现，以及信息高速公路的不断扩张，那种广播业者只能使用有限的‘频段’的观点已经站不住脚了”[⑤]。申言之，网络革命的来临，相当程度地削弱了频段稀少这个正当化传统传播通讯管制措施的基础，因为至少在理论上，信息网络科技使每个人都有可能成为独立的传播通讯业者。因此，目前，与因为频段的稀缺而最受管制的广播媒介相比，网络服务提供者理应被赋予更大的自由。

---

① 我国台湾地区“刑法典”第 310 条第 2 项规定的即为加重诽谤罪：“散布文字、图画犯前项之罪者，处二年以下有期徒刑、拘役或一千元以下罚金。”

② 林山田：《论诽谤罪》，《军法专刊》1995 年第 3 期。

③ 实务部门以及许多学者以信息网络传播速度快、传播范围广，因而造成的损害大为由，主张对网络言论给予比传统媒介下的言论更高强度的管制。笔者对此有不同意见：既然发展了网络，就应让人们充分发挥网络的功能，而网络之功能也理应为人所运用。其实，传播速度快、传播范围广并不是信息网络与传统媒体的本质区别，只是信息网络的功能效果而已，而这个效果也为人们所追求。

④ 中国互联网络信息中心：《中国互联网络发展状况统计报告（2020 年 4 月）》。

⑤ ［美］阿兰·艾德斯、克里斯托弗·N. 梅：《美国宪法个人权利案例与解析》，项焱译，商务印书馆 2014 年版，第 497 页。

二、犯罪平台化中行为主体的转向

由于网络犯罪的一对多、多对多的离散性，网络空间建造者已成为网络时代新型犯罪的主体。一对多的网络犯罪表现为，某一特定犯罪主体的犯罪行为指向不特定或者多数被害人。与现实空间中二主体即可组成两点线性交往关系不同，网络空间中社会关系的人际场域，至少由网络用户 1、网络空间建造者、网络用户 2 三个主体要素构成。就此缩略的网络空间基本单元观察，一般而言，如果网络用户 1 是犯罪主体，那么，他要么针对网络空间建造者实施犯罪行为，如非法侵入计算机信息系统、破坏计算机信息系统等计算机犯罪，要么以网络用户 2 为被害人实施犯罪行为，如实施盗窃、诽谤等传统线下犯罪。如果网络用户 2 是犯罪主体时，亦然。可见，单独由网络用户 1 或者网络用户 2 作为犯罪主体时，其与线下传统犯罪的一对一模式并无二异。① 然而，当网络空间建造者是犯罪主体时，在其建造的空间内活动的网络用户 1 与网络用户 2 都可成为其实施的犯罪行为的被害人。由于网络空间建造者的集结性，这一与现实空间的主体相同的网络用户 1 与网络用户 2 之外的、与现实空间的主体不同的网络第三方实施的如传播淫秽物品牟利罪等犯罪行为，就技术性地扩大了侵害范围。犯罪主体由此在网络空间发生他方转向，网络空间建造者成为事件关注的焦点与问题症结之所在。

网络空间建造者首先表现为各式各样的网络平台，其中容易认定的是集中式网络平台的刑事责任。集中化的主要优势之一在于监督。例如，大型新闻媒体网站因是信息内容的直接提供者而具有较强的集中性。它不但自身决定了信息内容，也对信息内容具有较强的管理与控制能力。作为信息发布者，它与线下报纸、电视媒体在责任承担能力和地位上并无重大区别。再如，发帖社区论坛网站因是信息内容的直接传播者而具有相对的集中性。它虽然本身不提供信息内容，但对信息内容具有相对的管理和控制能力。作为信息传播者，它与线下图书馆、报刊亭在责任承担能力和地位上相当。在互

① 如果在网络空间基本单元中增加网络用户 3，网络犯罪“一对多”的特性就还体现在，网络用户 1 亦成为一个中心点，其利用传播速度快、传播范围广的网络设施实施的如诈骗罪等犯罪行为可像发散的射线一样，同时指向网络用户 1 和网络用户 2。但此种情形已经超出了网络空间主体关系的基本构成范围。

联网平台由绝对集中到相对集中的发展过程中，技术性管理与控制能力的降低和义务履行可能性的转变，使对平台的归责由和线下无异的“直接取下”的归责模式发展为“通知取下”的追责模式。例如，《民法典》第 1194 条规定，“网络用户，网络服务提供者利用网络侵害他人民事权益的，应当承担侵权责任”；《刑法》第 286 条之一规定，网络服务提供者不履行法律、行政法规规定的信息网络安全管理义务，经监管部门责令采取改正措施而拒不改正的，处刑。因此，在集中阶段的互联网时代，对网络平台的归责主要依靠考察网络平台的管理和控制的地位与能力。

然而，互联网的革命性在于其信息传递的去中心化。“网络有这样一点益处：进行调整，使对象分布均匀。”[①] 任何个体在获得信息和传播信息的能力方面获得从未实现的程度的提高。个人只要付出极少的行动和成本，就可以向全球人发布信息；与此同时，个人都可以上网，阅读张贴在那里的信息。因而，在网络世界中，所有参与者在信息交流中的直接沟通和平等程度是前所未有的。分散化的主要优势之一在于自由。由于较低的网络接入成本，小型企业可以提供新产品来满足小型市场，从而促进创新，提高生产力和消费者的满意度。同时，言论自由也得到加强，中心点源故障的影响大大降低，个体之间可以自由沟通，不用担心中介、距离和成本。不像传统媒介，印刷机关闭后，言论无法发出，在网络空间中，一个网络用户被封口，众多其他网络用户依然可以发声。[②] 点对点（Peer to Peer，以下简称 P2P）文件共享技术就是一种相对分散的互联网实践。P2P 服务的主要思想很简单，即切断中介：每个对等的个体计算机被转换成平台服务器，可以通过因特网分享和接收信息，而不需要中间专用服务器。如果说网络媒介是对传统大众媒介的去中心化，那么，P2P 服务是对现阶段相对集中的网络媒介的去中心化。媒介越集中，越容易通过中央服务器实现监督；而媒介越分散，越容易免除中央服务器而实现自由。所以，在 P2P 服务的场合，基于集中式网络架构的“通知取下”的归责模式将遭遇挑战。

---

① ［美］里克·莱文等：《互联网的本质：传统商业的终结与超链接企业的崛起》，江唐等译，中信出版社 2016 年版，第 322 页。

② See Assaf Jacob & Zoe Argento, “To Cache or Not to Cache—That Is the Question: P2P ‘System Caching’—The Copyright Dilemma”, *Whittier Law Review*, vol. 31 (Spring, 2010), pp. 425 - 427.

总之，随着网络架构由集中到分散，归责也由“直接取下”发展到“通知取下”，再到“通知取下”规则发生动摇。面对极具分散性的P2P共享网络架构，中立（帮助）行为的处罚范围问题重新进入解释者的视野。分散性网络平台的运营属于中立（帮助）行为。网络架构越分散，控制能力越薄弱，中立地位越凸显；网络架构越具社会经济价值，自身不法性越减弱，中立价值越强大。中立（帮助）行为的法理应当成为当下分散性网络平台的归责依据。

三、犯罪网络化中裁量基准的设置

刑罚裁量基准，是指在定性分析的基础上定量分析的具体标准。其构造模式是“情节细化与处罚格化”。例如，抢劫罪的法定刑升格条件为入户抢劫、多次抢劫、抢劫数额巨大等。“要推动传统刑法的罪名体系向网络空间的延伸适用，建立体现网络空间特色和反映网络空间现实的全新立案标准体系是解决问题的核心。”① 针对网络犯罪，新近刑法修正案和司法解释已经规定了一些基准规范。“技术是裁量基准的灵魂，而技术的合理度和科学性也构成了评判裁量基准优劣的核心标准。”② 而今，需要对这些技术规范进行整理和检讨。

首先，非法利用信息网络本身是处罚标准。第一，它可能是发动刑罚的理由。例如，《网络诽谤案件解释》第2条规定，同一诽谤信息实际被点击、浏览、转发次数是诽谤罪的入罪基准“情节严重”的具体标准。第二，它可能是加重刑罚的理由。譬如，2016年12月19日“两高”、公安部《关于办理电信网络诈骗等刑事案件适用法律若干问题的意见》（以下简称《电信诈骗案件意见》）规定，具有利用“钓鱼网站”链接、“木马”程序链接、网络渗透等隐蔽技术手段实施诈骗的情形，酌情从重处罚。第三，它还可能是证据协助的理由。比如，《刑法修正案（九）》第16条规定，通过信息网络实施侮辱、诽谤行为，被害人向人民法院告诉，但提供证据确有困难的，人民法院可以要求公安机关提供协助。“可罚的违法性，是以值得科处刑罚是否

① 于志刚：《“双层社会”中传统刑法的适用空间》，《法学》2013年第10期。

② 周佑勇：《行政裁量基准研究》，中国人民大学出版社2015年版，第85页。

达到一定的违法性的质与量为问题的概念。”[1] 针对前两者，司法者不能形式地适用“点击、浏览、转发次数和隐蔽技术手段的使用”等标准，而应结合具体案件实质地考察点击等次数和隐蔽的技术手段是否切实升高了法所不允许的风险；针对最后者，司法者需要注重“提供证据确有困难”的实质要件。

其次，线上的裁量基准与线下的相同的情形。众所周知，数额是盗窃罪、诈骗罪等侵害财产犯罪重要的刑罚裁量基准。就数额而言，线上标准不可能与线下标准不同。事实也是如此。《电信诈骗案件意见》针对电信网络诈骗所规定的数额就延续使用了 2011 年 3 月 1 日“两高”《关于办理诈骗刑事案件具体应用法律若干问题的解释》（以下简称《诈骗案件解释》）的标准。需要讨论的是，虚拟财产的数额问题。有学者根据法益主体的不同分别判断：（1）对用户从网络服务提供者那里购买的 Q 币等虚拟财产，按照网络服务提供者的官方价格计算数额；（2）对用户从网络服务提供者那里购买的游戏装备等经过加工升级的虚拟财产，按照市场平均价格确定数额；（3）对网络服务提供者的虚拟财产，按照情节量刑而不按照数额量刑，且应尽可能避免适用“情节特别严重”的法定刑。[2] 其中，（3）不同于（1）（2），是一个独立的线上场合的认定标准。实际上，该论者出于法益保护目的，将虚拟财产的价值个别、主观化了；且没有说明为什么“应尽可能避免适用‘情节特别严重’的法定刑”。在为虚拟财产这一种事物设置两种评价基准之时，就丧失了财物概念的统一性。

或许，还有另一条路径来解决（3）的问题，即，将数据这一种事物评作两种规范对象，而不是为虚拟财产这一种事物设置两种评价基准。具言之，同一种自然事物可能具有不同的社会意义和规范意义。电磁数据在法律上可能是虚拟财产、电子证据、信息、信件等。一方面，用户从网络服务提供者那里购买的电磁数据是虚拟财产，按照官方价格或者市场价格计算其数额。另一方面，在行为人非法获取网络服务提供者的电磁数据的场合，绳之以盗窃罪等侵害财产犯罪既然存在可能量刑畸重的弊端，就不应将其评价为财产，而应当将其作为现行《刑法》第 285 条规定的“数据”予以保护，进

① ［日］日高义博：《违法性的基础理论》，张光云译，法律出版社 2015 年版，第 11 页。

② 参见张明楷：《刑法学》，法律出版社 2016 年版，第 962 页。

而以非法获取计算机信息系统数据罪对相应的行为定罪处刑。相比前者，该解释结论的优势在于，既符合了网络服务提供者重复复制的经营现实，又保证了对虚拟财产线上的裁量基准与线下的具有一致性且财物概念具有统一性，还达到了前述论者所主张的应尽量避免适用10年以上有期徒刑的效果，因为非法获取计算机信息系统数据罪的法定最高刑是7年有期徒刑，且与前述论者判断情节是否严重的次数、时间、销赃数额等标准相一致。

最后，线上的裁量基准与线下的不同的情形。例如，《网络诽谤案件解释》规定的点击、浏览、转发次数；再如，《诈骗案件解释》规定的信息发送条数、电话拨打人次；又如，《电信诈骗案件意见》规定的境外实施、技术手段；等等，都是线上独有的裁量基准。疑问在于，作为行为地点要素的网络空间的秩序，能否被评价为编造、故意传播虚假信息罪中的“社会秩序”和寻衅滋事罪中的“公共场所秩序”，两者中“扰乱”“混乱”的标准是否一致。由于线下物理空间的秩序混乱是犯罪常态，只有当线上虚拟空间的秩序混乱与其具有相当性或者等价性时，线上虚拟空间的秩序扰乱才值得被判处同一罪名。因此，二者应当一致归为现实空间的秩序混乱；即使单独为网络空间的秩序混乱设定标准，也要以相当性或者等价性作为实质的判断标准。

四、网络犯罪刑法挑战的解决路径

网络犯罪对传统刑法的挑战不是基于智能性的web3.0时代而去制造人工智能法学研究中的“假问题”，而是基于刑法教义学的立场讨论其在刑法适用中的真问题。[①] Web3.0时代并非隔绝web1.0和2.0时代而生，在科技断代上，前者是后者的延续；在犯罪断代上，前者是后者的迭代更新。因此，web3.0时代的网络犯罪除具有智能性之外，还具有复杂性，即基于web1.0和2.0时代网络犯罪残留的物理性以及web3.0时代的智能性混合而成的特性。为此，有必要基于科技与犯罪的迭代共生性，结合新型网络失范行为，对兼容了web1.0和2.0时代的web3.0时代网络犯罪的刑法适用挑战的解决路径进行探讨。

---

① 参见刘艳红：《人工智能法学研究中的反智化批判》，《东方法学》2019年第5期。

（一）网络空间秩序法益遭受实质损害方可定罪

复杂的 web3.0 时代的犯罪以网络作为犯罪空间，那么，是否侵犯网络空间秩序的行为就是犯罪？该问题涉及是否网络空间秩序法益受到侵害就能产生刑事可罚性的问题。对此，刑法理论的回应是，网络空间秩序法益受到侵害并不一定产生刑事可罚性，只有在法益所受侵害达到实质危害的程度时才能构成犯罪。

从 web3.0 时代开始，社会演变为双层社会空间，即现实的物理世界与虚拟的网络世界。犯罪既在现实社会空间发展，同时也在网络空间发生。而发生在网络空间的犯罪行为侵犯的法益是网络秩序还是现实社会的公共秩序？有学者认为，把与现实发生直接接触的网络场所理解为公共场所是在国民的预测可能性范围之内的，当行为人通过网络确实实质上危害到公共秩序，并且与一般的在现实公共场所中的危害公共秩序并无实质差异时，完全可以认定侵犯。[①] 相关司法解释也肯定了这一观点。“两高”、公安部《网络赌博案件意见》第 1 条规定，利用互联网、移动通讯终端等传输赌博视频、数据，组织赌博活动的，构成开设赌场罪。2013 年 9 月 9 日“两高”《网络诽谤案件解释》第 5 条规定，“利用信息网络辱骂、恐吓他人，情节恶劣，破坏社会秩序的”，“编造虚假信息，或者明知是编造的虚假信息，在信息网络上散布，或者组织、指使人员在信息网络上散布，起哄闹事，造成公共秩序严重混乱的”，以寻衅滋事罪定罪处罚。毫无疑问，这两个司法解释肯定了网络作为犯罪空间的属性。无论是互联网网站、微博还是其他社交媒体工具如 QQ、微信等，网络空间和现实物理空间一样，都具有公共场所属性，这在法理上并无问题。但是，“刑法与法益保护的关系”并不是“在法益受到侵害的时候”就能“产生刑事可罚性”[②]。侵犯网络空间秩序的行为不一定就是犯罪，只有法益被侵害达到了应受处罚的程度，亦即具备值得处罚的法益侵害性程度[③]，才能被定罪处罚。与现实物理世界中的犯罪一样，网络空间的犯罪行为也分为自然犯和法定犯。针对网络领域的自然犯与法定犯，

---

① 参见梁根林：《传统犯罪网络化：归责障碍、刑法应对与教义限缩》，《法学》2017 年第 2 期；卢勤忠、钟菁：《网络公共场所的教义学分析》，《法学》2018 年第 12 期。

② ［德］罗克辛：《德国刑法学总论》，第 1 卷，王世洲译，法律出版社 2005 年版，第 18 页。

③ 参见刘艳红：《实质刑法观》，2 版，中国人民大学出版社 2019 年版，第 220 页。

关于如何判断行为是否达到了实质上值得处罚的程度，标准并不相同。

对于网络领域的自然犯，侵犯网络空间秩序这一虚拟法益不一定构成犯罪，应基于对公民的人身健康、财产等实体法益的侵犯才能认定犯罪成立。一般而言，自然犯难以在虚拟的网络领域实施，比如故意杀人罪，虽然它们可以借助网络作为工具，如通过网络约定见面时间与地点再实施杀人犯罪行为等，但这些犯罪属于利用网络作为手段或工具而实施的犯罪，而不是侵犯网络空间秩序的犯罪。2014 年 10 月 21 日最高人民法院发布的七起通过网络实施的侵犯妇女、未成年人等犯罪的典型案例均是如此。但是，自然犯中的某些犯罪仍然可以产生对虚拟的网络空间秩序法益的侵犯，比如《刑法》第 237 条第 1 款规定的强制猥亵、侮辱罪以及第 3 款规定的猥亵儿童罪，第 246 条规定的侮辱罪、诽谤罪，第 249 条规定的煽动民族仇恨、民族歧视罪，以及在网络空间发生的侵害财产犯罪等。侵犯网络空间秩序并不必然导致公民人身法益受到侵害，只有同时侵犯了物理世界公民的人身或财产等法益时，相关自然犯才能成立犯罪。实务中也有因在网络领域实施自然犯而被定罪的案例，但其定罪根据仍然在于侵犯了现实法益而非侵犯了网络秩序法益。比如，在骆某网络猥亵儿童案中①，猥亵儿童罪保护的法益是儿童的人身权利中的性权利与人格尊严，骆某将儿童裸照上传确实侵犯了儿童的人格尊严，当其以此要挟被害人见面意图猥亵对方时，其对儿童人身法益的侵害已达到应受刑罚处罚的程度。

网络领域法定犯的定罪标准不同于自然犯的。法定犯本身侵害的就是各类社会秩序，包括国家安全管理秩序、公共安全管理秩序、市场经济管理秩序、司法活动管理秩序，而所有这些秩序，其实就是广义的社会管理秩序。当犯罪行为在网络空间实施时，自然都侵犯了网络空间的管理秩序。但是，只有在综合考量后确定侵犯网络空间秩序的行为具有现实危害性，至少具有紧迫的现实危害性时，才能考虑构成犯罪。网络领域的法定犯可分为两种类型。一种是借助网络作为犯罪工具实施的犯罪，体现的是 web2.0 时代的传统犯罪网络异化之特征，也是 web3.0 时代网络犯罪的复杂之处。比如网络毒品犯罪、恐怖犯罪：网络的发达使这些犯罪的成本大为降低，支付手段更

---

① 参见最高人民检察院 2018 年 11 月 9 日发布的《关于印发最高人民检察院第十一批指导性案例的通知》（检例第 43 号）。

为便捷，组织犯罪在网络视频平台的帮助之下更为容易，但是这类犯罪侵犯的主要法益仍然是物理空间秩序，比如毒品管理秩序与社会公共安全，虽然也涉及对网络空间秩序的侵犯，但网络只是工具与手段，侵犯网络空间秩序不是目的。因此，对这些犯罪的认定仍应秉承对传统物理空间的危害性标准。另一种才是真正的侵犯网络空间秩序的犯罪，比如寻衅滋事罪、开设赌场罪、聚众淫乱罪等，它们才体现了前述 web3.0 时代的网络是虚拟社会空间，因而也是犯罪空间之特性。对于这些法定犯而言，刑法要秉承谦抑主义，避免将侵犯网络空间秩序作为犯罪认定的主要标准，而要综合考量侵犯网络秩序的行为是否具有现实的危害性或者紧迫的现实危害性。基于法定犯存在“法益性欠缺”的先天不足[①]，对于侵犯网络空间秩序的法定犯，不宜仅仅因为对规范的不服从就认定为犯罪。近几年来，侵犯网络空间秩序的行为被定罪的典型罪名是寻衅滋事罪，比如秦某寻衅滋事案[②]、张某寻衅滋事案[③]等。虽然司法机关认为“网络空间并非法外之地，国家法律保护信息网络中正常的、合法的言论和信息交流活动，打击利用信息网络实施破坏社会公共秩序、市场经济秩序的犯罪行为”[④]，因而将这些在网络领域散发不当言论扰乱网络空间秩序的行为认定为犯罪，但是，仔细分析这些案例，案件中被告人的行为并未造成任何现实危害或者不具有紧迫的现实危害性，对其予以定罪，除了导致寻衅滋事罪急速地变为口袋罪，也使网络空间秩序日益脆弱。对于持肯定论的司法解释因其具有有权解释的效力而不能不适用时，也应该秉承刑法的谦抑性，尽量将侵犯网络空间秩序的行为通过现实的危害性或者紧迫的现实危害性这一处罚标准进行合理限定，体现出行为的实质可罚性并进而定罪，否则，持肯定论的相关司法解释无论如何也难以避免遭受违背罪刑法定原则以及宪法的指责。当下司法实务中已有案例注意到了对网络空间秩序的侵害应该具有现实的社会危害性的问题，进而在保护网络空间秩序这一法益问题上起到了良好的方向指引作用。网络空间秩序是虚拟的，也是虚无的，以侵犯网络空间秩序的行为是否具有现实危害性或者紧迫的现实

---

① 参见刘艳红：《“法益性的欠缺”与法定犯的出罪》，《比较法研究》2019 年第 1 期。

② 参见北京市朝阳区人民法院（2013）朝刑初字第 2584 号刑事判决书。

③ 参见陕西省榆林市吴堡县人民法院（2016）陕 0829 刑初 27 号刑事判决书。

④ 云南省昆明市五华区人民法院（2014）五法刑二初字第 91 号刑事判决书。

危害性为定罪标准，可以为相应的刑事处罚确立真实的判断基准，以此使对网络犯罪的处理尽量恪守罪刑法定原则的实质侧面。

总之，web3.0 时代对网络犯罪的治理，必须在网络权益保护与公民网络自由之间寻找到平衡点，否则就难以遏制实务中因打击网络犯罪之需而导致刑法罪名成为口袋罪的趋势。刑法对网络空间秩序的保护不能过于虚空，不能仅因侵犯网络空间秩序就将行为入罪，而必须遵循实质危害的法益侵害标准。

(二) 网络犯罪的追责重点应该由个人转向平台

面对 web3.0 时代智能性行为主要由平台发动之特点，刑法对网络犯罪的追责对象提出了挑战，即网络犯罪的追责对象是个人还是平台。结合 web3.0 时代平台与网民智能互动和人性化、精准化的应用服务特征，以及平台在网络犯罪中的作用日益显著这一趋势，对网络犯罪的追责重点应该由个人转向平台。

在 web2.0 时代，对网络平台的治理是轻度规制与有限责任。平台是建筑学结构用语，在网络时代被用来比喻网络空间提供给用户交流的场所。在 web2.0 时代，诸如新浪、QQ 等都是这样的场所。“代码权和上传信息的权利仍属于用户”，平台处于“技术中立的法律地位”，平台的“本质是用户获得网络服务的工具”[①]。1998 年 10 月 28 日美国颁布的《千禧年数字版权法》(DMCA) 第 512 条是有关“网上内容责任限制”的规定，其中规定了避风港原则，即：仅提供空间服务的网络服务提供者，如果其网络平台相关内容涉嫌侵权，在能够证明其无恶意且及时删除的情况下，无须承担责任。[②] 2006 年 5 月 18 日公布、2013 年修订的《信息网络传播权保护条例》第 14～17 条、第 20～23 条设立了避风港原则。自此，在 web2.0 时代，对网络平台的规制秉持“轻度规制”与“有限责任”的理念。[③] 亦即，在不过多限制而是鼓励互联网发展的前提下，引入了避风港原则以及由该原则确立的网络

① 张凌寒：《互联网新闻治理中社交媒体的平台责任》，见李林、支振锋主编：《中国网络法治发展报告（2018）》，社会科学文献出版社 2018 年版，第 97 页。

② M. E. Asp, “Section 512 of the Digital Millennium Copyright Act: User Experience and User Frustration”, *Iowa Law Review*, vol. 103, no. 2 (2018), pp. 752 - 753.

③ 参见周汉华：《正确认识平台法律责任》，《学习时报》2019 年 8 月 7 日第 4 版。

平台规制的间接责任同时也是有限责任原则。2009 年 12 月 26 日我国通过的《侵权责任法》第 36 条以立法的形式确立了避风港原则的法律地位，相关内容在《民法典》第 1194 条和第 1195 条继续体现。按照这些规定，“网络平台因为并不提供内容，只要没有对特定侵权行为故意视而不见，并在接到权利人的通知后及时采取了处理侵权信息的措施”[①]，就可以不承担侵权责任。然而，随着 web3.0 时代的到来，网络平台进一步深化发展为集工作、生活和服务一体的综合平台，庞大的网络群体以及体量巨大的网络经济都需要安全的网络环境。[②] 同时，网络平台的功能也发生了变化：平台快速迭代发展，从最初的提供简单链接发展到全面参与社会资源配置，功能越来越强。功能的强化，也意味着平台应当承担更多责任。[③] 由此，在治理策略上已由轻度规制发展到重度规制，由间接、有限责任发展到直接、全面责任，“强化网站主体责任”[④] 成为网络平台责任的主要方向。我国 2017 年 6 月 1 日实施的《网络安全法》第 57 条至第 75 条，对网络平台从设立到运营、从内容制造到信息提供等进行了全过程的法律规制。自此，网络平台不再是遵循避风港原则即可免责的法外之地，而是必须全面接受政府强制监管，“政府设定标准，平台承担普遍性监控义务”[⑤]。平台成为网络时代重要的责任主体。Web3.0 时代网络犯罪的追责重点由个人转向平台，“刑法增设拒不履行信息网络安全管理义务罪倒逼网络平台配合政府履行网络安全监管义务”[⑥]，正式宣告了网络时代单纯个人责任的终结与平台责任的兴起。

网络犯罪追责由个人责任到平台责任的转向，并不意味着所有的平台违法行为都是犯罪，还需要合理界定平台的刑事责任，因为：平台责任显然不同于平台治理，前者侧重于事后追责，是一种结果责任；后者侧重于事前与

---

① 张凌寒：《互联网新闻治理中社交媒体的平台责任》，见李林、支振锋主编：《中国网络法治发展报告（2018）》，社会科学文献出版社 2018 年版，第 97 页。

② 参见游涛、杨茜：《应对网络新型犯罪：做足功课拿出对策》，《人民法院报》2017 年 3 月 5 日第 3 版。

③ 参见张凌寒：《互联网新闻治理中社交媒体的平台责任》，见李林、支振锋主编：《中国网络法治发展报告（2018）》，社会科学文献出版社 2018 年版，第 97 页。

④ 参见王一彪：《新时代呼唤构建良好网络舆论生态》，《人民日报》2018 年 4 月 19 日第 7 版。

⑤ 张凌寒：《互联网新闻治理中社交媒体的平台责任》，见李林、支振锋主编：《中国网络法治发展报告（2018）》，社会科学文献出版社 2018 年版，第 98 页。

⑥ 于冲：《网络平台刑事合规的基础、功能与路径》，《中国刑事法杂志》2019 年第 6 期。

事中的责任履行，是一种过程责任。[①] 合理运用事后责任对技术风险进行评价，通过司法裁判威慑风险行为，能达到有效规制违法犯罪的目的。[②] 尤其是，对平台刑事责任的追究更应该对行为后果的危害性予以考量，即根据危害原则判断平台的行为成立犯罪与否。基于实质危害的“危害原则所体现的法治精神、限制刑罚权、保护公民自由、追问国家强制干预的合法性等理念”[③]，也是有效区分平台的民事责任、行政责任与刑事责任的根本性标准。对拒不履行信息网络安全管理义务罪的合理解释，以准确理解“网络服务提供者不履行法律、行政法规规定的信息网络安全管理义务”和“经监管部门责令采取改正措施而拒不改正”两个要件为重要前提。

其一，网络服务提供者不履行法律、行政法规规定的信息网络安全管理义务的认定。平台犯罪是平台违反国家规定的网络监管义务、超出合理注意义务而导致的犯罪。平台犯罪首先是违反前置法的行为。《刑法》第 286 条之一规定的“网络服务提供者不履行法律、行政法规规定的信息网络安全管理义务”，是追究平台责任的前提条件。这里的“法律、行政法规”亦即拒不履行信息网络安全管理义务罪的前置法，范围广、种类多，比如《网络安全法》《电子商务法》《计算机信息系统国际联网保密管理规定》《互联网信息服务管理办法》，等等。这些前置法中最重要的是《网络安全法》，该法要求平台开展经营和服务活动必须遵守法律、行政法规，履行网络安全保护义务，接受政府和社会的监督。根据该法第 59～75 条的规定，网络运营者、网络产品或者服务的提供者违反相关法律规定，情节严重的，即可能构成拒不履行信息网络安全管理义务罪。根据前置法的规定，违背国家网络安全保护义务，不接受政府监管、超出合理注意义务的行为，就会构成平台犯罪。随着平台的发展和细分，各类平台的义务来源都有所不同，每种平台的义务都须根据前置法的规定确定。义务来源无法判断，平台责任也就无法追究。比如，在李某等人“摩范出行”平台共享汽车事故案中[④]，“摩范出行”平台

---

① 参见周汉华：《正确认识平台法律责任》，《学习时报》2019 年 8 月 7 日第 4 版。

② 参见周佑勇：《论智能时代的技术逻辑与法律变革》，《东南大学学报（哲学社会科学版）》2019 年第 5 期。

③ 姜敏：《危害原则与法益保护原则比较研究》，《比较法研究》2019 年第 6 期。

④ 参见韩丹东、姜珊：《共享汽车平台须尽提醒审查义务情侣被撞身亡引思考》，《法制日报》2019 年 9 月 23 日第 8 版。

没有汽车租赁资质，其租车行为属于违法操作。从义务来源分析，其已具备“不履行法律、行政法规规定的信息网络安全管理义务”的构罪要件，而这种不履行义务的行为是否构成犯罪，还要看行为与结果之间的因果关系以及其他构成要件是否具备。至于“网络服务提供者”，根据2019年10月21日“两高”《关于办理非法利用信息网络、帮助信息网络犯罪活动等刑事案件适用法律若干问题的解释》（以下简称《网络犯罪解释》）第1条的规定，“网络服务提供者”包括三类人：一是网络接入、域名注册解析等服务的提供者，即NSP（Net Service Provider）；二是信息发布、搜索引擎、即时通讯等服务的网络内容服务提供者，即ICP（Internet Content Provider）；三是利用信息网络提供的电子政务、通信、能源、交通等公共服务的网络应用服务提供者，即ASP（ Application Service Provider）。上述规定，实际上对网络服务提供者作了扩大解释。据此，网络接入服务商、网络内容服务商以及网络应用服务商都属于网络服务提供者。这使刑法中网络平台犯罪的主体大大超过了以往法律中网络服务提供者的范围。《网络犯罪解释》对网络服务提供者的扩大解释，恰恰体现了在web3.0时代强化对平台追责之趋势。

其二，经监管部门责令采取改正措施而拒不改正。根据《刑法》第286条之一的规定，“经监管部门责令采取改正措施而拒不改正”是依法追究平台刑事责任的前提条件。根据《网络犯罪解释》第2条的规定，认定“经监管部门责令采取改正措施而拒不改正”，应当根据法律、行政法规的规定，充分考虑网络服务提供者是否有能力履行改正措施，合理确定改正措施及期限。然而，不以“文书形式”责令整改是否能被认定为“经监管部门责令采取改正措施而拒不改正”？实务中，有的是以文书形式责令整改，也有的是以非文书形式责令整改。比如，在胡某拒不履行信息网络安全管理义务案中，胡某通过租用的服务器和技术手段，为他人非法提供境外互联网接入服务。当地公安机关先后两次约谈胡某，要求其停止联网服务，并对其作出警告、罚款和没收违法所得的处罚。事后，胡某拒不改正，继续出租翻墙软件，违法所得共计人民币二十余万元。法院经审理认为，胡某未经许可提供国际联网代理服务，同时监管部门通过约谈责令其采取改正措施后仍然拒不改正，属于情节严重，已经构成拒不履行信息网络安全管理义务罪。[①] 可见，监管部门责令整改并非必须以文

① 参见上海市浦东新区人民法院（2018）沪0115刑初2974号刑事判决书。

书形式作出。上述司法解释要求以文书形式作出，意在强调文书具有明确性的效果。但是，如果是现场约谈而没有下达具体文书，只要依法明确责令改正的，当然应被认定为“经监管部门责令采取改正措施”。总之，在认定“经监管部门责令采取改正措施而拒不改正”要件时，不能僵化地理解必须以文书形式责令改正。对此必须进行实质解释：如果采取的是与文书有同样效果的责令改正形式，同样属于“经监管部门责令采取改正措施”。

此外，拒不履行信息网络安全管理义务罪的主观罪过为故意，应当对行为人遵守法律规范的态度和能力进行把握，即只有在行为人有能力实施犯罪以外的行为时，才能够予以追责。[①] 网络服务提供者只有对于不履行法律法规有认识且不遵照执行，才有被追究平台责任的可能。对于出于过失的行为其不应承担刑事责任。

总之，根据 web3.0 时代网络平台在违法犯罪行为中的高参与度，应将对网络犯罪的追责重点由个人转向平台，加强对平台的监管与规制；对网络犯罪的治理应从强化个人责任转向强化平台责任。与此同时，对平台刑事责任的追究应立足于对构成要件的实质解释，以具有法益侵害性的结果为导向落实平台的刑事责任。

（三）网络犯罪的定罪标准宜升维而非降维

在复杂的 web3.0 时代网络犯罪频发，较之线下犯罪，网络犯罪应受升维治理还是降维打击抑或同维打击？面对这一新的挑战，刑法理论应根据网络犯罪的特点，对网络犯罪进行升维打击而非同维或降维打击。在 web3.0 时代网络空间以人工智能与大数据为核心，成为所有网民开放共享的自由空间。网民与网络的智能互动使网络全方位地重新塑造着人们的生活。便捷性、快速性、开放性、智能性等特性，使网络信息传播快速且普遍。在智能性的 web3.0 时代的网络的集聚效应决定了网络违法犯罪行为的雪球效应显著。如此一来，如何界定具有复杂性的 web3.0 时代的网络犯罪的认定标准，成为当下网络犯罪刑法适用面临的重要挑战。面对 web3.0 时代层出不穷的网络犯罪，刑法的认定标准应该降维还是升维抑或保持传统犯罪的认定标准？

降维是一个科幻名词，最早出现在小说《三体》中：攻击者首先改造自

---

① 参见张明楷：《责任论的基本问题》，《比较法研究》2018 年第 3 期。

己，把自己改造成低维生命，比如由四维生命改造成三维生命，当然也可以由三维生命改造成二维生命，当整个文明进入低维后，就向敌人发起维度打击。[①] 在此，降维就是将攻击目标所在的空间维度降低，使其无法在该空间内生存，然后予以打击。正如利用短信嗅探技术犯罪时，为截取到他人的账户资料等信号，不法分子会使用伪基站强制干扰 3G 或 4G 信号，强制用户的手机降维到 2G 网络状态，因为 2G 通道下短信和通话信息是明文传输方式，对犯罪分子而言在 2G 网络状态下可以截取到他人的完整通信信息。[②] 降维打击所蕴含的降低维度予以打击之意，后衍生为降低标准予以打击。网络犯罪与网络科技迭代共生，在 web3.0 时代网络犯罪日益智能化和多样化，刑法理论上和实务中为了及时打击网络犯罪，出现了降维打击的趋势，即较之于物理世界的犯罪，网络犯罪的认定标准被降低。刑法对网络犯罪的降维打击表现在立法与司法两个层面。第一，立法上，基于"'打早打小'，坚决依法严厉惩处利用信息网络实施的犯罪，有效维护网络安全和经济、社会生活秩序"的刑事政策[③]，扩大对网络犯罪的打击面，采取了比线下犯罪的定罪标准更为低的定罪标准。通过《刑法》第 286 条之一规定的拒不履行信息网络安全管理义务罪和第 287 条之二规定的帮助信息网络犯罪活动罪这两个罪名，刑法"实际上是在作为和不作为两个方向围堵了网络中立帮助行为的出罪空间"，并使网络中立帮助行为"走上了全面可罚化的道路"[④]。尤其是帮助信息网络犯罪活动罪，通过将中立网络帮助行为正犯化，大大扩大了刑罚处罚的范围。[⑤] 刑法对网络犯罪的帮助行为也进行了全面打击。《刑法》第 287 条之一规定了非法利用信息网络罪，仅仅实施设立非法网站或发布有关违法信息等行为，并不意味着会产生危害网络空间秩序的结果，该罪"规定的实质是将部分犯罪的预备行为提升为实行行为，完成了预备行为就

① 参见刘慈欣：《三体》，Ⅲ·死神永生，重庆出版社 2016 年版，第 515 页。

② 参见颜之宏等：《可怕！一觉醒来"存款蒸发"警惕！短信嗅探"隔空刷卡"》，《济南日报》2018 年 10 月 19 日第 A6 版。

③ 2019 年 7 月 23 日最高人民法院、最高人民检察院、公安部、司法部《关于办理利用信息网络实施黑恶势力犯罪刑事案件若干问题的意见》第 1 条第 1 款。

④ 刘艳红：《网络中立帮助行为可罚性的流变及批判》，《法学评论》2016 年第 5 期。

⑤ 参见刘艳红：《网络犯罪帮助行为正犯化之批判》，《法商研究》2016 年第 3 期。

视为犯罪既遂”[①]。如此降低犯罪构成的标准，将预备行为等同为实行行为予以打击，固然使网络领域的失范行为难以存在，然而却也极大地影响了互联网技术的发展。第二，司法中，面对 web3.0 时代网络新型违法犯罪行为，为了应对网络安全治理的诉求，司法实践在“口袋罪”思维指引下通过刑法客观解释，对网络犯罪的罪名进行了扩大化与入罪化。这成为网络违法犯罪行为治理的方向。[②] 比如，将网游公司员工利用运营网络游戏软件的工作便利的行为扩大解释为“侵入”，并以非法获取计算机信息系统数据罪定罪[③]；将虚拟财产扩大解释为财产并将侵犯网络虚拟财产的行为定性为侵害财产犯罪；对非法利用信息网络罪中的“违法犯罪”进行扩大解释，将通过网络购买仿真枪、买卖驾照分数以及利用信息网络实施仅违反治安管理处罚法的行为也作犯罪处理。[④]《网络犯罪解释》第 7 条也肯定了这种观点[⑤]，从而导致线下违法行为一旦在线上实施就构成了犯罪。

面对立法上与司法实践中对网络犯罪降维打击的趋势和做法，结合 web3.0 时代网络犯罪的特点，笔者认为，对网络犯罪的刑事治理应该升维，而不应该同维，更不应该降维。同维打击看似线下、线上犯罪的定罪标准相同，但因为网络犯罪的前述特点，这种形式上的平等实则是不平等的。网络犯罪的便捷性与弥散性决定了网络犯罪的定罪标准应该升维而不是降维或者同维，应采取较之线下犯罪的定罪标准更高的定罪标准。网络空间除了具有前述所说的“场所”特性，还具有“产品”与“媒介”两个特性[⑥]，这决定了网络犯罪容易实施且传播性强。如果不根据网络的特点，对网络犯罪采用低于或者等于线下犯罪的定罪标准的定罪标准，则违背了 web3.0 时代网络犯罪的特性。比如《刑法》第 217 条规定的侵犯著作权罪以“违法所得数额较大或者有其他严重情节”为入罪标准，2004 年 12 月 4 日“两高”《关于办

---

① 张明楷：《刑法学》（下），5 版，法律出版社 2016 年版，第 1051 页。

② 参见刘艳红：《网络时代刑法客观解释新塑造：“主观的客观解释论”》，《法律科学》2017 年第 3 期。

③ 参见北京市石景山区人民法院（2017）京 0107 刑初 96 号刑事判决书。

④ 参见综杰、吴峤滨：《〈关于办理非法利用信息网络、帮助信息网络犯罪活动等刑事案件适用法律若干问题的解 释〉重点难点问题解读》，《检察日报》2019 年 10 月 27 日第 3 版。

⑤ 该解释第 7 条规定：“刑法第二百八十七条之一规定的‘违法犯罪’，包括犯罪行为和属于刑法分则规定的行为类型但尚未构成犯罪的违法行为。”

⑥ 参见刘艳红：《网络犯罪的刑法空间解释向度》，《中国法学》2019 年第 6 期。

理侵犯知识产权刑事案件具体应用法律若干问题的解释》第 5 条规定了针对线下侵犯著作权罪的入罪标准。在网络环境下，行为人以营利为目的，未经权利人许可而向他人传播音乐、电影、录音录像制品和其他作品的行为，几乎处于失控状态，因为数字化产品的复制和传播过于容易。将作品上传到网络上的复制，为了使作品被他人访问而由网络服务器作出的自我复制，以及访问者阅读作品时自己计算机作出的暂时复制，有别于传统复制权意义上的复制。① 加之鼠标点击所轻松完成的传播，辅之以深度链接、网络快照等各种新型传播形式，网络侵权作品的复制和传播不但较之线下更为容易而且传播面更广，违法所得和营利数额也都更大。因此，通过信息网络传播侵权作品行为的入罪标准，应该高于线下传播侵权作品行为的入罪标准。然而，2011 年 1 月 10 日“两高”、公安部、司法部《关于办理侵犯知识产权刑事案件适用法律若干问题的意见》第 13 条“关于通过信息网络传播侵权作品行为的定罪处罚标准问题”，对于网络传播侵权复制品的行为明确采取了与线下犯罪一样的入罪标准。相较于线下犯罪，“在网络空间，数据可以摆脱有效的国家管控而在全球范围内迅速、充分地传播。因此，经由电子通信和网络匿名，儿童色情信息的传播变得相当容易。通过互联网进行恐怖主义或极端主义招募与宣传，实施跨国赌博，以及非法出售商品，也会遭遇类似的问题”②。这意味着，一旦侵犯著作权的行为在网络领域实施，其复制与传播数量必然惊人，远远超出线下侵权行为的复制与传播数量。这些都表明了网络犯罪的特殊性，也表明有必要建立网络犯罪的独立定罪标准。

网络犯罪数据或数额的虚拟性，决定了网络犯罪的定罪标准应该升维而非降维或者同维。如果网络犯罪侵犯的是虚拟财产，那么虽然虚拟财产“虚而有价”，但其价值通过什么来体现，本身争议极大。虚拟财产的价值与实体财产的价值，无法相提并论。在刑法对虚拟财产的财产属性没有明确规定且司法实务中对虚拟财产的性质本身就看法不统一的情况下，应根据有利于被告人的原则，将侵犯虚拟财产犯罪的入罪标准设置为数倍于线下侵犯实体财产犯罪的入罪标准。目前我国刑法对侵犯虚拟财产犯罪的入罪标准采用的

---

① 参见杨彩霞：《网络环境下中国著作权刑事保护研究》，中国社会科学出版社 2016 年版，第 13 页。

② ［德］乌尔里希·齐白：《信息社会中的刑法》，周遵友译，见赵秉志主编：《走向科学的刑事法学》，法律出版社 2015 年版，第 31 页。

是和侵犯实体财产犯罪同一的标准，比如对于盗窃犯罪，线上和线下犯罪适用的都是2013年4月2日“两高”《关于办理盗窃刑事案件适用法律若干问题的解释》中的标准。司法实践中，采用与线下盗窃犯罪相同的数额标准作为线上盗窃虚拟财产犯罪的入罪标准，就属于降维打击，因为虚拟财产的价值难以认定。根据上述解释第4条，盗窃的数额根据价格证明、交易价格、水电等仪表显示的数据、电信等用户支付的数额等确定。实务中对虚拟财产数额的认定主要就是根据该条的规定，竭力寻找虚拟财产背后的价格证明，包括销售数额、购进价格、为虚拟财产的保存所支付的托管费用、服务器运营商针对虚拟财产支付的成本或维护费用等。在无法证明有效价格的情况下，委托价格鉴定的做法也非常普遍。但是，无论是对有效价格证明的寻找还是委托价格鉴定，虚拟财产数额的认定资料相对模糊，收益不明，销赃数额因个人喜好程度而差异极大，购进价也缺乏市场衡量标准等。此外，还要采用一定技术手段才能合理确定虚拟财产的数额①，而技术的运用都具有相对性。诸如此类，决定了侵犯网络虚拟财产犯罪的数额难以得到准确认定。只有区分虚拟财产与实体财产的不同属性，将侵犯虚拟财产犯罪的入罪标准提高到数倍于侵犯实体财产犯罪的入罪标准，才能实现线上犯罪治理与线下犯罪治理之间的罪刑均衡。目前刑事立法没有针对侵犯网络虚拟财产犯罪规定高于线下犯罪入罪标准的标准。为了纠正对虚拟财产犯罪降维打击可能带来的罪刑失衡及不利于被告人的后果，应在司法实务中提倡对侵犯虚拟财产犯罪的数额认定严格把关，尽量以有效价格证明为依据认定虚拟财产的数额；避免在有有效价格证明的基础之上，人为抬高虚拟财产的数额。通过实务认定的严格把关，可矫正刑事立法和司法解释对于侵犯虚拟财产犯罪采取线上、线下相同入罪标准这一实乃降维打击的做法所带来的罪刑失衡。比如，在李某盗窃虚拟财产案件中②，李某通过销售虚拟财产取得了实体财产

---

① 参见刘品新、张艺贞：《虚拟财产的价值证明：从传统机制到电子数据鉴定机制》，《国家检察官学院学报》2017年第5期。

② 李某窃得他人账号及该账号名下的游戏虚拟装备并以人民币16 000元的价格转让给他人牟利。检察机关在办案过程中请当地价格认证中心出具价格鉴定报告，该中心认定盗窃数额为人民币29 800元。法院经审理认为，“根据本案已查明的事实和确认的证据，依照现行法律，对本案盗窃数额认定人民币16 000元为妥。公诉机关指控被告人李某盗窃数额巨大不当，本院予以纠正”。参见浙江省慈溪市人民法院（2012）甬慈刑初字第1402号刑事判决书。

的对价，法院认定李某盗窃虚拟财产的数额为16 000元，而没有采纳价格认证中心脱离实际交易价格的虚高认定。这无疑是严格防止对侵犯虚拟财产犯罪降维打击的最好例证。实务部门的理性做法值得肯定，同时也说明对侵犯虚拟财产犯罪不应采用与侵犯实体财产犯罪一样的入罪标准的立论具有合理性。

网络犯罪的证据难以查证确实，这也决定了网络犯罪的入罪标准应该升维。不同于线下犯罪，网络犯罪基本上是非接触式的。以网络电信诈骗为例：犯罪人充分利用网络科技精心设计骗局，根本不与被骗人接触，得手后迅速转移赃款。要查明犯罪人的具体诈骗数额往往存在诸多困难，甚至不少电信诈骗案件的被害人都无法联系上。这些都给案件侦破，特别是具体犯罪事实和数额的认定带来了极大困难。① 在网络犯罪的证据难以达到线下犯罪的证据的证明力时，数额无法准确认定，犯罪情节难以量化证明，故不宜网络犯罪采取与线下犯罪一样的入罪标准，而是应该相应提高入罪标准，以此实现疑罪从无的法治理念。这种做法在相关司法解释中也得到了体现和运用。《网络犯罪解释》第12条规定，帮助信息网络犯罪活动罪的定罪标准"确因客观条件限制无法查证被帮助对象是否达到犯罪的程度，但相关数额总计达到前款第二项至第四项规定标准五倍以上"②。这一做法其实就是为了避免降维打击所带来的对网络犯罪治理不彰。特别需要说明的是，对于刑法设立的计算机与网络犯罪专有罪名，如非法侵入计算机信息系统罪、破坏计算机系统罪、非法利用信息网络罪、帮助信息网络犯罪活动罪等，由于不存在对应的线下犯罪罪名，所以也不存在与线下犯罪相比所带来的降维或升维打击问题。

总之，在信息网络技术快速发展的时代背景下，传统犯罪的定罪标准体系日渐滞后，难以适应对网络犯罪科学治理的需要，也根本无法对不断增长和变形的网络犯罪作出科学、合理的定量评价。③ 在针对网络犯罪建立独立的定罪量刑标准之前，刑法理论与司法实践不宜采取比线下犯罪的定罪标准

① 参见喻海松：《网络犯罪二十讲》，法律出版社2018年版，第266页。

② 比如，该条第1款第2项规定，"为三个以上对象提供帮助的"可以构成犯罪，如果被帮助人的行为是否构成犯罪难以查清，则须为15个以上的对象提供帮助的才能构成犯罪。

③ 参见郭旨龙：《信息时代犯罪定量标准的体系化转变》，《东方法学》2015年第6期。

更低或者同样的定罪标准，否则就是对网络犯罪进行降维打击，从而过于扩大对网络犯罪的打击面，并不利于网络的健康发展。

五、结语

综上所述，在网络犯罪的进化中，关于基础论的刑法网络空间效力、犯罪论的网络犯罪构成、刑罚论的网络犯罪量刑，传统理论的旧念与网络犯罪的新情的错位，会倒逼解释者更新以往认知，以适应不断发展变化的网络社会。需要注意的是，解释者需要仔细比对新型网络犯罪与传统线下犯罪，真正找出二者发生摩擦、产生碰撞的地方，个案式地精准制定应对网络犯罪的具体方案。基于科技与犯罪的迭代共生，为了对兼容了 web1.0 和 web2.0 的 web3.0 时代的网络犯罪进行刑法规制，必须准确界定复杂的 web3.0 时代的网络犯罪侵害的法益、网络犯罪的追责对象与网络犯罪的定罪标准等问题。为此，刑法理论应确立实质损害标准来解决侵犯网络空间秩序的行为是否构成犯罪，以具有法益侵害结果为导向强化对网络犯罪平台而非个人的责任追究，以升维而非降维网络犯罪的定罪标准，从而有效解决 web3.0 时代网络犯罪认定与处罚的难题。在我国民法典刚刚通过并正式开启了公民权利保障的法治化新时代，必须切实“贯彻实施民法典以提高国家治理现代化水平”①。为此，打击网络犯罪的同时必须重视对公民个人权利的保护，反对对 web3.0 时代网络犯罪的治理中的泛刑化做法，以避免造成网络治理领域公民权利保护的寒蝉效应，妥善推进国家网络治理能力的现代化。此外，和“面对网络时代的新型犯罪时，能够通过刑法解释路径予以应对的，就不需要采取刑事立法路径”的立场一样②，能够通过已有刑法理论予以应对的，就需要警惕并无实益的理论“创新”和概念“创造”，应当走符合犯罪实际、坚守刑法体系的检验、修正和发展已有理论学说之路。应对网络犯罪的一般立场也是如此。

---

① 周佑勇：《贯彻实施民法典 提高国家治理现代化水平》，《学习时报》2020 年 6 月 19 日第 1 版。

② 参见张明楷：《网络时代的刑事立法》，《法律科学》2017 年第 3 期。

第五章

管辖效力：刑法在网络空间的效力范围

由于网络空间打破自然地理限制的虚拟性、一对多的面性和远程性，网络跨国跨境犯罪在信息网络时代变得极为突出。“一方面，犯罪分子与被害人交流的媒介是信息网络，犯罪分子可以借用网络虚拟世界实施犯罪行为，不需要与被害人进行直接接触，被害人可能与犯罪分子素未谋面。另一方面，网络犯罪分子可以跨越地域，进行远程控制。不同于传统犯罪中需要将‘犯罪工具’随身携带，网络犯罪分子甚至可以将实施犯罪的网络场所转移至境外，采取信息倒流、跨国联合等方式。”[①] 据统计，2016 年以来，电信诈骗犯罪集团在东南亚、欧洲、非洲、大洋洲等的四十多个国家设立诈骗窝点；我国公安部先后赴二十余个国家开展执法合作，捣毁窝点七十余个，抓获电信诈骗犯罪嫌疑人一千六百余人。[②] 其中，2016 年，公安部先后 18 次组织北京、天津、上海、江苏、浙江、湖北、广东等地赴境外开展工作，从肯尼亚、老挝、马来西亚、柬埔寨、西班牙等地押解回国 561 名电信诈骗犯罪嫌疑人[③]；2017 年 4 月，缅甸佤邦司法委员会与中国警方联合行动，捣毁了佤邦境内多个中国籍电信诈骗团伙（诈骗范围涉及中国的 17 个省市，作

① 赵秉志主编：《〈中华人民共和国刑法修正案（九）〉理解与适用》，中国法制出版社 2016 年版，第 163 页。

② 参见蔡长春：《去年以来公安部先后押回 200 余名台湾籍电诈嫌犯》，《法制日报》2017 年 9 月 4 日第 1 版。

③ 参见张洋：《中国集中打击治理电信诈骗》，《人民日报（海外版）》2017 年 2 月 4 日第 2 版。

案千余起)，并将370名中国籍犯罪嫌疑人移交中国警方。[1] 这些特大、重大跨国跨境网络犯罪案件首要面临的是刑法的网络空间效力问题：中国刑法能否被适用？如何根据现行诸管辖原则实现中国刑法的适用？

一、网络空间对属地管辖原则之冲击

刑法的空间效力，即国际刑法或者刑法适用法，所解决的是一国刑法在什么地域、对什么人适用的问题，首先体现在其对国内犯的适用以属地管辖为原则。[2] 可是，在网络空间中实施的网络犯罪是否以及在何种条件下属于国内犯，是一个讨论极少的未解之题。“对于涉外案件中的刑事管辖权，国际法上的规定要求有一个使之合法化的连结点，来作为行使自己管辖权的前提条件。”[3] 根据我国现行《刑法》第6条的规定，国内犯是指犯罪地（行为实施地或者结果发生地，即遍在说）在我国“领域”内。据此，行为与结果是我国行使有效属地管辖权的连结点。然而，判断行为或者结果是否发生在本国领域内并非不言自明。在现实物理空间，属地管辖的难题往往来自隔地犯和危险犯。在虚拟网络空间，属地管辖不但复制了现实物理空间的难题，还受到颠倒其原则性地位、建立网络“殖民地”的冲击。

（一）瓦解以属地管辖为原则的管辖体系

国际刑法目前面临的最大挑战之一是，网络空间的散布犯和表意犯，例如利用信息网络实施的煽动型犯罪（煽动分裂国家罪、煽动颠覆国家政权罪、煽动实施恐怖活动罪，煽动民族仇恨、民族歧视罪，煽动暴力抗拒法律实施罪等)、宣扬型犯罪（宣扬恐怖主义、极端主义罪等)、传播型犯罪（虚假广告罪，编造、故意传播虚假恐怖信息罪，编造、故意传播虚假信息罪，传播淫秽物品牟利罪、传播淫秽物品罪等)，侮辱诽谤型犯罪（损害商业信誉、商品声誉罪，侮辱罪、诽谤罪，侮辱国旗、国徽、国歌罪等)，诈骗型犯罪等。以信息网络为犯罪工具的这些网络犯罪不但具有隔地犯和危险犯的特点，还可能使犯罪结果发生在具有信息网络的世界各地，由此可能瓦解以

---

① 参见张雨辰：《370名中国人在缅甸涉电信诈骗，被一锅端》，载http：//news.jsnol.com/local/2017/0405/167226_2.html，访问时间：2017年7月12日。

② 参见张明楷：《刑法学》（上），5版，法律出版社2016年版，第69页。

③ ［德］约翰内斯·韦塞尔斯：《德国刑法总论》，李昌珂译，法律出版社2008年版，第29页。

属地管辖为原则的管辖体系。

在现代国家，刑法适用法一般以属地管辖为原则，以属人管辖、保护管辖、普遍管辖为例外。属地管辖和普遍管辖分列管辖体系的上下两端，其中，属地管辖范围与一国的主权范围一致，因而属地管理是最为容易适用、最具正当理由，因而适用最广泛的管辖原则。普遍管辖原则又称世界法原则、世界主义，是指“出于刑事政策的需要，对于被普遍认为是犯罪或者通常由国际犯罪组织实施的犯罪，任何捕获了罪犯的国家都可以对其进行追诉”①，而无须考虑犯罪地、行为人国籍、被害人国籍等连结因素。因为其缺乏具体连结点作为管辖的正当化依据，且往往通过国家之间的协议而约定适用，而非绝对为本国所创设，所以普遍管辖在现实物理空间的适用范围最窄，往往其适用位于属地管辖、属人管辖、保护管辖之后。

然而，在超越自然疆域且具有匿名性的网络空间，普遍管辖在现实物理空间的劣势异化为优势。换言之，正因为其没有连结点的限制，普遍管辖的比较优势得到凸显，其地位具有上升趋势。除了普遍管辖的主权障碍可以通过国际合作来化解，需明了的是，对于网络危险犯，尤其是抽象的危险结果犯而言，普遍管辖相较于具有连结点的属地管辖等具有适用的便宜性；更关键的是，对于网络实害犯来说，普遍管辖也能够挑战属地管辖在管辖体系中的原则地位。以诈骗犯罪为例：虽然由于跨国跨境电信诈骗犯罪的财产损失结果发生地在中国境内，中国刑法根据属地管辖原则能够被适用似乎自不待言，但是，当电信诈骗信息散布于世界各地皆可接收并浏览的网络空间，而不仅仅针对中国领域时，属地管辖的原则性就会因被作为例外的属人管辖、保护管辖、普遍管辖冲淡而降低，其地位甚至可能完全颠倒过来：如果网络犯罪被视作全球犯罪，普遍管辖就有可能代替属地管辖而升为原则。这是网络时代刑法空间效力理论应当发现和研究的潜在管辖风险。

（二）恣意扩张刑罚权以建立网络“殖民地”

由于互联网技术所建筑的网络空间具有超越现实领土与自然国界的虚拟性，网络犯罪的结果可能发生在全世界。因此，具有遍在规定的国家就可能

① 参见［德］冈特·施特拉腾韦特、洛塔尔·库伦：《刑法总论》，Ⅰ·犯罪论，杨萌译，法律出版社 2006 年版，第 60 页以下。

将本国刑法在互联网领域的适用扩张至世界各地，以使具有独立自然地理的民族国家沦为无物理疆域的网络“殖民地”。“1944 年在德国出生的 A，于 1954 年移民澳大利亚，成为澳大利亚公民。A 在德国完成教育后返回澳大利亚任教，自 1992 年开始密集研究纳粹屠杀。他利用澳大利亚服务器寄发群组信件及发表网络公开文章、主张不同意见，其中有的以学术研究之名否认德国在纳粹统治时期曾屠杀犹太人，认为是某些犹太分子杜撰屠杀一事，以博取金援及遂行诋毁德国人的策略。”德国联邦最高法院认为，“只要在国内发生法益之损害或危险，而避免此结果正是相关刑法条文的目的者，即可适用德国刑法，即使行为是在外国进行亦同”，并最终依属地管辖原则对该案适用了德国刑法，认定 A 犯煽动罪。[①] 虽然该案早已尘埃落定，但这一刑法适用所引发的网络“殖民地”的沦陷危险值得反思和警惕。具体而言，网络空间对以属地管辖为原则的刑法适用的冲击具体表现在法律霸权主义和文化帝国主义两个方面。

一方面，在具有相同或者类似刑罚法规的国家，当下的遍在说可能通过压缩他国主权来无限扩大本国主权，从而走向法律霸权主义。上述德国联邦最高法院的裁判要旨引发的第一个问题是，“假如网络言论内容能实现德国犯罪构成要件，而在德国的网络用户均可在线浏览，此时是否形成与德国法秩序充分联系的刑法适用法因素，据此可认定适用德国刑法？答案如为肯定，后果将是全球网络所有内容皆可适用德国刑法，因为在德国上网浏览这些信息，向来不成问题”[②]。中国也是如此。例如案例 1：居住在日本东京的甲在存储于东京的因特网网页上诽谤同样居住于此的乙，而诽谤信息能够在中国获取。按照现有的遍在说，诽谤罪的构成要件结果已发生在中国，中国刑法就可以被适用。显而易见的是，这一结论难以被人接受。

另一方面，在对某一犯罪行为具有不同处罚标准的国家，尤其在认定受一国的政治文化、民族传统、社会惯习影响巨大的规范的构成要件要素时，当下的遍在说可能无视文化的多元性而强迫对方接受自己的价值观念，从而

① 参见［德］赫尔穆特·查致格：《国际刑法与欧洲刑法》，王士帆译，北京大学出版社 2017 年版，第 49 页以下。

② ［德］赫尔穆特·查致格：《国际刑法与欧洲刑法》，王士帆译，北京大学出版社 2017 年版，第 49 页。

走向文化帝国主义。[①] 上述德国联邦最高法院的裁判结果引发的第二个问题是，“澳大利亚刑法对‘否认奥斯威辛集中营’行为亦不处罚”[②]，而德国刑法的适用可能意味着澳大利亚在某种程度上必须接受德国的法律观。换言之，本国应以什么标准来审查外国允许的行为，难以回答。我国亦然。案例2：美国的记者通过非法途径（窃听）获取国家秘密并通过电台发布，因为记者未直接参与窃听，并且该信息被认为具有公共利益，因此，美国法院认为其行为不构成犯罪。但同样的行为在中国则构成犯罪。[③]

以上两种情形，反之亦然。总之，“互联网的泛在性、融合化与跨边界特点使传统的法律效力理论与管辖制度受到挑战，行为人、行为地、结果发生地、管辖地等发生分离，地域效力难以确定……这些都是传统法律未曾遇到过的新格局”[④]。即使“从众多见解可知，针对网络犯罪的刑法可适用性问题，以刑法适用法目前之方法难以找到满意答案”，最终“面对网络刑法的繁复问题，有赖国家之间的共识作为，才能找出有效长久运作的答案”[⑤]。在刑法规定的管辖体系之下，对属地管辖的具体适用规则的建构性解释也是一条成本较低的化解网络时代刑法空间效力危机的现实路径。当然，各种解释结论的合理性是需要经受理论检讨和实践检验的。

二、实害或者影响关联性标准之否定：后天缺陷与先天不足

有中国学者借鉴美国的管辖经验，提出了实害或者影响关联性标准。首先，该学者否定了美国所谓的长臂管辖权，认为将网络访问行为作为管辖依据这一不妥当的做法是“域外管辖的扩张，不可避免地与他国管辖权发生冲突，或威胁他国司法主权”；进而从形式上引进最低联系标准，主张以实际侵害为标准考量是否具有刑事管辖权。[⑥] 换言之，在互联网环境下，属地管

① 参见［日］松宫孝明：《刑法总论讲义》，钱叶六译，王昭武校，中国人民大学出版社2013年版，第24页。

② ［德］赫尔穆特·查致格：《国际刑法与欧洲刑法》，王士帆译，北京大学出版社2017年版，第49页。

③ Bartnick v. Vopper，532 U.S. 514（2001）.

④ 周汉华：《习近平互联网法治思想研究》，《中国法学》2017年第3期。

⑤ ［德］赫尔穆特·查致格：《国际刑法与欧洲刑法》，王士帆译，北京大学出版社2017年版，第52页。

⑥ 参见王秀梅：《普遍管辖权的司法适用——以美国为例》，《政法论丛》2020年第3期。

辖原则中的结果要素不但指"实害"结果，还包含更为广义的"影响"，而且由国外的犯罪行为所造成的实害或者影响都必须与本国领域具有关联性。也有其他学者持类似的观点，认为"所谓'结果'系指犯罪行为所导致之法益侵害状态或所引起之外界影响"①。不可否认，实害或者影响关联性的标准至今仍具有可贵的前瞻性和参考性，而且，借鉴国际私法的理论和实践成果来建构属地管辖的适用规则，在方法论上亦值得肯定。虽然刑法适用法与国际私法功能不同，前者只在于单方面决定适用或者不适用本国刑法，而后者在于化解适用法之冲突，即在多国刑法中适用或者不适用哪国刑法，但是，刑法适用法与国际私法的紧密联系也清晰可见：二者都要遵循国际法原则，都要确定是否适用一国刑法，且都有如何确定连结点的问题。因此，在刑法适用法的研究中引入国际私法的内容不但没有疑问而且具有必要性。问题是，随着网络科技的发展、网络社会的繁荣与网络治理的成熟，实害或者影响关联性标准本身却尚待完善。

（一）后天缺陷：形式与内容两方面

实害或者影响关联性标准在具体应用的过程中可能具有形式上和内容上的双重缺陷。在形式上，该标准较为含混、模糊；在内容上，该标准容易摇摆不定。从实害或者影响关联性标准本身来看，该标准被建构出来之后即成为脱离最低联系标准的规则，具有独立性格，应当受到单独审视。这两方面的弊端是在客观实践中形成的，是为后天缺陷。

一方面，标准形式较模糊。

其一，就标准用语本身来说，在实害或者影响关联性标准中，除"实害"清晰可辨之外，"影响"与"关联性"都弹性较大而难以把握。其二，就标准发生空间来说，"传统犯罪发生的场域，也由'现实物理空间'一个平台，发展为'现实物理空间'与'网络虚拟空间'两个平台"②，因而线上与线下的结果是否有必要区分以及如何区分，在此标准中还不清楚。一般而言，线上结果与线下结果的关系大体有以下三种类型。

一是，线上结果就是线下结果，且二者一致。将计算机、网络作为犯罪对象的网络犯罪就是适例，如 2017 年 5 月袭击全球网络的"想哭"（Wan-

---

① 李维宗：《网路犯罪之审判权与管辖权》，《军法专刊》2013 年第 59 卷第 1 期。

② 陈洪兵：《双层社会背景下的刑法解释》，《法学论坛》2019 年第 2 期。

nacry）蠕虫勒索软件阻止用户访问计算机或者文件，要求用户付费解锁。[①] 对计算机、网络的系统、数据等的线上黑客攻击所造成的侵害结果既呈现在线上，也是该种网络犯罪在现实空间的构成要件结果形态。

二是，线上结果不是线下结果，但二者重合。通常而言，诽谤罪是抽象危险犯，只需考虑行为人是否实施了散布足以降低被害人的社会评价的虚假事实的行为，至多再考虑该虚假事实是否为不特定人或者多数人所实际意识到或者可能被实际意识到，并不要求社会对被害人的评价实际上已经降低了。[②] 在互联网不断普及的今天，网络用户数量庞大[③]，完全符合“不特定人或者多数人”的“散布”行为要求，所以，在网络诽谤案中，诽谤言论在不特定网民或者多数网民之间传播，诽谤行为就已达至犯罪既遂。而网民是现实社会的公民，网络空间的信誉毁损结果可同时转至现实空间。传播淫秽物品罪与此类似。

三是，归结为线下结果可能较为妥当。例如，在网络诈骗案和网络盗窃案中，作为网民的被害人的财产损失虽然可能是通过网上转账实现的，因而也许能够称之为线上结果，但是，与诽谤罪、传播淫秽物品罪的传播行为所招致的危险结果不同，诈骗罪、盗窃罪的构成结果是特定化的被害人的财产实害，将其直接认定为线下结果更能体现其罪质。究其根本，这涉及刑法教义学上的行为概念与结果概念的建构问题。总之，按照标准建构者的理论体系，该标准应当适用于“现实社会”还是“网络社会”抑或皆可适用，并不明确。这种过于原则化的标准需要更为精细化的基本概念以及更加具体化的下位标准。

另一方面，标准内容不确定。

第一，对于侵害犯而言，如果采取实害关联性标准，那么，这属于遍在规定的应有之义，因而缺乏在互联网背景下传统刑法的应对意义；如果采纳影响关联性标准，那么，实害关联性标准就失去了存在的必要，这使刑法的

① 参见忻华：《勒索软件的威胁远未消失》，载《上海科技报》2017年5月16日第B1版。

② 参见［日］大谷实：《刑法讲义各论》，黎宏译，中国人民大学出版社2008年版，第149页。

③ 以中国为例：截至2017年6月，中国网民规模达到7.51亿，占全球网民总数的1/5；互联网普及率为54.3%，超过全球平均水平4.6个百分点。参见中国互联网络信息中心（CNNIC）：《中国互联网络发展状况统计报告（2017年7月）》，载http：//202.119.24.249/cache/11/03/www.cnnic.cn/b792a0eb1db99f2244166062b1397001/P020170807351923262153.pdf，访问时间：2017年11月11日。

管辖范围具有扩大的倾向。第二，对于危险犯而言，倘若实施实害关联性标准，既延续了实害犯场合的弊端，也不当缩小了刑法的效力空间；倘若实行影响关联性标准，在全盘承接了实害犯情形的缺陷的基础上，影响标准还可能更加远离构成要件结果，从而最终无法避免使网络犯罪成为所有国家均享有管辖权的全球犯罪。第三，对于属地性而言，实害或者影响关联性标准中的"关联性"明显超出了我国现行《刑法》第6条第3款规定的"发生在"。第四，通说认为，实行行为与结果二者之间的因果关系所经过的中间影响地、在未遂场合具有发生结果的现实危险的地方，都是犯罪地。[①] 显然，这里的中间影响与未遂危险只能被归到影响标准的范畴中。而主权的恶意膨胀将使实害或者影响关联性标准简化为影响关联性这一单独标准。

总之，实害或者影响关联性标准具有不稳定性：它时而扩大刑法的空间效力射程，时而又缩小刑法的属地管辖范围；有时可能使实害标准形同虚设，有时可能使影响标准变得漫无边际。

（二）先天不足：兼论领土具体化说

从实害或者影响关联性标准的产生渊源看，该标准向国际法较为发达的美国学习，值得肯定。其特点有二，即它从形式上借鉴美国的最低联系标准，但拒绝美国的长臂管辖规则。然而，标准建立者误解了长臂管辖规则和最低联系标准的关系，又没有充分吸收实质的最低联系标准，导致该标准因借鉴不充分而先天不足。实际上，长臂管辖规则与最低联系标准关系密切，二者都值得肯定，不能因为法官在个案中判定网络访问行为符合长臂管辖规则这一做法不妥当而否定长臂管辖规则本身。长臂法（long arm statutes）是美国各州立法，规定对和本州存在某种联系的非本州被告可通过传票的替代送达行使对人管辖权。而对人管辖权（in personam jurisdiction，personal jurisdiction）的取得在美国通常是以在州内送达传票或其他与当事人实质上的充分联系为条件。[②] 从长臂法的现代定义中可以看出，联系标准是长臂法的核心内容，而长臂管辖规则是美国对人管辖法的重要组成部分。因此，作为成文法的长臂管辖规则与其在案件中的适用是两回事，司法的缺陷不能代表立法的失败。用历史的方法"花这么长时间才理解当今的对人管辖权法

① 参见［日］大谷实：《刑法讲义总论》，黎宏译，中国人民大学出版社2008年版，第68、69页。

② 参见《元照英美法词典》（缩印版），北京大学出版社2013年版，第866、755、701、1050页。

律，这令人沮丧。但是，历史研究方法是一个好的方法。事实上，我认为这是‘弄清该问题’的唯一方法”[①]。鉴于英美法系既不同于大陆法系，更异于我国在管辖传统与管辖体系，关于长臂法的进一步的简史梳理是必要的。

早期普通法的对人之诉（personal action）常常表现为侵害之诉，而判决往往被视作直接扣押被告的人身或其土地的唯一执行依据。由于没有对被告或其财产拥有有形权力（physical power）的法院无法执行判决，普通法法官就将法院对被告的事实上的有形权力视为管辖权的基础与判决有效的先决条件。这一背景导致了对人管辖权中领土概念的出现，后来演变成一个规则：一名被告受到一个法院管辖的条件是，被告在法院所在领土内被实际送达传票（served with process within a court's territory）。[②] 1877 年美国最高法院对彭诺耶诉内夫案（Pennoyer v. Neff）的判决确定了美国对人管辖权的传统概念：人身在场规则（physical presence）。这一老旧的对人管辖概念包含两方面内容。一方面，基于领土的公法二原则对人管辖权的获取需被告在本州内“人身在场”（appearance）。“原则之一是，各州对其疆域内的人和财产享有排他的管辖权和主权……另一原则是，各州不得对其疆域外的人或财产直接施以管辖权和权威。各州威严对等，一州的独立意味着对他州权力的排除……一州法院的司法程序不能延伸至另一州而传唤其居民离开本土去应诉。”[③] 另一方面，美国宪法第十四条修正案正当程序条款要求对人管辖权的获取须将传票向被告“直接送达”（personal service）。“法院对被告没有管辖权却确定其个人权利和义务违背法律的正当程序之要求……必须要有一个由州宪法确认的法院进行审判，如果案件涉及的是确定被告的责任，那么

---

① ［美］理查德·D. 弗里尔：《美国民事诉讼法》（上），张利民等译，商务印书馆 2013 年版，第 41、47－55、181 页。在美国法律体系与司法实践的语境中，管辖权分为对人管辖权（属地管辖）和事物管辖权（事项管辖权、诉讼标的管辖权）。对人管辖权分为对人诉讼管辖权、对物诉讼管辖权和准对物诉讼管辖权。为避免混乱也为篇幅所限，本文须作两点说明：第一，下文所论述的美国对人管辖权在没有特别说明的情况下皆指对人诉讼管辖权中与我国刑法中属地管辖关系紧密的管辖规则，而不赘述对物和准对物诉讼管辖权以及同意管辖规则等其他对人诉讼管辖中的内容；第二，在本文本小节的主题中，能用我国刑法中的属人管辖原则、保护管辖原则解决的与互联网相关的管辖问题，自然不在本文的讨论之列。

② See § 1064 Personal Jurisdiction—Traditional Dogma, 4 Fed. Prac. & Proc. Civ. § 1064 (4th ed.)

③ Pennoyer v. Neff, 95 U. S. 714, 722, 723, 727 (1877).

被告必须在本州内以送达传票的方式被带至法院辖区。”① 总之，传统对人管辖权以囿于领土的有形权力为基础，非本州居民须身在本州并被直接送达传票，本州法院才能对其管辖。

随着社会的复杂化，彭诺耶诉内夫案所确立的“人身在场”的管辖标准显得越来越不合时宜。运输方式的进步、通讯的便捷以及人口流动的加速，促使州议会和法院寻找针对非本州被告的比严格的领土准则更为广泛的对人管辖权基础。② 1945 年美国最高法院对国际鞋业公司诉华盛顿州案（International Shoe Co. v. State of Washington，以下简称国际鞋业案）的判决确定了美国对人管辖权的现代概念：最低联系标准（minimum contact）。这一当代的对人管辖概念的经典表述是：“在历史上，法院作出对人判决的管辖权以对被告人身的事实权力（de facto power）为根基。因此，被告在法院地领土内出现（presence）是对人判决的先决条件。然而，现在……正当程序仅仅要求，为了使被告服从于一项对人判决，如果他没有在法院地领土内出现，则他要与该地存在某种最低限度的联系（certain minimum contacts），以至于诉讼之进行不违反公平对待和实质正义（fair play and substantial justice）的传统观念……非本州被告在一州法院地从事持续性和系统性的活动，且产生了原告对之告诉的责任，被告人身虽不在本州内，也算‘在场’了……最低联系标准不能被简单地机械化或定量化（mechanical or quantitative）……法律的正当程序是否被满足，取决于与法律的公平和有序实施相关的被告活动的品质和性质（quality and nature）。”③ 换言之，美国最高法院重构了“在场”的内涵，将“人身在场”规则发展为最低联系标准，而最低联系标准包括“联系”与“公平”两方面的内容，其中，关于最低联系应以法律的正当程序原则为价值基准进行实质判断，判断维度之一是被告在法院地的活动水平。

国际鞋业案扩大管辖范围的判决激励了美国多州立法机关制定关于如何合宪性地主张对人管辖权的成文法，以拥护美国最高法院的这一最新观点，

① Pennoyer v. Neff，95 U. S. 714，733 (1877) .

② See § 1065 Personal Jurisdiction in Transition—Individuals，4 Fed. Prac. & Proc. Civ. § 1065 (4th ed.)

③ Int'l Shoe Co. v. State of Wash. , Office of Unemployment Comp. & Placement，326 U. S. 310，316，317，319 (1945) .

由此掀起了一股针对非本州居民的对人管辖权的、被称作“长臂法单一行为法”（long-arm or single-act statutes）的立法潮。1956 年，美国伊利诺伊州制定了第一部真正综合性的长臂法，并被许多其他州作为长臂立法模型。[①]长臂法作为州法虽然会因州而异，但基本上有两种立法模式：一是以加利福尼亚州为代表的概括式立法。《加利福尼亚州民事诉讼法典》第 410.10 条规定，“本州法院可以根据不违反本州宪法与美国宪法的任何依据行使管辖权”[②]。二是以纽约州为代表的列举式立法。《纽约州民事诉讼法典》第 302 条规定，“对于任何产生于本条所列举行为的诉因，法院可以对任何非居民或其执行人或管理人通过其本人或代理人行使对人管辖权：（1）在本州内从事交易或在任何地方签订的在本州提供物品或者服务的合同；（2）在本州内实施的侵权行为……（3）在本州外实施的侵权行为在本州内引起人身或财产损害……（4）拥有、使用或占有位于州内的任何不动产”[③]。其中，列举式的长臂法明确规定或者限定了最低联系标准中与领土接触的物质性坐标，如交易行为、侵权行为、侵权结果、不动产等。

从最低联系标准与长臂管辖规则的现代内容来看，考察被告在法院地的活动与将侵权行为、侵权结果作为领土接触点的做法并没有超出我国刑法中的属地原则，因而直接的借鉴意义极为有限。与最低联系标准相关，有学者提出了理性的合法化连接点或领土具体化说。[④] 其与国际私法上的最密切联系（the most significant relationship）[⑤] 原则颇为相似。该说主张，在网络犯罪的语境之下，本国刑法只有在满足了以下条件的前提之下才能被适用：犯罪结果在本国领土内出现，且还存在一种与本国相关的连接点。这种连接点被称为犯罪的领土具体化。在国际私法上，一些主要的接触点有人的住所、国籍、居所、所在地、原籍、物的所在地、船的国旗、行为地、结果

---

① See § 1068 Growth and Use of Long-Arm Statutes, 4 Fed. Prac. & Proc. Civ. § 1068 (4th ed.)

② Cal. Civ. Proc. Code § 410.10 (West).

③ N. Y. C. P. L. R. 302 (McKinney).

④ 参见［德］埃里克·希尔根多夫：《德国刑法学：从传统到现代》，江溯、黄笑岩等译，北京大学出版社 2015 年版，第 411 页。

⑤ 参见肖永平：《最密切联系原则在中国冲突法中的应用》，《中国社会科学》1992 年第 3 期。

地、同意、约定、预期行为发生效果的地方、诉讼地或者其他官方行为地等。[①] 对于网络犯罪，在本国有固定居所、具有使犯罪恰好在本国产生效果的意图的犯罪人在本国、将本国语言作为犯罪工具，可以作为特殊连接因素。

然而，这种在结果之外增加要素以限缩属地管辖范围的观点也引发了疑问。第一，刑法典在属地管辖中只明确将行为、结果作为与本国领域的接触点，在刑法明文中增加住所、居所、语言等要素的基础并不明确。换言之，论者须说明那些超法规的连接因素之于属地管辖的正当性。在网络诽谤的场合，有学者引进美国判例中的社会关系重心说，认为诽谤结果的发生地是受害人的社会关系重心地，该地是其生活和工作关系的聚集地，具体为住所、居所、工作等地，最后法院对各种不同利益进行综合平衡作出管辖权决定。[②] 可是，这一学说也有缺陷。在封闭的社会环境中将诽谤结果发生地仅仅定位于社会关系重心地尚可，在当今高速流动且互通互联的全球社会中这就无法满足法益保护的需求。例如，某世界闻名的歌星常年在各国巡回演唱，享有全球粉丝无数。只将该歌星定居或者工作的国家认定为对其进行网络诽谤的结果发生地，恐怕并不符合现实。第二，与实害或者影响关联性标准类似，这种灵活的、弹性的、开放的管辖规则可以应用在民事诉讼领域，但在刑法中表现出一种极强的不确定性，这使刑法的效力空间形状多变。法官在增加、减少、选择居所等超法规的连接因素时拥有较大的自由裁量权，需要在灵活性、公正性与稳定性、可预见性之间作出平衡。第三，领土具体化说只注重单个连接点的增减，却忽略了对联系性或关联性的考察。“因为辖区因其与事件或当事人的关系或联系而拥有与诉讼中特定问题的重大利害关系，所以赋予这样的辖区的法律以控制力才能最好地得到正义、公平和最佳实践结果。”[③] 因此，重要的是“根据这些联系因素关于特定争诉问题的相对重要性来评价”[④]，除了事实性连接因素的计算，还要有基本政策的考

---

① 参见 Restatement (Second) of Conflict of Laws § 27 (1971)；[德] 马丁·沃尔夫：《国际私法》，李浩培、汤宗舜译，北京大学出版社 2009 年版，第 115 页以下；《中华人民共和国涉外民事关系法律适用法》(2010 年 10 月 28 日第十一届全国人大常委会第十七次会议通过)。

② 参见肖永平、徐鹏：《网络诽谤国际管辖权问题初探》，《法商研究》2003 年第 3 期。

③ Babcock v. Jackson, 12 N. Y. 2d 473, 481, 191 N. E. 2d 279, 283 (1963).

④ Restatement (Second) of Conflict of Laws § 145 (1971).

量和重要利益的分析。[1] 第四，领土具体化说难以符合刑法教义学的体系性要求。问题性思考与体系性思考相对，“更多的是从具体的问题出发，并且从中提供了解决这个问题的公正和符合目的的可能性”[2]。领土具体化说即使能够解决某些特定的网络犯罪的管辖问题，但对传统线下犯罪而言，可能是多此一举。换言之，传统线下犯罪的管辖权确立并不需要那些具体的领土要素，它们只是为解决网络犯罪的管辖而提出的局部解决措施，并不具有普遍意义。然而，“若人们在解决问题时，完全只是进行局部性的解决，那么，这种解决方式自然不能令人满意。这不仅仅是因为这种解决方式没有一个可靠的依据，而且因为它不允许把刑法机制当成社会现实的一个机能性要素来把握”[3]。“教义学家显然较为留意事件的一般性及典型特征”，“其据以决定某一事件的标准，必须对全部同类事件均可适用”[4]。以本体性原理研究的视角进行体系性思考，虽然可能会降低解决问题的可能性，但是妥当的解释结论既可以适用于网络犯罪，也仍可以适用于传统犯罪；更重要的是，它是教义学理论的研究范式和教义学理论在科学上成立的根本。

纵观长臂法的发展历史，长臂法是美国对人管辖权演进过程中解决特定问题必不可少的法律规范，也为世界各国所共有，只不过其称谓和具体内容有差异而已。此外，长臂管辖规则与最低联系标准的关系也清晰可见：长臂管辖规则是最低联系标准的合宪性成文法化。分开讲，一方面，长臂管辖规则是具体的成文法，最低联系标准是具有原则性的判例法；另一方面，长臂管辖规则的各州立法与具体适用都不得违反美国宪法的正当程序条款，而最低联系标准正是正当程序原则在对人管辖权领域的具体体现。总而言之，最低联系标准是长臂法的精神内核与实质内容。当下的长臂立法都以最低联系标准为前提，而法官也要在司法审判中将形式的长臂法规定解释得达到实质的最低联系标准。美国佛罗里达州的司法实践就是如此：“决定长臂管辖权

① 参见肖永平：《法理学视野下的冲突法》，高等教育出版社 2008 年版，第 455 页以下。

② ［德］罗克辛：《德国刑法学总论》，第 1 卷，王世洲译，法律出版社 2005 年版，第 131 页。

③ ［德］沃斯·金德豪伊泽尔：《适应与自主之间的德国刑法教义学——用教义学来控制刑事政策的边界?》，蔡桂生译，《国家检察官学院学报》2010 年第 5 期。

④ 参见［德］卡尔·拉伦茨：《法学方法论》，陈爱娥译，商务印书馆 2003 年版，第 113 页。

需要两个步骤：一是充分查明长臂法规定的那些事实，二是探究被告与法院地之间存在的充分的最低联系。"[①] 因此，除非判定将网络访问规定为情形之一的长臂法因不符合最低联系标准而违宪，否则，即使认为网络访问符合长臂法的判决不当，那也是长臂管辖规则的司法适用问题，而非长臂管辖规则自身的立法问题。

三、结果及与行为关联度标准之提出：理论模型与司法意义

由上可见，实害或影响关联性标准、最低联系标准、最密切联系原则、领土具体化说、社会关系重心说，对中国现行刑法中的属地管辖原则仅具有有限的直接借鉴意义。要在网络背景下对中国现行刑法中的属地管辖原则作出妥当解释，首要的是确定解释根据，其次是建构规则。一方面，"当成文立法清晰而精确时，法条背后隐含的目的无足轻重；当成文立法含混不清且开口兜底（open-ended）时，蕴含在规范文字之中的目的可以是决定性的"[②]。主权与主权学说作为管辖规则重要的规范目的与法理基础，决定了其设置走向。因而，中国的网络主权立场需要明确。需要补充说明的是，实害或者影响关联性标准的又一大缺陷正在于此，它未阐明标准建构的根据。另一方面，以最低联系标准为中心，实害或影响关联性标准、最密切联系原则、领土具体化说虽在具体内容上呈现出不同，但在形式与实质上皆具最低联系标准中的"联系"话语。因此，需要借鉴这一美国规则的内在"联系"逻辑，而非照搬其内容本身，来设置符合中国网络主权观的管辖标准。当然，这一路径仍可能存在或理论或实践上的问题。

（一）一国立场：网络主权观的中国化

国际法以国家概念为基础，国家以主权原则为基础，主权衍生出管辖权，因此，有不同的网络主权观，就有不同的管辖规则。20 世纪末盛行的第一代网络主权观宣扬"网络即主权"（Cyber as Sovereign）："网络主权属于网民，而非政府；互联网对其自身享有主权，而不受国家监管。"[③] 其经典

---

① 1 La Coe's Fla. R. Civ. P. Forms R 1. 070（98）（2015 ed.）.

② John F. Manning，"The New Purposivism"，*Supreme Court Review*，2011，pp. 113，181.

③ Kristen E. Eichensehr，"The Cyber-Law of Nations"，*Georgetown Law Journal*，vol. 103（January，2015），p. 326.

的网络空间独立宣言是："工业世界的政府，你使血肉与钢铁的巨人疲惫；而我来自网络空间，一个新的心灵家园。代表未来的我请象征过去的你离我们远远的，你在我们的群体中不受欢迎，你在我们的地盘上没有主权。"① 然而，第一代网络主权观由于充满网络乌托邦的幻想，并不符合网络现实②，在现在已过时。当今比较流行的是第二代网络主权观："主权高于网络（Sovereignty over Cyber）"，政府能够而且应该规制网上行为与上网行为。③ 换言之，在第二代网络主权观中，网络由主权主体，走出科幻，降为主权客体。根据第二代网络主权观，"网络主权是一个国家自主进行互联网内部治理与独立开展互联网国际合作的资格和能力。它是传统主权在网络空间的自然延伸，也是现实主权在网络虚拟空间符合逻辑的投射"④。中国持第二代网络主权观，但又不受网络空间虚拟性的影响而具有领土性、事实性、物理性的中国具体内涵。

中国注重网络空间的物理性，因而中国的网络主权是一项以领土为基础的事实性权力。根据《中华人民共和国国家安全法》（2015 年 7 月 1 日第十二届全国人民代表大会常务委员会第十五次会议通过）第 25 条的规定，国家网络空间主权主要存在于网络和信息核心技术、关键基础设施、重要领域信息系统及数据之中；相应地，侵犯国家网络空间主权的行为表现为网络攻击、网络入侵、网络窃密等违法犯罪行为。其中，关键基础设施、重要领域信息系统及数据兼具领土性与国籍性。如某一网络公司注册于国外，而其网络基础设施建于国内。然而，领土性与国籍性并非平行存在，而是有位阶高低。2016 年 7 月 14 日美国第二巡回上诉法院在微软公司诉美国案（Microsoft v. United States）中亦主张，其《存储通信法案》（Stored Communications Act）中的搜查令条款不能适用于域外：用户的电子通讯信息存储于美国境外的服务器上，服务器提供者虽然位于美国且控制并维护用户的通讯

① John Perry Barlow, "A Declaration of the Independence of Cyberspace", available at https://www.eff.org/cyberspace-independence (last visited October 17, 2016).

② See Lieutenant Colonel Patrick W. Franzese, "Sovereignty in Cyberspace: Can It Exist?", *Air Force Law Review*, vol. 64 (2009), pp. 11-14; Georgios I. Zekos, "Cyber-Territory and Jurisdiction of Nations", *Journal of Internet Law*, vol. 15, no. 12 (June, 2012), pp. 7-8.

③ Kristen E. Eichensehr, "The Cyber-Law of Nations", *Georgetown Law Journal*, vol. 103 (January, 2015), p. 327.

④ 支振锋：《将网络主权切实融入网络强国战略》，《中国信息安全》2017 年第 5 期。

账户，但美国不能搜查之。①

为彰表国家主权，体现一国领域内的直接物理控制的领土性是第一位的。例如，根据《网络安全法》第 2 条规定，在中国境内的网络要受中国法律的约束，而判断逻辑层面无国界的网络空间是否位于中国境内的标准是，是否在中国境内建设、运营、维护和使用网络。又如，2020 年 12 月 29 日发布并于 2021 年 1 月 1 日生效的最高人民法院《关于适用〈中华人民共和国民事诉讼法〉的解释》（2020 年修正）第 25 条规定，信息网络侵权行为实施地包括实施被诉侵权行为的计算机等信息设备所在地，侵权结果发生地包括被侵权人住所地。由此得知，司法机关并不认为侵权行为发生在虚拟的网络空间内，而是认定计算机网络是犯罪工具，侵权行为就发生在物理的计算机所在地。再如，《网络预约出租汽车经营服务管理暂行办法》（2016 年 7 月 14 日交通运输部第 15 次部务会议通过，并经工业和信息化部、公安部、商务部、国家工商总局、国家质检总局、国家网信办同意，2019 年修正）第 5 条要求“网约车”平台公司的网络服务平台数据库接入出租汽车行政主管部门监管平台，服务器设置在中国内地。

总而言之，中国的网络主权观在基本立场上属于第二代网络主权观，但在具体内涵上又极具中国特色。中国在网络主权问题上特别强调网络设施的物理属性和网络空间的领土依附性，而不承认脱离了现实物理世界的独立虚拟存在的主权。简言之，中国的网络主权是一项事实性权力和领土性权力。中国刑法的空间效力理论体系应与如此的网络主权观相匹配。

（二）两种路径：效果原则和普遍原则

基于国家能够统治网络空间这一共识，第二代网络主权观内部对网络空间本身又产生两种不同认识，而这直接导致了两种不同的管辖进路。这为中国刑法管辖规则的设计提供了方向。但是，这两种管辖路径各自也有弊端。

---

① See United States Court of Appeals for the Second Circuit：Microsoft Corporation v. United States of America，Docket No. 14-2985，Decided：July 14，2016，available at http：//www.ca2.uscourts.gov/decisions/isysquery/fede6c1a－7211－4017－9789－c74cabf9afc5/1/doc/14－2985_complete_opn.pdf＃xml＝，http：//www.ca2.uscourts.gov/decisions/isysquery/fede6c1a－7211－4017－9789－c74cabf9afc5/1/hilite/（last visited October 27，2016），p. 42.

一是效果原则，认为网络空间具有附属性。有学者将网络空间作为公海、南极洲、外太空之后的第四个无国家主权存在而由国际条约管制的全球公域（global commons），进而主张在网络空间实施与其相似的国籍原则。[①]可见，公域的观点是第一代网络主权观的延续。然而，国家即使不能对网络空间本身行使主权，也既可以对坐落在其领土内的网络基础设施，又可以对与网络基础设施相联系的活动，行使主权。一方面，网络基础设施由服务器、计算机、电缆和其他物理组件组成，这些组件并不位于网络空间，而是位于某一国的领土之上。显然，国家对这些位于其领土边界内的组件拥有管辖权并可行使主权。[②] 另一方面，领土管辖权包括一国规制、限制或者禁止访问其网络基础设施的权利，无论访问来自境内还是境外。领土主权和领土管辖权也可以适用于出现在一国国内的个人以及在一国领土内发生或者产生有害后果的行为。因此，网络空间的特点并没有阻碍领土主权与管辖权的行使，而领土管辖权的一个具体特征就是效果原则（effects doctrine）：国家有权对在境外实施而在境内产生效果的行为实施管辖。[③] 效果原则在德国与中国都有主张者。例如，有德国学者认为，“在通过互联网促成的犯罪中，结果地是被指控的举止产生作用的地方：若在国内发生了相应法规的构成要件和保护目的所规制的某种状态，那么构成要件结果也就实现了”[④]。又如，有中国学者也借鉴效果原则的理论思路，主张类型化的司法管辖权，区分网络设施、网络主体和网络信息，分别适用领土原则、国籍原则和效果原则，以最大限度地维护国家利益。[⑤]

二是普遍原则，认为网络空间具有独立性。首先，网络空间是一个无形

---

① See Darrel C. Menthe，“Jurisdiction in Cyberspace：A Theory of International Spaces”，*Michigan Telecommunications and Technology Law Review*，vol. 4（1997—1998），pp. 88 - 93.

② See Eric Talbot Jensen，“Cyber Sovereignty：The Way Ahead”，*Texas International Law Journal*，vol. 50（Spring-Summer，2015），p. 296.

③ See Wolff Heintschel von Heinegg，“Territorial Sovereignty and Neutrality in Cyberspace”，*International Law Studies*，vol. 89（2013），pp. 132 - 134.

④ ［德］乌尔斯·金德霍伊泽尔：《刑法总论教科书》，蔡桂生译，北京大学出版社 2015 年版，第 35 页。

⑤ 参见张新宝、任彦：《网络主权的理论与网络空间法治》，《法制日报》2016 年 9 月 28 日第 09 版；Stephan Wilske & Teresa Schiller，“International Jurisdiction in Cyberspace：Which States May Regulate the Internet”，*Federal Communications Law Journal*，vol. 50（December，1997），pp. 129 - 131。

空间，不占用物理或地理位置。其次，网络空间是一个电子场所，个人、企业、社区、政府和其他角色可以瞬时、同时或以无处不在的方式存在于民族国家的边界之内和之外。最后，网络空间是一个媒介，通过它，在现实空间某一辖区的用户可以与在现实空间另一辖区的用户通信交流。因此，互联网的关键特征是，它被设置为逻辑运行（operate logically），而非地理运行（operate geographically）。互联网将用户带入网络空间的独立世界，并且没有互联网账户，就没有人存在于网络空间。网络空间是一个独立的电子场所，人们可以每天生活在其中。网络空间是一个发生电子交往（electronic transactions）的电子场所，新技术可能会通过使用更先进的设备带来更先进的虚拟世界。总之，没有一个比拟或法律类似物可以描述网络空间的各种各样的性质。因此，有必要建构认知互联网关系复杂性的新术语：网络空间管辖权（cyberspace jurisdiction）、网络空间主权（cyberspace sovereignty）、网络社会（cyberspace society）、网络空间行为（cyberspace actions）、电子行为（electronic actions）、电子实体（electronic entities）。这些新术语串联起一幅网络空间管辖的图景：网络空间主权不与任何特定的国家主权相联系，而仅仅与网络空间自身的主权相联系；网络社会是网络空间主权立法的推动力；网络空间行为造成的结果不与现实世界相联系，而仅仅在网络空间产生、运行和发生效果，此时，有必要为网络空间行为建立一种网络空间管辖权，为与电子实体相联系的电子行为建构网络空间主权。最后，鉴于电子交往对所有辖区都有潜在影响，思考允许全球所有法院处理网络空间交往和纠纷的普遍网络空间管辖权（universal cyberspace jurisdiction）将带来和谐与安定。①

上述两种管辖进路都有不足，也都有可借鉴之处。认识二者之优劣，进而扬长避短的前提是，认识网络空间本身。网络空间有四个层次：第一，物理层次（the physical layer），包括所有硬件设备，涉及路由器、交换机、存储介质、卫星、传感器和其他有线、无线技术管道。物理的基础设施位于地

① See Georgios I. Zekos, "Cyber versus Conventional Personal Jurisdiction", *Journal of Internet Law*, vol. 18, no. 10 (April, 2015), p. 24; Georgios I. Zekos, "Cyber-Territory and Jurisdiction of Nations", *Journal of Internet Law*, vol. 15, no. 12 (June, 2012), pp. 5 - 7.

理的现实空间，因而属于不同国家管辖的事情。第二，逻辑层次（the logical layer），是指代码。其构成了软件以及包含在这个软件之内的协议。协议经形式化成为标准，软件就是执行这些协议的计算机程序。第三，内容层次（the content layer），是指在网络空间内创建、捕获、存储和处理的所有信息。信息作为知识，涉及物体、过程和思想，包括由社交媒体网站发送的所有人类可读信息、保存在虚拟数据库中的文章和书籍、通过博客和网站广播的新闻，以及在线消费的音乐、电影、图片，等等。第四，社会层次（the social layer）。是由所有人组成，他们使用和确定网络空间的特性：形成明确的人际互联网，而非含蓄的硬件和软件组成的互联网。从根本上讲，社会层面既包括政府，也包括私营部门、市民社会和技术社区参与者。① 以网络空间的这四个层次为标准，可以较为准确地评价效果原则与普遍原则的优劣。

效果原则以领土为基础，顾及了网络空间的物理层面，却忽略了网络空间的逻辑层面。具言之，如果说领土原则对应网络空间的物理层面，国籍原则对应网络空间的社会层面，那么效果原则只能对应网络空间的内容层面的一部分，且完全无法对应网络空间的逻辑层面。对应于线上结果与线下结果的三种关系类型，效果原则能够适用于“线上结果就是线下结果”与“归结为线下结果较为妥当”的情形，却在“线上结果与线下结果重合”的场合无能为力。实际上，效果原则与实害或者影响关联性标准、中国现行刑法中属地管辖原则的结果标准并没有实质区别，其仍解决不了案例 1 中的难题。此外，领土原则、国籍原则与效果原则的管辖三分法的类型化效果也具有缺陷。例如，在中国注册的网络公司位于美国并在美国建设网络基础设施。由于网络管辖设施位于美国，而网络管辖设施适用领土原则，因此，美国具有管辖权。又由于网络公司注册于中国，而网络主体适用国籍原则，因此，中国具有管辖权。对此，有三个问题：首先，领土原则与国籍原则二者虽不冲突，但存在一个位阶问题。其次，在刑法上虽有属地原则，但与领土原则分属两个范畴。正如前文所述，领土原则是一个与网络主权立场

① See Georgios I. Zekos, “Demolishing State's Sole Power over Sovereignty and Territory via Electronic Technology and Cyberspace”, *Journal of Internet Law*, vol. 17, no. 5 (November, 2013), p. 4.

密切相关的概念，其本身并不是管辖规则。如果将网络管辖设施所在地作为领土原则具有管辖功能的理由，那么，它就面临与领土具体化说一样的困境。最后，又如，对于黑客于国外攻击位于中国的网络管辖设施，既可以适用领土原则，也可以适用效果原则，因而效果原则不是只适用于发布网络信息的场合。此时，领土原则与效果原则的关系以及效果原则的适用范围需要重新厘清。

普遍原则虽然充分认识到了网络空间的逻辑层面，而且以此为原则贯穿于各个场合的始终，但目前付诸实践的可能性较小。例如，针对网络恐怖主义，有学者主张在应然层面建立超国家组织、在实然层面加强国际协调。“互联网技术已经难以控制地嵌入我们的城市、社会和商业，但还没有一种政治意识形态或经济理论经过发展能够解释或探讨其蕴涵。数字全球化可能是第一次真正的国际范围和国际意图的人类行为，它为国际法律制度的变革提供了一个有力的契机。针对全球信息基础设施的恐怖主义也必然是全球性的。也许，在未来，超国家组织将会到位以更好地打击这种威胁。然而，当前的法律秩序仍以民族国家主权为基础，国际协调对于打击计算机恐怖主义至关重要。”[①] 因此，“计算机相关犯罪是一个国际问题，国际问题需要国际解决”[②]。普遍原则的符合当下国际实际的做法是国际合作。

言而总之，与已有的管辖规则相比，效果原则并没有新的突破，而普遍原则因过于超前而目前无法付诸实践。因此，解释者需根据中国网络主权观重构中国的管辖规则。这将是区别于效果原则和普遍原则的第三条进路。而对实害或者影响关联性标准和领土具体化说的批判，要求该第三选择至少能够避免前二者的弊端。

（三）第三选择：结果及与行为的关联

中国物理的网络主权要求物理地认定属地管辖中的行为实施地和结果发

---

① Henry H. Perritt，Jr.，“Jurisdiction in Cyberspace”，*Villanova Law Review*，vol. 41（1996），pp. 127－128.

② Stephen P. Heymann，“Legislating Computer Crime”，*Harvard Journal on Legislation*，vol. 34（Summer，1997），p. 390.

生地。[①] 正如民事审判实践对侵权行为地的认定，刑法上属地管辖中的行为实施地也应为实施犯罪行为的计算机等终端设备所在地，亦即行为人所在的计算机等终端设备操作地。复杂的问题仍然集中在属地管辖中的“结果”这一接触点上：如何认识遍在规定中的结果以解决案例 1 与案例 2，同时又能恰当地说明其他涉网管辖案件与传统线下管辖案件？换言之，关于涉网管辖案件，需要一种对管辖条文中的结果概念的解释结论，该结论能够一致性地应对线上结果与线下结果的三种关系类型。要达到这一解释效果，就需要一般性地解释属地管辖原则中的结果概念，而不应就特定的网络情形进行个别解释。

从一般场合出发，结果对行为具有空间上的依附性[②]，也具有独立性。这在方法上与美国司法实践通过考察非居民被告在法院地的活动（行为）的

① 虽然刑法实体法上的管辖与刑事程序法上的管辖分属不同范畴，但在接触点的选择上具有互鉴意义。最高人民法院《关于适用〈中华人民共和国刑事诉讼法〉的解释》（2020 年 11 月 5 日最高人民法院审判委员会第 1820 次会议通过）第 2 条第 2 款规定，“针对或者利用计算机网络实施的犯罪，犯罪地包括犯罪行为的网络服务使用的服务器所在地，网络服务提供者所在地，被侵害的信息网络系统及其管理者所在地……”。由此可见，国内法院的审判管辖以服务器为接触点。就刑法的网络空间效力而言，德国学者西贝尔（Sieber）亦有类似主张：“就网络而言，这在‘拉取技术’和‘推送技术’两种不同的网络技术上有所差别。所谓拉取技术，指可在德国读取国外数据，例如点选外国网页；推送技术，则指在国外之数据主动传输到在德国的计算机系统。因此，使用‘推送技术’可在德国建立犯罪地，使用‘拉取技术’则否。”这虽然充分体现了中国网络主权的物理逻辑，但是，尚且不论其在诉讼法中的优劣，可以肯定的是，如果将其运用到实体刑法的属地管辖中，则会存在诸多弊端。例如，信息网络技术日新月异，推送和拉取的区别可能越来越不重要。又如，在中国，跨国跨境电信诈骗犯罪的服务器大多在境外，可是，毫无疑问，中国仍有管辖权。虽然“判断网络犯罪地，原则上不能对网络科技背景视而不见”，但是亦不能将其作为确定属地管辖的唯一连接点。总之，该学说业已遭到激烈批判。参见［德］赫尔穆特·查致格：《国际刑法与欧洲刑法》，王士帆译，北京大学出版社 2017 年版，第 51 页；［德］埃里克·希尔根多夫：《德国刑法学：从传统到现代》，江溯、黄笑岩等译，北京大学出版社 2015 年版，第 406 页以下；Darrel C. Menthe，“Jurisdiction in Cyberspace：A Theory of International Spaces”，*Michigan Telecommunications and Technology Law Review*，vol. 4（1997—1998），p. 79；Georgios I. Zekos，“Cyber versus Conventional Personal Jurisdiction”，*Journal of Internet Law*，vol. 18，no. 10（April，2015），p. 17。

② 结果亦对行为具有时间上的依附性。众所周知，艾滋病病毒在人体内具有一定的潜伏期（平均为 8～9 年）。假设甲明知自己是艾滋病患者仍与乙发生性关系，乙感染病毒十年后才发病身亡。由于行为当时并未出现死亡结果，很难在乙感染病毒之时将甲的行为认定为故意杀人（既遂）罪。又因为行为与结果相距十年之久，所以也无法轻易于乙死亡之时再对甲判定故意杀人（既遂）罪。因此，2013 年 7 月 19 日公安部《关于公安机关处置信访活动中违法犯罪行为适用法律的指导意见》第三项第一点规定，“明知患有艾滋病或者其他严重传染疾病，故意以撕咬、抓挠等方式伤害他人，符合《刑法》第二百三十四条规定的，以故意伤害罪追究刑事责任”。2017 年 7 月 21 日“两高”《关于办理组织、强迫、引诱、容留、介绍卖淫刑事案件适用法律若干问题的解释》第 12 条第 2 款规定，明知自己感染艾滋病病毒，故意不采取防范措施而与他人发生性关系，致使他人感染艾滋病病毒的，以故意伤害（致人重伤）罪定罪处罚。

两个变量来确定管辖权同质。美国最高法院首席大法官斯通在国际鞋业案中确立了著名的最低联系标准，而最低联系标准的具体检验方法是实质考察被告活动的品质和性质的“斯通公式”：（1）被告在法院地的活动水准；（2）诉讼请求与被告活动的相关程度。[①] 具言之，当非居民被告在法院地的活动持续而系统（continuous and systematic）且引起了诉讼请求（give rise to the liabilities sued on）时，该州法院获得管辖；当非居民被告在法院地的活动个别或零星（single or isolated）且诉因与此活动无关（suits unrelated to that activity）时，该州法院无法管辖。[②]

一方面，斯通公式的第一个变量说明行为具有内在专属特性。相同的是，属地管辖中的结果要素基于危险到实害的程度不同亦具有独立意义：实害发生地法院比危险发生地法院更有管辖资格。换言之，结果越接近实害，管辖地位就越高，反之，结果越滑向抽象危险，管辖地位就越低。

另一方面，斯通公式的第二个变量说明行为具有外在联系特性。相似的是，属地管辖中的结果要素基于自然因果律总是与行为相联系。详言之，因果关系具有时间序列性，在任何因果关系中，原因必定在先，结果只能在后。[③] 不联系原因的结果具有偶然性，可能会使人们无法预测所受约束之法，难以承受守法义务之重。“无论被告在某处停留多短时间，人身在场(因为行为之时即在场情形之一，所以该原则与不受因果关系紧密度限制的行为地标准具有一致之处——引者注）这一彭诺耶规则都将被告本人就在诉讼地作为对其行使对人管辖权的充分基础。甚至当一个非本州居民被告开车或乘飞机旅行、经过此地时，这一形而上学的教条也认为可以对其送达传票。当全社会流动性不断增强时，这一原则导致了州法院管辖权行使的偶然性。”[④] 因此，在隔离犯的场合，无论结果在空间上相距行为有多远，在物

① 参见［美］斯蒂文·N. 苏本等：《民事诉讼法——原理、实务与运作环境》，傅郁林等译，中国政法大学出版社2004年版，第577页。

② Int'l Shoe Co. v. State of Wash.，Office of Unemployment Comp. & Placement，326 U.S. 310，316，317 (1945)．

③ 参见刘艳红：《刑法学》（上），北京大学出版社2016年版，第121页。

④ ［美］杰克·H. 弗兰德泰尔等：《民事诉讼法》（第3版），夏登峻等译，夏登峻校，中国政法大学出版社2003年版，第92页；李瑞生：《美国短暂过境管辖权之研究——以联邦最高法院案例为中心》，《中正大学法学集刊》2006年总第20期。

理世界的因果链条中，结果总是不能脱离行为而存在，其总是具有一定的行为指向性：处于越紧密、集中、直接的因果系统中的结果的发生地法院，越具有较强的管辖欲望；反之，结果与行为之间的关系越松散、间接、遥远，该结果发生地法院相应的管辖欲望就越弱。需要附带说明的是，该模型下的属地管辖原则中的结果不完全等同于构成要件结果，还包括构成要件危险结果的实害形态。一方面，这避免了实害或者影响关联性标准中的“影响”要素的恣意扩大或者缩小。另一方面，这与属地管辖原则中的行为概念相契合，即，这里的行为不仅仅是指实行行为，还包括了预备行为等。

由上可知，以属地管辖为核心的刑法的网络空间效力之确定具有两个主轴：一是结果的自身等级，二是结果与行为的关联度。其中，结果（从危险到实害的各种形态）是核心。该标准的最大特点在于，它不但能够确定谁有管辖权，而且能够确定在多个有管辖权的国家中谁的管辖权更具优势，而这一点是与司法实践紧密相关的。刑法的空间效力作为主权宣示越广泛越有利于国家利益，但在实务中，刑法的管辖权由于他国主权的阻隔而无法行使的情况普遍存在，如章莹颖在美失联案就是如此。结果及与行为关联度标准是以中国的网络主权观为理论基础、关于现行《刑法》第 6 条属地管辖规定在网络时代的解释结论。一方面，领土具体化说中的具体化之领土所借鉴的国际私法连接点缺乏刑法上的规范依据，而结果及与行为关联度标准是以刑法明文规定的行为与结果为连接点。另一方面，实害或者影响关联性标准中的“影响”和“关联性”缺乏明确性，而结果及与行为关联度标准中的“行为地”“结果地”“关联度”具有明确内涵。与中国网络主权的事实性和领土性相适应，行为地是实施犯罪行为的计算机等终端设备所在地，结果地是从危险到实害的各种结果形态所在地；关联度是行为与结果的因果关系紧密度。具言之，第一，当结果形态越接近实害，结果与行为的关联越集中、直接时，管辖地位最高；第二，当结果形态越接近危险，结果与行为的关联越集中、直接时，管辖地位居中；第三，当结果形态越接近危险，结果与行为的关联越松散、间接时，管辖地位最低；第四，当结果形态越接近实害，结果与行为的关联越松散、间接时，管辖地位居中。如图 5－1 所示。该理论模型不但能够为一般管辖案件提供权力基础，尤其能够有效说明一些极端、疑难案件的管辖。

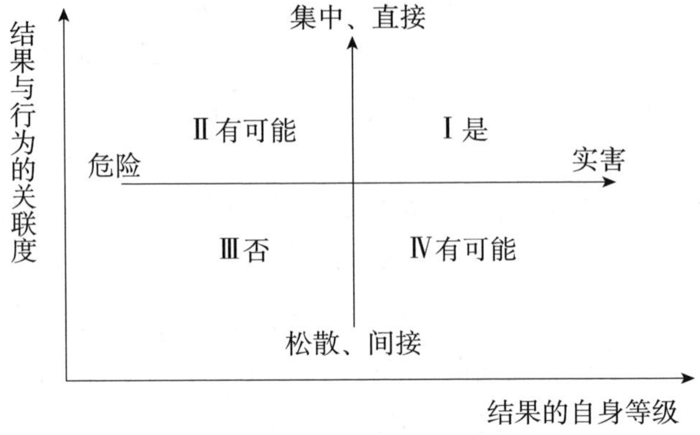

图 5-1　由结果发生地确定管辖权的象限模型

首先，对结果及与行为关联度标准能够以极端案型来检验。以短暂过境为例，假设甲在飞行器上杀乙，飞行器以极快的速度瞬间经过 A 国、B 国、C 国、D 国等四国。已知甲的杀人的实行行为从 A 国开始，经过 B 国和 C 国；乙的死亡结果出现在 D 国。根据上述十字结构，四国的管辖权分布是：D 国的＞C 国的＞B 国的＞A 国的。如果甲计划在 A 国就杀死乙，那么，因为在 A 国的行为具有结果发生地的指向性，所以 A 国的管辖地位就会上升。如果甲在 A 国已经对乙造成致命伤，虽然乙的死亡结果出现在 D 国，但由于飞行器从 A 国到 D 国的时间极短，所以出现死亡结果的 D 国的管辖地位也不会实质地高于 A 国的。因此，该标准具有管辖衡量功能。

其次，结果及与行为关联度标准能够解决一般传统案型。以典型的隔地犯为例，假设丙从 E 国境内在 E 国与 F 国的国界线开枪射杀在 F 国境内的丁，丁在 F 国受伤后，前往 H 国治疗，但不幸在途经 G 国时死亡。根据上述十字结构，G 国的管辖权在第四象限；E 国和 F 国的管辖权在第二象限。由于伤害结果发生在 F 国且具有直接的行为指向性，综合来看，在三国中，F 国最具管辖优势，其次是 E 国，最后是 G 国。据此，第二和第四象限的管辖的“有可能”并不一定是完全等价的，而是能够根据具体案情再分出权力优势的高低。

最后，结果及与行为关联度标准能够解决线上疑难案型。以抽象危险犯为例，对于案例 1 与传播淫秽物品案而言，根据上述十字结构，其管辖权的确定在第二象限。该方框表明，抽象危险犯的管辖更加依赖结果与行为的关联度。由抽象的危险结果发生地确定管辖权，要寻找行为直接的结果指向地。在此场合，结果发生地与行为实施地往往近乎重合，亦即行为实施之时，抽象的危险即发生。因此，身在美国的美国人在美国的服务器上诽谤另一名美国人，在毁损名誉的抽象危险与诽谤行为的联系上，美国更具集中的因果系统，因而占据更高的管辖地位。如果作为行为人的美国人在中国境内的网络服务器上张贴诽谤内容或者作为被害人的美国人居住在中国，那么，因诽谤行为密集指向了中国，中国亦有较高的管辖权限。又假设作为被害人的美国人在中国遭到切实的社会评价的降低，亦即在美国的毁损名誉的抽象危险在中国实害化，则中国会因结果等级的提高而获得较高的管辖地位。

综上所述，结果及与行为关联度标准兼具形式与实质功能。在形式上，该标准并没有创造超法规的连接因素，而是紧紧围绕刑法规定的行为与结果以及相互之间的因果联系建构属地管辖原则在网络空间的具体适用规则。在体系上，该标准不但可以适用于网络空间，也可适用于物理空间，因而具有一定的普遍理论意义。在实质上，该标准并不致力于得出数学计算般的唯一精确结果，而是试图就复杂的网络犯罪管辖问题形成一种衡量性的评价机制，即根据案例各自的具体情境对管辖地位的高低进行功能性排序，以期标准具有灵活性和自洽性。

四、余论：网络时代管辖的建构原则

传统的属地管辖原则在网络空间失灵。实害或者影响关联性标准是解决刑法的网络空间效力问题的方案之一，但是，该标准具有形式较模糊、内容不确定、借鉴不充分、根据不明确等缺陷。随之而来的是，中国刑法无法原封不动地移植最低联系标准、最密切联系原则、领土具体化说、社会关系重心说、效果原则、普遍原则等。中国的网络主权是一项事实性和领土性的物理权力。基于该网络主权观，结果及与行为的关联度模型可能是对中国管辖规定的最优解释。根据此模型，实害结果及其与行为的关系越直接、集中，法院地法院的管辖地位越高；危险结果及其与行为的关系越间接、松散，法院地法院的管辖地位越低。无论如何，刑法的网络空间效力的标准设定应遵循国家主权原则、刑法体系性原则、程序正当性原则、司法技术性原则、国际法标准原则等五项原则。

国民的生活越闭塞，管辖的问题越简单；人口的流动越活跃，管辖的难题越复杂。社会的流动经历了从农业社会的牛马步行到工业社会的火车飞机，再到信息社会的电子网络。在此背景之下，管辖的课题历久弥新，且随着社会大迁移的方式、规模、速度等的新变革，刚刚建构的十字模型也可能被随时推翻。然而，即便如此，属地管辖制度的再建构仍有规律可循。“管辖权是一种法律威权，在当下实践中至少分为三种类型：立法性管辖权（prescriptive jurisdiction）、司法性管辖权（adjudicative jurisdiction）和执法性管辖权（enforcement jurisdiction）。”[①] 立法性管辖权旨在解决一国是否具有规制某行为的立法权，司法性管辖权意在回答法院是否有权审理某特定纠纷。[②] 立法性管辖权具有原则性，对外带有极强的主权宣示意义。三者可能的冲突在于，某国虽容易基于国内权力将某跨国跨境网络行为规定为犯罪，但由于种种现实障碍，本国法院却无法审判/执行相关案件/判决。正如法国最高法院指出的，“司法管辖权就意味着立法管辖权”[③]。在解释中国刑法典中的管辖条文时，就需要遵循一定的解释原则以达至立法性管辖与司法性管辖的统一。

第一，国家主权原则。其中包括主权平等原则、不干涉原则等。“互联网的全球治理法治化要坚持尊重国家主权原则，建立平等参与互联网规则制定的机制，增强全球互联网治理的制度供给，最终实现全球互联网共享共治。”[④] 尤其要考虑的是反射效应，即，自认为有利于本国利益的制度设计当被他国采纳时，可能会伤及后者。

第二，刑法体系性原则。其中包括解释结论的确定性和一致性等要求。具言之，不能简单地作个别解释，而应全局性地思考问题，以推动刑法体系的发展。网络刑法学的研究不但要关注和解决网络时代提出的线上新问题，

---

① Alfred P. Rubin, “Is International Criminal Law ‘Universal’?”, *University of Chicago Legal Forum*, 2001, p. 364.

② See Jonathan Clough, *Principles of Cybercrime* (2th ed.), Cambridge: Cambridge University Press, 2015, p. 475.

③ [法] 卡斯东·斯特法尼等：《法国刑法总论精义》，罗结珍译，中国政法大学出版社 1998 年版，第 174 页。

④ 支振锋：《互联网全球治理的法治之道》，《法制与社会发展》2017 年第 1 期。

也要以线下传统案件能否被妥当解决来检验针对线上问题所得出的结论，以达至线上和线下的一致。

第三，程序正当性原则。其中包括一事不二罚、国民行为规范的合理预期等内容。就国内法而言，法秩序统一是一种理想状态。互不矛盾的法规范能够保证国民的行动自由。在互联互通的全球化时代，法律的正当程序应该准用于每个地球村村民，不能因为管辖权的交叉而使一个犯罪事实受到各国的刑罚处罚。

第四，司法技术性原则。该原则要求确定的连接点具有可预测性、可操作性和可检测性。对于被管辖者而言，作为一种国家主权和权力形态的管辖权的运作应当公开、透明。任何本国人或者无国籍人都不应该处于随时可能被某他国进行刑事管辖的恐惧之中。对于管辖者而言，不能对不同的被管辖者采取双重甚至多重标准。

第五，国际法标准原则。管辖的真正实现离不开国际合作。例如，中美“双方愿改进与对方在打击网络犯罪方面的合作，包括及时分享网络犯罪相关线索和信息，及时对刑事司法协助请求作出回应，包括网络诈骗（含电子邮件诈骗）、黑客犯罪、利用网络实施暴力恐怖活动、网络传播儿童淫秽信息等”①。只有具有国际视野、采纳国际法标准，才容易在互相尊重的基础上与他国达成司法互助协议。

① 首轮中美执法及网络安全对话：《首轮中美执法及网络安全对话成果清单》，《人民公安报》2017年10月7日第001版。

第六章

共犯处罚：网络中立帮助行为的可罚性

为了应对网络犯罪在实践中所带来的紧迫问题，《刑法修正案（九）》第29条修改了《刑法》第287条，新增了第287条之二，从而增加了一个新的罪名：帮助信息网络犯罪活动罪。[①] 网络服务提供者的服务具有日常性，且其主观上至少是未必的故意，这决定了该罪的行为属于典型的中立帮助行为，因此，此罪名的设立实际上意味着网络犯罪帮助行为的正犯化。帮助行为正犯化折射出来的问题是，刑法作为国家施加于个人的强制手段，应在何种范围内以何种力度处罚个人。面对网络这样一个发散性、随意性极强的平台，将出于违法或者犯罪动机或故意的帮助行为一律入罪化，还需要进一步的反思与探讨。

一、帮助信息网络犯罪活动罪的中立帮助行为性与正犯性

（一）帮助信息网络犯罪活动罪的中立帮助行为性

帮助信息网络犯罪活动是指明知他人利用信息网络实施犯罪，为其犯罪提供互联网接入、服务器托管、网络存储、通讯传输等技术支持，或者提

① 该条规定，“在刑法第二百八十七条后增加二条，作为第二百八十七条之一、第二百八十七条之二”，其中“第二百八十七条之二”规定：“明知他人利用信息网络实施犯罪，为其犯罪提供互联网接入、服务器托管、网络存储、通讯传输等技术支持，或者提供广告推广、支付结算等帮助，情节严重的，处三年以下有期徒刑或者拘役，并处或者单处罚金。”“单位犯前款罪的，对单位判处罚金，并对其直接负责的主管人员和其他直接责任人员，依照第一款的规定处罚。”“有前两款行为，同时构成其他犯罪的，依照处罚较重的规定定罪处罚”。

供广告推广、支付结算等帮助，情节严重。帮助信息网络犯罪活动的行为入罪与“快播案”有着千丝万缕的联系。“快播案”和日本的其实行行为具有中立帮助行为性的“Winny软件案”[①] 几乎如出一辙，那么我国的帮助信息网络犯罪活动是否具有中立帮助行为的性质？回答这一问题至关重要，因为中立帮助行为与一般帮助行为相比，在可罚性上具有差异：对后者的可罚性通过因果共犯论极易作出判断，而对前者的可罚性的判断非常复杂。

中立帮助行为成立犯罪的典型案例是“螺丝刀案”，其基本案情是：顾客前往五金店购买螺丝刀，店员将螺丝刀卖给了顾客。最终该顾客使用购买的螺丝刀实施了住宅侵入罪的犯行。[②] 中立帮助行为是否具有可罚性一直为德、日刑法学者所争论，原因在于中立帮助行为具有区别于一般帮助行为的特殊性。一般来说中立帮助行为具有两个特性：一是帮助行为的日常性，即帮助行为是平时生活所常见的一般交易行为。二是帮助行为人主观的模糊性，也即帮助行为人的主观难以准确把握。比如松原芳博教授在定义中立帮助行为的时候，认为中立帮助行为人对于正犯的犯罪目的仅仅具有“推测的知道”[③]。就第一个特性而言，帮助信息网络犯罪活动罪所规定的为上网用户“提供互联网接入、服务器托管、网络存储、通讯支持等技术支持”，“本来是互联网时代最平常不过的一种技术工作，本身是中立无害的，不带有任何危害社会的性质。广告推广、支付结算等也是如此”。因此该罪所规定的中立帮助行为具有日常性。[④] 就第二个特性而言，帮助信息网络犯罪活动罪所要求的行为人的主观心态是“明知他人利用信息网络实施犯罪”。如采取松原教授这一观点，则因为推测的知道不具有确定性，不属于明知，所以该

---

① 该案的案情如下：“被告人开发了一种文件夹共有的软件——Winny，反复进行改良，将其公开在网站上，通过网络向不特定的多数人提供。有两名正犯，利用Winny软件，将具有著作权的游戏软件等信息向网络利用者公开传播，侵害了著作权人所拥有的作品公开传播权（日本著作权法第23条第1项），因而是实施了违反著作权法的犯行，在正犯的犯行之下，被告人公开且提供最新版的Winny软件的行为被以构成帮助犯为名提起公诉。”参见［日］塩見純：《中立的行為と幇助》，载［日］山口厚、佐伯仁志编：《刑法判例百選 総論第7版》，有斐阁2014年版，第176页。

② 参见［日］西田典之：《刑法総论》，2版，弘文堂2010年版，第343页。

③ 参见［日］松原芳博：《刑法総论》，日本评论社2013年版，第424页。

④ 参见车浩：《刑事立法的法教义学反思——基于〈刑法修正案（九）〉的分析》，《法学》2015年第10期。

罪的行为人的主观心态不符合中立帮助行为的第二个特性。

然而，中立帮助行为人的主观心态究竟如何？学者之间对此有不同见解。有学者认为，中立帮助行为的行为人主观上就是未必的故意。[①] 也有学者认为，这种主观的模糊性体现在帮助者对于正犯行为的计划至少是未必的故意。[②] 以上述“螺丝刀案”的店员为例，上述两种观点就可类型化为两类形式：一是“未必故意型”，即“店员见该顾客形迹可疑，怀疑顾客可能会用该螺丝刀实施犯罪行为，又不确定，并将螺丝刀予以出售”。二是“确知故意型”，即“店员已经知道顾客购买该螺丝刀是为了实施犯罪行为，但觉得事不关己，对此采取默认态度”[③]。笔者认为，中立帮助行为人的主观心态涵括了这两种形式。对于“未必故意型”自不待言。而“确知故意型”并不一定符合帮助的故意，因此帮助行为也可能是不具有可罚性的中立帮助行为。

但凡论及中立帮助行为人的主观心态，必然涉及帮助的故意。帮助犯成立的重要要件之一，就是具有帮助的故意。所谓帮助的故意，要求具有双重的帮助故意。第一重的故意是帮助他人从事特定犯罪行为的帮助故意；第二重的故意是帮助他人实现犯罪构成要件的帮助既遂故意。也就是说，要成立帮助犯，行为人除了必须认识到正犯行为是犯罪行为，还需要认识到自己的行为是一种对正犯行为的实现有所助力的帮助行为，也即知悉他人犯罪而有意予以助力。[④] 可见，即便行为人明知正犯的犯罪计划，但是并没有促进正犯实行的意思的，也可能成为不具有可罚性的中立帮助行为。那么在帮助信息网络犯罪活动罪当中，即便当事人明知存在正犯意欲实施正犯之犯行，但是，由于认为自己所从事之行为是正常的交易，并没有任何促进该正犯之行为既遂的意思，显然也难以直接认定其行为构成帮助犯。因此，可以说帮助信息网络犯罪活动是典型的中立帮助行为。

---

① 参见［日］小野上真野：《ファイル共有ソフトの提供につき公衆送信権侵害罪の幇助が否定された事例》，《早稲田法学》2010 年第 4 号。

② 参见［日］豊田兼彦：《Winny 事件と中立的行為》，《刑事法ジャーナル》2010 年第 22 号。

③ ［日］亀井源太郎：《Winny 事件最高裁决定と中立的行为论文》，《法学研究：法律・政治・社会》2014 年第 3 号。

④ 参见王皇玉：《刑法总论》，新学林出版股份有限公司 2014 年版，第 469－470 页。

（二）帮助信息网络犯罪活动罪的帮助行为正犯性

“共犯与正犯的不法性内容，实质上并非完全无关联。”① 无论根据传统的严格从属性说还是根据目前多数学者所采用的限制从属性说，共犯均从属于正犯而存在。帮助行为具有不同于实行行为的特征，对于帮助行为是通过刑法总则而非分则予以规定的。我国《刑法》第 27 条虽未明确帮助犯，但是其规定的从犯之中便包括了帮助犯。然而，随着刑法处罚范围的调整，在刑法分则当中出现了越来越多的含有“帮助”“协助”“提供”等具有帮助行为性质的罪名。如果帮助行为被刑法分则规定，则该行为不能再被称为正犯行为的帮助犯，而是独立的正犯。比如《刑法》第 358 条第 4 款所规定的协助组织卖淫罪：协助是典型的帮助行为，协助他人组织卖淫本应当被认定为组织卖淫罪的帮助犯，但是刑法分则已经将该协助行为规定为独立的罪名，所以无法再以帮助犯来认定。这种在“刑法分则条文直接将某种帮助行为规定为正犯行为，并且设置独立的法定刑”② 的趋势就是帮助行为的正犯化。帮助行为的正犯化在我国的刑法典当中广泛存在，其中包括资助危害国家安全犯罪活动罪，为境外窃取、刺探、收买、非法提供国家秘密、情报罪，资助恐怖活动罪，非法提供公民个人信息罪，提供侵入、非法控制计算机信息系统的程序、工具罪，非法运输盗伐、滥伐林木罪等等数十个罪名。

张明楷教授将刑法分则中规定的由帮助行为构成的独立罪名细分为三种情况——帮助犯的绝对正犯化、相对正犯化（合称为帮助犯的正犯化）和量刑规则；并认为，帮助信息网络犯罪活动罪并不是帮助犯的正犯化，而只是帮助犯的量刑规则，意即“帮助犯没有被提升为正犯，帮助犯依然是帮助犯，只是因为分则条文对其规定了独立的法定刑，而不再适用刑法总则关于帮助犯（从犯）的处罚规定的情形”；并认为《刑法》第 120 条之一第 1 款规定的资助恐怖活动罪是帮助犯的绝对正犯化，因为该罪的成立并不需要以正犯实施符合构成要件的不法行为为前提，而帮助信息网络犯罪活动罪是帮助犯的量刑规则，因为该帮助行为的成立以正犯（即网络犯罪活动罪的实施主体）实施了符合构成要件的不法行为为基础。③ 这种观点值得商榷：其

① 苏俊雄：《刑法总论》，2・犯罪总论，作者自版 1998 年版，第 399 页。

② 张明楷：《论〈刑法修正案（九）〉关于恐怖犯罪的规定》，《现代法学》2016 年第 1 期。

③ 参见张明楷：《论帮助信息网络犯罪活动罪》，《政治与法律》2016 年第 2 期。

一，正因为《刑法》第287条之二规定的帮助信息网络犯罪活动罪是独立的罪名，所以其才有独立的法定刑。换言之，条文对其规定独立的法定刑是其构成独立的罪名为前提的，而这一独立的罪名，正是将网络帮助行为独立于被帮助的网络犯罪行为而设立的。此种立法，不是对总则中的共犯处罚规定的补充，而是将共犯帮助行为独立入罪而新增罪名。将此立法认为是“帮助犯的量刑规则”，在立法上故意淡化了分则的罪名设置功能，而只突出了其刑罚设置功能。其二，将帮助网络信息网络犯罪活动罪解释为总则中的共犯规定之外的“量刑规则”，将会导致总则中的共犯理论被虚置，总则关于从犯、帮助犯等的规定都会无法适用，从而必将使总则所确立的犯罪一般原理都被分则架空，最终丧失其指导分则的意义。果如此，总则和分则之分都将不存在。其三，最为重要的是，将刑法典同样的将帮助行为单独入罪的立法，比如资助恐怖活动罪、帮助信息网络犯罪活动罪等，人为分成帮助犯的绝对正犯化、相对正犯化和量刑规则，显然是一种“强硬”解释，它不符合解释的体系规则、正犯与共犯相区分的基本原理。在刑法分则所有含有“帮助”“协助”“提供”等字眼，具有帮助行为性质的罪名中，如果“正犯”没有实施符合构成要件的不法行为，则这些罪名是否成立将引发争议。在帮助信息网络犯罪活动罪中，在行为人明知他人要实施网络犯罪活动而提供相应的网络技术支持，但是他人后来没有实施该网络犯罪活动，或者没有使用相应的网络技术支持的情况下，行为人不触犯帮助信息网络犯罪活动罪的理由并不是该罪名并非帮助行为正犯化，而是这种情况下帮助行为不具有实质可罚性。

当然，绝大多数学者认为帮助信息网络犯罪活动罪是帮助行为正犯化的体现：明知他人利用信息网络实施具体的犯罪活动，却仍然为这些犯罪提供互联网接入、服务器托管、网络存储、通讯传输等技术支持，或者提供广告推广、支付结算等帮助行为的，本来应该和刑法分则中相关罪名的直接行为人构成共同犯罪，在地位和作用上应被评价为从犯（起次要或辅助作用），然而在《刑法修正案（九）》实施后，却可以根据新增的《刑法》第287条之二，直接按照帮助信息网络犯罪活动罪评价。[1] 这“将本来还存在理论争

---

① 参见袁博：《从刑法修正案看侵犯著作权的“防卫线”前推》，《中国知识产权报》2015年12月25日第9版。

议的中立帮助行为，一下子提升为正犯（受）处罚了”[①]。笔者赞同这种观点。刑法分则中的含有“帮助”“协助”“提供”等字眼、具有帮助行为性质的罪名，都可以被分解为“明知＋帮助”的规范解读模式。比如资助恐怖活动罪，其可以被分解为“明知他人是恐怖活动组织，或者恐怖分子，而为其提供金钱或者物资的帮助行为”，而经过分解后的罪名，和帮助网络信息犯罪活动罪没有任何区别。总之，帮助信息网络犯罪活动罪与资助恐怖活动罪、协助组织卖淫罪等刑法中所有含有“帮助”“协助”等类似字眼的罪名一样，都属于帮助行为的正犯化。

二、我国网络中立帮助行为可罚性的阶段性演变

近二十余年间，在日本，中立帮助行为问题被广泛地予以讨论，而德国对中立帮助行为的诸多探讨起始于 1994 年联邦宪法法院的“德累斯登银行案”[②]。该案之后，大量与此相关的文章被发表出来。实际上，中立帮助行为这一问题自身，早在 19 世纪就已经为法学界所知悉。[③] 中立帮助行为也被称为外部的中立的行为、日常的行为、职业典型的行为、职业上的相当性或者习惯的业务活动，亦可直接简称为中立行为，等等。[④] 通过其词语的表面意思可以推测出来，其是指在日常生活中，行为至少在外形上是中立的，也即不存在犯罪的主观意思，但是这样的行为在客观上对正犯行为起到促进作用。这样的行为是否应当成立帮助犯就是中立帮助行为的核心问题，比如还款购枪杀人案：“甲从 Y 教授那里借了 100 万日元，在还款期到来的时候，将该笔款项还给了 Y 教授。就在还款的时候，甲知道 Y 教授是计划用该 100 万日元去购买枪支，并且用该枪支杀害 M 教授。而正如 Y 教授所计划的那样，其购入枪支并杀害了 M 教授”（下文简称“还款购枪杀人案”）[⑤]。此案中甲的行为是否构成杀人罪的帮助犯就成为一个难以回答的问题。中立帮助

① 车浩：《刑事立法的法教义学反思——基于〈刑法修正案（九）〉的分析》，《法学》2015 年第 10 期。

② BVerfG wistra 1994，221ff..

③ 参见［日］山中敬一：《中立的行為による幇助の可罰性》，《関西大学法学論集》第 56 卷第 1 号。

④ Vgl. Harald Niedermaier，Straflose Beihife durch neutrale Handlungen?，ZStW 107（1995），S. 507.

⑤ ［日］川口浩一：《客観的帰属論と共犯の関係—問題の所在》，《日本刑法学会刑法雑誌》第 50 卷第 1 号。

行为的特点之一在于“帮助”行为的日常性。有德国学者将所有的中立帮助行为的各种案例进行归纳，总共类型化为四种情形：(1) 交易行为的类型，(2) 业务上的协力类型，(3) 民法上的义务履行类型，以及 (4) 脱离自己关心的追求类型。[1] 其特点之二在于“帮助”故意的特殊性。中立帮助行为中的行为人并非肯定不知道正犯会实施犯罪行为，但又不确定正犯是否一定实施犯罪行为，而是料想对方或许会实施犯罪行为，自己的行为或许会促进对方犯罪行为的实现，而放任这一结果的发生。我国传统的故意分为直接故意与间接故意，直接故意乃“明知且追求”，间接故意是“明知且无所谓(放任)”。而中立帮助行为的故意往往不属于明知，可以被表达为“怀疑且无所谓 (放任)”。[2] 正是这两个特性，导致中立帮助行为是否构成帮助犯这一问题很难回答。

而在网络化的大背景之下，作为中立帮助行为的特殊形式的网络中立帮助行为业已成为其重要表现之一。网络中立帮助行为区别于传统的中立帮助行为的特殊性体现在，其可以存在于没有正犯的案件之中。大凡在刑法之中谈及“帮助”必然是在共同犯罪的范围之下，也必然以正犯存在为前提。但是，“随着信息泛滥时代的到来，信息通信变得极度地简易化、高速化，也使存在一般违法行为会给法益侵害带来质和量的扩大化。信息时代的便利使法益侵害变得简单。也正因此，我们成为帮助犯被起诉的可能性变得更大”[3]。在传统社会，对于给一般的违法行为提供中立帮助的行为不涉及犯罪问题是没有争议的。比如，五金店老板虽怀疑顾客购买钢管是为了和他人互殴，但仍然贩卖给对方。后来顾客确实利用该钢管和他人斗殴，最后被认定违反治安管理处罚法。但是对于此五金店老板，不会予以相应的处罚，更不会定罪处刑。而在网络空间中，由于被帮助者数量众多，对于给一般违法行为提供中立帮助的行为是否一定与犯罪无涉就会产生争议。尽管网络中立帮助行为存在一定的特殊性，但是其只是披上了网络化的外衣，中立帮助行为在刑事法理上并没有彻底逸出中立帮助行为的基本范畴，因此对网络中立

---

① Vgl. Marcus Wohlleben，Beihilfe durch äusserlich neutrale Handlungen，1996，S. 7ff.

② 参见［日］高山佳奈子：《未必の故意》，《成城法学》1998 年第 55 号。

③ ［日］西貝吉晃：《中立的行為による幇助における現代的課》，《東京大学法科大学院ローレビュー》2010 年第 5 巻。

帮助行为的分析仍然运行在中立帮助行为理论的基础之上。

基于此，网络内容提供服务商自身在其所创设的网站上发布违法信息构成相应的犯罪（实行犯），自不待言。但是对于网络中立帮助行为所要考量的问题是“对于网络连接服务商，明知他人可能在网页上放置不良信息却事前不予以阻止，或明知他人已经放置不良信息后继续提供连接服务致使不良信息得以传播的，是否承担作为或不作为的正犯或帮助犯的责任？网络平台提供服务商，发现会员可能利用所提供的平台从事犯罪活动而事前不予阻止，或者发现他人正利用平台从事犯罪活动而不采取有效措施消除犯罪的后果，是否应承担一定的刑事责任？”[①] 简言之，我国立法机关和司法机关对于（网络）中立帮助行为到底采取的是何种态度？这种态度是否符合通行的做法？是否有利于我国（网络）社会的发展？对这些问题有必要予以探讨。

案例 1：黄某创建了某 P2P 网络借贷平台，并负责该网络借贷平台的运营。该网络借贷平台协助相关用户之间进行一对一或者一对多的民间借贷的完成，按照完成的借贷总额的一定比例收取提成。张某加入该网络借贷平台之后，承诺以高于一般利率的利率的利息作为回报，在该平台内进行大规模的借款。黄某通过对张某的了解，意识到张某无法归还所借款项，其所作的还款承诺可能是虚假的，但仍未阻止，并协助其继续在该平台进行借贷活动。最终张某卷款潜逃，黄某被指控构成诈骗罪的帮助犯。[②]

我国法院对帮助犯的认定仍然依赖传统的构成要件。受共犯从属性的限制，帮助犯成立的前提是有正犯行为的存在。在此前提之下，首先需要有帮助行为性，即要有帮助行为。帮助行为既可以是有形的，也可以是无形的；既可以是物理上（技术上）的助力，也可以是精神上（心理上）的支持；既可以积极行为为之，亦可以消极不作为为之。[③] 但是以消极的方式进行，必须帮助者具有保证人地位。其次需要有帮助行为的因果性，也即帮助行为客

① 陈洪兵：《网络中立行为的可罚性探究——以 P2P 服务提供商的行为评价为中心》，《东北大学学报（社会科学版）》2009 年第 3 期。

② 类似的案件参见福建省泉州市中级人民法院（2015）泉刑终字第 1194 号刑事裁定书。相关的研究论文参见俞小海：《P2P 网络借贷平台的刑事责任问题研究》，《汕头大学学报（人文社会科学版）》2015 年第 5 期。

③ 参见张明楷：《刑法学》，4 版，法律出版社 2011 年版，第 384 页；王皇玉：《刑法总则》，新学林出版股份有限公司 2015 年版，第 465－466 页。

观上“使已有犯罪实施意思的人（正犯）的实行变得容易[①]”（帮助行为应对正犯行为产生实质上的帮助效果，学说上称之为帮助行为与正犯行为之间具有因果关系）。最后，必须具备帮助的故意。理论上一般认为，“帮助的故意是指，决定提供正犯助力，而且决意促使正犯既遂，两者合称‘双重帮助故意’”[②]。帮助的故意，如前文所言，在我国的刑法规范之语境之下，包含着帮助的直接故意和帮助的间接故意两种，即明知自己的帮助行为会对正犯行为的实施起到促进作用，仍然希望或者放任这种情况的发生。这种帮助故意具有极强的涵摄性，就明知的认识程度而言，“‘明知’不仅可以是对过去已发生的或正在发生的事情的认识，也可以是对未来的尚未发生的事情的认识；‘明知’不仅可以是确定性认识，也可以是可能性认识。”[③] 基于此，司法机关往往会将“怀疑且无所谓（放任）”纳入“明知且放任”的范围之内。比如，在毒品犯罪案件中，行为人不明确知道所运输的是毒品，仅知道所运输的物品可能是毒品的时候，其行为往往会被认定为“帮助型”犯罪。[④] 比如在赵某某等贩卖毒品案中，经常受赵某某委托接送其往来宣城和南京的出租车司机张某某并不确定知道赵某某是贩毒的，赵某某只是说到宣城见朋友。到最后一两次时，张某某问赵某某为什么每次都是深更半夜来，赵某某才说是来送“东西”时，张某某才怀疑赵某某可能是利用其在运输毒品。最终法院认定张某某的行为构成贩卖毒品罪的帮助犯。[⑤] 在传统帮助犯的理论框架之下，诸如案例1的网络中立帮助行为的情况，在我国司法实务中一般都会被认定为成立帮助犯。

案例2：王某基于流媒体播放技术，通过向国际互联网发布免费的具有P2P互享功能的播放器软件，为网络用户提供网络视频服务。该播放器软件“既不是一个淫秽信息的内容提供者，也不是一个专门供用户发布淫秽信息的平台，但是（该软件）作为一款可以播放各种视频信息的播放器

① ［日］川端博：《刑法総論講義》，3版，成文堂2013年版，第595页。

② 林东茂：《刑法综览》，一品文化出版社2015年版，第257页。

③ 邹兵建：《“明知”未必是“故犯”——论刑法“明知”的罪过形式》，《中外法学》2015年第5期。

④ 参见张寒玉：《毒品犯罪主观“明知”的认定》，《人民检察》2007年第11期；周岸岽：《浅谈运输毒品犯罪中主观明知的认定》，《法学评论》2012年第1期。

⑤ 参见安徽省宣城市中级人民法院（2011）宣中刑初字第00002号刑事判决书。

软件，客观上为那些分享淫秽信息的用户提供了帮助和便利”[①]。检察机关指控王某放任大量淫秽色情视频广泛传播，通过收取会员费和广告费等牟利，经营额达数亿元，非法获利数额巨大，涉嫌构成传播淫秽物品牟利罪。

案例3：李某创建了一个BBS论坛，该BBS论坛免费为用户提供信息交换服务。由于其便利性，该论坛迅速积攒了大量的互联网用户，在互联网上具有一定的规模和影响力。由于用户的激增，有部分用户开始在该论坛发布违法信息。监管部门责令李某采取改正措施删除所有违法信息，但是由于发布违法信息的用户的不特定性，李某只能删除部分违法信息，仍有大量违法信息在该论坛中产生并传播。公诉机关指控李某的行为构成拒不履行信息网络安全管理义务罪。

然而，随着网络时代的发展，今天，大量匿名的、不特定的人群在交互的网络空间里聚拢，和现实社会产生交集。网民或者利用网络发布信息寻找不曾谋面者，甚至陌生人，委托这些人实施诸如杀人等行为；或者在网络上诱使他人进行违法物品的交易行为。利用网络实施违法犯罪行为的案件屡有发生。如文首所述，网络中立帮助行为的特殊性体现在，其既可以存在于有正犯的案件之中，可以存在于没有正犯的案件之中。于是涉及网络中立帮助行为的案件就可以分为两类：一类案件中存在正犯，另一类案件中不存在正犯。

在有正犯的涉及网络中立帮助行为的案件中，还存在抓捕正犯是否具有可行性的问题。如果正犯只有少数的几个，所在区域比较集中和明确，则正犯相对容易被抓获。实施网络中立帮助的行为人就会以案例1中的方式被认定为帮助犯。然而，在涉及网络中立帮助行为的案件中，很多时候，对正犯的抓获是不具有可行性的，因为“在信息网络（的）共同犯罪有三个重要特点。其一，行为主体完全可能不在同一个城市，乃至不在同一个国家，行为主体之间可能互不相识。其二，在客观上，各共犯人只是分担部分行为，而且实行行为、帮助行为都具有隐蔽性。其三，在主观上，各共犯人的意思联络具有不确定性或者不明确性；而且，在许多情况下，部分共犯人表现出一

① 车浩：《谁应为互联网时代的中立行为买单?》，《中国法律评论》2015年第3期。

种间接故意的心理状态。这三个特点导致司法实践中经常出现只能抓获实施帮助行为的人，而不能抓获实施正犯行为的人。”①

所谓没有正犯的涉及网络中立帮助行为的案件，主要是指在网络空间中，存在大量匿名的、不特定的人群利用网络的便利性、快捷性实施一般违法行为，提供网络服务的行为人虽然对此有所预料，但是持放任的态度。单一的违法行为对社会的危害并不足以引起司法机关和立法机关的重视，然而，在网络空间中利用行为人的网络中立帮助行为实施一般违法行为的现象较多时，就会形成较强的聚合力。在这类案件中，执法机构、司法机关和立法机关对于在网络上实施一般违法行为的行为人很难一一追究，更不可能定罪处刑。因此，在涉及网络中立帮助行为的案件中，对于存在正犯但难以抓获的情形以及没有正犯的情形，我国司法实务中往往会避开帮助犯的探讨，而在刑法规范中寻找既有罪名，对其进行扩张解释，直接将网络中立帮助行为作为分则罪名的正犯行为处理。这便是案例 2 的处理模式。当通过既有的刑法分则的罪名无法将网络中立帮助行为囊括其中的时候，就会“将无正犯或者难以追究正犯的行为的帮助行为规定为正犯行为。在刑法分则中，某些被帮助的行为不是犯罪，即不存在正犯的情形，或者追究正犯的刑事责任具有较大难度的时候，但这种帮助行为由于具有较大的法益侵害性，因而被规定为犯罪”②。《刑法修正案（九）》所规定的拒不履行信息网络安全管理义务罪以及帮助信息网络犯罪活动罪就属于这样的情形，这两种新罪名的创设实际上是在作为和不作为两个方向围堵了网络中立帮助行为的出罪空间。这便是案例 3 的处理模式。

以拒不履行信息网络安全管理义务罪为例加以分析：该罪的设定具有广泛的涵盖性和解释性，致使网络中立帮助行为的出罪死角全部被封住。如前文所言，当网络中立帮助行为以消极的方式进行的时候，考虑该网络中立帮助行为是否构成帮助犯，除了要摆脱“日常性”和“帮助故意”两大障碍，还必须证明网络服务提供者具有保证人地位，也即具有作为义务。众所周知，作为义务的重要来源之一是法律的规定。在《刑法修正案（九）》之前并没有法律明确规定网络服务提供者负有信息网络安全管理义务。然而，

① 张明楷：《论帮助信息网络犯罪活动罪》，《政治与法律》2016 年第 2 期。

② 参见陈兴良：《规范刑法学》（上册），2 版，中国人民大学出版社 2017 年版，第 237 页。

《刑法修正案（九）》以刑法修正案的形式正式规定了网络服务提供者的作为义务，确立了其保证人的地位。但是所谓“信息网络安全管理义务”的定义是什么？具体涵盖哪些范畴？关于这些都没有具体的规定。“由于网络信息技术的瞬息万变、不断发展和网络规制行政法体系的不健全”，“这一义务范畴的不明确，将直接影响刑事立法的科学性和司法实务工作的开展，而且在严厉打击网络违法犯罪行为、维护信息网络安全的形势下，往往会将‘信息网络安全管理义务’作扩大化的理解，容易导致实践中刑罚适用的扩大化”①。另外，“经监管部门责令采取改正措施而拒不改正”在主观上假设网络服务提供者均具有监管的能力，而忽略网络服务提供者客观上所拥有的监管能力。“不可能苛求一个不具备改正能力的人，去采取改正措施。由此就必然要求有一个可以改正的技术能力的客观标准。这个标准适用于一般的网络服务提供者。由此就回避或者至少缓解了在个案中进行利益权衡的麻烦。”②

因此可以说在我国入罪化思维的背景下，对类似（网络）中立帮助行为的处理的内在逻辑是：寻找中立帮助行为入罪的可能性，而不是对其适用处罚范围限定理论。③ 通过对前述案例的梳理可以发现，我国逐渐扩大（网络）中立帮助行为入罪的空间，主要经历了三种模式：(1) 存在正犯，且对正犯的抓获具有可行性时，（网络）中立帮助行为成立相应正犯的帮助犯；(2) 有正犯，但对正犯的抓获不具有可行性，或者是没有正犯的（网络）中立帮助行为的时候，寻找既有的罪名，通过扩张解释，将帮助行为犯罪化；(3) 有正犯，但对正犯的抓获不具有可行性，或者是没有正犯的（网络）中立帮助行为，且尚无其他罪名可寻的情况下，以刑法修正案的方式创制新的罪名，将帮助行为犯罪化。

---

① 刘仁文、张慧：《刑法修正案（九）草案有关网络犯罪规定的完善建议》，《人民法院报》2015年8月12日第6版。

② 车浩：《法律无需掌声，也不能嘲弄》，载http：//www.law.pku.edu.cn/xwzx/pl/16871.htm，访问时间：2016年5月5日。

③ 参见 Jakobs，Strafrencht AT：Die Grundlagen und die Zurechnungslehre，2. Aufl. 1991，7/1ff；［日］小島秀夫：《中立的行為による幇助——故意帰属の観点から》，《日本刑法学会刑法雑誌》第50卷第1号。

三、德日限缩网络中立帮助行为可罚性的实务和理论

与我国不断扩张（网络）中立帮助行为的可罚范围的趋势不同，德日刑法对此采取的是限缩处罚的态度。在日本和德国，（网络）中立帮助行为成立犯罪的案件并不多见①，仅有的数起案件还会有着完全不同的判决结果，但是如果以时间顺序为坐标轴来观察的话，其对（网络）中立帮助行为的司法态度是逐渐沿着由主张入罪向主张限缩可罚的范围这一方向转变。

从日本的相关判例可以看出：以平成元年（1989 年）为分水岭，平成以前的日本判例无一例外地将（网络）中立帮助行为认定为帮助犯，而这之后，诸多判例均否定（网络）中立帮助行为的可罚性。大判昭和 7 年（1932 年），从事家禽贩卖的小贩“明知开设赌场的人使用斗鸡进行赌博，仍然向其提供斗鸡，致使赌场的开设变得更为容易，乃是帮助行为”。小贩提供斗鸡的行为，符合当时日本刑法第 186 条第 2 项、第 62 条第 1 项、第 55 条（连续犯，现已删除）的规定。日本大审院认为：“虽然贩鸡者明明知道开设赌场牟利者是斗鸡赌博，却仍然贩卖交付斗鸡，致使开设赌博牟利的犯行变得更加容易，应当认定为本罪的从犯。”② 二战后，日本地方裁判所的判例也倾向于采取这种态度，比如昭和 45 年（1970 年），某合伙的代表人将其管理下的该合伙的存款擅自取走。在这样的侵占犯罪中，从事支付存款等业务的银行职员对于“支付的目的是刑事不法的这一点是知道的”，因此存在故意，即成立帮助犯。③ 再比如，昭和 63 年（1988 年），某印刷公司受卖淫俱乐部的营业者的委托，印制宣传用的小册子，该印刷公司的代表人被追究卖淫中介罪的案件当中，日本地方裁判所认为被告人存在故意，该印刷行为并不是正当业务行为。④ 然而，此后两起案件的判决转换了风向标，日本司法实务界开始注重限制（网络）中立帮助行为入罪的空间。平成 6 年（1994 年），被告人在从负有缴纳轻油（石油的一种）交易税义务的营业者处购买

---

① 参见［日］西貝吉晃：《中立的行為による幇助における現代的課》，《東京大学法科大学院ローレビュー》2010 年第 5 卷。

② 参见大判昭和 7・9・26 刑集 11 卷 1367 页。

③ 参见高松高判昭和 45・1・13 刑月 2 卷 1 号 1 页。

④ 参见东京地判昭和 63・4・18 判时 1279 号 156 页；东京高判平成 2・12・10 判タ752 号 246 页。

轻油时，对于轻油的从业者实施不缴纳轻油交易税罪的事实是明知的，仍然以便宜的价格购买该轻油，致使轻油从业者逃税。对于这一案件，熊本地方裁判所认为，因为本案中这样的被告人的购买行为“在结局上，并没有超越买卖当事人的地位”，而正犯的犯罪行为的实现“不过是被告人追求自身利益而进行交易活动的结果而已”，因而该行为不成立该罪的帮助犯。① 而更为引人关注的则是 Winny 软件案：金某开发了一种文件夹共享的软件——Winny，反复进行改良，将其公开在网站上，通过网络向不特定的多数人提供。有两名正犯，利用 Winny 软件，将具有著作权的游戏软件等信息向网络利用者公开传播，侵害了著作权人所拥有的作品公开传播权（日本著作权法第 23 条第 1 项），因而构成了违反著作权法的罪名。在正犯的罪名之下，被告人公开且提供最新版的 Winny 软件的行为被以构成帮助犯为名提起公诉。该案一审裁判所认定帮助犯成立，但是该案二审裁判所认为，“被告人，将价值中立的软件——本案中的 Winny 软件在互联网上公开和提供的时候，对于会存在侵害著作权的现象的可能性、盖然性是有认识的。虽然可以认为被告人对于这种现象是予以默许的，但是，并不能认为被告人将Winny 软件上传到互联网上，存在劝诱他人将该软件只作为侵害著作权的用途或者以侵害他人著作权为主进行使用的意图，因而被告人不能够被认为成立帮助犯”，并且因此改判被告人无罪。②

概观德国对于（网络）中立帮助行为的态度，从宏观角度来说，存在不认可限制可罚性的全面肯定说，以及试图限制可罚性的限制说两种。全面肯定说基于传统的帮助犯的成立要件，通常会认定（网络）中立帮助行为成立帮助犯。这在德国目前已经成为少数说。与此相对，德国的判例以及多数说乃是限制说，采取某种理论来限定帮助犯成立的范围。在这里，判例以及多数说认为应当采取相应的刑事政策将日常的行为从刑罚之中解放出来。③ 在德国，判例所争论的问题主要是应当采取什么样的方法来限定对（网络）中

① 参见熊本地判平成 6・3・15 判时 1514 号 1690 页；［日］松宮孝明：《刑法総論講義》，4 版，成文堂 2009 年版，第 290 页。

② 参见大阪高判平成 21・10・8 刑集 65 卷 9 号 1635 页。转引自刘艳红：《网络犯罪帮助行为正犯化之批判》，《法商研究》2016 年第 3 期。

③ 参见［日］豊田兼彦：《中立的行為による幇助と共犯の処罰根拠—共犯論と客観的帰属論の交錯領域に関する一考察》，《神山敏雄先生古稀祝賀論文集》，第 1 卷，成文堂 2006 年版，第 552 页。

立帮助行为的处罚范围。对此，相关的判例所展现出来的方法主要有三种：一是从主观方面来限定——注重行为的主观要素（故意、意图以及动机等），二是从行为的客观要素来限定，三是结合主观方面和客观要素折中进行限定。①

无论是日本还是德国，在对待（网络）中立帮助行为可罚性的态度转变的实务背后，隐藏着共犯成立理论的流变。一直以来，德国的学说和判例，都将因果共犯论作为判断共犯的主流学说。日本沿袭德国的做法，也一直采用该学说。② 这一学说依据结果无价值论，将刑事处罚的基础设定为对法益造成侵害或者产生危险。基于这一立场，在共犯的场合，采取的处理方法是共犯行为与由正犯惹起的法益侵害结果（危险）之间有因果关系，因而对共犯予以处罚。对包括共同正犯在内的所有的共犯形式都采取的是这样的处理方法。③ 以往，依共犯从属性理论，在存在正犯实行的范畴内，从属于该正犯的共犯成立，共犯的罪名也从属于正犯的——这种极端的从属性会被认可。因果共犯论正是因为对这种过度的共犯从属性予以批判、强调共犯行为与正犯结果之间的因果性而被提起的。因果共犯论通过排除掉超过正犯的共犯的从属性，来合理地限定共犯成立的范围。在一般情形之下，作为传统共犯论理论根基的因果共犯论——将共犯行为与正犯结果之间的因果关系作为追究共犯责任的必要成立要件，对于试图合理限制共犯责任的范围起到了很大的作用。④ 但是，鉴于因果共犯论在处理中立帮助行为方面的天然缺陷，德国和日本开始转而采用客观归属论，试图基于客观归属论来实现结果排除的效果。

德国学者托马斯·魏根特采用危险增加量为基准来判断中立帮助行为的可罚性，具体来说，可以通过中立帮助行为对正犯行为的帮助是否具有重大

---

① Thomas Rotsch，Neutrale Beihilfe Zur Fallbearbeitung im Gutachten，Jura 2004，S. 14ff；［日］曲田統：《日常的行為と従犯——ドイツにおける議論を素材にして》，《法学新報》2004 年第 111 卷第 3、4 号。

② 参见［日］山中敬一：《刑法総論》，2 版，成文堂 2008 年版，第 901－924 页。

③ 参见［日］山口厚：《刑法総論》，2 版，有斐阁 2009 年版，第 296 页；［日］上野幸彦：《関与体系の諸相と日本法の位相》，《日本法学》1998 年第 57 卷第 4 号。

④ 参见［日］曾根威彦：《刑法総論》，4 版，成文堂 2008 年版，第 243－244 页；［日］井田良：《講義刑法学・総論》，有斐阁 2008 年版，第 494 页等。

性来判断中立帮助行为的可罚性。[①] 比如向正犯提供容易入手的工具，原则上就不能被视为重大的帮助。但是，提供犯罪实行所必不可少的物品、需要花费较大努力获得的工具，对于行为的完成有着特殊性质的特别物品，都可以被认为是重大的帮助。另外，看到他人正在打架，却向正犯贩卖刀具，对于正犯行为的完成也是必不可少的，因此，也被认为是重大的帮助。还有学者将这一判断模式表达为中立帮助行为使正犯行为实现的机会增加。但是，对于法益侵害结果的发生中立帮助行为所具有的重大性，或者对于机会的增加，其判断基准很难明确。这是这一理论的缺陷所在。

与此相对，还有学者主张通过犯罪意思的关联理论，来判断是否创出了不被许可的危险，进而判断中立帮助行为的可罚性。所谓有犯罪意思的关联，是指客观上对于正犯行为具有促进作用，且该帮助行为的意思内容和使他人的犯罪行为成为可能以及更为易实施之间存在关联；从行为时的状况以及与正犯之间的交流等方面来看，帮助行为人有促进的意思；（因此，该理论也被称为“促进意思理论”）[②]；主张这一观点的学者认为，“日常生活中的通常业务行为是不具备犯罪意思的关联的，因为，这种业务行为不仅不具备犯罪的诸多特别要素，而且其行为本身具有生活性，而这种生活性是遵循法的禁止性规则的”[③]。早前，德国法院认为，肯定（网络）中立帮助行为构成帮助犯，就是采取了这一理论。在一起案件中，被监禁者的家人向辩护律师询问，如果帮助被监禁者逃跑是否构成犯罪。辩护律师错误地回答说该行为不构成犯罪。该家人信以为真，对被监禁者实施帮助逃脱行为。此案中的辩护律师的职务行为，是否构成被拘禁者逃脱罪的帮助犯以及犯人庇护罪的帮助犯？[④] 该案的二审法院以该律师是否具有帮助的意思（促进的意思）存有疑问为由，推翻一审法院的判决，判决该辩护律师无罪。[⑤] 当然，这一观点是将犯罪意思关联的内容从属于帮助行为人主观故意之下侵害法益的意思，因此而被批判为不能被称为是客观的归属方法。

---

① Tomas Weigend，Grenzen strafbarer Beihilfe，in Festschrift für Haruo Nishihara，1998，S. 208.

② Wolfgang Frisch，Tatbestandsmäßiges Verhalten und Zurechnung des Erfolgs，1988，S. 280.

③ Wolfgang Frisch，Tatbestandsmäßiges Verhalten und Zurechnung des Erfolgs，1988，S. 297.

④ RGSt 37. 321.

⑤ 参见 auch MünchkommStGB/Bearbeiter §27 Rn 43 ff.（Wolfgang Joecks）；［日］小野上真野：《弁護士の職務行為による従犯の成否》，《千葉大学法学論集》2011 年第 26 卷第 3 号。

罗克辛教授认为需要将中立帮助行为人对于正犯实施犯行的决意是否知悉予以区分，进而进行检讨其行为的可罚性问题。他认为应当将中立帮助行为分为以下两种情况：（1）帮助行为人对于正犯的犯罪决意有确定的认识；（2）帮助行为人只是对正犯要实施犯行有预感。对于第一种情况，应当以帮助行为人和正犯之间的犯罪意思关联为基准来判断中立帮助行为的可罚性。对于第二种情况，应当以信赖原则为适用基础来判断。[①] 罗克辛认为，在大多数的情况下，帮助行为人对于正犯的犯罪决意并没有确定的认识。对于旅店的老板并不知道客人入住房间的真实意图，只是看客人神态诡异，怀疑可能会在宾馆房间里实施聚众淫乱或者吸毒等活动，仍然安排该客人入住，或者出租车司机虽因乘客表情异样，怀疑有有可能乘车前往某地实施盗窃，仍然将其运往目的地等这些情况，需要借鉴信赖原则来否定可罚性。也即根据一般人的认识，在不会颠覆帮助者信赖原则的前提下，帮助者信赖任何人都不会实施故意犯罪。因此，根据罗克辛的观点，在绝大多数的日常生活的交易活动中，确定地知道他人利用自己提供的物品进行犯罪的并不多见，即便是存在未必的故意的主观下提供帮助，信赖原则也会阻却其可罚性。[②] 对于罗克辛教授的观点，日本学者小岛秀夫认为，犯罪的意思关联以及信赖原则的适用，实际上是重视帮助行为人对正犯之犯罪决意的认识。也就是说，罗克辛教授的观点实际上是根据故意来解决中立帮助行为的可罚性问题。这脱离了以客观归属论为基础的轨道。[③]

还有日本学者岛田聪一郎提出了假定的代替条件考虑理论：将现实化的可能性较高的假定事实作为判断要素，考量帮助行为是不是使正犯行为发生具体结果的盖然性提高的唯一可能，从而限定处罚的范围。如果正犯即便没有从中立帮助行为人处获得工具，也可以从其他的地方很容易地获得所需要的物品，则应当否定该中立帮助行为的促进效果。[④] 但是这一观点的疑问

---

① Claus Roxin，Strafrecht Allgemeiner Teil，Band I，2006，S. 1072ff.

② 参见［日］濱田新：《幇助犯の処罰範囲限定理論について》，《法学政治学論究》2012 年第 93 卷第 6 号。

③ 参见［日］小島秀夫：《中立的行為による幇助——故意帰属の観点から》，《日本刑法学会刑法雑誌》第 50 卷第 1 号。

④ 参见［日］島田聡一郎：《広義の共犯の一般的成立要件：いわゆる“中立的行為による幇助”に関する近時の議論を手がかりとして一》，《立教法学》2001 年第 57 卷。

是：在考量诸多假定的事实的前提下，采用何种方法来判断促进效果的程度对此很难回答。[①]

总的来说，不管是在日本还是在德国，关于中立帮助行为可罚性的限定理论尚无为各家所接受的通说。之所以会有如此之多的见解，其主要原因是中立帮助行为具有诸多特性，比如，日常性、通常性、入手的容易性、职业的关联性、中立性、行为者的行为目的性、对社会的危险性以及对社会的有用性，等等。不同的学者所提出的能成为不可罚的根据的行为的性质各不相同。正是中立帮助行为的性质的多样性，导致各种不同的处罚范围限定理论被提出。[②] 即便如此，作为大陆法系国家的典型代表，德国和日本对于中立帮助行为所采取的态度不是大肆扩张而是极力限制。

四、“全面性考察”视角下我国对网络中立帮助行为扩大处罚的批判与反思

如前所述，无论是坚守传统的因果共犯论，还是扩展刑法分则之罪名的适用范围，抑或增设新的罪名，都清晰地展现出我国刑事司法和立法对于网络中立帮助行为之可罚性的处理方式演进的图景。然而，无论处理方式如何演变，其主线一直都是积极地寻找入罪的空间。换言之，我国对于中立帮助行为的处理态度是：沿袭着扩大入罪范围、对出罪空间查缺补漏的原则，细密中立帮助行为入罪的法网。这与德日的司法实务和理论大力拓展中立帮助行为的出罪空间，逐步为中立帮助行为松绑的对策有所不同。

坚持传统的因果共犯论无法区分中立帮助行为和一般帮助行为之间的本质差别，在传统因果共犯论的框架之内，中立帮助行为与帮助犯具有等质性。其原因在于，根据因果共犯论，因果性得到了承认，作为共犯的责任就无法免除。这内涵了扩大共犯责任的危险：如果帮助犯的类型是这样无限定、无定型的话，实际上会导致，事后对正犯结果起到促进作用的所有行为，都会该当于帮助犯的客观构成要件，那么帮助犯的处罚范围就可能被不当地扩大。其弊害就是导致日常行为性的（网络）中立帮助行为被无限制地

---

① 参见［日］照沼亮介：《体系的共犯論と刑事不法論》，弘文堂2005年版，第197页。

② 参见［日］濱田新：《幇助犯の処罰範囲限定理論について》，《法学政治学論究》2012年第93卷第6号。

认定为帮助犯。[①] 比如，饭店店主或者服务员听到客人在其饭店谋划实施杀人行为，在对客人的杀人谋划已经知道的情况下，仍然为他们提供餐饮和酒水服务。因为为客人提供了谋划的机会或者场所，所以店主或服务员有可能就会被认定为杀人罪的帮助犯。[②] 这也就是因果共犯论在处理中立帮助行为之可罚性方面的天然缺陷之所在。

而案例 2 所显现的处理模式，因无法找到以及处罚正犯，而完全绕开了关于帮助行为的讨论空间，直接在刑法分则寻找罪名进行扩张解释，将本应在帮助犯视角下探讨的行为正犯化。这种处理模式是在新的罪名被创设之前，司法机关所作出的权宜之策。这一模式的弊端是极可能导致出现不合理的扩张解释，并违背罪刑法定原则。在快播案中，被告人王某等被以传播淫秽物品牟利罪予以起诉。诚然，该案中被告人的利益增长确实有因淫秽物品的存在而其用户量增加的因素，但是被告人是否有传播行为、是否有利用淫秽物品牟利的故意以及是否有完全删除淫秽视频的能力等等都没有得到明确。在此前提之下，控诉机关的这一扩张解释实际上已经在一定程度上无法做到合理论证。

案例 3 中专门就网络服务提供者“不履行法定义务的行为设立了刑事罚则，开启了网络服务提供者（承担）刑事责任的新路径，即网络服务提供者不履行法定义务的刑事责任”[③]。对于这一类的（网络）中立帮助行为，在《刑法修正案（九）》之前本可以通过《关于办理侵犯知识产权刑事案件适用法律若干问题的意见》、《赌博案件解释》以及《关于办理利用互联网、移动通讯终端、声讯台制作、复制、出版、贩卖、传播淫秽电子信息刑事案件具体应用法律若干问题的解释（二）》等相关司法解释，在共犯的视角下予以解决。拒不履行信息网络安全管理义务罪对网络服务提供者的网络内容管理义务的合理范围语焉不详，实则意图强化对此类（网络）中立帮助行为之出罪空间的控制。众所周知，中立帮助行为之所以被冠以“中立”之称，乃是

① 参见［日］園田寿：《Winnyの開発提供に関する刑法的考察再論》，《刑事法ジャーナル》2010 年第 22 号。

② 参见［日］上野幸彦：《日常的行為と可罰的幇助》，《日本法学》2011 年第 77 卷第 1 号。

③ 涂龙科：《网络服务提供者的刑事责任模式及其关系辨析》，《政治与法律》2016 年第 4 期。

因为其日常交易性和主观犯意的模糊性。[①] 这使中立帮助行为区别于一般帮助行为，也即中立帮助行为并不一定成立帮助犯。中立帮助行为的中立性反应在个案当中的法律效果是，存在排除中立帮助行为可罚性的可能。

对于传统的中立帮助行为不加限制地入罪化“在某种程度上是符合刑事政策的”，但是这存在明显的缺陷：对于中立帮助行为没有作实质的考量，“导致了每个人都充当了警察的角色”，大范围的日常行为被认定为犯罪。“从经济发展的角度来看，这无疑让每个经营者对消费者的消费意图都负有审查的义务”[②]，将使处于日常生活的公民陷入恐慌，无法正常进行经营活动，从而阻碍社会经济的发展，有损社会的稳定。这也是德日对（网络）中立帮助行为的可罚性加以限制的逻辑起点。

网络时代的到来无疑为我国发展信息社会提供了巨大的契机，但是，网络技术的高速发展有其双刃性。因网络而兴起的中立帮助行为的可罚性问题既萌生于网络时代这一大背景，又立足于传统刑法共犯理论。如何合理地防范利用网络实施侵害法益的行为，同时又为网络技术的发展保驾护航，应当是我国刑法所要思索的重要课题。无疑，通过和德日刑法实务、理论的对比可以看出，我国目前不留死角地封闭网络中立帮助行为的出罪空间，根源于我国传统的入罪思维。这虽然能够在一定程度上维护社会的稳定，但是会“导致网络服务提供者的负担过重，阻碍网络服务提供者的经营自由、束缚其发展空间。现代社会发展日新月异，新鲜事物层出不穷，法律义务也必然常有变迁更新。‘违法信息’的范围过于宽泛，包括种类众多、涉及（范围）广泛的违反行政法律、法规及侵犯他人民事权利的所有违反法律、法规的信息在内，将致使网络服务提供者背负着过重的法律义务负担，步履维艰”[③]，最终必然会影响我国网络技术的创新发展，产生对社会不利的影响。通过《刑法修正案（九）》将拒不履行信息网络安全管理义务的行为以及帮助信息网络犯罪活动全面入罪化，标志着将网络中立帮助行为入罪化推向极端。然而，在网络化时代的背景下，这种扩张处罚的模式应当受到“全面性考察”的质疑。所谓“全面性考察”是指对于网络中立帮助行为的所有受助者如何

① 参见刘艳红：《网络犯罪帮助行为正犯化之批判》，《法商研究》2016 年第 3 期。

② 孙万怀、郑梦凌：《中立的帮助行为》，《法学》2016 年第 1 期。

③ 涂龙科：《网络内容管理义务与网络服务提供者的刑事责任》，《法学评论》2016 年第 3 期。

使用该帮助行为进行全面性的评价，进而得出该中立帮助行为是否构成相应的犯罪的结论。

在我国，网络中立帮助行为无法享受司法机关“全面性考察”的待遇。前述案例 2 的原型——快播案显然没有考量该快播软件的全体利用状况。而《刑法修正案（九）》所规定的拒不履行信息网络安全管理义务罪以及帮助信息网络犯罪活动罪，也必然让今后的网络服务提供者更难以在接受“全面性考察”之后获得出罪的空间。以前述案例 3 为例：如果李某所创设的 BBS 论坛在网民间口碑颇佳，大量的网络用户使用该 BBS 论坛进行合法的信息共享，促进有益信息的交流。而与此同时，有个别用户通过该论坛发布违法信息，并导致违法信息被大量传播。虽然李某尽力删除该非法信息，但由于这些非法用户经常变更用户名，李某无法全面履行监管，监管机关要求李某关闭该 BBS 论坛以杜绝违法信息的发布和扩散，而李某并没有按照监管机关的决定执行。经查，该 BBS 论坛的绝大部分用户都利用该论坛进行合法网络行为。这便符合了拒不履行信息网络安全管理义务罪的构成要件，进而导致网络中立帮助行为入罪。

“全面性考察”的标准与网络时代的特有属性紧密相连。在传统的中立帮助行为案件当中，如文首所提到的还款购枪杀人案，中立帮助行为的相对方乃是特定的主体（或者正犯）。换言之，帮助行为的对手方乃是想要将交易（中立帮助）的对象物用来实施犯罪的特定主体，即帮助行为人和正犯之间是一对一的关系。在这种情况下，将对特定主体实施的交易（中立帮助）行为挑选出来，讨论其可罚性即已足够。比如在还款购枪杀人案中，只需要考量该还款行为是否构成杀人罪的帮助犯。而与此相对，在互联网时代，中立帮助行为往往会突破一对一的关系。网络中立帮助行为往往会呈现出这样的特点，即其所提供的帮助（对象物）既可以用于合法的目的，也可以用于犯罪之目的，且向不特定多数主体统括性地提供，此即一对不特定多数的交易（中立帮助）关系。对于这种类型的中立帮助行为，不能再简单地按照前述的方式对待。当然，如果中立帮助行为的所有受助方都实施了具有合法目的的行为，则显然无帮助犯问题；相反，如果中立帮助行为人的相对方都明确具有利用该帮助实施犯罪的意图，且实施了侵害法益或使法益陷入危险状态的行为，则极可能成立帮助犯。然而，现实的状况显然并非如此简单。在这种背景之下，既存在将所提供的帮助用于合法的行为的被提供者，也存在利用所提供的帮助实施犯罪活动的被提供者。即便是传统上认为有害于互联网的网络病毒，如果被用于防止网络犯罪的话，对社会也是有益的。日本的判例显示，面对中立帮助行为和网络相结合这一新的情形，实务界往往并不是孤立地考量每一个被提供者利用中立帮助的状况，而是要对不特定多数的被提供者利用中立帮助的状况予以全体衡量，进而才能判断中立帮助行为的可罚性。比如在 Wizard 案中，被告人制造、贩卖一款车牌号卡——Wizard，这种车牌号卡能够对交通警察所设置的自动监视器的拍照造成障碍，进而使车辆超速行为逃避处罚。该案中，被告人被以道路交通法违反罪的帮助犯控诉。对于这一案件，日本裁判所认为，通过对 Wizard 的利用状况进行全面考察发现，“Wizard 是为了帮助超速驾驶者逃避道路交通法的规制而制造的，除此之外就别无其他用途”，因此认定帮助犯成立。① 同样，某种软件拥有匿名化解功能和文件分享互换功能，在实际运用中，超过一半的使用者将该软件用于违法的目的，并且，在规避他人揭发方面还有强化匿名的功能。开发和提供这样的软件的行为也被认定为帮助犯。② 大阪高级裁判所的判例认为，帮助人所实施的帮助在各种领域内具有适用的可能，且具有实际应用的意义，不管被告人在何种目的之下实施中立帮助行为，该帮助行为属于价值中立的行为。③ 通过考察这些司法判例可以发现，日本司法实务从正反两面阐释了“全面性考察”的适用。

在网络时代背景下，根据初始的“全面性考察”的标准，即便网络服务提供者在网络空间内提供了中立帮助行为，如果要说该中立帮助行为使正犯实行行为的实施变得更加容易，不仅要认定中立帮助行为人对于不特定多数用户中出现一定数量的实施违法行为的人的可能性和盖然性存在认识，而且还必须满足这一要件——中立帮助行为人劝诱这些用户利用中立帮助只实施

---

① 参见大阪地判平成 12·6·30 高刑集 53 卷 2 号 103 页。

② 参见［日］名取俊也：《自動車盗難防止システムを解除することができる器具（通称イモビカッター）をインターネットオークションで販売した行為について窃盗幇助罪の成立を認めた事例（名古屋地方裁判所平成 23 年 5 月 13 日判決·公刊物未登載）》，《研修》2011 年第 758 号。

③ 大阪高判平成 21·10·8·61 号刑弁 182 页。转引自［日］佐久間修：《共犯の成立範囲と帰属原理》，载《曽根威彦先生田口守一先生古稀祝賀論文集》（上卷），成文堂 2014 年版，第 881 页。

违法行为或者主要实施违法行为。[①] 然而，要想获取充分的证据来证明中立帮助行为人是带有劝诱性地提供中立帮助，在实践中并不容易。因此，新的"全面性考察"的标准被提出来。[②] 根据这一新的标准，第一，中立帮助行为的提供者必须对于该中立帮助被现实利用来实施具体犯罪存在认识、默认，且实际上发生了该具体的犯罪；第二，对照该中立帮助的性质、客观利用状况、提供的方法等要素，获取该中立帮助的人当中，非例外范围的人利用该中立帮助实施犯罪活动具有高度的盖然性，而中立帮助行为人是在对此有认识和默认的前提下，提供该中立帮助行为。符合这两个要素之后，中立帮助行为才具有成立帮助犯的可能性。

在互联网大环境下，虽然多数用户都匿名，但是侵害行为具有现实性；加之很多侵害行为由隐性变为现实离不开网络服务提供者的"助力"，因此在追责实施了侵害行为的用户之外，如何通过"全面性考察"的标准确立网络服务提供者中立帮助行为的可罚性，就成为一个重要的问题。而学术界认为，网络服务提供者承担责任的一个重要标准是其是否成为"危险中心"。"危险中心"理论是来自日本著作权法的概念，在日本著作权法理论中，助长多数人直接侵害著作权的行为被称为间接侵害，对于这一间接侵害的解决需要借助关于著作权侵害的"危险中心"理论：如果间接侵害可以被视为"危险中心"，则可以对间接侵害者提出停止侵害的诉求。[③] "危险中心"理论与客观归属论中的"危险增加"原理异曲同工，因此，借用"危险中心"理论可以对"全面性考察"标准的合理性予以支持。"全面性考察"中所确立的"非例外范围的人"，能够表明利用该中立帮助行为实施犯罪的盖然性较高的人群范围并不属于例外情形，在这种情况下，提供中立帮助的行为可以被视为"危险中心"，因此，帮助犯可以成立。反言之，如果说利用该中立帮助行为实施犯罪的盖然性较高的人群范围属于例外的情形，则因为提供中立帮助的行为并没有成为法益侵害的"危险中心"，所以不能构成帮助犯。

---

① 参见［日］豊田兼彦：《幇助犯における線引きの問題について》，《立命館法学》2012年第5・6号。

② 参见［日］前田雅英：《インターネット犯罪の法益侵害性とその認識》，《警察学論集》2012年第3号。

③ 参见［日］泉克幸：《公衆送信権と電子掲示板》，见［日］中山信弘ほか編：《著作権判例百選》，4版，有斐阁2009年版，第95页。

如前文所述，我国《刑法修正案（九）》所新增的拒不履行信息网络安全管理义务罪以及帮助信息网络犯罪活动罪，在构成要件该当性的判断上，并不要求对网络服务的提供者通过不作为方式实施的中立帮助行为进行“全面性考察”。未经“全面性考察”就认定网络服务提供者的中立帮助行为构成帮助犯，显然将不当地扩大网络中立帮助行为的可罚性范围。根据“全面性考察”的标准，我国将（网络）中立帮助行为处罚扩大的前文所述三种做法存在不确定中立帮助行为人的认识程度，以及未确定中立行为是否成为法益侵害的“危险中心”等问题。采纳“全面性考察”之标准，对于合理界定未来网络中立帮助行为的可罚性将有所助益。

五、帮助信息网络犯罪活动独立入罪之批判

（一）中立帮助行为全面可罚之批判

对于中立帮助行为是否具有可罚性，理论界的争论一直没有停歇。但是无论是德国还是日本，对于中立帮助行为入罪持积极的限制态度。比如德国的辩护律师案中，被告人作为辩护律师，在和罪犯的亲属交谈过程中，确信地告知亲属帮助罪犯逃走不具有可罚性，于是亲属帮助该罪犯逃逸。一审法院认为，辩护律师因构成被拘禁者逃脱罪的帮助犯和犯人庇护罪被认定有罪。然而二审法院撤销了一审判决，认为辩护律师基于职业上的义务而给予解答，属于辩护律师职业范围内的行为；罪犯亲属因此而实施了帮助罪犯逃脱的行为时，不能将其责任归之于辩护律师。换言之，律师的行为属于职务上的行为，是中立且不具有可罚性质的行为。[①] 只有在超越了业务行使范围，主观上存在促进犯罪实施的意思的时候，才能认定帮助犯成立。而日本的 Winny 软件案的被告人最终被判定无罪，更是彰显了日本刑法学界关于对中立帮助行为入罪予以积极限制的态度。

在采取何种学说来限制中立帮助行为的可罚性的问题上，可以采取犯罪意思联络说。要想成立帮助犯，必须要认定帮助行为存在“犯罪的意思联系”，否则帮助犯就会不加限制地扩张。加上心理的因果性的限定法理，中立帮助行为人如果有犯罪的意思联系的话，则应当成立帮助犯。[②] 而所谓的

---

① RGSt 37，321.

② 参见［日］高桥则夫：《刑法総论》，2版，成文堂2013年版，第471页。

“犯罪意思的联系”可以放在客观的归属论当中，主要是看是否创出了不被许可的危险，其判断标准是：“是否存在特别地设置自己的行为，并且想让该行为与正犯的犯罪计划或者正犯行为进行具体的吻合”①。也即“在客观上对于正犯行为具有促进作用，且该帮助行为的意思内容和使他人的犯罪行为成为可能以及更易实施之间存在关联；从行为时的状况以及与正犯之间的交流等方面来看，帮助行为人有促进的意思（因此该理论也被称之为促进意思理论）。”② 只有符合这种标准，才可以认定中立帮助行为具有“犯罪的意思联系”，也才可以认定帮助犯成立。

对于帮助信息网络犯罪活动罪来说，根据其构成要件可以分为两种类型。一是明知正犯的犯罪计划或意图且有促进犯罪行为更容易实施的意思（以下简称明知且促进）。二是虽明知正犯的犯罪计划或意图，但没有促进该犯罪行为易于实施的意思（以下简称明知非促进）。按照对立法的解读，这两种情形都该当于帮助信息网络犯罪活动罪的构成要件。根据犯罪意思联络说的观点，只有明知且促进的情形才具有可罚性，而明知非促进的情形并不具有可罚性。帮助信息网络犯罪活动罪的设定实际上将这两种情形都入罪化了，而且将第二种情形的出罪可能予以封堵。即便没有帮助信息网络犯罪活动罪这一罪名，对于第一种情形，也即明知且促进的情形中的帮助行为，完全通过刑法总则予以出罪。帮助信息网络犯罪活动罪设定之后，实际上是以立法的形式肯定了明知非促进情形中的中立帮助行为的可罚性，而这种情形在德日的理论上以及诸多判例中均被认为不应予以处罚。

（二）帮助行为正犯化之反思

对于将帮助信息网络犯罪活动的行为单独入罪，有学者认为：在传统的犯罪当中，帮助行为的危害性要弱于实行行为的，根据《刑法》第 27 条处置帮助行为即已足够。但是在网络时代下的帮助行为，其危害性常会超过正犯的实行行为的危害性，比如公开传播犯罪工具、对他人的侵入行为实施技术帮助等。对这些行为无法依靠传统的帮助犯的规定予以有效预防和制裁。因此，作为预防刑法的代表性立法策略，共犯正犯化开始受到立法者的重

---

① ［日］豊田兼彦：《共犯の処罰根拠と客観的帰属》，成文堂 2009 年版，第 174 页。

② Wolfgang Frisch，Tatbestandsmäßiges Verhalten und Zurechnung des Erfolgs，Heidel-berg 1988，S. 280.

视，帮助信息网络犯罪活动罪正是该立法策略的一个缩影。这也将是一种立法趋势。[①] 这种论断有失片面。比如关于帮助行为正犯化在我国台湾地区“刑法典”中只有零星的规定，仅涉及三个罪名，比如供给赌场或聚众赌博罪中的提供赌博场所的行为，实际上属于普通赌博罪的帮助行为；为人施打或设馆供人吸毒罪是吸用烟毒罪的帮助行为正犯化；另外，公务员纵放便利脱逃罪中的纵放便利行为实际上是脱逃罪的帮助犯。[②] 而日本刑法典当中帮助行为正犯化更是少之又少。日本刑法典以及我国台湾地区“刑法典”之所以对于帮助行为正犯化持谨慎态度，原因之一是帮助行为正犯化尚存在间接帮助是否可罚的争议：一旦将帮助犯正犯化，原本的帮助行为就会被认定为直接帮助行为，也即间接帮助犯的可罚性被肯定，而关于这一点在理论上还存在争论。

所谓间接帮助，是指对帮助正犯的人予以帮助的意思。比如，杀人的被害者为X，杀人的实行行为人为A，对A的杀人实行行为予以帮助的B是直接帮助人，假如存在帮助B的人C，则C就是间接帮助人。间接帮助是否具有可罚性？持肯定说的学者认为，因为欠缺直接处罚的规定，该采取何种条文解释的组合就会成为课题。有学者认为，将间接帮助视为对正犯的间接帮助来把握，则是该当于“对正犯的帮助”，因此是可以对间接帮助予以处罚的。这实际上是将间接帮助等同于直接帮助。[③] 此外，还有学者认为，应当从被修正的从犯的构成要件来考量，正犯当中也应当含有从犯，因此间接正犯是可罚的。[④] 持否定说的学者则认为，间接帮助是对从犯的帮助，帮助犯是对正犯的帮助，而帮助者不属于正犯的范畴之内，故帮助帮助者不构成帮助犯，因此应否定间接帮助的可罚性。[⑤] 帮助行为并不是实行行为，即便对帮助行为施以帮助，也不符合帮助正犯这一要件。笔者认为，由于共犯是扩张刑罚的事由，因此对于共犯的规定应当遵从严格解释的原则。由于间接帮助欠缺直接处罚的规定，应当将其置于处罚的对象之外。另外，间接帮助的

① 参见于志刚：《网络犯罪与中国刑法应对》，《中国社会科学》2010年第3期。

② 参见甘添贵：《刑法各论》（下），三民书局股份有限公司2015年版，第341、362、490页。

③ 参见［日］平野龙一：《刑法総论》2，有斐阁1975年版，第352页。

④ 参见［日］小野清一郎：《新订刑法讲义総论》，有斐阁1950年版，第213页。

⑤ 参见［日］福田平：《全订刑法総论》，5版，有斐阁2011年版，第291页。

情况下，其和直接帮助相比因果性变得比较弱，因而否定其可罚性是正当的。[①]

不仅间接帮助的可罚性引发争议，而且帮助行为正犯化还会引发另外一个需要追问的问题，即再间接帮助行为是否具有可罚性。所谓再间接帮助行为就是指对间接帮助犯进行帮助。再间接帮助连锁反应就是连锁（顺次）帮助犯的处罚问题。虽然，原则上主流学说否定了再间接帮助的可罚性，实务中也缺乏此类的判决[②]，但是如果间接帮助行为因帮助行为正犯化而受到处罚，则再间接帮助行为也就变成了间接帮助行为。对再间接帮助行为也予以处罚的话，再间接帮助犯和正犯之间的关系本身具有的诸多不明确性，将导致本来的帮助犯缺乏定型性。

同时，作为典型的帮助行为正犯化的罪名，帮助信息网络犯罪活动罪的一个重要特点就是帮助对象不特定。这在日本的 winny 软件案中就已经显现出来：在这个案件中，被告人并不是向特定的人提供 winny 软件，而且对于正犯是谁并没有认知。正因为如此，其辩护人认为，帮助行为的对象必须是特定的，即便有帮助的故意，正犯是谁必须要有认知。对于不特定多数的正犯，是不能够成立帮助犯的。在互联网时代，网络服务的提供者面对不特定的人，促进这些人的犯罪的实行或者在互联网上提供信息等事件，在今后都极有可能出现。对于帮助不特定者是否成立帮助犯的检讨，在目前极具有必要性。实际上在理论中，对帮助不特定者是否可以成立帮助犯确实已有探讨且存在争议。

大谷实教授明确反对帮助不特定者成立帮助犯，他认为，“帮助的对方也就是被帮助者，需要是特定化的人”[③]。所谓被帮助者，一般都用以指称正犯，因此，这一见解被认为是持“对于不特定的正犯是不能成立帮助犯”的观点。否定说的支持者，除了大谷实教授，还有园田寿教授，他认为，肯定间接帮助成立帮助犯会“让已经失去明确轮廓的帮助犯的成立范围变得越来越没有限定”。“和电脑技术开发相关的人员因为通常会意识到自己开发的技术会被用于违法的目的，则越是具有划时代意义的技术开发，结果被用于

① 参见［日］日高义博：《刑法総论》，成文堂 2015 年版，第 512 页。
② 参见［日］大谷实：《刑法讲义総论》，新版第 4 版，成文堂 2012 年版，第 448 页。
③ ［日］大谷实：《刑法讲义総论》，新版第 3 版，成文堂 2009 年版，第 447 页。

犯罪目的的场合下，越可能会容易被认定为具有帮助的故意。”这样的话，会对“软件产业造成强烈的萎缩效果”①。如果将针对不特定人的帮助行为一律正犯化（犯罪化），将会赋予网络管理者和使用者诸多不恰当的义务，从而带来网络世界的阻滞发展，甚至瘫痪。

帮助行为正犯化在我国被广泛地利用，目前我国刑法中已经存在着大量的“共犯正犯化”立法。然而，这种帮助行为正犯化的立法模式本身就存在着诸多理论上尚存在争议的命题。在就这种争议命题完全形成定论之前，盲目地扩大帮助行为正犯化的适用范畴，又将帮助信息网络犯罪活动罪加入其中，在立法技术上显得草率，不符合现代刑事法治发展的基本精神。

六、结语

在网络时代，犯罪形式出现了诸多变化，通过网络实施犯罪行为已经成为一种新的趋势。利用网络实施犯罪行为，其对法益的侵害确实存在不同于传统犯罪的一面，在某种程度上说，其危害性要高于一般犯罪行为的危害性。面对这一新的状况，立法者需要采取相应的措施予以应对，法益保护的严苛化和前置化也因此成为我国立法者乐于采取的重要手段。比如将中立帮助行为的出罪空间予以限缩，将帮助行为正犯化。《刑法修正案（九）》第29条规定了帮助信息网络犯罪活动罪：该罪的实行行为是中立的帮助行为，而非犯罪行为的帮助行为；该罪是帮助行为的正犯化，并不涉及刑法总则共犯规定之外的“量刑规则”。通过对帮助信息网络犯罪活动罪的分析可以看出，这种立法手段存在诸多问题，会模糊可罚行为与不可罚行为之间的界限，容易将不具有可罚性的行为认定为犯罪行为。将中立的网络帮助行为正犯化，会导致对不具有促进正犯犯罪意思的帮助行为予以处罚，从而不当扩大刑罚处罚范围。基于帮助行为的间接（及再间接）性和帮助对象的不特定性，我国刑事立法广泛将帮助行为正犯化的做法体现了法益保护的严苛化与前置化，在理念上值得反思，在技术上过于草率，有违现代刑事法治基本精神。

网络中立帮助行为是网络时代中立帮助行为的新课题，既有一定的特殊

---

① ［日］園田寿：《Winnyの開発・提供に関する刑法的考察》，《刑事法ジャーナル》2007年第8号。

性，又根植于传统的中立帮助行为理论。对于是否应当限制（网络）中立帮助行为，我国和德日有着完全相反的态度。我国采取的态度是逐步肯定（网络）中立帮助行为的可罚性，而德日的态度是通过一系列的理论来限制（网络）中立帮助行为的可罚空间。通过和德日刑法实务、理论的对比可以发现，我国目前所采取的态度，根源于我国传统的入罪思维。极端地将网络中立帮助行为入罪化将会阻碍网络技术的发展。在网络时代，对中立帮助行为的判断应当经过“全面性考察”的审核，合理界定（网络）中立帮助行为的可罚性。

第七章

言论自由：网络言论自由的合宪性界限

一、时代难题：网络时代言论自由的合法边界

网络时代，言论自由与言论犯罪之间传统的紧张关系进一步升级。被称为信息高速公路的互联网新媒介和传统大众媒介相比传播速度快、扩散范围广，使言论自由比以往任何时代更加自由的同时，也使言论犯罪更为容易。面对日益膨胀的网络言论，我国刑事立法和司法给予了积极回应。一方面，立法针对网络言论行为呈现出犯罪化的趋势。例如，《刑法修正案（九）》在以往的编造、故意传播虚假恐怖信息罪的基础上，新增了编造、故意传播虚假信息罪。另一方面，司法针对网络言论行为具有严厉打击的倾向。比如，《网络诽谤案件解释》将“同一诽谤信息实际被点击、浏览次数达到5 000次以上”，认定为诽谤“情节严重”[①]。由于刑罚实施代价高昂，会犯严重错误，且易被广泛滥用[②]，在这种刑事立法和司法现状下，“如何合理划定言论自由与刑事犯罪之间的界限”这一传统话题以网络新形态引发学者新一轮的探讨和关注。

宪法的上位次序以及其强大的辐射力决定了合宪性解释是网络言论自由与网络言论型犯罪之间新型悖论的平衡技术。一方面，法律的宪法取向性具

① 近年来，司法实务中出现了诸如2006年重庆彭水诗案、2012年陈平福案、2013年秦火火案、2014年原中央民族大学讲师伊力哈木案、2015年北京锋锐律师事务所“人权律师”案等具有重大社会影响的涉言论刑事案件，而没有引起公众关注的类似涉言论刑事案件不在少数。

② See Douglas Husak, *The Philosophy of Criminal Law: Selected Essays*, New York: Oxford University Press Inc., 2010, p. 397.

有实证法上的依据。我国《宪法》第35条规定，言论自由是国民的一项基本权利；第5条规定，一切法律都不得同宪法相抵触。在所有法律中，宪法是“更高的法”，操控着法律的意义和解释。“合宪性因素的功能在于，确保法律解释的结果不逸出宪法所宣示之基本价值决定的范围之外”①，如果立法者追求的影响、作用超越了宪法容许的范围，则法院可以将法律限缩解释至“合宪的”范围。② 另一方面，宪法“基本权利具有原则特性。作为原则它们要求，它们相对于事实上及法律上可能的范围内尽最大可能被实现”③。依照这种要求，“适用刑法者应该优先选择最为合乎宪法规定及其所宣示的基本价值的解释可能”④。因此，网络言论自由与发表网络言论可能构成犯罪之间的界限的合理划定，必须通过合宪性解释的路径来实现。

现行刑法规定的网络言论犯罪，大体可分为煽动宣扬型、编造传播型和侮辱诽谤型三种类型，分别可能侵犯国家法益、社会法益和个人法益。⑤ 下

---

① 参见黄茂荣：《法学方法与现代民法》，作者自版2006年版，第530页。

② 参见［德］卡尔·拉伦茨：《法学方法论》，陈爱娥译，商务印书馆2003年版，第217页。

③ ［德］罗伯特·阿列克西：《法 理性 商谈：法哲学研究》，朱光、雷磊译，中国法制出版社2011年版，第272、273页。

④ 林钰雄：《新刑法总则》，元照出版有限公司2014年版，第50页。

⑤ 煽动宣扬型网络言论犯罪包括侵害国家法益的煽动分裂国家罪、煽动颠覆国家政权罪、煽动军人逃离部队罪；侵害社会法益的宣扬恐怖主义、极端主义、煽动实施恐怖活动罪，利用极端主义破坏法律实施罪，强制穿戴宣扬恐怖主义、极端主义服饰、标志罪，非法持有宣扬恐怖主义、极端主义物品罪，煽动暴力抗拒法律实施罪；侵害公民人身权利、民主权利的煽动民族仇恨、民族歧视罪等。编造传播型网络言论犯罪包括侵害社会法益的编造并传播证券、期货交易虚假信息罪，编造、故意传播虚假恐怖信息罪，编造、故意传播虚假信息罪，拒不履行信息网络安全管理义务罪等。侮辱诽谤型网络言论犯罪包括侵害社会法益的损害商业信誉、商品声誉罪，寻衅滋事罪；侵害个人法益的诬告陷害罪、侮辱罪、诽谤罪等。需要说明的是，将强制穿戴宣扬恐怖主义、极端主义服饰、标志罪，非法持有宣扬恐怖主义、极端主义物品罪归纳为煽动宣扬型言论犯罪，具有必要性与合理性。一方面，《刑法修正案（九）》完善了言论型恐怖主义犯罪，以往的“煽动型”这一概括方式无法涵盖上述新型言论型恐怖主义犯罪。为了回应新的言论型恐怖主义犯罪立法体系，法学理论有必要进行新的归纳概括。另一方面，强制穿戴宣扬恐怖主义、极端主义服饰、标志与非法持有宣扬恐怖主义、极端主义物品属于象征性言论，可被纳入间接宣扬型言论犯罪中。美国展示红旗案［Stromberg v. People of State of Cal.，283 U.S.359，51 S.Ct.532，75 L.Ed.1117，73 A.L.R.1484（1931）］中展示红旗的行为与焚烧国旗案［Texas v. Johnson，491 U.S.397，109 S.Ct.2533，105 L.Ed.2d 342，57 USLW 4770（1989）］中焚烧国旗的行为，虽然都因没有涉及文字等语言形式的使用而属于非（狭义）言论型表达行为，但是，美国最高法院将二者都置于宪法的言论自由保护条款之下进行讨论。将强制穿戴宣扬恐怖主义的服饰与展示红旗、焚烧国旗进行类比，完全可以将其评价为一种宣扬恐怖主义的表达方式或者广义的言论行为。这样归类的意义在于，将宪法言论自由规定的效力及于这些刑法条文，为防止这些罪名的滥用提供正当化根据。此外，“宣扬”一词是《刑法修正案（九）》的规范用语，指向明确。

文试图从这三种类型的网络言论犯罪中具有相似性、一般性或者共通性的构成要件与诉讼条件出发，对网络言论犯罪的相关刑法规范进行以言论自由为核心的合宪性解释，通过发挥宪法规定的言论自由的基本价值对刑法解释的控制功能，让关于言论自由的宪法规定在具体的涉网络言论刑事案件的判决中效力最大化，从而合理限定网络言论犯罪的处罚范围。

二、行为构成：以网络言论内容本身为核心之重构

行为是任何犯罪成立的共同构成要件要素，网络言论犯罪亦有其行为构成。关于网络言论犯罪的行为构成——不法网络言论之发表，以往的研究重视“发表”的行为方式，容易忽视作为网络言论犯罪之行为组成之物的“网络言论”本身。例如，对于煽动宣扬型言论犯罪，存在煽动行为是否以公然实施为必要的争论，却鲜有对诸如分裂国家、恐怖主义、民族仇恨等煽动言论本身的讨论；又如，对于编造传播型言论犯罪，有着编造行为是否限于完全凭空捏造的不同见解，而缺少有关像虚假恐怖信息等编造的言论本身的成熟定论；再如，对于侮辱诽谤型言论犯罪，不乏以《网络诽谤案件解释》第1条为中心展开的诽谤行为单一说与复数说的对立，但少有对捏造的事实等诽谤言论本身的关注。[①] 所有的言论犯罪之行为之组成——言论都可是虚假言论，部分言论犯罪之构成必需言论之虚假。因此，言论内容的真假对于言论犯罪的构成具有重要意义。

（一）事实与观点

言论自由的真理追求价值要求事实与观点的二分（the fact/opinion dichotomy）。[②] 根据我国《刑法》第221条、第243条、第246条、第291条之规定，损害商业信誉、商品声誉罪，诬告陷害罪，诽谤罪，编造、故意传播虚假恐怖信息罪，编造、故意传播虚假信息罪等言论犯罪的组成之物分别是“虚伪‘事实’”“捏造‘事实’”“编造的恐怖‘信息’”“虚假的‘险情、

---

① 参见高铭暄、张海梅：《网络诽谤构成诽谤罪之要件》，《国家检察官学院学报》2015年第4期；张明楷：《刑法学》，4版，法律出版社2011年版，第595、823、932页；刘艳红主编：《刑法学》（下），2版，北京大学出版社2016年版，第246页。

② See Jennifer O. Brien, “Putting a Face to a (Screen) Name: The First Amendment Implications of Compelling ISPs to Reveal the Identities of Anonymous Internet Speaker in Online Defamation Cases”, *Fordham Law Review*, vol. 70, no. 6 (2002), p. 2752.

疫情、灾情、警情’”等。这些编造传播型和侮辱诽谤型言论犯罪，必须是就事实问题而构成。对于言论者针对事实发表的意见或者价值判断，不得以犯罪论处。

言论自由的真理追求价值以密尔的自由论为根基。一方面，刑罚权具有国家垄断性，仅依国家之刑罚权威来判定意见、思想或者观点的真理性可能会葬送真理本身。“迫使意见不能表达的具体的恶乃在于，它是对整个人类的掠夺……如果该意见是对的，那么他们就剥夺了以错误换取真理的机会；如果该意见是错的，那么，他们就失去了差不多同样大的收益，即从真理与错误的碰撞中产生的对真理更加清晰的认识和更加生动的印象……我们永远不能确信我们所竭力抑制的那个意见就是一个谬误。”① 另一方面，国家主张自己拥有完全且绝对的真理，因而以刑罚排除异议的同时也排除了宽容，“因为，一个绝对论的东西不会容许不同的东西，正因为这是唯一的……‘宽容的目的是真理’……‘自由的条件是宽容’……只有当许多见解在自由的讨论辩难之下，真理才会有机会”②。言论自由能够塑造充满勇气、自信、乐观的个人品格与多元、宽容、开放的社会风尚，因此，思想不可轻易证伪，即使有时入睡，但它绝不死亡。“如果我们想确定一种思想是否（为）真理，就应该让它在思想市场的竞争中接受检验”③，而不宜以国家刑罚权禁之。

总之，事实与观点二分法可将针对事实的见解之发表排除在言论犯罪的处罚圈之外，无论这种见解富有价值还是分文不值，正确还是错误、温和还是激进、动听还是刺耳。刑法只处罚事实性陈述，尤其是虚假的事实性陈述。然而，事实与观点二分法对言论入罪的控制作用是有限的，并不能无限实现言论自由的宪法价值。就其内部来说，事实与观点二者之间并无绝对清晰的界限，观点的表述通常也会暗示对客观事实的论断，这是由言论类型之间界限的相对性决定的。就其外部来讲，事实与观点二分法并没有回答刑法是否能处罚所有的虚假的事实性陈述。这是需要进一步解决的。此外，与编造传播型和侮辱诽谤型言论犯罪的基本立法模式不同，煽动宣扬型言论犯罪

① ［英］约翰·斯图亚特·密尔：《论自由》，顾肃译，译林出版社 2012 年版，第 18、19 页。

② ［德］阿图尔·考夫曼：《法律哲学》，刘幸义等译，法律出版社 2011 年版，第 345、348 页。

③ Abrams v. United States，249 U. S. 47（1919）.

的相关条款中只规定了言论内容的性质——分裂国家、破坏国家统一、恐怖主义、极端主义等，并无言论内容必须为事实性陈述之要求。换言之，某煽动宣扬型言论行为不论是陈述事实还是表达观点，都有可能构成煽动宣扬型言论犯罪。由此可见，单采事实与观点二分法无法划定煽动宣扬型言论犯罪的界限，需要其他规则的补充。

（二）私事与公事

言论自由的民主自治价值要求公事与私事的二分（the public/private concern dichotomy）。[①] 事实与观点二分法虽在一定程度上将观点陈述排除在一般言论犯罪的处罚范围之外，但是这并不意味着所有的事实性陈述都在言论犯罪的处罚范围之内。即使某言论属于捏造的不实言论，也并非全部具有实质的可罚性。公民的事实性陈述和观点表达可以分为涉私人事务的和涉公共事务的。当公民的言论关涉政治、公共管理、公众人物等公事时，基于言论自由的民主自治价值，即使该言论具有一定的虚假或者夸大成分，其可罚性也受到必要的限制。

言论自由的民主自治价值以麦迪逊的人民主权学说为支撑。“随着政府行政机构的帝国野心日益膨胀，政治言论的制约价值也显得越来越重要。”[②] 这种言论制约主要体现为公民对政府行政和政府官员等公共管理，公众人物的批评。“人民，而非政府，拥有绝对主权”，人民批评政府的自由是宪法言论自由规定的核心含义。[③] “有关公共事务的辩论往往是言辞激烈、尖酸刻薄的，有时还包含令政府和官员不悦的尖锐攻击，但这种辩论应该是不受约束的、活跃的和完全开放的。”[④] 在这种自由讨论的过程中，错误在所难免，而“追惩错误，势必引发难以容忍的自我审查”[⑤]。因此，鉴于言论自由的

---

① See Jennifer O. Brien，“Putting a Face to a (Screen) Name：The First Amendment Implications of Compelling ISPs to Reveal the Identities of Anonymous Internet Speaker in Online Defamation Cases”，*Fordham Law Review*，vol. 70，no. 6（2002），p. 2753.

② ［美］安东尼·刘易斯：《言论的边界：美国宪法第一修正案简史》，徐爽译，法律出版社 2010 年版，第 174 页。

③ 参见［美］安东尼·刘易斯：《批评官员的尺度：〈纽约时报〉诉警察局长沙利文案》，何帆译，北京大学出版社 2011 年版，第 194 页。

④ New York Time v. Sullivan，376 U. S. 254（1964）.

⑤ 参见［美］安东尼·刘易斯：《批评官员的尺度：〈纽约时报〉诉警察局长沙利文案》，何帆译，北京大学出版社 2011 年版，第 238 页。

民主自治价值，含有部分不实陈述的言论亦受宪法保护。只有当事实言论的具有罪质决定意义的主要、重要或者核心部分的内容全部为虚假时，才具有以编造传播型和侮辱诽谤型言论犯罪定罪处罚的可能性；只有当事实性陈述和观点表达的主要、重要或者核心部分的内容直接指向煽动宣扬型言论犯罪的罪质——分裂国家、颠覆国家政权、恐怖主义、极端主义、民族歧视等时，方有以煽动宣扬型言论犯罪处以刑罚的必要性。

对于编造传播型和侮辱诽谤型言论犯罪而言，需要进一步探讨的是，因为“事实言论的具有罪质决定意义的主要、重要或者核心部分的内容全部为虚假”的刑罚限制条件是由言论自由的民主自治价值推导出来的，所以，私事与公事的二分是其适用前提。换言之，只有当某主要、重要或者核心部分的内容全部不实的事实性陈述涉及公共领域时，方可以诬告陷害罪，诽谤罪，编造、故意传播虚假恐怖信息罪，编造、故意传播虚假信息罪等言论犯罪定罪处罚。例如，有学者认为，“根据我国宪法的规定，表达自由是放在第35条中，仅次于第34条所规定的选举权与被选举权。由此可见，我国宪法似乎是把表达自由纳入政治权利的序列中去的”①。据此，有学者主张，在刑事诽谤案中，“刑法必须适当降低对公众人物名誉的保护规格”，只有当“全部内容均为捏造”时，刑法才可能保护公众人物。② 该说虽然为保护言论自由作出了努力，但仍有商榷的余地。

首先，“全部事实言论均为虚假”的限制条件似乎不仅可以适用到诽谤公众人物等涉公事言论案件中，也可以适用到诽谤一般人物等涉私事言论案件中。言论自由的宪法规定的目的设定或者价值定位，决定了言论犯罪的构成要件的效力范围。宪法中的基本权利规定“首先是公民对抗国家的防御权”，“同时也体现为一种客观的价值秩序，其作为宪法上的基本决定而对所有的法领域发生效力”③。当将言论自由的宪法规定的价值仅限于民主政治价值时，学者只在公事场合要求“全部事实性陈述不实”便成为其逻辑结论。然而，关于言论自由的基本价值是什么，是有争议的。上述宪法学者将

① 林来梵：《宪法学讲义》，法律出版社2015年版，第372页。

② 参见张明楷：《网络诽谤的争议问题研究》，《中国法学》2015年第3期。

③ 参见张翔主编：《德国宪法案例选释：基本权利总论》，法律出版社2012年版，第22页。

言论自由的基本价值置位在民主政治，还有宪法学者将其聚焦为表现自我。[①] 言论自由的表现自我价值以康德哲学为源头。根据康德的绝对律令公式，理性主体存在的自主性的限度，亦即“对我们自由的限制就在于，我们必须尊重所有人的自由”[②]。“言论自由乃是源自对个人自主存在尊严的肯认，是为了保障个人之自主及自尊之目的而设，而非因赋予个人该权利有助于他人利益之追求……相反的，有时为了维护个人之言论自由权，必须要忍痛牺牲一般社会利益。”[③] 总之，言论自由不仅具有民主自治的社会利益，还含有自我实现的个人利益。

其次，要求“全部事实言论均为虚假”并不妥当。例如，陈某为泄私愤，在QQ空间发布一条虚假信息：“某市公安部门紧急通知：戴某，女，某省某市人，确认艾滋病患者，出于社会报复心理，流窜在某市车站等人流密集的地方，用注射器抽自身血液扎在行人身上。此人非常危险，请广大市民见到此人速与警方联系，以免对社会造成危害。”此信息下方附有戴某的照片。该帖发布后，被大量浏览、评论、转发，多名群众向“110”报警，该市公安局各分局、支队、派出所等二十多个单位均采取处警措施。[④] 在该案中，戴某的姓名、性别、籍贯都是真实信息，因此而为陈某脱罪令人难以接受。此外，主要、重要或者核心部分的内容全部不实的事实性陈述还必须造成了预期读者或者听众的信赖，“采取了如果他知道真相就不会采取的行动”[⑤]。例如，某人在网上扬言“外星人正在入侵地球”，人们不会因此而惊恐不安并采取任何反抗所谓外星人的行动。而从该案中对虚假信息“规范的”语言表述、“生动的”细节描述、附着的戴某照片等可以看出，此帖的内容和形式都比较接近真实的公安机关的紧急通知，故而受众容易相信而恐慌，并采取报警等信赖措施。

因此，如果承认并倡导言论自由的核心价值多元化，使“那些对宪法价值标准（主要是基本权利的规定）的具体化起着决定性作用的重要法律领域

---

① 参见汪进元：《基本权利的保护范围》，法律出版社2013年版，第182页。

② ［英］罗杰·斯克鲁顿：《康德》，刘华文译，译林出版社2013年版，第85页。

③ 林子仪：《言论自由与新闻自由》，元照出版有限公司1999年版，第43页。

④ 参见广东省珠海市香洲区人民法院（2014）珠香法刑初字第366号刑事判决书。

⑤ ［美］理查德·波斯纳：《论剽窃》，沈明译，北京大学出版社2010年版，第23页。

按照宪法的价值秩序得到重新塑造”[①]，那么，对刑法规定的“‘虚伪’事实”“‘捏造’事实”“‘编造的’恐怖信息”“‘虚假的’险情、疫情、灾情、警情”的合宪性限制解释结果——“事实言论的具有罪质决定意义的主要、重要或者核心部分的内容全部为虚假”，就可以适用到所有涉公事言论和涉私事言论等的领域。

总之，作为编造传播型和侮辱诽谤型言论犯罪之行为组成之言论，不论是在涉公事言论的场合还是在涉私事言论的场合，必须其具有罪质决定意义的主要、重要或者核心部分的内容全部不实且造成预期受众对不实内容的信赖；对于煽动宣扬型言论犯罪而言，罪质指向的直接性是必要的，例如，对政府猛烈抨击的言论并没有直接涉及颠覆国家政权的内容时，不能轻易以煽动颠覆国家政权罪定罪处刑。

（三）客观真实和“主观真实”

就我国刑法规定的诽谤罪，编造、故意传播虚假信息罪等言论犯罪而言，言论内容的客观、真实是绝对的违法阻却事由。如上文所述，言论内容客观、真实且没有直接指向煽动宣扬型言论犯罪的罪质的，不能被认定为煽动民族仇恨、民族歧视罪等煽动宣扬型言论犯罪。在脱胎于公事与私事二分法的“事实言论的具有罪质决定意义的主要、重要或者核心部分的内容全部为虚假”条件下，言论犯罪一般仅处罚客观上主要、重要或者核心内容皆为虚假的事实性陈述。但是，这还未最大限度实现言论自由的宪法价值，因而仍需要其他司法技术性规则的补充。其实，基于言论自由的民主自治价值，在公事与私事二分法下，美国的“确有恶意”（actual malice）[②] 规则和日本、我国台湾地区的合理确信规则，是较有代表性的言论自由与相关法益保护的平衡法则。

在言论自由与名誉保护的衡平中，美国诽谤法发展出了“确有恶意”规则：当言论发表者的涉公益或者公共事务言论诽谤政府官员或者公众人物时，受害者须以“清晰无误、令人信服”之证据来证明言论发表者“明知

① ［德］魏德士：《法理学》，丁小春、吴越译，法律出版社 2013 年版，第 321 页。

② 此外，还有“实质恶意”“真实恶意”“实际恶意”的译法。此规则由于诞生于 1964 年《纽约时报》诉沙利文案（New York Times Co. v. Sullivan），因而又被称为“沙利文规则”；此规则又由于使州诽谤法宪法化，故又被称为“宪法上的恶意”（constitutional malice）规则。

言论不实或者罔顾真相”[①]。然而，“确有恶意”规则恐怕无法直接为我国司法所用，理由在于：其一，“确有恶意”规则以“恶意”责任替代了严格责任，但是，我国刑法规定的所有言论犯罪都是故意犯罪，采取的是过错责任。其二，“确有恶意”规则将举证责任由言论发表者转移到受害者。可是，我国公诉人本来就承担了对绝大部分犯罪的成立条件的举证责任。其三，“确有恶意”规则将证明标准由一般民事案件的“盖然”标准提升至“确有”。不过，我国《刑事诉讼法》中的证据“确实、充分”、“排除合理怀疑”标准并不比“确有”标准低。总之，“确有恶意”规则通过过错要件的增加、举证责任的转移和证明标准的提高，使司法天平的指针向言论自由一边矫正而达至与相关法益保护的动态平衡。然而，由于民事诉讼与刑事诉讼的差别、判例法传统与准大陆法的我国实践的差异，“确有恶意”规则尚无实在的借鉴意义。

在对刑事诽谤案的裁判中，日本以及我国台湾地区的司法实践发展出了合理确信规则。根据日本刑法典第230条之二的规定，言论发表者出于公益目的，指摘与公共利害有关的事实，当该事实为真时，不罚。[②] 其中，在满足了事实的公共性和目的的公益性要求之后，真实性的证明至为重要。毫无疑问，这里的“真实”首先是指“客观真实”。和公事与私事二分法下的“事实言论的具有罪质决定意义的主要、重要或者核心部分的内容全部为虚假”要求相对应，言论发表者的事实性陈述的主要或者重要部分在客观上是

① “确有恶意”规则并非一蹴而就，而是经历了从产生、争论到基本定型的发展过程。1964年的《纽约时报》诉沙利文案（民事案件）确立了该规则的基本内容；同年的盖瑞森案将规则的受案范围从民事案件扩大到刑事案件；1967年的巴茨案将规则的适用范围从政府官员扩大到公众人物；1974年的葛茨案否定了诽谤陈述的公益或者公共事务性是规则的适用条件，认为受害者的公众人物身份才是规则适用的关键，并较为完整地确立了公众人物的概念；1985年的格林莫斯案重申规则的适用条件除受害者须为政府官员或者公众人物之外，还须满足所涉言论内容具有公益或者公共事务性。此外，该规则的保护对象没有媒体与非媒体之分。New York Times Co. v. Sullivan，376 U. S. 254（1964）；Garrison v. Louisiana，379 U. S. 64（1964）；Curtis Publishing Co. v. Butts，388 U. S. 163（1967）；Gertz v. Robert Welch，Inc.，418 U. S. 323（1974）；Dun & Bradstreet，Inc. v. Greenmoss Builders，Inc.，472 U. S. 749（1985）. 参见吴永乾：《美国诽谤法所称“真正恶意”法则之研究》，《中正大学法学集刊》2004年第15期。

② 参见《日本刑法典》，张明楷译，法律出版社2006年版，第86页。我国台湾地区“刑法典”第310条也有类似规定：“对于所诽谤之事，能证明其为真实者，不罚。但涉于私德而与公共利益无关者，不在此限。”

真实的，不罚；而且，由于“被告方面在证据收集能力上显然比不上检察官，且为了保障为公益的表现（言论）自由，应该减轻被告的负担”，言论发表者对其事实性陈述的主要或者重要部分客观真实之证明，有足以判断其为客观真实的相当证据即可[①]，而无须达到“排除合理怀疑”程度的证明。

问题在于：基于某种根据，言论发表者相信自己所披露的事实是真实的，但该事实并不真实或者最终未能成功证明该事实的真实性，是否仍存在免责的余地？为谋求名誉保护和言论自由之间的协调，司法者对其进行了有利于被告人的解释：合理确信规则使言论自由的宪法规定的效力及于客观虚假但“主观真实”的事实言论。在日本，披露事实者基于确实的材料、根据，存在相当的理由误信某事实是真实的，即使该事实客观上并不真实或者最终未能成功证明该事实的真实性，仍可免责。[②] 在我国台湾地区，“惟行为人虽不能证明言论内容为真实，但依其所提证据材料，认为行为人有相当理由确信其为真实者，即不能以诽谤罪之刑责相绳”[③]。据此，合理确信规则将真实性证明中的“真实”由客观真实转变为了“主观真实”，只要言论发表者合理确信自己的事实言论真实，即使客观虚假，也不受处罚。然而，在“行为当时并无主观相信，但事后证明为客观真实”的情形中，本来，在将“真实性证明”中的“真实”理解为客观真实时，可以排除诽谤罪等言论犯罪的成立，可是，按照“合理确信”规则将“真实”解释为“主观真实”时，就无法在此情形下出罪。这明显不合理。[④] 因此，合理确信规则下的“主观真实”抗辩不能完全取代客观真实抗辩，客观真实和“主观真实”不是互斥关系，客观真实抗辩在先，“主观真实”抗辩是其补充。这种双层抗辩的结构安排可以避免上述不合理的情况，从而充分保障言论自由这一基本权利，有助于培养对于以刑罚压制言论的司法审慎。

---

① 参见陈子平：《刑法各论》（上），作者自版 2013 年版，第 301 页；甘添贵：《刑法各论》（上），三民书局股份有限公司 2009 年版，第 166 页。

② 参见［日］大谷实：《刑法讲义各论》，黎宏译，中国人民大学出版社 2008 年版，第 153－158 页；［日］大塚仁：《刑法概说（各论）》，冯军译，中国人民大学出版社 2003 年版，第 167－171 页等。

③ 我国台湾地区“司法院”2000 年释字第 509 号解释；林山田：《刑法各罪论》（上册），北京大学出版社 2012 年版，第 179 页；林东茂：《刑法综览》，一品文化出版社 2015 年版，第 2－93 页。

④ 参见林钰雄：《诽谤罪之实体要件与诉讼证明——兼评“大法官”释字第 509 号解释》，《台湾大学法学论丛》2003 年第 2 期。

最后，客观真实与“主观真实”的抗辩规则的适用范围不以涉公事言论为限。一方面，我国刑法没有规定日本的“公共事务和公益目的”的适用条件；另一方面，言论自由的表现自我价值可以为合理确信规则的广泛适用提供理论基础。“理论上，宪政民主制度对政治言论之自由保障，要高于其他言论。不过，就算是高价值的政治言论，其保障亦非绝对；而即使是所谓的‘低价值言论’甚至‘垃圾言论’，亦非不受保障。在我们每天所接触到的种种言论与表达之中，大部分恐怕都会被归类为公共性不高、价值不高的言论与表达，但基本不受管制……任何言论的管制与否，与其公共性或社会价值之高低，并无直接或者必然关系。”[①] 例如，刘某（女）先后在天涯网、天涯论坛等网站发表三篇题为《戳穿巩某的谎言》《把巩某的罪恶行径和玩世不恭的本质诏告天下》《看看巩某的伪劣行径》的文章，网上的点击次数已经达到 5 000 次以上。[②] 其实，巩某（男）并非政府官员或者公众人物，刘某的言论也没有涉及公共事务，而是只涉巩某私德之诽谤性言论。然而，终审法院认为，巩某与刘某系再婚夫妻，在婚姻关系存续期间，不能妥善处理家庭矛盾，因缺乏相互信任和家庭琐事而引发矛盾，刘某便借助网站发帖宣泄，其内容均为夫妻之间相互指责的过激言词，故应维持一审驳回起诉之裁定。应当说，这一裁判是正确的。

概言之，事实与观点、公事与私事、客观真实与“主观真实”之间并不是冲突的，而是均可作为，对诬告陷害罪、诽谤罪，编造、故意传播虚假信息罪等编造传播型和侮辱诽谤型言论犯罪的组成之物——“事实”等言论内容进行以言论自由的宪法价值为导向的实质解释的一般考量规则；对于煽动民族仇恨、民族歧视罪，宣扬恐怖主义、极端主义罪等煽动宣扬型言论犯罪的合宪性认定也具有重要的参照意义。而且，法律之客观目的，“其实就是解释者自己放进法律中的目的”[③]。当选定的言论自由的核心价值不同时，

① 陈宜中：《色情管制争议中的言论自由》，《人文及社会科学集刊》2009 年第 3 期。

② 参见山西省太原市中级人民法院（2014）并刑终字第 353 号刑事裁定书。该裁定书认定的事实是“点击率已超过 500 次以上”，此句不但语法错误，而且认为“已达到‘利用信息网络诽谤他人，同一诽谤信息实际被点击、浏览次数达到 5 000 次以上，或者转发次数达到 500 次以上，应认定为刑法第 246 条第 1 款规定的‘情节严重’’的标准”。据此，将裁定书中的“点击率已超过 500 次以上”改编为“点击次数已经达到 5 000 次以上”。

③ ［德］英格博格·普珀：《法学思维小学堂》，蔡圣伟译，北京大学出版社 2011 年版，第 69 页。

这三个具体规则的适用条件有宽有窄。在我国，不应囿于公众人物、公共事务或者公益目的，这三个规则应被普遍适用。

三、行为主体：网络服务提供者不作为传播新罪责

言论犯罪的犯罪主体是一般主体。随着信息网络的发展，网络服务提供者（Internet Service Provider，ISP）[①] 成为其中一种新的主体类型。从司法来看，我国已经出现网络服务提供者涉诽谤罪的案件。[②] 从立法来看，《刑法修正案（九）》第28条增设规定，网络服务提供者不履行法律、行政法规规定的信息网络安全管理义务，经监管部门责令采取改正措施而拒不改正，致使违法信息大量传播的，以拒不履行信息网络安全管理义务罪定罪处罚；同时构成其他犯罪的，重法优于轻法。[③] 由此带来的一个新问题是，当网络服务提供者明知第三方所贴内容为诽谤他人的信息、虚假警情信息、虚假恐怖信息或者煽动民族仇恨、分裂国家的信息等违法信息，仍不采取删除、屏蔽、断开链接等处置措施时，是否以及如何承担相应的刑事责任。

（一）网络服务提供者的保证人地位之确立

"要对不作为的贡献追责，首先必须认定该人处于保障人地位（存在作为义务）。"[④] 根据现有的理论与实践，在明知第三方于自己运行的信息网络服务器上张贴的内容为违法信息的场合，网络服务提供者具有形式和实质的采取删除等处置措施的作为义务。

首先，"关于真正不作为犯，由于在刑罚法规中明确规定了命令规范，

① See Scott Sterling, "International Law of Mystery: Holding Internet Service Providers Liable for Defamation and the Needs for a Comprehensive International Solution", *Loyola of Los Angeles Entertainment Law Review*, vol. 21, no. 2 (2001), p. 328.

② 2014年7月29日，自诉人暨附带民事诉讼原告人徐某某以被告人张某、某网络有限公司犯诽谤罪并提起附带民事诉讼。法院受理后，徐某某于2014年12月15日提出申请，撤回对被告人张某、某网络有限公司的控诉，再另行对被告人张某单独提起控诉。参见江苏省盐城市亭湖区人民法院（2014）亭刑初字第00339号刑事裁定书。诽谤罪是自然人犯罪而非单位犯罪，而自诉人将某网络有限公司作为被告人，这可能是导致撤诉原因。

③ 据此规定，此处所指的网络服务提供者仅为内容服务提供者，而非《刑法修正案（九）》第29条增设的帮助信息网络犯罪活动罪的犯罪主体——技术服务提供者。

④ ［日］松原芳博：《刑法总论重要问题》，王昭武译，中国政法大学出版社2014年版，第363页。

所以作为义务是明确的”[①]。拒不履行信息网络安全管理义务罪为真正不作为犯罪，根据刑法的规定，法律、行政法规是网络服务提供者的形式作为义务来源。例如，全国人民代表大会常务委员会《关于维护互联网安全的决定》第7条规定，从事互联网业务的单位要依法开展活动，发现互联网上出现违法犯罪行为和有害信息时，要采取措施，停止传输有害信息，并及时向有关机关报告。又如，《互联网信息服务管理办法》第15、16条规定，互联网信息服务提供者不得制作、复制、发布、传播含有侮辱或者诽谤他人的信息，发现其网站传输的信息明显属于上述信息的，应当立即停止传输，保存有关记录，并向国家有关机关报告。[②] 其次，“在自己管辖的支配领域内占有或持有一定危险源的人具有采取不至于使他人从该危险源受到法益侵害的安全措施或进行监视的保证人地位。”[③] 管理危险源是网络服务提供者的实质作为义务的发生根据，是其不作为成立具体言论犯罪等不真正不作为犯的基础。

据此，有观点从形式的作为义务来源出发，认为“当网络服务供应商明知存在一个明确的侮辱发布内容，但没有将其从网上删除，就可考虑成立不作为犯罪。相应的保证人义务可以依据合同或警察性规定而产生”[④]。有观点从实质的作为义务来源出发，主张“明显披露的是毁损名誉的事实，且被害人的删除要求遭到无视的，尽管如此，可网络运营商仍然有意识地置之不理之的，由于只有网络运营商处于可以删除这种排他性支配地位，因而，可以肯定成立不作为的单独正犯，至少也应当成立帮助犯”[⑤]。由此，网络服务提供者保证人地位的确立可能使刑法对其处罚的范围扩大。然而，《刑法》第13条“但书”的出罪功能要求可罚的违法性与可罚的责任。因此，上述场合下的刑罚扩张是否妥当是值得研究的问题。

（二）网络服务提供者的保证人地位之反思

从传播媒介的科技特点与社会属性出发考察，关于网络服务提供者因具

① ［日］野村稔：《刑法总论》，全理其、何力译，邓又天审校，法律出版社2001年版，第189页。

② 此外，《网络安全法》第47条规定，网络运营者应当加强对其用户发布的信息的管理，发现法律、行政法规禁止发布或者传输的信息的，应当立即停止传输该信息，采取消除等处置措施，防止信息扩散，保存相关记录，并向有关主管部门报告。

③ ［韩］金日秀、徐辅鹤：《韩国刑法总论》，郑军男译，武汉大学出版社2008年版，第481页。

④ ［德］埃里克·希尔根多夫：《德国刑法学：从传统到现代》，江溯、黄笑岩等译，北京大学出版社2015年版，第454页。

⑤ ［日］西田典之：《日本刑法各论》，王昭武、刘明祥译，法律出版社2020年版，第137页。

有排他性支配地位而具有保证人地位的已有定论值得反思。网络媒介具有分散性、易入性、普及性与匿名性的科技特点。与广播媒体相比，“新媒体是以完全不同的原则运行：开放、参与、互惠以及点对点；而广播媒体则是一对多的传播”[①]。信息网络作为新媒体的这些特点，源于其分散性（decentralization）、易入性（accessibility，low barriers to entry）、普及性（wide reach，prevalence）、匿名性（anonymity，allowing users to mask identities）的本质属性。诚然，网络的这些独一无二的特性在司法实践中常常被当作对网络诽谤言论处以刑罚的借口。其实，正好相反，网络所独有的这些特性恰恰为对线上言论提供比对线下言论更加强有力的保护提供了理由。

首先，与传统媒介的集中性相对，信息网络的分散性意味着去中心化。冷战期间，为了避免通讯遭到传统武器或者核武器的攻击，20 世纪 60 年代的互联网最初被设计为没有中心控制点，由相互联系的主机网组成，可以从任何一点进入网络。因此，没有人拥有互联网。广播、电视等大众媒体并不是价值中立的技术设施，而是有着浓厚的价值倾向和政治色彩。相比之下，网络媒介更具有互动性和客观性。[②]“如果说信息就是权力，那么这一新技术——首次均衡地传播信息——是真正分散的权力。这种权力正在从遵循自上而下运行原则的机制向民主地分配权力的新范式迁移。以前是把持这些权力的机构高高在上汇集信息，告诉我们如何生活，现在则是我们所有人共享这些权力。”[③]

其次，与传统媒介的难接近性相对，信息网络的易入性意味着人们进入网络的门槛低。这种易入性是由于人们入网的成本很低，基本上没有经济障碍，而且不受传统媒体的编辑控制。另外，网络上的信息能够长时间保存。“相较于传统的传播媒体，网络具有一种特性，就是每位网络使用者，皆可同时成为网络资讯之接收者与资讯提供者”，网络成为“无疆界限制且容易

---

① ［美］亨利·詹金斯：《融合文化：新媒体和旧媒体的冲突地带》，杜永明译，商务印书馆 2012 年版，第 308 页。

② See Edward L. Carter，“Outlaw Speech on the Internet：Examining the Link between Unique Characteristics of Online Media and Criminal Libel Prosecutions”，*Santa Clara High Technology Law Journal*，vol. 21，no. 2（2004），p. 314.

③ Joe Trippi，*The Revolution Will Not Be Televised：Democracy，the Internet，and Overthrow of Everything*，New York：Harper Collins Publishers，2004，p. 4.

接近使用之沟通空间，最符合人类追求‘自由’之梦想”[①]。换言之，“每个人都可以不再只是扮演被动接收者的角色，而是可以同时扮演主动创造者的角色”。而信息的长时间保存表现为网络言论的持续延伸发展特性，更进一步强化了网络的参与性和互动性，“让读者和作者、资讯的生产者和消费者之间的角色，具有高度的替换性，甚至隐含有相互结合的可能性”[②]。因此，“进入网络的低门槛扩大了出现创新或者甚至革命性思想的机会，至少在越来越多的拥有个人电脑的人群中是这样的。遭受公司媒体压制而沉默的人最渴望把他们的个人电脑变成一个印刷机”[③]。

最后，与传统媒介的身份公开性相对，通过信息网络传播言论往往具有匿名性。匿名的社会价值在于鼓励自由言论，例如，在政治领域，有匿名投票；又如，在文学领域，很多人都有笔名。匿名的做法可能源于对经济的或者官方的报复的担心，对被社会排挤的忧虑，或者仅仅是尽可能地保护自己的隐私。没有表明身份的观点可能更有说服力，或者匿名的发表者也许希望参与一场高尚的辩论。网上匿名去除了阻碍交往的种族、阶级、性别、国籍、宗教信仰、教育程度、经济实力的差异。人们会摆脱陈规旧俗，通过网络实现在传统社会里和他人舒服地交往。[④]“在宪法之下，匿名写作不是一个邪恶的欺诈行为，而是一项令人尊敬的辩论传统。匿名可以防御多数人的暴政……虽然匿名权可能会在掩饰欺诈行为方面被滥用，但是，政治言论从本性上有时就是令人讨厌的，而且，一般来讲，与匿名权被滥用的危险相比，社会会更倾向于言论自由的价值。”[⑤]

总之，“当传播手段变得普及、去中心化和容易获得时，自由就会获得

---

① 陈耀祥：《全球化时代之国际人权保障——以网路言论自由为例》，《台湾国际法季刊》2012 年第 4 期。

② 台湾大学：《数位时代智慧财产权规范对言论自由和隐私权的影响及其发展趋势》，台湾“行政院国家科学委员会”辅助专题研究计划（计划主持人：刘静怡；计划编号：NSC93—2414—H—002—041—）成果报告，2004 年 10 月 30 日。

③ ［美］亨利·詹金斯：《融合文化：新媒体和旧媒体的冲突地带》，杜永明译，商务印书馆 2012 年版，第 311 页。

④ See Michael Traynor，“Anonymity and the Internet”，*The Computer & Internet Lawyer*，vol. 22，no. 2（2005），p. 1－2.

⑤ Jason M. Shepard and Genelle Belmas，“Anonymity，Disclosure and First Amendment Balancing in the Internet Era：Developments in Libel，Copyright，and Election Speech”，*Yale Journal of Law and Technology*，vol. 15，no. 1（2013），p. 103.

促进，正像当年印刷机或微型电子计算机所带来的影响一样。当传播手段变得集中、垄断和稀缺时，中央控制更可能成为现实，就像那些庞大的广播电视网络一样”[①]。然而，在数字革命说与数字融合说之间，数字融合说因符合新媒介发展的现阶段实际而取得胜利。数字革命说认为，新媒体会取代旧媒体，新媒体将会取代一切。数字融合说则声称，旧媒体并没有革命式地改变一切，新、旧媒体正在以比先前更为复杂的方式展开互动，二者处于融合形态。在数字融合说下，网络科技既结束了电子通信、数据通信和大众传播之间的原有界限，也结束了这些通信方式中各种各样的媒介之间的原有界限；不仅模糊了媒介自身的界限，而且也模糊了生活的社会各领域的界限，特别是公共与私人的区别。[②] 于是，新的问题是，在与大众媒介融合的过程中，信息网络的分散性只是相对的，互联网并不是完全中立的科技手段。其一，“政府借助于互联网服务提供商、硬件生产商和软件机构等市场因素，尝试着运用间接控制”，“他们命令，互联网服务提供商要过滤和阻塞与其对立的站点和电子邮件信息”，以实现法律控制。其二，操作系统、互联网浏览器、搜索引擎和应用软件都不是中性的技术工具。例如，由于微软的垄断地位，所有软件生产商和提供商都必须要使它们的软件适应微软的 Windows 操作系统。2014 年 4 月 8 日，微软正式停止 Windows XP 的更新服务。从 2014 年 4 月 Windows XP 系统停止服务到 2015 年 3 月的一年间，中国使用 Windows XP 系统的电脑的比例从 63.7%下降到 49.4%。[③] 虽然 2015 年 3 月 18 日，微软在深圳 WinHEC 大会上正式宣布，中国用户可以免费升级最新一代操作系统 Win10，但是我国升级 Win10 硬件条件不达标的电脑的比例约为 34.65%，超过了 1/3。[④] 又如，微软的 Office 办公软件和操作系统都反映了美国人的办公室文化，这实际上是一种市场控制。其三，“互联网的

---

① Ithiel de Sola Pool，*Technologies of Freedom*：*On Free Speech in an Electronic Age*，Cambridge：Belknap Press of Harvard University Press，1983，p. 5.

② ［荷］简·梵·迪克：《网络社会——新媒体的社会层面》，蔡静译，清华大学出版社 2014 年版，第 137、148－149 页；［美］亨利·詹金斯：《融合文化：新媒体和旧媒体的冲突地带》，杜永明译，商务印书馆 2012 年版，第 34 页。

③ 360 互联网安全中心：《Windows XP 安全与防护报告（2015 年 4 月 15 日）》，载 http：//zt. 360. cn/1101061855. php? dtid=1101062360&did=1101241569，访问时间：2015 年 4 月 18 日。

④ 360 互联网安全中心：《免费升级 Win10 电脑状况调查报告（2015 年 4 月 17 日）》，载 http：//amhvu586jd. l61. yunpan. cn/lk/cVE2Hmyg9Zyui，访问时间：2015 年 4 月 18 日。

核心是 TCP/IP 协议，它使点对点交换的网络成为现实”，所有各方都在努力争夺这项技术，企图用它来获取对网络更大的技术控制。①

可以看出，上述理论的基础大多为言论自由之民主自治价值。应该明确，宪法的规范对象主要是政府，公民言论自由这一基本权利意味着课予政府以积极协助公民行使言论自由权的义务。为此，应该倡导网络中立原则，使其尽可能客观与公正。对于言论自由条款所欲服务的目的或者所起到的作用不但可以用“表达自由原则”来表达，而且也可以用“沟通机会均等原则”来阐述。② 根据沟通机会均等原则，网络中立原则要求网络服务提供者不得进行差别待遇，以便促成开放网络与多元媒体的基本环境，以确保信息完整而自由地流通。具言之，法律应施加网络中立的义务给网络服务提供者，要求其保持中立，不可封锁特定网络应用服务和信息内容，而不是在网络服务提供者明知第三方所贴内容为诽谤他人的信息，仍不采取删除、屏蔽、断开链接等措施的场合，以诽谤罪处罚之。这种中立义务要求：对于网络上的任何内容，无论其来源与去处，网络服务提供者均不得施以过滤、加速或者减缓传输等差别待遇；允许网络用户在不受差别待遇的条件下，自由选择其接近使用的网络内容、服务、应用或工具。其最终理想是所有的信息、软件、网站和平台都获得同样平等的对待，以便使用者可以尽其所能地使用信息。③

网络中立原则也与言论自由之基于思想市场的真理追求价值、基于个人自治的自我实现价值相洽。一方面，网络具有易入性。网络作为讯息散布的媒介，相较于传统的广电媒体（广播、电视）或者平面媒体（印刷媒体），花费几乎可以说微乎其微。另一方面，网络具有分散性。传统媒介多采用中央处理的编辑方式，以过滤言论内容，因此，要使用传统媒体并不容易。然而，在网络上，网络用户可以主动发表言论，人人都是出版者。④ 网络的此

---

① 参见［荷］简·梵·迪克：《网络社会——新媒体的社会层面》，蔡静译，清华大学出版社 2014 年版，第 140－145 页。

② 参见［美］劳伦斯·索伦：《法理词汇》，王凌皞译，中国政法大学出版社 2010 年版，第 286 页。

③ 参见刘静怡：《网路中立性原则和言论自由：美国法制的发展》，《台湾大学法学论丛》2012 年第 3 期。

④ 参见彭贤恩、刘怡静、彭晓珍：《刑法应用于网路诽谤案例之分析》，《资讯社会研究》2006 年第 11 期。

二特性使言论市场更加活跃。如果发表言论者所传播的信息内容为真，则社会大众可以获得这项真实资讯。然而，正如商品市场中生产者可能制造出危害消费者的瑕疵产品，在言论市场中，言论生产者往往也可能生产出内容不真实的瑕疵言论。“传播的目的在于结束传播……我们周而复始地从事着交流与传播。但不管怎样，任何传播都将面临着终结”[①]，如果发表言论者所传播的讯息内容不真实，则言论当事者可以借由向大众提供真实资讯而发表反制性言论。如此一来，言论市场的竞争机制将驱使利害关系人揭露信息，而社会大众也能够免费获得利害关系人原本不愿公开的信息。[②]同时，言论市场中个人言论自由竞争的过程也是自我实现的过程，它是靠个人自治。“如果一项法律限制言论自由的范围过于宽泛，就会导致许多本来打算‘发言’的人因为担心法律可能的惩罚而选择沉默，哪怕他们企图发表的言论是在宪法保护的范围之内。这也就是通常所说的‘寒蝉效应’（chilling effect）。”[③]

网络服务提供者通过网络技术搭建并运营网络空间，网络服务提供者的中立地位不但由前述网络技术的中立所决定，也是网络规制与网络自治、国家管制与技术革新、国家与网络用户之间相互权衡的结果。首先，刑罚处罚不得阻滞网络科技的正当创新与发展。其次，网络服务提供者只有在较为宽松的市场经济的自治环境中，才可能促进自身较快革新。最后，当网络服务提供者在国家与网络用户之间处于相对中立的位置时，网络自治才有可能；偏向任何一方的不确证利益，都不能实现自治。诚然，在当今网络社会中，大型网络服务提供者建构的网络平台在网络空间可能占据主导地位，其完全有能力基于某种利益或倾向控制和引导网络舆论。若果真如此，上述网络服务提供者就严重偏离了其中立地位。《刑法修正案（九）》第28条第3款规定，网络服务提供者拒不履行信息网络安全管理义务，致使违法信息大量传播，同时构成其他犯罪的，依照较重的规定定罪处罚。据此上述网络服

① ［丹］克劳斯·布鲁恩·延森：《媒介融合：网络传播、大众传播和人际传播的三重维度》，刘君译，复旦大学出版社2014年版，第5页。

② 参见何建志：《诽谤罪之体系建构与法理分析：二元化言论市场管制模式》，《台湾大学法学论丛》2004年第54期。

③ 郑海平：《“狗咬狗”视频与网络言论自由——Stevens v. United States案评析》，《判解研究》2012年总第59辑。

务提供者内在积极地偏离其中立地位，就有可能直接承担相应具体的言论犯罪的刑事责任，而不是刑罚较轻的拒不履行信息网络安全管理义务罪的平台责任。申言之，法律应施加网络中立的义务给网络服务提供者，要求其保持中立，不可封锁特定网络应用服务和信息内容。

概言之，网络服务提供者保持中立可使网络的分散性、易入性等特性得到最大限度发挥，从而促进言论市场的自由竞争，而言论市场越发达，社会大众可获得的信息就越多。在应然层面，网络服务提供者在国家、网络服务提供者、网络用户的三角关系中处于中立地位，因此，在第三方于网络服务提供者所提供的网络服务器上“张贴”诽谤信息的场合，国家应赋予网络服务提供者像印刷媒介那样的传统自由，否认其拥有像印刷媒体那样的“编辑裁量权”（editorial control），免除其等同于“信息发布者”的刑事责任，以维护其中立特色。由此引发的问题是，网络服务提供者在言论市场的诽谤信息传播过程中应该扮演何种角色。在第三方于网上“张贴”诽谤信息的情形下，关于网络服务提供者的角色，素来有“信息发布者”（publisher）和“信息传输者”（distributor）之争。前者将网络服务提供者类比为图书（出版社）、报刊（报社），后者认为其近似于书店、报亭；主张前者的代表国家是英国，后者的唯一支持者为美国。

（三）网络服务提供者的不作为罪责之限制

网络媒介的科技特点和社会属性决定了，即或在刑法肯定网络服务提供者的信息网络安全管理义务的背景之下，也应致力于限缩性地适用《刑法修正案（九）》第28条规定的传播违法信息型拒不履行信息网络安全管理义务罪，以防止刑罚的过度介入而造成言论市场的萎缩。媒介的责任取决于媒介的角色定位。在大众媒介时代，报社和出版商都被认作言论内容的原始发布者，它们基于编辑控制权（editorial control）而对自己的发行物或者出版物承担严格责任。在第三方于网络媒介张贴违法信息的场合，网络服务提供者是作为信息发布者（publisher）和信息传播者（distributor）而存在。关于这两种身份背后的“通知规则”责任承担的原理，分别有英国和美国的经验可以借鉴。

1. 英国做法：将网络服务提供者视作“发布者”

在1996年之前的英国，服务提供者的责任取决于服务提供者的分类。

英国法院需要确定一个服务提供者是发布者（publisher）、印刷者（printer）、传播者（distributor）还是贩卖者（vendor），因为每一个角色涉及不同的责任。1996 年英国《诽谤法》（the Defamation Act）以这样的方法将网络服务提供者纳入其调整范围。《诽谤法》规定了网络服务提供者的免责条件：（1）非诽谤信息的作者（author）、编辑者（editor）或者发布者；（2）对张贴内容提供适当关切（reasonable care）；（3）不知道或者没有理由相信其所做的事引起或者有助于诽谤信息的发布。如果某网络服务提供者仅仅涉及传播或者是某电子媒介——在上面，信息以电子形式被撤销、复制、传播或者制作——的售卖者、操作者或者提供者，那么，这样的网络服务提供者不被认为是作者、编辑者或者发布者；如果某网络服务提供者仅仅进入交流系统——在上面，信息被其不能控制的那个人传递——的操作者或者提供者，那么，这样的网络服务提供者不被认为是作者。这些意图使网络服务提供者免于诽谤责任的规定在 Godfrey v. Demon Internet Ltd. 案①中得到适用。在 Godfrey 案中，法院虽然认为 Demon 作为网络服务提供者不是信息发布者，但是 Demon 也不能根据《诽谤法》提出抗辩。同时，该法院认为，《诽谤法》所提供的抗辩是单纯传播的普通法抗辩，如果一个网络服务提供者没有意识到陈述的诽谤性质，则可以阻断其责任，而 Demon 的管理主任收到了来自原告的通知，因此，为一个已经意识到直指原告的伤害言论的被告提供抗辩，是不合适的。② 2013 年，英国颁布了 1996《诽谤法》的修正案，规定：若网络服务提供者能证实其非网络诽谤言论的原发布者，不承担责任；但是当原告（1）无法确认原发布者，（2）就相关言论向网络服务提供者投诉，（3）网络服务提供者未依有关规定对原告的投诉作出反应。③ 和 1996 年《诽谤法》相比，2013 年《诽谤法》保留了根据网络服务提供者的种类来决

① Godfrey v. Demon Internet Ltd.，1999 E. M. L. R. 542（Q. B.）（Eng.）. See Scott Sterling, "International Law of Mystery: Holding Internet Service Providers Liable for Defamation and the Needs for a Comprehensive International Solution", *Loyola of Los Angeles Entertainment Law Review*, vol. 21, no. 2 (2001), p. 339.

② See Scott Sterling, "International Law of Mystery: Holding Internet Service Providers Liable for Defamation and the Needs for a Comprehensive International Solution", *Loyola of Los Angeles Entertainment Law Review*, vol. 21, no. 2 (2001), pp. 338 - 340.

③ 郑仁荣、邹文星：《英国 2013 诽谤法对 ISP 的最新规定及对我国的启示》，《行政与法》2014 年第 11 期。

定网络服务提供者的责任的做法，不同之处在于，对网络服务提供者的抗辩条件中的“通知规则”作了明确规定。

所谓“通知规则”，又称为“通知即删除规则”，是指“在网络用户利用网络服务提供者提供的网络实施侵权行为时，如果网络服务提供者不知道侵权行为的存在，则只有在受害人通知网络服务提供者侵权行为存在，并要求其采取必要措施以后，网络服务提供者才有义务采取必要措施以避免损害的扩大”①。我国的网络民事侵权立法模式比较接近英国。《民法典》第1195条规定：“网络用户利用网络服务实施侵权行为的，权利人有权通知网络服务提供者采取删除、屏蔽、断开链接等必要措施。网络服务提供者接到通知后，并根据构成侵权的初步证据和服务类型采取必要措施；未采取必要措施的，对损害的扩大部分与该网络用户承担连带责任。”《刑法修正案（九）》第28条也采用了“通知规则”，只不过不是用户通知，而是监管部门通知。②由此可以看出，英国模式的核心是，当网络服务提供者明知第三方利用网络服务实施侵权行为时，网络服务提供者有可能要承担责任。这是将网络服务提供者最终置于“信息发布者”的地位得出的结论。

2. 美国实践：将网络服务提供者视为“传播者”

和英国的有利于原告即被害人的司法实践相反，美国方案更加注重保护网络服务提供者。在Godfrey案中，英国法院讨论了美国诽谤法，认为美国判例仅仅是“边缘存在”。的确，“虽然美国法律似乎能有效地保护网络服务提供商免受诽谤诉讼的干扰，但是在其他国家，法律似乎不保护网络服务提供商”，“英国反诽谤法比美国反诽谤法更偏向于原告”，“我们要记住的基本点是：当网络服务提供商只是传输某内容，而不是制造某内容时，只有美国法律为它们提供保护”③。

在免除网络服务提供者的责任的道路上，美国也走了很长时间。最初，美国对网络服务提供者的诽谤责任的认定与英国的做法既有相同之处又有不

① 王利明：《论网络侵权中的通知规则》，《北方法学》2014年第2期。

② 在美国，还存在由法院通知的司法实践。究竟由谁通知比较合理，还有待深入研究。在由监管部门通知的场合，监管部门通知不力时，是否构成滥用职权罪或者玩忽职守罪也是值得思考的问题。

③ ［美］唐·R. 彭伯：《大众传媒法》，张金玺、赵刚译，展江校，中国人民大学出版社2005年版，第142－143页。

同之点。1991 年的 Cubby，Inc. v. CompuServe Inc. 案①是美国的第一件网络诽谤诉讼。根据先前的美国法，即处理传统平面媒介诽谤案件的判例法，所有原始发布者——不仅包括最初的诽谤者，而且包括报社和出版商——要对诽谤负全责。因为原始发布者能够接近原作者的诽谤陈述并对其有编辑控制权，故而推定它们知道自己发布了原作者的诽谤言论。原始诽谤者不能以不知道或者疏忽为由否认自己的明知。换言之，原始发布者承担的是严格责任。而诽谤内容的第二发布者（secondary publisher），如图书馆、书店和报亭，被认为是传播者（distributor）。传播者仅仅在知道或者应当知道它们所提供的信息具有诽谤性时，才承担责任。这是出于对言论自由的宪法规定的考虑。要求传播者阅读所有它们散播的信息是不合理的，而且这会影响它们所想要提供材料的数量和类型，产生寒蝉效应。因此，传播者可以在没有审查传播内容的情况下，避免承担责任。②

Cubby 案的审理法院认为，CompuServe 仅仅是诽谤信息的“传输者”（distributor），与卖报纸者或者图书馆相似，除非它知道或者应该知道包含诽谤信息，否则不承担责任。因为卖书者不可能知道它所拥有的每一本书的内容，因此要求一种编辑控制权（editorial control）是不合理的。Cubby 案的判决代表了保护网络服务提供者的一步。③ 这与英国的相似之处在于，在不将网络服务提供者认定为信息发布者的基础上，必须排除网络服务提供者明知第三方所发表的信息为诽谤信息，方可免责；不同之处在于，美国的免责的隐性基础是承认网络服务提供者属于信息传播者，而非信息发布者，故它不享有编辑控制权。然而，1995 年的 Stratton Oakmont，Inc. v. Prodigy

① Cubby，Inc. v. CompuServe Inc.，776 F. Supp. 135（S. D. N. Y. 1991）. See Scott Sterling，“International Law of Mystery：Holding Internet Service Providers Liable for Defamation and the Needs for a Comprehensive International Solution”，*Loyola of Los Angeles Entertainment Law Review*，vol. 21，no. 2（2001），p. 332.

② Stephanie Blumstein，“The New Immunity in Cyberspace：the Expanded Reach of the Communications Decency Act to the Libelous ‘Re-poster’”，*Boston University Journal of Science and Technology Law*，vol. 9（2003），pp. 408 - 417.

③ Scott Sterling，“International Law of Mystery：Holding Internet Service Providers Liable for Defamation and the Needs for a Comprehensive International Solution”，*Loyola of Los Angeles Entertainment Law Review*，vol. 21，no. 2（2001），p. 333.

Services Co. 案[①]却又将网络服务提供者作为“信息发布者”予以处罚。Stratton 案的审理法院总结道，Prodigy 对其公告板上发布的信息具有编辑控制权，积极使用一个自动甄别程序软件来过滤内容，以“家庭定位”电脑服务者自称，因此，Prodigy 是信息发布者，从而应对发表在其网站上的诽谤言论负责；相反，对网站的编辑控制权的缺失将导致对诽谤内容不承担责任。这一判决和英国的做法在将网络服务提供者定位为信息发布者这一点上是相同的，不同之处在于，美国法院同时指出了网络服务提供者不承担责任的条件，即网络服务提供者没有编辑控制权。如此一来，因为缺少了来自网络服务提供者的审查，网民在网上发布的信息的数量可能会增加。[②]

针对 Cubby 案和 Stratton 案中所采的两种截然相反的立场，美国 1996 年颁布的《传播庄重法》（the Communications Decency Act）——作为对 1934 年《传播法》（the Communications Act）的大修——的第 230（c）条规定，计算机服务的提供者不能被等同于其他信息内容提供者的任何信息的发布者；由此明确指出，网络服务提供者是信息传播者而非信息发布者；进而这部制定法推翻了 Stratton 案的判决。美国国会的立法理由是，首先，按照 Stratton 案的判决，对网络内容拥有一定控制权的网站会被认为是信息发布者而极易承担责任，这将会强制迫使网络服务提供者停止管理它们的网站以避免可能的诽谤诉讼，因为没有编辑控制权的网络服务提供者可以因为不被认为是信息发布者而免责，而若缺少了网络服务提供者的管理，可能冒犯性信息会在网上泛滥。换言之，1996 年《传播庄重法》第 230（c）条就是要鼓励网络服务提供者对经由它们服务系统的攻击性言论的传播进行自我管制。其次，对国会而言，由于传播他人所发表的言论而对网络服务提供者施以侵权责任的惩罚，无异于另一种形式的政府管制言论。1996 年《传播庄重法》第 230（c）条的颁布，部分原因是维持网络传播的活跃

① Stratton Oakmont, Inc. v. Prodigy Services Co., 1995 N. Y. Misc. LEXIS 229 (1995). See Scott Sterling, "International Law of Mystery: Holding Internet Service Providers Liable for Defamation and the Needs for a Comprehensive International Solution", *Loyola of Los Angeles Entertainment Law Review*, vol. 21, no. 2 (2001), p. 333.

② See Scott Sterling, "International Law of Mystery: Holding Internet Service Providers Liable for Defamation and the Needs for a Comprehensive International Solution", *Loyola of Los Angeles Entertainment Law Review*, vol. 21, no. 2 (2001), p. 335.

性，同时也相应地把政府对这一媒介的干预保持在最小范围内。[①] 最后，1996 年《传播庄重法》第 230（c）条能够促进互联网、其他交互性计算机服务和其他交互性媒体的继续发展；与此同时，信息网络一直都是相对新颖的媒体，它拥有按照网络用户的要求，无边界地、快速有效地传播大量信息的能力；最重要的是，信息网络打开了发送信息者和接收信息者之间交流的大门，这是电视、广播和印刷媒体所不能比拟的。[②] 总之，通过颁布《传播庄重法》，美国国会允许网络服务提供者在没有发布者责任的前提下在它们的网站上行使编辑控制权。而这一法案在 Zeran v. America Online，Inc. 案[③]中第一次得到适用。

1997 年的 Zeran 案的判决对《传播庄重法》第 230（c）条的适用有效反转了 Stratton 案的判决。在 Zeran 案中，原告 Zeran 诉称，虽多次通知美国在线公司，但是"被告美国在线极其不合理地拖延撤掉由身份不明的第三方贴在网上的诽谤言论，并拒绝发布收回那些言论的信息，而且没有删除其后贴上的类似信息"[④]。作为这一诉讼的积极抗辩，被告美国在线公司声称，对于由第三方发布的信息而引起的诽谤诉讼，《传播庄重法》第 230（c）条免于追究计算机服务提供商的责任。Zeran 争辩说：即使《传播庄重法》为作为信息发布者的网络服务提供者解除了责任，但是仍然为作为信息传播者的网络服务提供者提供了责任。一方面，该法第 230（c）条只说线上服务提供者不应被视为其他信息内容提供者所提供的任何信息的"发布者"，并没有规定线上服务提供者不应被视为其他信息内容提供者所提供的任何信息的"传播者"。按照美国普通法的传统，传播者对其传播的信息中含有的诽谤言论不承担责任，除非至少要证明传播者明确知道它们所传播的信息中含有诽谤言论。另一方面，像美国在线这样的网络服务提供者像是卖报者或者书

① 参见［美］约翰·D. 泽莱兹尼：《传播法判例：自由、限制与现代媒介》，王秀丽译，北京大学出版社 2007 年版，第 88－89 页。

② Joanna Schorr，"Malicious Content on the Internet：Narrowing Immunity Under the Communications Decency Act"，*St. John's Law Review*，vol. 87，no. 2（2013），p. 743.

③ Zeran v. America Online，Inc.，129 F. 3d 327（1997）. See Scott Sterling，"International Law of Mystery：Holding Internet Service Providers Liable for Defamation and the Needs for a Comprehensive International Solution"，*Loyola of Los Angeles Entertainment Law Review*，vol. 21，no. 2（2001），p. 336.

④ ［美］约翰·D. 泽莱兹尼：《传播法判例：自由、限制与现代媒介》，王秀丽译，北京大学出版社 2007 年版，第 86 页。

商——亦即信息的传播者——而不是信息的发布者，而他多次通知美国在线公司其公告板上含有诽谤言论，因此，美国在线公司知道其网络服务系统上诽谤言论的存在，故而作为信息传播者，美国在线公司要对诽谤言论承担责任。然而，Zeran 案的审理法院在其判决中打破了 Cubby 案和 Stratton 案所明确确定的"信息发布者"与"信息传播者"之间的区别[①]，主张"一旦计算机服务提供商接到潜在的诽谤信息的通告，它就担当起传统出版商的角色了。计算机服务提供商必须决定是否要出版、编辑或者取消这一信息"[②]。质言之，信息的传播者就是信息的第二发布者，网络服务提供者在接到网络用户关于存在诽谤信息的通知后，作为传播者，就基于对诽谤信息的编辑控制权而重新处于信息发布者的地位。又因为美国法免除了网络服务提供者作为信息发布者的责任，所以，Zeran 案中的美国在线公司被免于责任追究。

Zeran 案的判决的逻辑在 1998 年的 Blumenthal v. Drudge 案[③]延续。Matt Drudge——一位网络专栏编辑和他自己命名为"Drudge Report"网站的发布者——报道了 Sidney Blumenthal——克林顿总统的顾问虐待他的妻子。Blumenthal 将 Drudge 以诽谤为由告上法庭。Blumenthal 案的审理法院以 Zeran 案为依据，得出结论，《传播庄重法》为作为网络服务提供者的 Drudge 免责以鼓励其对淫秽和冒犯性信息进行自我管理。

有人担心美国的网络服务提供者因为享有豁免权反而不去管理自己的网站，从而造成诽谤信息在网络上的数量增加。然而，美国并不在意这种忧虑，因为对网络服务提供者免责并不意味着起初利用信息网络张贴诽谤信息、应受谴责的一方可以逃脱责任。被诽谤的原告会追寻诽谤信息的来源，即内容的原创者。因为这些个人通常不具有像作为企业的网络服务提供商那样的财富，因此，面对数额惊人的诽谤惩罚性赔偿，那些原创者可能会因为

① See Scott Sterling, "International Law of Mystery: Holding Internet Service Providers Liable for Defamation and the Needs for a Comprehensive International Solution", *Loyola of Los Angeles Entertainment Law Review*, vol. 21, no. 2 (2001), p. 337.

② ［美］约翰·D. 泽莱兹尼：《传播法判例：自由、限制与现代媒介》，王秀丽译，北京大学出版社 2007 年版，第 90 页。

③ Blumenthal v. Drudge, 992 F. Supp. 44 (1998). See Scott Sterling, "International Law of Mystery: Holding Internet Service Providers Liable for Defamation and the Needs for a Comprehensive International Solution", *Loyola of Los Angeles Entertainment Law Review*, vol. 21, no. 2 (2001), p. 337.

对诉讼的担心而选择不发布诽谤信息。[①] 美国只是作了一个政策选择："不通过向恶意有害信息传播媒介的第三方公司（网络服务提供者）施加责任惩罚来阻止网上有害言论的传播。"[②]

总体来讲，美国模式分为两个阶段：在 1996 年《传播庄重法》颁布之前，奉行以将网络服务提供者定位为信息传播者为基础的通知规则。此实践基础与英国的将网络服务提供者定位为信息发布者的做法相异，但处理结局相同。在 1996 年《传播庄重法》颁布之后，为了保护网络服务提供者，不再区分信息发布者和信息传播者，而是认为作为信息传播者的网络服务提供者在接到受害人通知后便又站在了信息发布者的位置，从而能够基于《传播庄重法》第 230（c）条的规定被免除诽谤责任。而且，诞生于美国的"通知规则"在此时的美国也失效了，亦即，无论通知与否，网络服务提供者都将不承担责任。此点是值得称道的，因为"通知规则"也有造成寒蝉效应的危险：当网络服务提供者一接到受害人通知就要行使其编辑控制权，否则就要承担责任时，网络服务提供者往往会限制在其电子公告板上张贴的信息的数量和类型，以避免承担责任，从而造成了言论市场的萎缩。

3. 小结

为传统媒介的管制提供支持的稀缺理论无法适用于网络媒介，而网络媒介的分散性、易入性、匿名性等特性非但不是管制网络言论的理由，反而更加有利于言论自由价值的实现。网络中立理论可以促进网络各种特性的最大限度发挥，同时也带来了网络服务提供者的角色定位与责任承担问题。

针对作为信息发布者的网络服务提供者的不作为罪责，英国的做法值得思考。英国《诽谤法》第 5（2）（3）条的规定，反映了英国司法的运行机理：首先，网络用户在互联网上传递信息，相当于在报纸或者图书上发表言论，而网络服务提供者就等同于报社或者出版商。其次，基于对网上信息有

---

① Scott Sterling, "International Law of Mystery: Holding Internet Service Providers Liable for Defamation and the Needs for a Comprehensive International Solution", *Loyola of Los Angeles Entertainment Law Review*, vol. 21, no. 2 (2001), p. 338.

② ［美］约翰·D. 泽莱兹尼：《传播法判例：自由、限制与现代媒介》，王秀丽译，北京大学出版社 2007 年版，第 88 页。

一定的控制权——网络服务提供者可以在后台对这些信息采取删除、屏蔽、断开链接等措施，网络服务提供者便拥有像报社的报纸编辑或者出版社的图书编辑一样的编辑控制权。因此，网络服务提供者属于信息发布者，像传统编辑一样对自己网站上的信息承担严格责任。然而，因为网上信息量很大，而且网络服务提供者不可能像传统编辑一样在网络用户将其信息张贴出来之前就对这些信息进行监督与管理，故而网络服务提供者一般不对第三人发布的违法言论承担责任。但是，如果受害人就网上违法言论通知了网络服务提供者，那么，网络服务提供者不以其编辑控制权对违法信息采取删除等处置措施的，须承担责任。

针对作为信息传播者的网络服务提供者的不作为罪责，美国的实践值得关注。和英国有利于保护受害人的法益的司法实践相反，美国方案更加注重保护网络服务提供者。美国《传播庄重法》第230（c）条的规定，反映了美国司法的运行机理。根据该条规定，交互式计算机服务提供商不应被视为由其他信息提供者所提供的信息的发布者。[①] 由此明确指出，网络服务提供者是信息传播者，而非信息发布者，从而免除了网络服务提供者作为信息发布者的责任。首先，与英国将网络服务提供者等同于报社或者出版商不同，美国将网络服务提供者比作报亭或者书店，从而认为网络服务提供者是信息传播者，而非信息发布者。其次，与英国的通知规则相同，作为信息传播者的网络服务提供者仅仅在知道其网站信息具有违法性时，才承担责任，因为出于对言论自由的宪法规定对考虑，要求传播者阅读所有它们散播的信息是不合理的，而且这会产生寒蝉效应，从而影响它们所想要散播的信息的数量和类型。[②] 至此，美国法虽然免除了网络服务提供者的发布者责任，但作为传播者，其还有可能因第三方发布的违法信息而担责。然而，Zeran案的判决主张，信息的传播者就是信息的第二发布者（secondary publisher）。网络服务提供者在接到网络用户就违法信息的通知后，作为传播者就基于对违法信息的编辑控制权而重新处于信息发布者的地位，又因为美国法免除了网络服

① See 47 U. S. C. A. § 230 (c) (1).

② See Stephanie Blumstein, "The New Immunity in Cyberspace: the Expanded Reach of the Communications Decency Act to the Libelous 'Re-poster'", *Boston University Journal of Science and Technology Law*, vol. 9 (Summer, 2003), p. 409.

务提供者作为信息发布者的责任，所以，网络服务提供者即使明知违法信息的存在仍不采取删除等措施的，仍可免责。[①] 至此，在第三方于网站张贴诽谤信息等违法信息的场合，不论受害人通知与否，也不论网络服务提供者是否采取删除等处置措施，网络服务提供者都将免责。

一方面，我国相关的民事侵权规定与英国模式较为接近，《民法典》和2014年10月10日最高人民法院《关于审理利用信息网络侵害人身权益民事纠纷案件适用法律若干问题的规定》对网络服务提供者的民事责任进行了详细规定。[②] “诽谤是私人对私人所犯的私人错误。法律仅仅是规制和惩罚使用扭曲事实损害他人名誉的行为的方式之一……降低诽谤入罪的可供选择的方式之一就是将刑法典改进为民法典，并对违反者惩以民事赔偿。”[③] 易言之，在诽谤案中，英国模式虽然让网络服务提供者承担一定的责任，但其判例也仅仅是在民事侵权的范畴内，而美国模式甚至免除了网络服务提供者的民事责任，同时，我国的民事网络诽谤侵权制度也借鉴了较为先进的国外制度，故从网络中立原理、网络特性、言论自由的宪法价值出发，应该对我国的对网络服务提供者进行诽谤罪的刑罚处罚持极为慎重的态度。

另一方面，在我国，因为没有像美国《传播庄重法》第230（c）条那样的规定，故而不能照搬美国模式；而且虽然我国的民事侵权规定接近英国做法，却是以网络服务提供者是信息发布者的角色定位为基础的，这与网络的科技特性与中立原理都有违和之处。因此，首先，网络服务提供者是信息传播者的角色定位更符合网络中立性及科技特性，更加有利于发挥和促进言论自由的宪法价值。“通过互联网进行的传播活动应受最高水平的宪法言论自由的保护，即与给予报纸、杂志和图书的保护相同”[④]。“因为互联网内容的发表就像报刊媒体一样开放，并且这些内容很少被媒介法律控制，所以互联

---

① 参见［美］约翰·D. 泽莱兹尼：《传播法判例：自由、限制与现代媒介》，王秀丽译，北京大学出版社2007年版，第90页。

② 笔者认为，《关于审理利用信息网络侵害人身权益民事纠纷案件适用法律若干问题的规定》比《网络诽谤案件解释》具有科学性和合理性。

③ Li-hsing Wei，“A Review of the Controversy between Supporting Internet Censorship and Advocating Online Freedom of Speech”，*Journal of Cyber Culture and Information Society*，vol. 2（2002），pp. 179 - 180.

④ Reno v. American Civil Liberties Union，177 S. Ct. 2329（1997）；［美］唐·R. 彭伯：《大众传媒法》，张金玺、赵刚译，展江校，中国人民大学出版社2005年版，第124页。

网看起来就像是一种相对自由的报刊模式。”① 其次，主张网络服务提供者享有像印刷媒介那样的自由，不等于将网络服务提供者类比为报纸、杂志和图书，从而承认其也拥有像报纸、杂志、图书编辑那样的编辑控制权。恰好相反，网络服务提供者所拥有的被动式的删除、屏蔽、断开链接等功能和传统报纸、杂志、图书编辑的主动式的编辑权有很大不同，所以，不应认为网络服务提供者所具有的删除、屏蔽、断开链接等功能属于传统平面媒体的“编辑控制权”，从而也就不应让网络服务提供者承担传统平面媒体对编辑控制所该承担的责任。这是根据我国刑事诽谤罪的规定与实践，对美英两国模式的折中。

总之，英美的“通知规则”为网络服务提供者提供了较为合理的归责原则。我国《刑法修正案（九）》第 28 条规定的传播违法信息型拒不履行信息网络安全管理义务罪就采取了这一规则，而且规定的通知主体是监管部门而非私人，这有利于对言论自由的保障。然而，通知规则对言论传播入刑的限制绝非止于此。第一，通知的前提是无法确认违法信息的原始发布者，否则，一旦网上出现违法信息，监管部门就通知删除，会极大损害网络服务提供者的中立性，也会存在政府将其责任全部转嫁到作为私主体的网络服务提供者身上的危险。第二，网络服务提供者仅对通知之后的违法信息传播或者损害的扩大部分负责。当即使删除也无法挽回损失或者控制损害的扩大时，应以欠缺结果回避可能性为由为网络服务提供者免责。第三，对网络服务提供者适用较重的煽动民族仇恨、民族歧视罪，传播虚假信息罪等具体的言论犯罪时，也应适用通知规则，除非能够证明网络服务提供者事前或事中已脱离其中立地位，如就某个煽动型犯罪活动进行了预谋或者准备等。第四，我国立法虽不像美国立法那样在第三人张贴违法信息的场合完全免除了网络服务提供者的责任，但通知规则下网络服务提供者具有审查信息内容的权能。因为通知规则的立法目的并非保护行政命令的有效性，所以，不能以不执行删除信息等行政命令为由，认定网络服务提供者的行为构成拒不履行信息网络安全义务罪。此时，应由法院着重审查信息内容是否具有可罚的违法性。第五，政府应克制责令由网络服务提供者对网上信息采取删除等处置措施，要

① ［荷］简·梵·迪克：《网络社会——新媒体的社会层面》，蔡静译，清华大学出版社 2014 年版，第 140 页。

由受害人进行必要的声明与辩论。

四、告诉乃论：公安机关协助下网络亲告罪再审视

网络言论涉嫌犯罪的刑事案件在程序法上以公诉为原则，以自诉为例外。在网络言论涉嫌犯罪的自诉案件中，由于互联网本身的科技性和匿名性，加上自诉人收集证据的能力远远低于公诉人的，刑法如何实现其保护法益的目的，就成为问题。根据我国《刑事诉讼法》第 210 条和 2020 年 12 月 7 日《最高人民法院关于适用〈中华人民共和国刑事诉讼法〉的解释》（以下简称《刑事诉讼法司法解释》）第 1 条的规定，言论犯罪自诉案件主要包括告诉才处理的案件，如诽谤案（严重危害社会秩序和国家利益的除外）和被害人有证据证明的轻微刑事案件如煽动民族仇恨、民族歧视案（情节特别严重的除外）。对于煽动民族仇恨、民族歧视案（情节特别严重的除外）而言，当自诉人证据不足时，法院可以将案件移送公安机关立案侦查。由此，通过将自诉案件转为公诉案件可以解决网络背景下自诉人收集证据的困难。为了解决在诽谤案（严重危害社会秩序和国家利益的除外）中自诉人提供证据的困难，《刑法修正案（九）》第 16 条规定，通过信息网络实施诽谤行为，被害人向人民法院告诉，但提供证据确有困难的，人民法院可以要求公安机关提供协助。众所周知，一个完整的自诉案件会经历受理、审判和执行三大诉讼阶段。在新的立法背景下，如果仍将刑法上的告诉才处理解释为刑事诉讼法上的向法院自诉才审理，那么，在自诉程序的受理和审判阶段都将存在不足。

（一）在自诉程序受理阶段的缺陷

就刑事自诉程序第一阶段而言，根据《刑事诉讼法司法解释》第 316 条的规定，“有明确的被告人”和“证明被告人犯罪事实的证据”是法院受理自诉案件的必备条件。因此，网络诽谤案面临的首要问题是被告人的确定。由于网络的匿名性，这一问题在网络诽谤案中相当突出。其次是证明被告人犯罪事实的证据的提交。例如，自诉人董某系某县某村党支部书记，在看到某网站论坛中的以徐某、林甲、林乙的名字署名的《检举某县某村党支部书记董某利用职务谋取私利、贪污、侵占集体土地资产的纪实报告》二则帖子后，将徐某、林甲、林乙以涉嫌诽谤罪为由告上法庭。法院裁定，虽然二则帖子以徐某、林甲、林乙三人的名义发布，点击次数超过 5 000 次，但现有

证据不能证明二则帖子确系三人本人在网络上发布，也无法确定帖子的实际被点击、浏览的次数达到5 000次以上，因此，对于自诉人董某的起诉不予受理。[①]《刑法修正案（九）》第16条即针对此类问题。然而，在《刑法修正案（九）》第16条的新规定下，如果仍将“告诉才处理”视为“自诉”，法院要求公安机关提供协助的范围是否可以包括诽谤案受理阶段。换言之，在法院受理诽谤案的阶段，法院是否可以要求公安机关协助调查“明确的被告人”和“证明被告人犯罪事实的证据”，是值得研究的问题。

从司法性质看，法院要求公安机关协助确定被告人、查证犯罪事实有违法院的司法定位。法律适用即司法，是指“在当事人之间存在有关具体案件之纠纷的情形下，以当事人提起诉讼为前提，由独立的法院基于其统辖权，通过一定的诉讼程序，为解决纠纷，形成何者为法的判断，保障法的正确适用之作用”[②]。由此定义中司法的“前提”可知，司法具有被动性的特点。“司法权自身不是主动的，要行使它，就得推动它。”具言之，“法律适用活动的惯常机制是‘不告不理’，司法程序的启动离不开权利人或特定机构的提请或诉求，但司法者从来都不能主动发动一个诉讼”[③]。法院要求公安机关在受理阶段协助确定被告人，无异于主动追诉被告人。这和司法的被动性质相悖。

从诉讼模式看，法院要求公安机关协助确定被告人、查证犯罪事实，便倒回了纠问式诉讼。纠问式诉讼的特点是，法官集侦查、控诉和审判职能于一身，即使没有被害人或者其他人控告，法官也可以依职权主动追究犯罪；法官负责调查事实、收集证据，侦查和审判秘密进行。法院要求公安机关在受理阶段协助确定被告人，实质就是在行使侦查职能，这体现出了浓厚的纠问色彩。然而，纠问式诉讼是封建司法的诉讼构造。在纠问式诉讼下，无论是原告还是被告，都不具有现代意义上的当事人的诉讼地位，被害人只是提供线索、引起诉讼的人，被告人处于诉讼客体的地位，是被拷问、被追究的对象。因此，理应摒弃法院要求公安机关在受理阶段协助确定被告人的

① 参见浙江省永嘉县人民法院（2014）温永刑初字第982号刑事裁定书。

② ［日］芦部信喜著，［日］高桥和之增订：《宪法》，林来梵等译，北京大学出版社2006年版，第294页。

③ 高其才：《法理学》，清华大学出版社2011年版，第292页。

做法。

从自诉制度看，法院要求公安机关协助确定被告人、查证犯罪事实侵害了被害人的权利。从表面上，法院要求公安机关协助确定被告人有利于保护被害人的名誉。但是，《刑法》第98条规定，告诉才处理，是指被害人或者被害人无法告诉时的人民检察院和被害人的近亲属告诉才处理。简单地说，“自诉由个人提起，以追究犯罪人的刑事责任”。其中透露出来的信息是，“自诉遵循处置原则”[①]。处置原则，又称处分原则，“当事人作为权利主体，可以行使自己的权利，也可以不行使以致放弃权利。”“行使与否，由当事人自己决定。”[②] 然而如前所述，根据当前我国刑事自诉司法实践，在自诉程序的受理阶段，法院需要明确的被告人和初步的证明犯罪事实的证据。换言之，法院既对“事”立案，亦对“人”立案。从这个意义上讲，法院仅就事立案违反了处分原则。再者，如果被害人先向法院告诉了A，但难以提供初步证据证明行为人为A，而法院要求公安机关协助调查的结果是行为人为B，被害人就转为告诉B，这在侧面剥夺了被害人的处分权，背离了诉讼法中的处分原则。因为按照以往的程序，在上述情形，人民法院须不予受理或者判决A无罪，或者被害人自行撤诉，而不是由被害人直接转为告诉B。在被害人先告诉了A，而公安机关的调查结果是A和B，被害人转而也将B告上法庭时，就可能存在同样的问题。这确实是一种很矛盾的现象：法院明明是为了被害人的利益，而被害人也会感激法院的做法，但在理论上是法院侵犯了被害人的处分权。这个矛盾点恰恰说明了将“告诉才处理”等同于“自诉”在自诉程序受理阶段的弊端。

从传统诽谤看，法院要求公安机关协助确定被告人、查证犯罪事实是对传统被害人的不公。即使是在印刷媒介社会背景下，也存在大量因作者匿名或者其他原因而无法确定被告人的案件。那些传统的被害人为何不能享受法院要求公安机关协助确定被告人的“优待”，而只有在信息网络的场合的被害人才能享受这种“厚待”，唯一的解释可能是网络这种科技工具的使用隐蔽性很强，一般人缺乏从技术上查找行为人的条件。可是，有时传统媒介在隐蔽性方面并不逊于网络媒介，而且，网络的匿名性在客观上也根本不可能

---

① 《德国刑事诉讼法典》，宗玉琨译注，知识产权出版社2013年版，第257页。

② 陈永革等主编：《民事诉讼法教程》，四川大学出版社2017年版，第58、59页。

彻底实现。

一方面，技术越原始、专门知识和工具越落后，匿名才越容易。随着匿名工具的发展，能够追踪试图匿名的个人的组织机构也在发展，匿名会变得越来越难。一位评论者说道："那些认为他们能够匿名网上交流或者网上冲浪的人需要小心真正匿名的时代也许像古代巨鸟一样已成为过去。如果还没有，那也正在快速成为濒危物种。"另一方面，网上匿名也具有难以克服的技术困难。比如，数据包系统（the packet system）使彻底的网上匿名几乎不可能。一条信息必须被分为更小的、更加能够运输的被称作数据包的碎片才能在网上传送。在这些数据包到达它们的目的地后，它们再集合成原始文件。数据包系统有点像从工厂定做的大家具，它们在运输途中是零散的，然后在到达客户的家里后再被组装起来。每一个数据包有一个包标题（packet header），包标题指示网络如何运行，并将数据包送到哪里去。每个包标题必须有一个来源网络协议地址（Internet Protocol address，即 IP 地址）和一个终点网络协议地址。因为网络上的数据包都可以被追踪到它的来源，所以，真正想匿名的网络用户必须改变所有进来的和出去的数据包的网络协议地址。[①] 然而，这对于一个普通网络用户来说，是一件几乎办不到的事情。因此，有必要使传统被害人与网络被害人享受同等"待遇"，而这需要对"告诉的才处理"进行新的阐释。

（二）在自诉程序审理阶段的弊端

将告诉等同于自诉，在诽谤案自诉程序的审判阶段，"法院可以要求公安机关提供协助"的诉讼制度设计的合理性也值得怀疑。

大陆法系职权主义诉讼又称为审问主义诉讼，我国的刑事诉讼结构类似于此类。职权主义刑事诉讼在刑事案件的起诉方式上，以公诉为主，以自诉为辅。在审判中，法官以积极姿态出现，依职权主动调查收集证据，决定案件审讯范围、方式以及证据的取舍，不是消极地任凭双方质证和辩论，而是始终处于主持和指挥审判的地位，在审判中起主导作用。就整个诉讼程序考察，职权主义刑事诉讼注重积极惩罚，追求实体真实。[②] 所以，从刑事诉讼

---

① See Michael Traynor, "Anonymity and the Internet", *The Computer & Internet Lawyer*, vol. 22, no. 2 (2005), pp. 7-8.

② 参见樊崇义主编：《刑事诉讼法学》，法律出版社 2013 年版，第 41 页以下。

原理来讲，法院在诽谤自诉案件的审判阶段要求公安机关提供协助具有一定的理论根据。从立法本身和司法实践来看，《刑事诉讼法》第 196 条第 1 款规定，法庭审理过程中，合议庭对证据有疑问的，可以宣布休庭，对证据进行调查核实；人民法院调查核实证据，可以进行勘验、检查、查封、扣押、鉴定和查询、冻结。因此，法院在诽谤自诉案件的审判阶段要求公安机关提供协助在刑事诉讼规范上也是讲得通的。

然而，《刑法修正案（九）》第 16 条新增条款在作为轻微刑事案件的诽谤自诉案件中专门强调法院的积极调查取证权，其弊有三：其一，这无疑使我国刑事诉讼的职权主义色彩更加浓厚；其二，自诉的刑事诉讼程序作为“国家追诉原则的例外，只是为了减轻追诉机关的负担”[①]，按照“法院可以要求公安机关协助”的做法，自诉人的举证负担转嫁给法院，使自诉制度虽减轻了检察院的负担，却增加了法院的负担，国家的司法成本在总体上并没有降低；其三，当事人主义适用于程序上保障人权的诉讼目的，追求法律真实，而职权主义沉溺于实体真实，《刑法修正案（九）》第 16 条新增条款对实体真实的追寻是没有问题的，但不应将程序正义抛诸脑后。因此，应对法院在诽谤自诉案件的审判阶段要求公安机关提供协助的做法持谨慎态度。

（三）刑法上的“告诉才处理”具有独立于刑事诉讼法的含义

既然以往对“告诉才处理”的解释而今存在诸多欠妥之处，就应该重新解释“告诉才处理”。“告诉才处理是指只有被害人向公安、司法机关告发或者起诉，公安、司法机关才能进入刑事诉讼程序，告诉才处理强调的是不能违反被害人的意愿进行刑事诉讼。”[②] 首先，《刑法》第 98 条规定，告诉才处理，是指被害人告诉才处理；如果被害人因受强制、威吓无法告诉的，人民检察院和被害人的近亲属也可以告诉。很明显，刑法只规定了“由谁告诉”，并没有规定“向谁告诉”。因而，告诉主体是理解“告诉才处理”的核心。具言之，告诉才处理是指被害人的意愿决定了刑事诉讼程序的启动，至于被害人是向公安、检察院告诉还是向法院告诉，在所不论。其次，根据《刑法》第 98 条，当被害人因受强制、威吓而无法告诉时，检察院也可以告诉。而如果检察院向法院告诉，必然适用公诉程序；若检察院向公安机关告诉，

① 张明楷：《网络诽谤的争议问题研究》，《中国法学》2015 年第 3 期。
② 张明楷：《网络诽谤的争议问题研究》，《中国法学》2015 年第 3 期。

公安机关予以立案，则还是必然适用公诉程序。因此，《刑法》第 98 条从来没有将适用公诉程序排除在“告诉才处理”的范围之外。

例如，2014 年 5 月，冯某因违章建房问题与周某（系某村支部书记）发生争吵。后冯某未经核实，编写有关周某违法违纪问题 11 条，让花某于 2014 年 5 月 31 日以“安丰卜页中堡蟹”的网名，在某论坛上发表名为《举报某镇某村支部书记》的帖子，内容即为该 11 条。此后，周某自杀身亡，并留下遗书称是因冯某在网上发帖对其进行诽谤而自杀。后经查证，帖子中所述 11 条内容均属不实。检察院提起公诉，法院最后判决被告人冯某犯诽谤罪，判处有期徒刑 6 个月，缓刑 1 年。[①] 该案中公安、司法机关适用公诉程序是妥当的，但其说理存在问题。该案的审理法院认为，被告人冯某捏造事实并利用互联网散布虚假事实诽谤他人，致一人死亡，严重危害社会秩序。该院的逻辑可能是，《网络诽谤案件解释》第 2 条第 2 项将被害人自杀作为“情节严重”的情节之一，而达到“情节严重”的诽谤罪需要告诉才处理，而告诉才处理是自诉，但本案因牵涉人命又不适合适用自诉程序，故以“致一人死亡，严重危害社会秩序”符合“严重危害社会秩序和国家利益”为由适用公诉程序。但是，《网络诽谤案件解释》第 2 条只将被害人自杀作为“情节严重”的情节之一，其并不属于该解释第 3 条规定的“严重危害社会秩序和国家利益”的情形。其实，只要不将告诉才处理等同于自诉，承认告诉才处理的案件也可能适用公诉程序，直接援引《刑法》第 98 条的规定，就可以避免上述逻辑上的尴尬。

最为重要的是，将告诉才处理解释为根据被害人的意愿启动刑事诉讼程序，就可以把“法院可以要求公安机关提供协助”解释为法院将案件移送给公安机关立案侦查，这样就避免了在自诉程序的受理或者审理阶段法院要求公安机关协助提供证据，从而有效地化解了上述诸多不足。例如，传统被害人可以到公安机关进行告诉，以使其启动侦查程序；而网络被害人可以依照“法院可以要求公安机关提供协助”的规定，也由公安机关立案侦查。前者是通过将告诉才处理解释为根据被害人的意愿启动刑事诉讼程序来实现的程序转变，而后者只是在此基础上有了刑法典的明文规定而已，二者可谓“同

① 参见江苏省兴化市人民法院（2014）泰兴刑初字第 566 号刑事判决书。

宗同源”。此外，需要补充的是，告诉才处理是指原则上被害人的意愿决定了刑事程序的启动与否；检察院和被害人的近亲属只有为了被害人的利益（不背离刑法保护被害人法益的规范目的），根据推定的被害人的告诉意愿（不违反告诉才处理的由被害人意愿决定刑事诉讼程序启动的基本含义），才能去告诉。

总之，对于涉嫌作为亲告罪的诽谤罪的案件，需要根据被害人的意愿或者推定的被害人的意愿来启动刑事诉讼程序（公诉或者自诉）。如下文所述，对于非亲告涉嫌诽谤罪的案件，当诽谤行为严重危害社会秩序和国家利益，且被害人不能或者无法表达是否告诉的本人意思时，方能由检察院以“严重危害社会秩序和国家利益”为由提起公诉，只是不以推定的被害人的意愿为前提。换言之，只要被害人有能力表达告诉意愿，无论出现何种情形，一律由被害人开启刑事诉讼程序（公诉或者自诉）；当被害人不能或者无法表达是否告诉的本人意思时，只要出现“严重危害社会秩序和国家利益”的情形，公诉程序的开启不以推定的被害人意志为前提；如果没有出现“严重危害社会秩序和国家利益”的情形，则诉讼程序由检察院或者被害人的近亲属为了被害人的利益根据被害人的可推定的意愿来启动。

五、公诉程序：网络言论的可罚性基准与罚则之限制

“具备值得刑罚处罚的质和量的违法性是可罚的违法性。”[①] 可罚性基准就是值得科处刑罚的质和量。从刑法明文来看，言论犯罪的可罚性基准可分为三种情形。其一，对社会危害性极大的言论犯罪，如煽动分裂国家罪、煽动实施恐怖活动罪等煽动宣扬型言论犯罪而言，实施有害言论之发表行为即构成犯罪。其二，对社会危害性较大的言论犯罪，如编造、故意传播虚假恐怖信息罪，编造、故意传播虚假信息罪等编造传播型言论犯罪而言，违法言论之发表须严重扰乱社会秩序才能入罪。其三，诬告陷害罪、侮辱罪、诽谤罪等侮辱诽谤型言论犯罪之成立要求情节严重或者严重危害社会秩序和国家利益。发表有害言论只有达到刑法规定的这些基准条件，才具有可罚的违法性。然而，这些实定基准本身具有抽象性、形式

① ［日］松宫孝明：《刑法总论讲义》，钱叶六译，中国人民大学出版社 2013 年版，第 78 页。

性，容易造成公诉程序的恣意启动。“裁量基准通过诉诸‘情节细化’和‘效果格化’技术而为裁量权的行使设定一种规则细化的具体判断选择标准，与个案中的利益衡量并无实质区别。它其实就是将个案中的利益衡量加以规则化和制度化，从而更加有效地建构裁量权的行使。”[①] 刑法上的言论犯罪的可罚性基准需要以言论自由为导向的具体化，以限制国家刑罚权对公民言论自由的任意发动。

（一）客观方面的限制：现实的物理秩序

和现实空间的言论犯罪相比，网络空间的言论犯罪的可罚性基准有虚拟化倾向。《网络诽谤案件解释》第 2 条第 1 项规定，利用信息网络诽谤他人，同一诽谤信息实际被点击、浏览次数达到 5 000 次以上，或者被转发次数达到 500 次以上的，应当被认定为诽谤“情节严重”；第 5 条第 2 款规定，编造虚假信息，或者明知是编造的虚假信息，在信息网络上散布，或者组织、指使人员在信息网络上散布，起哄闹事，造成公共秩序严重混乱的，以寻衅滋事罪定罪处罚。在互联网背景下，《网络诽谤案件解释》制定的言论犯罪的可罚性基准有两个特点：一是将网络虚拟空间秩序解释为现实社会秩序；二是以点击、浏览、转发次数来量化法益侵害程度。网络空间有害言论的被点击、浏览、转发次数，在无形之中演变成所有网络言论犯罪的“情节严重”“严重扰乱社会秩序”的考量标准。例如，根据《刑法》第 246 条第 2 款的规定，“严重危害社会秩序和国家利益”是诽谤罪的公诉条件。有学者主张，在认定某种诽谤犯罪行为是否属于这种公诉情形时，可以着重考虑诽谤手段、方法的危害程度，如捏造的虚假事实是否通过影响大、范围广、互动性强的知名网络论坛进行广泛散布等。[②] 又如，在柴某寻衅滋事案中[③]，审理法院认为，被告人柴某针对社会热点事件发布的虚假信息在发布后短短 12 个小时内就被转发四千条、评论七百余条，而且该虚假信息在被删除后仍被网民大量转发，造成公共秩序严重混乱，其行为构成寻衅滋事罪。

然而，将在知名网络论坛广泛传播诽谤信息评价为“严重危害社会秩序

① 周佑勇：《行政裁量基准研究》，中国人民大学出版社 2015 年版，第 3 页。

② 参见赵秉志、彭新林：《“严重危害社会秩序和国家利益”范围如何确定——对刑法典第 246 条第 2 款但书规定的理解》，《法学评论》2009 年第 5 期。

③ 参见黑龙江省哈尔滨市香坊区人民法院（2015）香刑初字第 508 号刑事判决书。

和国家利益”令人难以信服。抛开言论自由的宪法价值与网络科技的特性伦理不说，即使认为社会秩序包括网络空间秩序，在行为人传播诽谤信息导致大量网民对被害人的负面评价出现在网上论坛、网上社区、微博、微信等的场合，也难以认为这种情况属于扰乱了网络空间秩序。“所谓导致网络空间秩序本身严重混乱的行为，如致使计算机系统及通信网络遭受损害，或者造成计算机网络或者通信系统不能正常运行的”[①]，有可能成立破坏计算机信息系统罪，但在网上发表言论是信息网络的功能使然，并没有使计算机系统及通信网络遭受损害或造成其不能正常运转，况且，将网络空间秩序解释为社会秩序，也不是没有疑问。

“刑事可罚性的条件自然必须是以刑法的目的为导向。”[②] 通过梳理诽谤罪规范的保护目的的发展脉络，可从历史的沿革中探寻设定诽谤罪的公诉条件的理性目的。“可耻的诽谤罪历史与臭名昭著的政府压制批评的历史纠缠不清。”[③] 诽谤作为一种社会现象存在于所有早期的文明社会中，并毫无例外地被当作是一种严重的犯罪行为，受到惩罚的方式非常残忍。古代的诽谤罪规范并非为了保障自然人的名誉与人格尊严，而是通过保护专制社会中特权阶级的名誉利益来维护王权、等级制度和统治秩序。后来，诽谤分化为危害国家安全罪、妨害社会管理秩序罪以及侵犯公民人身权利的诽谤罪，前者的职能从维护特权贵族阶级统治转变为维护国家稳定和社会公共秩序，而后者系专为保护个人名誉而设。而在今天，在宪法规定言论自由为基本权利的背景之下，诽谤罪在有些国家几乎被民事诽谤侵权取代，有些国家则完全实现了诽谤罪的除罪化。[④] 由此可见，诽谤罪的除罪化是必然的历史趋势。

在美国，学者曾经认为刑事诽谤诉讼存在的必要性在于，“如果被诽谤者没有法律资源来救济自己受到的损害，他们将使用暴力对付诽谤他们

---

① 张明楷：《简评近年来的刑事司法解释》，《清华法学》2014 年第 1 期。

② ［德］罗克辛：《德国刑法学总论》，第 1 卷，王世洲译，法律出版社 2005 年版，第 133 页。

③ See Edward L. Carter，“Outlaw Speech on the Internet：Examining the Link Between Unique Characteristics of Online Media and Criminal Libel Prosecutions”，*Santa Clara High Technology Law Journal*，vol. 21，no. 2（2004），p. 293.

④ 参见郑文明：《诽谤的法律规制——兼论媒体诽谤》，法律出版社 2011 年版，第 16－80 页。

的人”[①]，即诽谤罪规范的目的在于“阻止决斗和其他破坏和平的行为（prevent duels and other breaches of the peace）”[②]。然而，自 20 世纪后半叶以后，得益于 1964 年《纽约时报》诉沙利文案为刑事诽谤犯罪所建立起来的新的宪法标准，诽谤罪实质上消失了。视言论自由为宪法权利的新闻机构认为，任何源于诽谤的伤害由民事诉讼解决更好，而非交由刑事法庭解决。它们说，关押说话的人，完全和鼓励对符合公众兴趣的事项进行粗野讨论的现代法律与公众道义相违背。在 21 世纪的美国，如果有人因为言论而进监狱，会让人觉得非常奇怪，以至于记者将其比作“杀鸡用牛刀”[③]。

与德国、日本的情形不同，我国的诽谤罪不是纯正的亲告罪，当诽谤行为“严重危害社会秩序和国家利益”时，公诉程序的启动不以被害人的意志为前提，因而诽谤罪有着危害国家安全罪、妨害社会管理秩序罪的影子。这说明，我国诽谤罪尚未完成与危害国家安全罪等的完全分野。因此，从诽谤罪的发展规律来看，我国诽谤罪可能还要经历“减少非亲告诽谤罪的适用——减少亲告诽谤罪的公诉程序的适用——减少亲告诽谤罪的自诉程序的适用”的过程，而这个演进过程的推动力量就是言论自由这一宪法基本权利。在当下我国司法实践中，应基于言论自由对“严重危害社会秩序和国家利益”作合目的性、合宪性的限缩解释，从而，不宜将网络空间秩序解释为“社会秩序”，更不能将在信息网络上发表大量诽谤信息——即使实际被点击、浏览、转发次数远远超过 5 000 次或者 500 次，导致对被害人的负面评价极多——认定为“严重危害社会秩序和国家利益”。“诽谤法所确认的不法行为及相关权利是物质属性的，而非精神属性的……如果只是情感受到伤害，我们的法律不会承认任何给予赔偿的原则。”[④] 因此，这里的“严重危害社会秩序和国家利益”应该是指一种现实的物理秩序的严重混乱。当“社

① Melissa A. Troiano, “The New Journalism? Why Traditional Defamation Law Should Apply to Internet Blogs”, *American University Law Review*, vol. 55, no. 5 (2006), p. 1451.

② Edward L. Carter, “Outlaw Speech on the Internet: Examining the Link Between Unique Characteristics of Online Media and Criminal Libel Prosecutions”, *Santa Clara High Technology Law Journal*, vol. 21, no. 2 (2004), p. 292.

③ Edward L. Carter, “Outlaw Speech on the Internet: Examining the Link between Unique Characteristics of Online Media and Criminal Libel Prosecutions”, *Santa Clara High Technology Law Journal*, vol. 21, no. 2 (2004), p. 293.

④ ［美］路易斯·D. 布兰代斯等：《隐私权》，宦盛奎译，北京大学出版社 2014 年版，第 9 页。

会影响”“国家形象”“国际影响”仅仅是抽象的而非具体的现实的物理的“社会秩序”和“国家利益”时，就不宜将《网络诽谤案件解释》第3条中的“诽谤多人，造成恶劣社会影响”“损害国家形象，严重危害国家利益”“造成恶劣国际影响”作为“严重危害社会秩序和国家利益”的情形。

（二）主观方面的限制：故意和不法目的

对于“情节严重”“严重扰乱社会秩序”“严重危害社会秩序和国家利益”等整体的评价基准的具体适用，不但能从客观上予以限制，而且在主观方面也有限缩的余地：整体的评价要素属于故意的认识和意志的内容，只有当行为人认识到其有害言论之发表会发生严重扰乱社会秩序等危害社会的结果，希望或者放任这种结果发生，且无任何正当目的时，方有对其行为以言论犯罪定罪处罚的可能。尤其是，在公民行使正当监督权的举报场合，应当排除主观归责。

例如，在孟某诬告陷害案①中，孟某因举报原县政府办公室主任甲贪污、受贿等问题未果，便怀疑该市人民检察院干警乙从中保护。2013年7月，孟某捏造“乙收受甲的100万元贿赂后，为其充当保护伞”的事实，并将该事实以“某市干警遭实名举报：涉嫌受贿百万为贪腐官员护驾”为题目发布在互联网上。该帖文发布后，迅速被人民网、新华网等多家网站转载。后孟某又以其名义实名向中央党的群众路线教育实践活动第十四督导组进行举报，要求追究乙等人的刑事责任。该市纪委、该市公安局组成联合调查组调查后，查明乙不存在帖文中的犯罪事实。该案的二审法院认为，孟某的行为“后果严重，情节恶劣，严重影响了司法机关的正常活动，造成了恶劣的社会影响，应从严惩处”，遂维持了一审法院以诬告陷害罪定罪处罚的判决。这一裁判结果值得商榷：二审裁定认定的证明事实的证据表明，孟某对甲的举报到乙处就进行不下去，而且孟某从他人处听说甲曾向乙行贿。基于此，孟某怀疑乙可能因受贿而阻挠其对甲的举报。孟某的最终目的仍然是实现对甲的成功举报。我国《宪法》第41条规定的公民监督权是民主自治侧面的言论自由的具体体现。要求公民的举报完全属实无疑使举报本身失去了意义，是对宪法赋予公民的监督权的剥夺，从而也是国家机关的自我否定。因

① 参见河南省安阳市中级人民法院（2014）安中刑二终字第89号刑事裁定书。

而，孟某并非恶意捏造事实，不具有诬告陷害的犯意。

陈某诬告陷害案与孟某诬告陷害案具有相似的案情，其无罪的最终判决值得称道。[①] 陈某系某银行支行职工，多次向所在区的检察院举报本行行长A、副行长B、部门经理C等人贪污、受贿。该区检察院经调查，得出结论为“不能认定A、B涉嫌贪污罪，但在工作中存在违规问题，建议该行分行处理”。陈某收到此调查报告后不服，向所在市的检察院举报同样问题。该市检察院的结论为“没有证据证明A、B有犯罪事实，但有违纪行为。”该行分行亦向陈某答复称：“未发现A、B有贪污、挪用公款等行为。”后该市检察院又指定某县检察院对陈某反映的问题进行调查，结论同上。陈某仍不满，多次向省、中央及国家有关机关反映A、B、C等人贪污、受贿等问题，要求追究其刑事责任。在北京上访期间，陈某接受了他人的视频采访。后反映A等人贪污等问题的视频出现在多家网站。从2008年到2012年，本案从初审、重审、终审到再审、再重审、再终审，从最初的1年6个月有期徒刑到定罪免刑，再到无罪判决，经历了曲折的过程。最终，法院认定，陈某因主观恶性较小、犯罪情节显著轻微、社会危害性不大，无罪。

（三）程序方面的限制：告诉意思表达之不能

“严重危害社会秩序和国家利益”是诽谤罪的公诉条件，与其他言论犯罪所要求的“情节严重”“严重扰乱社会秩序”等相比，具有程序意义上的不同，故而有必要在施以客观和主观方面的限制之外，再增加程序方面的限制。有学者认为，“‘严重危害社会秩序和国家利益’属于广义的情节严重的范畴，立法者正是考虑到严重危害社会秩序和国家利益的诽谤罪不同于一般情况下的诽谤罪，具有相当大的社会危害性，故而才在刑法典第246条第2款专设但书条款，对这种严重的诽谤犯罪行为作特别的例外规定，以公诉罪论处”[②]。但这种从实体上找原因的观点值得研究。

首先需要强调的是，“严重危害社会秩序和国家利益”是诽谤罪的程序性条件，而非法定刑升格条件；亲告诽谤罪与非亲告诽谤罪适用的是同一个

① 参见河北省唐山市中级人民法院（2012）唐刑终字第248号刑事判决书。

② 赵秉志、彭新林：《“严重危害社会秩序和国家利益”的范围如何确定——对刑法典第246条第2款但书规定的理解》，《法学评论》2009年第5期。

罪名、同一个法定刑，只是因情节严重的程度不同而程序不同而已。将“社会危害性更大”作为“严重危害社会秩序和国家利益”，成为非亲告诽谤罪的基础，容易给人以“严重危害社会秩序和国家利益”是诽谤罪的法定刑升格条件的印象，从而使同样案情的不同案件，可能适用公诉程序的诽谤罪的法定刑要远远高于适用自诉程序的法定刑，不像自诉程序，当事人可以调解撤诉，法院也可以裁定不予受理或者驳回起诉，而在公诉程序中少有无罪判决，而且量刑较重。这是实体论的缺陷。

关于程序的问题还需从程序的本身找原因。诽谤罪以亲告为原则，以非亲告为例外，所以，上述问题的答案还需从回答诽谤罪为什么是亲告罪开始寻找。诽谤罪是亲告罪主要是基于以下考虑：“无视被害人本人的意思提起追诉，并无此必要；有在诉讼场所进一步侵害被害人名誉之虞，根据被害人的意思来决定是否追诉，更为妥当。”[①] 反之，非亲告诽谤罪的存在，以因某种情状得无视被害人本人意思或者不顾在诉讼场所进一步侵害被害人名誉之虞为必要。这是非亲告诽谤罪得以存在的程序原因。换言之，非亲告诽谤罪的存在基础或者公诉的实质条件之一是，存在一种情状，在这种情状下，无须顾及被害人的意思或者其名誉被进一步侵害之危险。由此推论，这种情状只能是被害人不能或者无法表达其本人意思。具言之，当诽谤行为严重危害社会秩序和国家利益，且被害人不能或者无法表达是否告诉的本人意思时，方能由检察院以“严重危害社会秩序和国家利益”为由提起公诉；当诽谤行为严重危害社会秩序和国家利益，但被害人能够表达是否告诉的本人意思时，无论如何不能适用诽谤罪作为非亲告罪的公诉程序。这样的非亲告诽谤罪的条件设定充分体现了被害人的意思自治，极大限制了非亲告诽谤罪的公诉程序的启动。

（四）法律后果的限制：刑罚与保安处分

从法律后果看，适用自诉程序的诽谤案，绝大部分以和解撤诉、不予受理、驳回起诉结案，判处缓刑的极少，判处实刑的更是少之又少；而适用公诉程序的诽谤案中，有罪判决占压倒式多数，而且一旦判处实刑，适用有期

---

① ［日］山口厚：《刑法各论》，王昭武译，中国人民大学出版社2011年版，第173页。

徒刑的不在少数。[①] 这种两极分化的现象十分不合理。因此，就刑罚裁量而言，凡是判决被告人犯诽谤罪，应该以适用“拘役、管制或者剥夺政治权利”为主；如果罪行不是非常严重，不应轻易适用有期徒刑；在判处拘役刑的场合，应该放松适用缓刑的条件，在判处拘役刑的同时，一般应宣告缓刑。在言论自由这一宪法基本权利下，对轻微言论犯罪者，限制其人身自由即足以报应，剥夺其人身自由就有违反罪刑相适应的刑法基本原则（比例原则）之虞了。

“根据行为责任确定的刑罚并不总是能够胜任刑法的犯罪预防任务”[②]，故在刑罚之外，刑法还规定了保安处分措施。为了防止不以罪责为标准的保安处分措施的滥用造成侵犯人权的恶果，保安处分的适用要以必要性和相当性为原则。一方面，只有当适用保安处分才能消除行为人的危险性且为社会保安所必要时，才能适用保安处分；另一方面，保安处分的适用要与行为人的违法行为的法益侵害程度、行为人的人身危险性、社会保安的需要相当，保安处分才具有正当性。[③] 基于此，“没收供犯罪所用的本人财物”作为一项保安处分措施，应当慎重适用。供犯罪所用本人财物的没收对象是，供犯罪所用的、与违禁品相当的本人财物。对与违禁品相当的供犯罪所用的本人财物，需要进行具体判断。[④] 以手机网络为例：毫无争议，手机在现代社会是不可或缺的十分普及的通讯工具之一，具有很广泛的生活用途。当行为人长期或者将手机网络用于言论犯罪的，手机与违禁品相当，应被没收。但是，在实施言论犯罪过程中，偶然使用手机（没有供言论犯罪所用的意思而使用手机）的，手机一般与违禁品不相当，不应被没收。利用其他信息网络实施言论犯罪的，是否应没收该信息网络终端设备，也应作相同审查。

---

① 笔者在中国裁判文书网以“案由：诽谤；法院层级：基层法院；案件类型：刑事案件；审判程序：一审”为检索条件，检索时间截止到 2020 年 12 月 31 日，共搜索出 1350 个裁判文书。其中，自诉案件 1076 个，公诉案件 52 个。在自诉案件中，以撤回起诉、不予受理、驳回起诉结案的有 725 个，判决缓刑的有 16 个，无罪的有 75 个。在 52 个公诉案件中，准许撤回起诉的有 2 个，判处缓刑的有 7 个，判处拘役的有 6 个，判处有期徒刑的有 29 个。

② ［德］耶赛克、魏根特：《德国刑法教科书（总论）》，徐久生译，中国法制出版社 2001 年版，第 103 页。

③ 参见张明楷：《外国刑法纲要》，法律出版社 2020 年版，第 391、392 页。

④ 参见张明楷：《论刑法中的没收》，《法学家》2012 年第 3 期。

六、结语

如何划分宪法赋予公民的言论自由与网络时代言论犯罪的界限，是当下司法实务面临的重要问题。以网络言论自由为核心，结合与言论犯罪相关的司法解释、《刑法修正案（九）》的有关规定，从言论犯罪的一般性构造与诉讼条件出发，可对网络领域言论自由的合法边界展开基于宪法视角的解释。在言论犯罪的构造中，应将客观真实和合理确信规则下的“主观真实”作为违法阻却事由；基于网络的科技特点与社会属性，网络服务提供者只负有中立义务，对其行为不应简单地依共犯理论或不作为犯理论予以入罪。对于涉及言论犯罪的诉讼，原则上须根据实际或推定的被害人意愿来启动刑事诉讼程序，当言论行为严重危害社会秩序和国家利益且被害人无法表达其是否告诉的意思时，可直接适用公诉程序；“严重危害社会秩序和国家利益”等入罪基准须是指现实物理世界的秩序混乱，且行为人要对其有故意而无任何正当目的。对轻微言论犯罪不应轻易适用有期徒刑；信息网络工具具有很广的生活用途，一般不应被没收。

关于网络时代言论犯罪的构造与诉讼，还有些许问题需要进行深入研究，例如，合理确信规则下“主观真实”作为免责根据的依据为何；网络服务提供者明知网络用户等第三方于网上发布违法信息仍不采取删除、屏蔽、断开链接等措施，是否属于中立帮助行为；对于技术服务提供者的中立帮助行为如何评价；“告诉的才处理”在实体法上的独立概念如何与程序法和司法实务相沟通；等等。

网络时代言论犯罪的构造与诉讼问题实质上是宪法上的言论自由的边界划定问题：何种情形下能够以牺牲言论自由来避免危险？从刑事政策与刑法文本出发，基于宪法规范与精神的实质解释能够为司法者提供缓解法益保护与人权保障的紧张关系的有效路径。有什么样的价值目标，就会有什么样的刑法解释结论。基于刑法谦抑的精神，对犯罪的处罚应被限制在迫不得已的必要限度以内，故对言论犯罪的认定，理应在惩罚犯罪以保护相关法益的基础上，适当偏向于言论自由。

下　篇

网络时代的刑法实质解释

第八章

实质解释的思维：出罪禁止与类推入罪的反思与批判

面对网络时代的诸多犯罪认定难题，实质解释的立场与方法具有优越性。反过来，在解决网络犯罪的司法难题的过程中，实质解释的立场和方法也得到了检验和发展，形成一套网络时代实质解释的理论体系：实质解释的思维、要求与方法。就解释思维而言，与机械主义的形式解释论相比，实质解释论的出罪通道更为灵活、畅通。试以快播案为例析之：2016 年 9 月初，北京市海淀区人民法院以传播淫秽物品牟利罪为快播案的一审画上了句号[①]，但由此引发的争议并未结束。总体上看，虽然对快播案有罪论支持者之间尚存在一些争论，但有罪论是多数人的观点，无罪论只是少数人的观点，且既有的无罪论存在的问题并不少。实际上，以传播淫秽物品牟利罪论处的快播案，折射出了我国互联网管控重心由网络用户向网络服务提供者转移，这赋予了网络服务提供者一定范围内的信息网络安全管理义务，并使对网络服务提供者的定性带上了浓厚的先入罪后确定罪名的色彩。鉴于此，下文拟围绕快播案定性的有关问题展开讨论，以期裨益争议问题的解决。

① 该案的案情是：深圳市快播科技有限公司（以下简称快播公司）自 2007 年 12 月成立以来，基于流媒体播放技术，通过向国际互联网发布免费的 QVOD 媒体服务安装程序和快播播放软件的方式，为网络用户提供网络视频服务。其间，快播公司及直接负责的主管人员王欣、吴铭、张克东、刘文举以牟利为目的，在明知上述 QVOD 媒体服务器安装程序及快播播放器被网络用户用于发布、搜索、下载、播放淫秽视频时，仍予以放任，导致大量淫秽视频在国际互联网上传播。后北京市海淀区人民法院判决快播公司和王欣等四人的行为构成传播淫秽物品牟利罪。

一、前提性问题：技术层面与管理层面的区分

（一）技术层面的快播

应当承认，网络色情在我国一直都是一个老生常谈的问题。与色情有关的快播案竟然能引起轩然大波，必然不会缺少它自身的独特性。实际上，要解决快播案的定性问题，首先要直面的问题就是快播究竟是什么。

在技术层面，作为一款视频播放的软件，快播能够有效播放诸多格式的视频文件，这是它与其他许多视频播放软件共同的属性。正因为如此，快播软件可以独立播放存储在客户自己的电脑、手机等中的视频文件。但是，快播软件的性能远不止于此。快播因一些技术的开发和使用，具有了部分其他视频播放软件无法具有的功效，这对后来的快播软件客户群的发展有着不小的推动作用。这些技术中较为醒目的是基于 P2P 技术而添加的缓存、碎片整合等技术，该类技术使快播软件一举突破了传统网络视频播放软件的边界，获得了资源搜索、推荐等新功能。

实际上，由于新技术的开发和使用，原本在传统 P2P 模式下借助播放软件所形成的资源提供方（如“站长”、其他网站等）和客户的直接联系开始弱化，作为单纯介质的播放软件逐步发展成为独立的一方——服务方。在资源提供方、服务方和客户这一三方关系中，服务方提供的客户端软件由客户安装在电脑、手机等终端，客户启动客户端软件后它自动与快播公司的服务器连接，服务器向客户发送视频，客户端软件播放视频。不过，尽管服务方可以，也能够为资源提供方提供服务，但资源提供方仍然是独立的一极，服务方本身并不创设任何视频。即使借助缓存技术，作为服务方的快播公司在资源“缓存”后对该资源不再依赖资源提供方，但受信息内容的限制它在本质上只是一种中介。这就是有些学者提出的：“虽然快播不是淫秽信息的内容提供者，但是客观上实现了不特定用户人群分享视频。”[①] 也即：对客户来说，服务方可以成为已经上传资源的“二次来源”；但相较于“一次来源”的资源提供方，快播公司在资源的内容上至多做减法。此外，快播的客户端必须与服务器连接在一起才能播放网络视频文件。

---

① 毛玲玲：《传播淫秽物品罪中“传播”行为的性质认定》，《东方法学》2016 年第 2 期。

（二）管理层面的快播

当新技术的加入促使快播公司成为资源提供方和客户之外的第三方时，资源缓存、搜索、推荐等功能赋予了快播公司管控播放视频的能力。这在传统网络视频播放软件中是难以想象的。因为传统网络视频播放软件缺乏相同或类似的功能，所以，传统网络视频播放软件的提供者无法管控软件使用者使用软件的用途等，更遑论实时管控。在此意义上，作为资源提供方和客户间之桥梁的服务方快播公司，成了可以管控网络交流信息的服务平台。可见，快播的突破不仅仅是技术上的，更是管理上的。

当互联网的服务方基于自身的平台具有管控信息资源提供方和客户的能力时，这样的能力是权利还是义务就可能成为相关行为罪与非罪的分水岭。的确，自然科学与社会科学有着各自的分工，技术的开发、完善更多的是前者的使命，而某项技术应不应该开发、如何使用等问题，随着社会的发展，可能成为社会科学的内容，如克隆技术等。问题的关键在于，社会科学介入的范围和程度。具体到刑法领域，技术作为人类改造自然和社会的手段，从来不是刑法关注的重心，在行为刑法那里刑法的重心只能是人的行为。迄今为止，无论在理论界还是实务界，都鲜有人对快播公司开发、完善缓存技术、碎片整合技术等单纯技术性问题进行质疑、反对。这就是说，在快播案的罪与非罪上，分歧的实质不在于自然科学意义上的技术本身是否有罪，而在于技术的管理。

既然如此，那么主张"快播案件（的）特殊性就在于，快播软件不是一个网站，而是技术中立的播放器软件，因此对于这样的行为是否需要承担刑事责任存在很大争议"[①] 显然是混淆了快播案分歧实质的见解。相反，"快播公司拉拽淫秽视频文件存储在缓存服务器里，并且向用户提供缓存服务器里的淫秽视频文件的行为，则不是中立的帮助行为，而是传播淫秽物品的正犯行为。"[②] 该观点在技术管理的意义上进行的分析，无疑抓住了问题的实质。同样地，快播案的一审判决也是极力证成作为服务方的快播公司具有管理上的义务，进而完成有罪定性的。"快播公司作为互联网信息服务的提供者，作为视听节目的提供者，必须遵守相关法律法规的规定，对其网络信息

① 郭泽强、张曼：《网络服务提供者刑事责任初论》，《预防青少年犯罪研究》2016 年第 2 期。

② 张明楷：《快播案定罪量刑的简要分析》，《人民法院报》2016 年 9 月 14 日第 3 版。

服务内容履行网络安全管理义务。”① 当然，能否抓住快播案在技术与管理层面的分歧实质，固然对该案的定性有实质性的影响，但抓住了这一实质是否意味着快播案中的有罪论就是必然的结论？答案似乎是否定的。如后文所述，快播案的一审判决在定性上的根本问题恰恰在于技术的管理层面，是入罪化思维下扩张解释传播淫秽物品牟利罪以实现社会管控目标的结果。

二、网络安全管理：法律义务抑或社会责任

（一）限制的法律义务说

快播案发生时间的特殊性可能影响案件的定性。在《刑法修正案（九）》增设拒不履行网络安全管理义务罪之前，作为网络服务方的快播公司对其平台交流信息的管控，是一种单纯的权利，还是一种必要的义务，抑或是其他？这是对快播案定性时无法回避的问题。

在域外，现有的资料显示，1998年美国的《数字千年版权法》（DMCA）较早地涉及了这一内容，其中，著名的是“避风港”规则。所谓“避风港”规则，是指网络服务提供者很难对网络信息进行及时有效的审查，当涉嫌侵犯他人著作权时，网络服务提供者在能够证明不存在恶意并及时删除侵权信息或断开有关信息链接后，不承担赔偿责任。当然，例外的情形是存在的，即所谓的“红旗”规则。当侵犯著作权的事实显而易见，就像红旗一样飘扬时，网络服务提供者就不能装作看不见，或以不知道侵权的理由来推脱责任。不过，依照美国《数字千年版权法》，网络服务提供者“没有主动寻找红旗之义务”。

“虽然这部法律仅针对网络空间内的版权侵权问题，然而当它在世界范围内得到接受时，已经转变为网络服务提供者责任的一般性原则。该法所确立的‘避风港’规则是美国版权人与网络服务提供者相互博弈的结果。”② 受《数字千年版权法》的影响，德国法院在经历了一段时间的摇摆后在认可“避风港”规则的基础上对其进行了一定的修正：将该规则中的“通知—取下”规则修改为“通知—取下—扫描（其他可能危险）”规则。据此，一旦网络服务提供者了解到来自第三人的某项侵权事实，即在以后针对同一侵权

① 此为北京市海淀区人民法院对快播案的一审刑事判决书中的内容。

② 刘文杰：《网络服务提供者的安全保障义务》，《中外法学》2012年第2期。

主体或同样侵权客体或同样侵权内容负有主动审查义务。[①] 这实际上缩小了“避风港”规则的适用范围，赋予了网络服务提供者一定范围内的主动审查义务。由此可见，在著作权领域，网络服务提供者的网络管理，更多的是一种权利，而不是法定的义务。

受其影响，在我国，“避风港”规则一般被认为在《信息网络传播权保护条例》第 14 条、第 22 条、第 23 条等中实质性地得到了确立。与此同时，第 23 条后半段体现了“红旗”规则。另外，该条例第 3 条明确规定，“依法禁止提供的作品、表演、录音录像制品，不受本条例保护”。基于此，与其说我国的“避风港”规则接近于美国的，不如说更接近于德国的。也即在著作权领域，我国的网络服务提供者被课以了一定范围的主动审查义务。

但是，民事责任边界的清晰是否意味着刑事责任边界的清晰？结合快播案涉及的淫秽、色情视频来看，因为它们在根本上是违法的，所以在我国，无论是之前的规定还是之后的规定，基本上会与上述立场相协调。实际上，在 20 世纪，针对计算机在我国的逐渐普及所引发的互联网犯罪，我国立法机关在 1997 年刑法修订时就给予了高度重视。例如，针对涉及淫秽物品的违法犯罪活动，立法强调：“近年来，随着互联网应用的普及，利用互联网从事有关淫秽物品违法犯罪活动的情况变得比较突出。对此，也应当按照刑法和有关法律的规定予以打击。”[②] 此后，陆续出台的法律规范避免使网络空间成为淫秽、色情内容的法外之地。《刑法修正案（九）》在增设拒不履行网络安全管理义务罪后，网络服务提供者的安全管理义务被立法机关解释为“落实信息网络安全管理制度和安全保护技术措施”、“及时发现、处置违法信息”和“对网上信息和网络日志信息记录进行备份和留存”三个方面。[③] 不难发现，在“避风港”规则的适用范围在我国受到强烈压缩的同时，网络服务提供者的义务呈不断扩张之势，而在涉及网络淫秽、色情时，网络服务提供者的法律义务更是明显。在此意义上，我国网络服务提供者的义务在法

① 参见刘文杰：《网络服务提供者的安全保障义务》，《中外法学》2012 年第 2 期。

② 全国人大常委会法制工作委员会刑法室编：《〈中华人民共和国刑法〉条文说明、立法理由及相关规定》，北京大学出版社 2009 年版，第 735 页。

③ 参见全国人大常委会法制工作委员会刑法室编：《〈中华人民共和国刑法修正案（九）〉条文说明、立法理由及相关规定》，北京大学出版社 2016 年版，第 215－216 页。

律化之余，义务的内容并非全面化了，仍然有一定范围的限制。

由此产生的疑问是：网络服务提供者义务的法律化以及其内容的不断扩张，是否会导致网络服务提供者不堪重负而最终阻碍我国信息网络的良性化发展？笔者认为，这样的担心并非多余。事实上，早有学者指出，要求网络服务提供者对海量信息进行审查是不现实的，否则会导致海量信息“微量化”趋势，影响互联网产业健康发展，且迄今为止“避风港”规则的最早制定者美国也不要求网络服务提供者主动寻找明显的侵权信息。[①] 类似地，周光权教授提出，“目前，在实务中，相关监管部门的监管经常越界，处罚标准不明确，处罚依据不充分，禁止网络服务商开展正常业务的指令过多，网络服务商如果都执行，相关服务工作无法开展，也与现代社会信息量大、传输快的特点不符合，刑法上的罪名设置会阻碍网络科学技术的发展”[②]。在美国，这样的担忧也是存在的。“允许甚至容忍因网络服务提供者用户的行为使网络服务提供者面临刑事责任的可能性，导致了一种不可容忍的局面，会导致自我审查机制，以及值钱的商业向法律更加清晰、更少针对网络服务提供者法律执行的国家迁徙。”[③] 不过，反对的意见认为，在以营利为目的且有能力监控和制止不法行为的网络服务提供者与权利人之间进行权衡，赋予网络服务提供者一定的审查监控义务更为公平。[④] 当前，考虑到公民言论自由、互联网技术发展和被害人权利保护三者的平衡，一般认为，网络服务提供者应当在合理的范围内承担网络管理这一法定义务。[⑤] 因此，如后文所述，为了将不断扩张的网络服务提供者的义务的不利影响最小化，如果不可避免，那么审查义务也必须被严格限制在一定的范围内。

（二）网络安全管理义务的边界

如前所述，虽然全国人大常委会法制工作委员会刑法室对网络服务提供者的安全管理义务进行了说明，但是，这样的说明是否彻底解决了网络服务提供者之网络管理义务的边界问题？答案似乎是否定的。

---

① 参见胡开忠：《避风港规则在视频分享网站版权侵权认定中的适用》，《法学》2009 年第 12 期。

② 周光权：《网络服务商的刑事责任范围》，《中国法律评论》2015 年第 2 期。

③ ［美］Lawrence G. Walters：《美国网络服务提供者的刑事责任理论研究》，杨新绿等译，见赵秉志主编：《刑法论丛》，第 44 卷，法律出版社 2015 年版，第 493 页。

④ 参见殷少平：《论互联网环境下著作权保护的基本理念》，《法律适用》2009 年第 12 期。

⑤ 参见涂龙科：《网络内容管理义务与网络服务提供者的刑事责任》，《法学评论》2016 年第 3 期。

至少在《刑法修正案（九）》草案时期，就有刑法学者对“信息网络安全管理义务”的明确性提出疑问。例如，刘仁文教授认为，“这一义务范畴的不明确，将直接影响刑事立法的科学性和司法实务工作的开展，而且在严厉打击网络违法犯罪行为、维护信息网络安全的形势下，往往会将‘信息网络安全管理义务’作扩大化的理解，容易导致实践中刑罚适用的扩大化”[①]。即使在信息网络安全管理义务被细化为“落实信息网络安全管理制度和安全保护技术措施”、“及时发现、处置违法信息”和“对网上信息和网络日志信息记录进行备份和留存”后，也因它们包含了许多抽象的内容，而难说已经明确。例如，因“避风港”规则而出现的审查义务，是网络服务提供者所承担的网络管理义务的重要内容，但网络管理义务并不等于审查义务，那么，审查义务与上述三项管理义务内容是何种关系，不能说已经清晰明了。

如果以违法信息的出现时间为标准来划分网络服务提供者的网络管理义务，那么，它将包括：（1）预先审查义务；（2）实时监控义务；（3）违法信息出现后的删除、报告等义务；（4）未来同类信息等的审查义务。既然如此，那么网络服务提供者的网络管理义务的合理边界在哪里？

其一，就预先审查义务和实时监控义务而言，域外以往的通行做法大多否定网络服务提供者具有预先审查和实时监控的义务。例如，在欧洲具有广泛影响的案件是 SABAM v. Scarlet 案。针对此案，欧盟法院判决，网络服务提供者没有过滤、监控网络上非法内容的一般性义务；并明确主管部门不得要求网络服务提供者必须植入信息内容过滤系统。究其原因，欧盟法院认为，在设定网络服务提供者的义务时，必须兼顾公民个人的基本权利和网络服务提供者经营自由的平衡，而要求网络服务提供者植入信息内容过滤系统，不但会严重侵犯它们的经营自由，也会造成成本的昂贵和情况的复杂化。[②] 当前，即便受“反恐”压力的影响，也没有证据表明欧盟法院的立场发生了根本性改变。在美国，如前所述，网络服务提供者“没有主动寻找红旗之义务”，这实际上排除了网络服务提供者的预先审查和实时监控义务。在刑事领域，“注意到网络服务提供者的困境，这个法案唯一的意图就是减

① 刘仁文、张慧：《刑法修正案（九）草案有关网络犯罪规定的完善建议》，《人民法院报》2015年8月12日第6版。

② See Judgment of the Court (third chamber), 24 November 2011.

少网络服务提供者为第三方的行为承担刑事责任的风险”①。

在我国，2012年12月28日全国人大常委会《关于加强网络信息保护的决定》第5条规定：“网络服务提供者应当加强对其用户发布的信息的管理，发现法律、法规禁止发布或者传输的信息的，应当立即停止传输该信息，采取消除等处置措施，保存有关记录，并向有关主管部门报告。”关于如何理解这里的“发现”，形成了肯定说和否定说的分歧。肯定网络服务提供者具有预先审查和实时监控义务的观点认为，网络服务提供者更有能力控制和减少不法行为的发生，赋予网络服务提供者严格的审查义务更为公平。② 与此迥然不同，否定的观点认为，网络服务提供者承担审查义务的前提是“发现”，但这并未赋予其主动“发现”违法行为和有害信息的义务，而是指在网络服务提供者被告知或有证据证明其确实知道相关违法和有害信息的情况下，其应当承担的义务。③ 否定说是多数说。实际上即便是快播案的判决也没有偏离这一立场。

其二，就违法信息出现后的删除、报告等义务而言，网络服务提供者对该义务的承担是附条件的。在我国，依据《关于加强网络信息保护的决定》第5条的规定，在“发现”违法信息后网络服务提供者负有删除、报告等的管理义务。通常认为，附加的条件是网络服务提供者被告知不法信息的存在或满足“红旗”规则的适用条件。究其原因，一旦网络服务提供者“明知或应知”，或者“知道”网页内容存在侵权事实（通常情况下是掌握了相关信息），那么网络服务提供者作为“私人监控者”的优势就会显现，因为它所处的特殊地位（为网络信息服务提供技术支持）决定了，由它采取删除、屏蔽、断开连接等补救措施，不仅行之有效，而且可谓“举手之劳”。这也是它能够顺利进入“避风港”的条件。域外的情形大抵相当，其原因恰恰在于此。例如，在美国，除特定领域外，《通讯规范法》对那些为第三方生成的或者“用户生成”的内容提供访问的网络服务提供者提供了免责条款，从而实质上否定了网络服务提供者的网络管理义务。尽管如此，仍需要注意的是，对于用户生成的色情信息，美国的网络服务提供者是因受宪法规定的言

① ［美］Lawrence G. Walters：《美国网络服务提供者的刑事责任理论研究》，杨新绿等译，见赵秉志主编：《刑法论丛》，第44卷，法律出版社2015年版，第490页。

② 参见广东省高级人民法院（2006）粤高民三终字第355号民事判决书。

③ 参见浙江省丽水市中级人民法院（2011）浙丽民终字第40号民事判决书。

论自由原则的保护而免责还是应当承担刑事责任，其法律边界并不清楚，但在宽泛的共犯责任等的助推下网络服务提供者承担刑事责任的风险并不低。①

其三，就未来同类信息等的审查义务而言，所谓未来同类信息等的审查义务，是指一旦网络服务提供者了解到来自第三人的某项侵权事实，即在以后针对同一侵权主体或同样的侵权客体或同样的侵权内容负有主动审查的义务。如果承认网络服务提供者具有这一义务，那么就意味着网络服务提供者必然要承担事先审查义务、实时监控义务等。显然，这是前述德国联邦法院判例的立场。但是，与此相伴的负面效应较为明显。因此，它受到了严格的限制。在德国之外，很少有国家或地区的立法和判例支持这一立场。应当说，以恐怖主义犯罪、暴力性犯罪、黑社会性质犯罪等严重危害社会的犯罪为由，试图将刑法的防卫线前置化，其本身的合理性就值得深究②，而且以它们为借口再赋予网络服务提供者以未来对同类信息等的审查义务，无异于饮鸩止渴。

由此可知，信息网络安全管理义务中的“落实信息网络安全管理制度和安全保护技术措施”、“及时发现、处置违法信息”和“对网上信息和网络日志信息记录进行备份和留存”，与上述预先审查义务和实时监控义务、违法信息出现后的删除、报告等义务，以及未来对同类信息等的审查义务之间，并非一一对应关系，而是存在一定的交叉重合。实际上，关于快播案的罪与非罪的讨论都是围绕信息网络安全管理义务的有无以及其范围展开的。

三、犯罪圈的扩张：两种入罪思维之批判

（一）中立帮助行为的出罪禁止思维批判

刑法上所谓的中立帮助行为，又称外部的中立行为、日常行为、职业上的相当行为、中性帮助行为等，一般是指在日常生活中表面上无害但实质上有助于正犯实施犯罪的行为。有德国学者将其归纳为交易行为的类型、业务

① 参见［美］Lawrence G. Walters：《美国网络服务提供者的刑事责任理论研究》，杨新绿等译，见赵秉志主编：《刑法论丛》，第 44 卷，法律出版社 2015 年版，第 494 页。

② 参见刘艳红：《我国应停止犯罪化的刑事立法》，《法学》2011 年第 11 期。

上的协力类型、民法上的义务履行类型和脱离自己关心的追求类型四种。[①]随着“互联网+”时代的到来，便利的信息使法益侵害变得简单。由此，中立帮助行为中不可或缺的网络中立帮助行为逐步引起了刑法理论和实务的关注。

迄今为止，关于中立帮助行为的可罚性问题，理论上认为主要存在全面的可罚说与限制的可罚说两种学说。其中，全面的可罚说立足于传统的帮助犯的成立要件，通常会认定中立帮助行为成立帮助犯。全面的可罚说早已是德国刑法理论上的少数说，其判例以及多数说采纳的立场是限制的可罚说，即采取某种理论来限制帮助犯的成立范围，从而将日常的行为从刑罚中解放出来。[②] 在德国，目前围绕限制的可罚说争论的问题主要是，应当采取什么样的方法来限制中立帮助行为的处罚范围。日本的情形基本上与德国的情形类似。在德国，相关的判例所展现出来的方法主要有三种：一是从主观方面来限制；二是从行为的客观要素来限制；三是结合主观方面和客观要素，折中进行限制。[③] 在日本，比较独特的限制中立帮助行为处罚范围的学说是岛田聪一郎的假定的代替条件考虑理论。[④]

另外，与理论上中立帮助行为的可罚性发展密不可分的是实践中中立帮助行为可罚性的变动问题。不可否认，无论在德国还是在日本，中立帮助行为构成犯罪的判例并不多见[⑤]，且为数不多的判例之间甚至有着不同的判决结果。然而，如果按照时间顺序来观察，司法实践对中立帮助行为的态度由主张入罪到主张限制可罚范围的方向性转变是明显的。[⑥] 究其原因在于，将中立帮助行为不加限制地入罪化“在某种程度上是符合刑事政策的”，但它

---

① Vgl. Marcus Wohlleben, Beihilfe durch äusserlich neutrale Handlungen, 1996, S. 7ff.

② 参见［日］豊田兼彦：《中立的行為による幇助と共犯の処罰根拠—共犯論と客観的帰属論の交錯領域に関する一考察》，《神山敏雄先生古稀祝賀論文集》，第1卷，成文堂2006年版，第552页。

③ Vgl. Thomas Rotsch, Neutrale Beihilfe Zur Fallbearbeitung im Gutachten, Jura 2004, S. 14ff.［日］曲田統：《日常的行為と従犯——ドイツにおける議論を素材にして》，《法学新報》2004年第111卷第3、4号。

④ 参见［日］島田聡一郎：《広義の共犯の一般的成立要件：いわゆる“中立的行為による幇助”に関する近時の議論を手がかりとして一》，《立教法学》2001年第57卷。

⑤ ［日］西貝吉晃：《中立的行為による幇助における現代的課》，《東京大学法科大学院ローレビュー》2010年第5卷。

⑥ 参见刘艳红：《网络中立帮助行为可罚性的流变及批判》，《法学评论》2016年第5期。

的缺陷是明显的：对中立帮助行为没有作实质的考量，“导致了每个人都充当了警察的角色”，这样，大范围的日常行为会被认定为犯罪。“从经济发展的角度来看，这无疑让每个经营者对消费者的消费意图都具有审查的义务。”① 由此，日常生活中公民将陷入恐慌，无法正常进行经营活动，从而阻碍社会经济的发展、有损社会的稳定。这是德日对中立帮助行为的可罚性加以限制的逻辑起点和推动力，对网络中立帮助行为同样适用。

在我国，网络中立帮助行为似乎呈现出了不同发展的态势，即立法和司法。持积极入罪的态度，网络中立帮助行为的出罪之路被堵死。在拒不履行信息网络安全管理义务罪设立之后更是如此。结合快播案来看，它涉及的是无正犯的网络中立帮助行为，并且该案是社会管控方面入罪思维的产物。所谓无正犯的网络中立帮助行为，主要是指在网络空间中，存在大量匿名的、不特定的人群利用网络实施一般违法行为，网络服务提供者虽然对此有所预料，但在主观上持放任的态度。就无正犯的网络中立帮助行为而言，单个的违法行为对社会的危害，往往并不足以引起司法和立法机关的重视，但当在网络空间中利用行为人的网络中立帮助行为实施的一般违法行为的数量较多时，就会形成较强的聚合力，其社会危害性急剧放大。对此，日本刑法学者指出：“随着信息泛滥时代的到来，信息通信变得极度地简易化和高速化，这使一般违法行为能够给法益侵害带来质和量的扩大化。信息时代的便利让法益侵害变得简单，因此，我们成为帮助犯被起诉的可能性变得更大。”② 在这类案件中，执法机构、司法机关和立法机关对于在网络上实施一般违法行为的行为人很难一一追究，更不可能定罪处刑。据调查数据显示，“网络犯罪大约只有1%被发现，而且其中只有大约4%的案件会被正式进行侦查”③。由此，对涉及网络中立帮助行为的案件的处理走向了“变通化”，即对于存在正犯但难以抓获的情形以及没有正犯的情形，实务部门往往会避开关于帮助犯的探讨，在刑法规范中寻找“既有”的罪名，对其进行扩张解释，直接将网络中立帮助行为作为刑法分则中相关罪名的正犯行为来

① 孙万怀、郑梦凌：《中立的帮助行为》，《法学》2016年第1期。

② ［日］西貝吉晃：《中立的行為による幇助における現代的課》，《東京大学法科大学院ローレビュー》2010年第5卷。

③ 孙晓东主编：《网络犯罪侦查》，清华大学出版社2014年版，第76页。

处理。换言之，快播平台上的客户利用快播软件进行淫秽、色情信息的播放、下载、上传等行为时，个体的行为往往很难构成犯罪，大多数是普通的违法行为，甚至是适法行为。即使有行为构成犯罪，受互联网空间虚拟属性的影响，对不法行为和犯罪行为的追究相对困难，更不用说进行一一追究了，否则司法机关要付出的成本太高。而将重心转移到网络中立帮助行为，不但可以抓住问题的要害，更可以节省成本，还行之有效——毕竟管控快播公司相对于管控难以计数的用户明显简单得多。如此一来，对司法机关来说，剩下的问题仅仅是如何通过解释找寻“合适”的罪名，对于快播案审理法院最终在网络服务提供者的网络安全管理义务的牵引下以传播淫秽物品牟利罪论，就“顺理成章”了。不言而喻，这种先对案件入罪定性，然后寻找合适罪名的思维和做法，无疑能够有效地满足打击“犯罪”的需要，但由此付出的代价值得深思。

在日本，晚近以来的判例显示，面对网络中立帮助行为，实务界在定性上往往并不是孤立地考量每一个被提供者利用中立帮助的状况，而是要对不特定多数的被提供者利用中立帮助的状况予以全体衡量，进而才能判断中立帮助行为的可罚性。这就是所谓的“全面性考察”理论。究其根源，在互联网时代，中立帮助行为往往会突破一对一的关系，而演变成一对不特定多数的关系，即网络中立帮助行为所提供的帮助既可以用于合法的目的，也可以用于犯罪之目的，且向不特定多数主体统括性地予以提供。对此，如果中立帮助行为的所有受助方都实施具有合法目的的行为，则显然无帮助犯成立空间；相反，如果中立帮助行为的相对方都明确具有利用该帮助实施犯罪的意图，且实施了侵害法益或使法益陷入危险状态的行为，则极有可能帮助犯成立。然而，现实并非如此简单。在这种背景之下，既存在将所提供的帮助用于合法的目的的被提供者，也存在利用所提供的帮助实施犯罪活动的被提供者。因此，全面性的综合考量才具有判断上的科学性和合理性。遗憾的是，在我国，网络中立帮助行为显然无法享受司法机关“全面性考察”的待遇，快播案中审理法院就没有考量该快播软件的全体利用状况。最终，网络中立帮助行为在域内外必然呈现出不同的发展态势。

（二）正犯行为的类推入罪思维批判

在明白了为了实现管控上的便捷有效，快播案在定性上存在先入罪后确立罪名问题的根源后，接下来要分析的是快播案定性中存在的类推入罪思维。快播案中的涉案行为都发生在《刑法修正案（九）》增设拒不履行网络安全管理义务罪之前，因此，将该案的定性与拒不履行网络安全管理义务罪挂钩仅具有学理上的意义，并非完全没有意义，其最大的现实意义是可以实现“名正言顺”的入罪，且在刑法教义学的逻辑上很难说有明显的硬伤。然而，这并不意味着快播案在定性方面不存在应受到批判的类推入罪思维问题。

北京市海淀区人民法院将快播案定性为传播淫秽物品牟利罪，并以不作为犯作为其说理依据。该判决出台后，我国著名刑法学者张明楷教授和陈兴良教授，分别在《人民法院报》上撰文《快播案定罪量刑的简要分析》[①] 和《在技术和法律之间：评快播案一审判决》[②]，为快播案的一审判决进行了背书。一般来说，在认可网络服务提供者具有网络安全管理义务的背景下，经告知后网络服务提供者未采取行动是其承担刑事责任的基础。快播案中的涉案行为既包括作为，也包括不作为。以往的刑法教科书对该罪中的“传播”的解释鲜有对行为方式进行明示的，相关的司法解释也没有对该罪的行为方式进行具体规定，而此前我国司法实践中尚未出现不作为形式的传播的案例，因此，不作为形式的传播淫秽物品牟利行为更多的是理论上的存在[③]，快播案使其成了现实的存在：快播公司未履行网络安全管理义务，致使缓存在服务器中的淫秽、色情文件被多数客户播放、下载等（被动输出），就是一种不作为的传播淫秽物品牟利行为。

然而，恰恰因为这样，理论上的质疑之声不绝于耳。例如，高艳东教授主张“不履行管理义务≠传播”[④]。与此类似，李向阳博士也否定不作为形式的传播淫秽物品牟利行为，但他试图用间接正犯理论来证成传播淫秽物品牟利罪的成立。[⑤] 实际上，在质疑或警惕快播案类推入罪的意义上，否定不作为形式的传播淫秽物品牟利行为并非没有价值。

---

① 参见张明楷：《快播案定罪量刑的简要分析》，《人民法院报》2016 年 9 月 14 日第 3 版。

② 参见陈兴良：《在技术和法律之间：评快播案一审判决》，《人民法院报》2016 年 9 月 14 日第 3 版。

③ 参见陈洪兵：《中立行为的帮助》，法律出版社 2010 年版，第 232 - 233 页。

④ 高艳东：《质疑快播案判决：与陈兴良、张明楷教授商榷》，载http：//article.chinalawinfo.com/ArticleFullText.aspx? ArticleId=97544，访问时间：2016 年 10 月 10 日。

⑤ 参见李向阳：《无可奈何花落去，似曾相识燕归来——评“快播案”一审判决》，载http：//www.duyidu.com/a160982037，访问时间：2016 年 10 月 10 日。

承上分析，随着“互联网＋”时代的到来，相较于传统犯罪，网络犯罪呈现出行为主体离散性、行为方式虚拟性、侵害后果泛化性、违法犯罪成本低廉性等新特征，由此导致了国家机关对网络违法犯罪管控的难度剧增，有限的司法资源无法完成对网络上的违法犯罪行为的逐一追究，甚至不少违法犯罪行为难以获得司法资源的有效配置和认真对待。这促使国家在网络违法犯罪管控模式上发生变动，即国家的管控重心由用户向网络服务提供者转移。这是一种为实践所证明的行之有效的方法，并迅速得到了世界各国的认可和推广。伴随着这种有别于以往的管控模式而生的，是网络服务提供者的网络管理义务的出现和扩张。正因为如此，才会出现前文所述的，域内外网络服务提供者在网络安全管理义务方面仅存在义务大小之量的差异，不存在义务有无之质的差别。当网络管控的重心由用户向网络服务者发生转移时，随之而来的是网络服务提供者责任的加重，司法机关甚至为达到管控的目的而借助一定的“解释”使其入罪。“我们在法学上所称传统的类推，它与‘正常的’法律发现程序，特别是所谓的‘目的论解释’，区别只在于其扩张的程度，而不在于其适用程序上之逻辑结构。”①

在快播案的一审判决中，审理法官认为：“虽然没有证据直接显示涉案4台服务器内的淫秽视频被用户浏览或下载的频次，但快播公司放任缓存服务器存储淫秽视频并使公众可以观看并随时得到加速服务的方式，属于通过互联网陈列等方式提供淫秽物品的传播行为。”这是典型的类推入罪，是违背罪刑法定原则的。具体而言，多数学者认为，禁止类推是罪刑法定原则的一个内容。立足于形式法治和实质法治，对类推的态度经历了由禁止一切类推发展到只是禁止不利于被告人的类推的过程。② 其一，当没有证据直接显示涉案服务器内的淫秽视频被用户浏览或下载的频次时，所产生的不利后果理应归入“疑罪从无”的范畴，这也是禁止不利于被告人的类推的当然结论。同时，在欠缺证据支持的情况下，认定“快播公司放任缓存服务器存储淫秽视频并使公众可以观看并随时得到加速服务”，只能是一种主观推断，是一种可能性。这种可能性无论是否曾经真实发生，都不能作为定罪的事

① ［德］Arthur Kaufmann：《类推与“事物本质”——兼论类型理论》，吴从周译，学林文化事业有限公司1999年版，第91页。

② 参见张明楷：《刑法学》（上册），5版，法律出版社2016年版，第51页。

实。荒谬的是，法官恰恰将它作为认定“提供淫秽物品的传播行为”的事实，并进行定罪评价。其二，将“快播公司放任缓存服务器存储淫秽视频并使公众可以观看”的行为视为“互联网陈列”行为，也是类推思维使然。对此，尽管有学者提出来批评，但其论证缺乏说服力。

四、结语

在快播案的定性上，无论是无罪论还是有罪论，都必须划分技术层面的快播和管理层面的快播。这意味着，在快播案的罪与非罪上，分歧的实质并不是自然科学意义上的技术本身是否有罪，而在于相关技术的管理义务是否履行。快播案折射出了我国互联网管控重心由网络用户向网络服务提供者转移的动向，这赋予了网络服务提供者一定范围内的信息网络安全管理义务，并使对网络服务提供者之行为的定性带上了浓厚的先入罪后确定罪名的色彩。就前者而言，网络服务提供者不应具有预先审查义务和实时监控义务，但具有违法信息出现后的删除、报告等义务；就未来同类信息等的审查义务，仅极少数国家进行了规定。就后者而言，扩张了传播淫秽物品牟利罪处罚范围的快播案，在定性上所体现出来的出罪禁止思维和类推入罪思维需要受到认真对待。

第九章

实质解释的要求：重视立法、互联网本身与案件事实

法之良善在于法之存在与法之运行。一方面，从法律概念之所在来看，法律概念显性地体现在立法条文中，立法技术的提高无疑会促进立法本身的良善性。另一方面，从法律概念之运行来看，法律概念活性地运用于司法活动中，解释能力的提高必定会彰表活的法律的良善性。立法与司法的互动体现在，“通过精确制定的规范建立绝对的法律清晰性和法律确定性”不可能成功，“在法律中，绝对确定的概念是罕见的”[①]，因而立法层面的法律概念具有司法层面的开放性。解释的空间大小即法律概念的开放程度，而法律概念的开放性源于其不确定性。“概念的不确定性是预料之中的事”，首先因为“成文法规范必须包含普遍的、一般化的评价标准，尤其是在需要调整大范围的生活事实或者案件类型时”[②]；其次由于“为不使法释义学成为概念法学，以僵硬的概念体系无批评性地服务于实定法的秩序，须引进价值取向的思考”[③]。“解释”在本质上本就是“一种依赖各种评价性考量的推理和理解”[④]。与传统刑法学偏重规范的一面不同，由于人类自己尚未充分了解自己所创造的信息网络新事物，实质解释的立场要求，更加谨慎地解释现行刑

① ［德］恩吉施：《法律思维导论》，修订版，郑永流译，法律出版社 2014 年版，第 130－133 页。

② ［德］魏德士：《法理学》，丁小春、吴越译，法律出版社 2013 年版，第 84－85 页。

③ 王泽鉴：《民法思维：请求权基础理论体系》，北京大学出版社 2009 年版，第 166 页。

④ ［美］安德瑞·马默：《法哲学》，孙海波、王进译，北京大学出版社 2014 年版，第 112 页。

法条文，更加认真地对待“生活事实或者案件类型”，更加周密地进行“各种评价性考量”，以将解释得更为有效的刑法典适用于互联网时代新的事实，同时重新塑造互联网时代信息社会的价值观。

一、立法技术与解释能力并重

复杂的现代社会会自我配置复杂的犯罪类型，以使法秩序不断适应并重新调整社会秩序。从社会发展的角度观察，犯罪生成可能的理论模型是以实害故意犯为核心的膨胀过程，虽然法典国家实际的刑事立法过程可能是更为多元和错综复杂的。面对工业社会的机器风险，故意犯、实害犯向过失犯、危险犯扩张；面对经济社会的管理风险，自然犯向行政犯扩张；面对信息社会的网络风险，我国《刑法修正案（九）》采取了不同于前者的外缘化的立法技术，即刑法分则传统的以作为犯、实行犯、正犯为中心的立法模式向不作为犯、预备犯/未遂犯、帮助犯的外缘发展，具体表现为现行《刑法》第 286 条之一的不纯正不作为犯的纯正化、第 287 条之一的预备犯/未遂犯的实行化、第 287 条之二的帮助犯的正犯化。针对网络时代《刑法修正案（九）》的涉网规定，如何评价该立法趋势、认定其条文性质、适用此条文内容，是值得研究的问题。

与法治国刑法、自由刑法、市民刑法相对，立法中出现了象征刑法、风险刑法、预防刑法、敌人刑法、安全刑法。预防刑法的特征集中表现为刑法保护前置化，是指立法者将法益侵害的前阶段予以犯罪化。一是，将可罚性的起点前移。一般而言，整个犯罪过程是从决意、预谋、预备到着手实行、行为完成，再到既遂。而今，可罚性不再局限于既遂（法益侵害），而是可以提前到着手实行（未遂阶段），甚至提前到预备阶段。二是，将侵害性的浓度稀释。立法者希望能够比较周延、更加完全地保护个人法益，因而将部分法益侵害行为本身加以犯罪化，设计成为刑法分则中独立的犯罪构成要件，而无须等到实害结果发生，例如危险犯。[①] 风险刑法的特征是：（1）它强调刑法是解决所有社会问题的工具；（2）它使大量不明确的普遍性的法益被引入；（3）它使部分准备行为犯罪化，如抽象危险犯；（4）它使传统的理论教义被损耗或者被灵活化，导致一种不精确的法律语言；（5）它使以被害

① 参见蔡圣伟：《刑法问题研究》（一），元照出版股份有限公司 2008 年版，第 353－354 页。

人与法益为导向的核心刑法被相对化。[①] 象征刑法的特征是：（1）以预防为导向，实际只是纯粹心理的安全保证；（2）法益抽象化或者空洞化，实质起到纯粹政策的社会功能；（3）归责简单化，创设抽象危险犯或者无被害人、被害人难以确定的犯罪类型；（4）刑事立法者不再关心违法之人应受刑事制裁，国家可以通过去形式化的、弹性且扩张的刑法取得全面的社会性控制，最终建立类似行政秩序管制的法规范系统。[②] 可见，风险刑法等概念的内涵大体一致。问题是，风险刑法等概念是在描述实证法（现行《刑法》）还是证立实证法。当前的立法趋势是自由刑法抑或风险刑法需要具体地分析相关法条。如果主张前者，解释者在解释具体条文时就可注入自由刑法的元素，因而，从适用上看，当前的网络立法依然是自由刑法的产物。关键是解释者的态度与立场。

与此相适应，刑法解释学出现了机能化的现象。刑法的机能化有其客观原因。首先，在社会层面，当今的风险社会是一个让人既不确定又没有安全感的社会，刑法能起到一个象征性质的安全保障的中介作用，刑法成为类似软法——没有实际效果，但指示方向并以此影响社会发展——的“象征刑法”。其次，在刑法层面，结果无价值论（以保护法益为目的的目的刑法学）和行为无价值论（以犯罪行为为重点的规范逻辑学），使现代刑法容易产生功能主义化。最后，在刑事政策层面，平等的法律保护与被告人、辩护人的权利保障的刑事政策，也对刑法的机能化起到了推波助澜的作用。然而，虽刑法的机能化为大势所趋，但从整个国家治理体系和治理能力现代化的大局来看，刑法的机能化程度越高，越体现出刑法已不堪重负，越折射出国家治理体系的单一和治理能力的低下。如此下去，刑法机能化的副作用将会产生：一方面，传统刑法的法治国特征将被解构；另一方面，随性地发动刑罚使治理者怠于思考其他社会治理机制，贻误了通过其他方式解决问题的时机。[③] 诚如有学者所言，“网络时代的多元价值观造成非正式的社会统制力

① 参见［德］Eric Hilgendorf：《是否存在“风险社会的刑法”?》，苏青译，见赵秉志主编：《刑法论丛》，第46卷，法律出版社2016年版，第411页。

② 参见古承宗：《风险社会与现代刑法的象征性》，《科技法学评论》2013年第1期。

③ 参见［德］科讷琉斯·普赫特维茨：《论刑法的机能主义化》，陈昊明译，《北航法律评论》2014年第1辑（总第5辑）。

减弱，不可避免地产生通过扩大刑罚处罚范围来保护法益的倾向；刑法应当由‘限定的处罚’转向‘妥当的处罚’”[①]。可是，从立法者的主观原意看，当前实际立法的刑罚扩张并非为了法益保护，而是为了起到更加强烈的预防效果。例如，《刑法修正案（九）》第28条的规定新增拒不履行信息网络安全管理义务罪。立法者认为，“为加强和规范网络安全技术防范工作，保障网络系统安全，进而网络信息安全，有关法律、行政法规对网络服务提供者规定了必要的网络安全管理义务。实践中，一些网络服务提供者因受利益驱动等原因，故意不落实法律法规确定的安全管理义务，导致大量网络资源被用于违法犯罪活动”[②]。然而，可以肯定的是，对于立法理由中所说的这些境况在《刑法修正案（九）》生效之前就能够科以刑罚，快播案就是适例。网络服务提供者的不纯正不作为犯罪责向纯正不作为犯罪责的转变，是以刑法明文彰示网络服务提供者的法律、行政法规所规定的信息网络安全管理义务，通过刑罚激励网络服务提供者积极履行义务，以阻断第三人利用信息网络实施犯罪行为。因此，从行为无价值论的角度看，拒不履行信息网络安全管理义务罪并非对处罚范围的扩大，而是以刑罚保障法律、行政法规的有效执行。“由于刑罚乃国家对人民基本权利最严重的剥夺，因此，以刑罚作为国家追求特定社会目的的工具时，必然是最后一种不得已的选择，此为刑罚最后手段之特性，在此种理念下，刑法所要保护的利益，也必然是人类所共同接受的‘清楚不疑’利益概念，当社会对于某种利益的质与量有严重的认同差异时，本不应被当作是刑法保护的对象……像这样距离‘清楚不疑’还有相当距离的利益，原则上应该由主导财富分配的市场运作来厘清，或通过私法来衡平损益，此外，为了解决新发生的社会冲突，或为了特定发展的目标，容或可以通过行政法的规范予以导正，但这样一个不成熟的利益竟然以刑法保护之，适用上当然必须严谨。”[③] 因此，作为一种理念，“妥当的处罚”可能并不妥当，“妥当的限定处罚”更为合适。

概言之，在网络时代，国家面临提高立法技术和解释能力的双重任务，后者尤甚。以帮助信息网络犯罪活动罪为例：一者，甲利用信息网络实施集

---

① 张明楷：《网络时代的刑法理念——以刑法的谦抑性为中心》，《人民检察》2014年第9期。

② 臧铁伟主编：《中华人民共和国刑法修正案（九）解读》，中国法制出版社2015年版，第190页。

③ 参见我国台湾地区士林地方法院2003年度诉字第728号刑事判决书。

资诈骗，数额特别巨大。根据现行《刑法》第192条关于集资诈骗罪的规定，甲可能被判处10年以上有期徒刑或者无期徒刑。乙明知甲利用信息网络实施集资诈骗犯罪，为其犯罪提供技术支持，情节严重。根据现行《刑法》第27条的规定，乙可能被判处在10年以上有期徒刑或者无期徒刑基础上从轻或者减轻的刑罚；根据现行《刑法》第287条之二的规定，乙可能被判处3年以下有期徒刑或者拘役。清楚的是，关于乙所受的刑罚，前者可能远远重于后者。这是一个不能回避的问题。二者，A利用信息网络实施侵犯通信自由行为，情节严重。根据现行《刑法》第252条的规定，A可能被判处1年以下有期徒刑或者拘役。B明知A利用信息网络实施侵犯通信自由犯罪，为其犯罪提供技术支持，情节严重。根据现行《刑法》第27条的规定，B可能被判处在1年以下有期徒刑或者拘役基础上从轻或者减轻的刑罚；根据现行《刑法》第287条之二的规定，乙可能被判处3年以下有期徒刑或者拘役。明了的是，A的实行行为在法益侵害性方面明显重于B之帮助行为。然而，在现行《刑法》第287条之二的法定刑之下，A所受刑罚可能大大低于B所受的。这明显不合理。此外，与甲、乙的情形相反，在现行《刑法》第27条与第287条之二规定的裁量标准下，关于B所受的刑罚，前者又可能在一定程度上轻于后者。总而言之，根据传统的刑法总则中的共犯规定得出的刑量，与根据《刑法修正案（九）》中的帮助犯的正犯规定得出的刑量有时差距巨大。解决这一问题的方案之一便是适当解释现行《刑法》第287条之二第3款。该款规定，“……同时构成其他犯罪的，依照处罚较重的规定定罪处罚”。只要将“其他犯罪”限制解释为“其他处罚较重的犯罪”，就可以解决上述问题。

可以说，外缘化的立法模式是一种较为低下的立法技术，它既弱化了刑法总则关于预备犯、未遂犯、共犯的规定的效力，可能仅仅起到一种宣示的象征作用，又使刑法分则条文所规定的构成要件相互交织，出现罪刑不均衡或者复杂的罪数问题。在不寄希望于立法者的前提下，该情况所引起的问题越糟糕，解释者的智慧越彰显。

二、探究网络空间的社会哲学

实现互联网治理法治化，妥当处罚网络犯罪，探寻事物的本质即认识信息网络本身是基础。法学方法论的主要任务，就是解答“如何才能将法律合乎事理地适用于具体案例事实”这个问题。在方法论上，“合乎事理”的核心内容是“非出于恣意”，从而担保形式正确。[①] 然而，在本体论上，“合乎事理”要求法律的适用符合事物的本质、规律、价值基础等，从而实现实体正义。对于网络犯罪以及其他类型的涉网案件而言，“合乎事理”的重要内容之一就是合乎互联网之“理”。“理者，物之固然，事之所以然也。”[②] “穷理者，欲知事物之所以然与其所当然者而已。知其所以然，故志不惑；知其所当然，故行不谬。”[③] 司法者并不是生活在真空之中，法律规范固然是其裁判规范，但其对法律规范的实际操作受到时空、智识、阅历、偏好等的深刻影响。只有在人文社会科学领域积极探索互联网的“固然”“所以然”，揭示网络交往的本然，再塑网络社会的伦理，才能使司法者在审理涉网案件时依网络时代的物用之理和人伦之理作出妥当裁判。

（一）认识网络本身的意义

一方面，从当下来看，关于网络本身的认识可能会成为司法者审理相关刑事案件的裁判理由。一者，“法学家们定出各种法律假说，即关于一定时间和地点的文明社会的关系和行为的各种假设，并且用这种方法为法律推理得出各种权威性的出发点”[④]。例如，在刑法学的研究中，意志自由就是一种有益的假设。同样，关于信息网络的社会角色的理性设定，也可能成为司法者处理涉网案件所必需的逻辑起点。二者，“和医学一样，法学是一门实用科学。它要做的，是为法官判决案件做准备。而要达到这一目的，首先是通过建议提出能解决各种不同冲突的规范，即通过‘规范的获得’”。“规范的获得建基于对生活及其需要的研究之上……命令的形成要从具体、真实生活的观念出发，最终是为了通过判决来继续塑造具体的生活。”[⑤] 对于涉网案件而言，关于信息网络本身的认识，就是为法官裁判所做的准备的具体、真实的生活。然而，由于信息网络技术在自然科学层面日新月异，人类虽然

---

① 参见蔡圣伟：《刑法案例解析方法论》，元照出版股份有限公司 2014 年版，第 21 页。

② （清）王夫之：《张子正蒙注》。

③ （南宋）朱熹：《朱文公文集》。

④ ［美］罗斯科·庞德：《通过法律的社会控制》，沈宗灵译，楼邦彦校，商务印书馆 2010 年版，第 68 页。

⑤ ［德］菲利普·黑克：《利益法学》，傅广宇译，商务印书馆 2016 年版，第 40、43 页。

创造了网络世界，并享受着网络生活，却对这个新生事物要么知之甚少，要么并没有像对线下生活那样具有相对稳定的共识。

例如，2015 年 1 月，济南市民陈某在使用“滴滴专车”软件开“专车”送客时，被济南市客管中心认定为非法运营“黑车”，受到查扣车辆并处 2 万元罚款的处罚。不满处罚结果的陈某一纸诉状将济南市客管中心告上法庭，要求撤销行政处罚。此案是针对“专车”这一新生事物的首例行政诉讼案，因而被称为中国“专车第一案”[①]。审理法院认为：近年来，随着互联网与传统产业的融合发展，市场上出现了通过网络约车软件进行客运服务的行为。“网约车”这种客运服务的新业态，为共享经济的产物，其运营有助于提高闲置资源的利用效率，缓解运输服务供需时空匹配的冲突，有助于在更大程度上满足人民群众的实际需求。因此，当一项新技术或者新商业模式出现时，基于竞争理念和公共政策的考虑，不能一概将其排斥于市场之外，否则经济发展就会渐渐缓慢，直至最后停滞不前。我们既要依据现行有效的法律规定审查被诉行政行为的合法性，以体现法律的权威性和严肃性，同时也要充分考虑科技进步激发的社会需求、市场创新等相关因素，作出既符合依法行政的当下要求又为未来的社会发展和法律变化留有适度空间的司法判断。[②] 济南市客管中心与审理法院便是基于对“专车”这一新生信息网络事物的不同认识得出了关于陈某之行为的两种相反的处理结论。

又如，对于利用微信在微信群抢红包聚赌的行为的性质认定——聚众型赌博罪还是开设赌场罪，与裁判者对微信群的认识息息相关。有甲法院认定，“被告人叶某用‘红牛公益大使’微信号组建了一个名为‘公益筹款自由捐 2-5’的微信群，召集潘某、徐某等人通过发微信红包以‘牛牛’方式进行赌博，并从摸到‘牛牛’的参赌人员处抽取头薪牟利”。该法院认为，“微信群是利用微信创建的，用以邀请朋友在同一个界面进行交流互动的集合，其辐射范围仅限于群内成员的各自朋友，他人需要通过群里人员的主动邀请才能进入”；“通过微信群聚集的参赌人员系朋友及朋友各自邀请的朋友，并未对社会不特定公众开放，而他人亦无法通过网络搜索该群组并径自加入”，因而，用以聚赌的微信群“不符合开设赌场的场所开放性和参赌人

① 赵波：《“专车第一案”尘埃落定，行政处罚被依法撤销》，《中国商报》2017 年 1 月 19 日第 A03 版。

② 参见山东省济南市市中区人民法院（2015）市行初字第 29 号行政判决书。

员不特定性的特征”，利用微信在微信群抢红包聚赌的行为不构成开设赌场罪，“应认定赌博罪为宜”[①]。由此可见，甲法院的裁判逻辑的大前提是，赌场具有场所的开放性与赌徒的不特定性。开设赌场罪的这一构成要件要素内涵也得到了其他法院的认同。例如，乙法院认定，被告人徐某、陈某“用手机建立群名为‘神话 238－4 金额小发 31 退’（后改名为‘神话 88－4 金额小发 31 退’）的微信群，在群内以发红包的方式吸引、组织他人进行赌博并从中抽头渔利”。乙法院判定，二被告人犯开设赌场罪。[②] 根据上述案件事实和判决结果，乙法院的裁判逻辑的大前提是，赌场具有吸引、组织他人赌博的作用。而这一裁判与甲法院对赌场性质的论断并无二致：“吸引、组织他人赌博”和“场所的开放性与赌徒的不特定性”在本质上具有相通性。

值得注意的是，甲、乙法院的裁判所根据的作为大前提的“赌场”含义实质上相同，所认定的作为小前提的案件事实颇为相近，理应得出相同的裁判结果。但是，实际上，二者的判决结果并不相同：前者是聚众型赌博罪，后者是开设赌场罪。之所以在相同与相似的大前提和小前提之下得出不同的结论，就是因为，甲、乙法院对微信群的认识不同。具言之，甲法院认为微信群不具有空间的开放性与人员的不特定性，而与之相反，乙法院认为微信群具有这些特性。也许，微信群是否具有上述特性，不仅取决于其科技特点本身，还可能归结于群主对微信群的管理方式以及群主与群组成员的人际关系、交往程度等社会因素。因此，法官在网络时代审理涉网案件时，以往如何解读法律条文固然重要，当下如何认识信息网络本身也很重视。这种认识是一种建立在自然科技原理基础之上的人文社会伦理知识，关系到信息网络科学技术的发展与信息社会伦理规范的重塑。

另一方面，从长远来看，关于网络本身的认识是国家制定应对网络时代社会问题之策的思想导向。国家是进行社会控制的实力主体。“作为经济组织的政府和其他经济组织相比，政府有两大显著特征：第一，政府具有对全体社会成员的普遍性；第二，政府拥有其他经济组织所不具备的强制力。”[③]

---

① 参见浙江省温州市鹿城区人民法院（2016）浙 0302 刑初 42 号刑事判决书。

② 参见浙江省温州市瓯海区人民法院（2016）浙 0304 刑初 145 号刑事判决书。

③ ［美］约瑟夫·斯蒂格利茨：《政府为什么干预经济》，郑秉文译，中国物资出版社 1998 年版，第 45 页。

显而易见，如果国家尚未形成关于网络社会的正确立场，就急于发布各种政令以应对层出不穷的网络犯罪问题，那么，国家的影响越大，打击犯罪的负面效应也越大。在国家各种正式的社会控制方式中，法律作为一种高度专业化且以国家强制力为后盾的社会控制手段，能够开启、引导以及支持那些有目的、有计划、直接的社会变迁。因此，作为左右互联网发展轨迹的工具的法律需要周到的顶层设计，而顶层设计又离不开对网络空间的充分了解。同时，社会变迁亦能够导致法律变迁，技术变革、共同体价值观念和态度的转变、社会状况的变化都可能带来法律的变更。[①]《刑法修正案（九）》关于网络犯罪的修正就是信息网络社会发展的结果。总之，关于网络本身的认识是法律与网络社会之间互动的连接点。

（二）网络空间的三个维度

网络空间的本质是网络社会的建构根基。而今，关于网络空间的属性尚无定论。但就像不同的对网络空间本质的解读会产生不同的网络主权观及引申出不同的管辖权一样，对"网络空间是什么"的问题的回答影响着整个信息网络社会的建构。关于这一问题的研究还为数不多，现有的一种回答是，网络空间可能具有场所、产品和媒介等三个维度。

1. 作为场所的网络空间：网络主权—网络自治与网络规制—国际合作

源于网络自由主义的网络空间的场所维度由来已久。[②] 在作为互联网治理形式法治基础的网络法诞生之初，网络与法的结合，并不是不言自明的。1996 年，美国第七巡回上诉法院法官弗兰克·H. 伊思特布鲁克（Frank H. Easterbrook）指出，"我们正处于多学科业余爱好和思想的交叉灭失的风险之中。将我们对网络和法律每个都知之甚少的两个领域放在一起，得到的是最糟糕的两个世界。我正处于业余的风险之中，然而，并不只有我一个人如此"[③]。互联网治理法治化的形式基础是法律的效力及于网络空间，于是，将网络空间变为法律统治的空间的基础，就成为一个原始性问题。

---

① 参见［美］史蒂文·瓦戈：《法律与社会》，梁坤、邢朝国译，郭星华审校，中国人民大学出版社 2011 年版，第 247－248 页。

② See Dan Hunter, "Cyberspace as Place and the Tragedy of the Digital Anticommons", *California Law Review*, vol. 91 (March, 2003), pp. 447－450.

③ Frank H. Easterbrook, "Cyberspace and the Law of the Horse", *University of Chicago Legal Forum*, 1996, p. 207.

作为独特“场所”的网络空间分析范式认为，“将网络空间视作一个独立的‘空间’，特定的法律就应该自然适用到其中来”[①]。换言之，任何既定场所的法律都必须考虑其规制的空间的特殊性质以及人、物的特殊类型。正如国家辖区体现了其独特的历史经验和文化，网络空间的法律将反映其不同于物理世界的独特特征。例如，传统世界的人在网络空间可能只体现为一个账户，像“平等”“歧视”，甚至“权利和义务”等传统观念，可能无法像我们平常所理解的那样进行运用。再如，在网络空间治理中讨论的财产类型可能与真实世界的不动产或者有形物完全不同。“隐喻帮助我们通过将新问题与旧问题作类比来思考新问题。作为场所的网络空间的隐喻很有价值，通过指向物理世界来思考互联网行之有效。如果没有其他原因，法院须将物理世界的法律适用于互联网之上。”[②] 总之，网络空间的“场所”隐喻为互联网的法治基础——网络法的存在，提供了正当化理论视角。

通过网络空间与现实空间之间“场所”的类比，可以进一步发展出互联网治理法治化的三项规则。首先，网络空间是“场所”。与国家的领土等疆域相同，网络空间也存在网络主权，网络主权主要体现在国家的网络安全管理、数据属地管辖原则、参与国际网络空间治理等方面。其次，网络空间因其“场所”侧面而被法律统治。但与现实社会一样，网络空间也存在网络自治。因此，调节好基于网络主权的网络自治与网络规制至关重要。最后，虽网络空间是“场所”，但与现实自然疆域不同，网络空间没有自然边界。据此，强调网络主权的另一面是，加强国际合作成为各国治理互联网不可或缺的途径。[③] 互联网实现了全球互联互通，任何国家都不可能置身事外、独善其身，

---

① David R. Johnson & David Post，“Law and Borders：The Rise of Law in Cyberspace”，*Stanford Law Review*，vol. 48（May，1996），pp. 1400 - 1402.

② Mark A. Lemley，“Place and Cyberspace”，*California Law Review*，vol. 91（March，2003），p. 542.

③ 例如《英国网络安全战略（2011）》，see Cabinet Office，The UK Cyber Security Strategy Protecting and Promoting the UK in a Digital World，November，2011，available at https：//www. gov. uk/government/uploads/system/uploads/attachment _data/file/60961/uk-cyber-security-strategy-final. pdf（last visited July 16，2016）。又如《加拿大网络安全战略（2010）》，see Government of Canada，Canada's Cyber Security Strategy for a Stronger and More Prosperous Canada，2010，available at http：//www. publicsafety. gc. ca/cnt/rsrcs/pblctns/cbr-scrt-strtgy/cbr-scrt-strtgy-eng. pdf（last visited July 16，2016）。再如《澳大利亚网络安全战略（2016）》，see Australian Government，Australia's Cyber Security Strategy Enabling Innovation，Growth & Prosperity，2016，available at https：//cybersecuritystrategy. dpmc. gov. au/assets/img/PMC-Cyber-Strategy. pdf（last visited July 16，2016）。

合作成为网络空间必需的治理方式。

总之，作为“场所”的网络空间要求，法律治理是网络空间法治化的基础，要协调好网络自治与网络规制的关系；在网络空间中，既应维护网络主权，也应加强国际合作。

2. 作为产品的网络空间：网络平台—网络安全与技术革新—网络用户

网络空间本身就是一种产品。作为消费“产品”的网络空间的分析范式将网络空间与建筑或者汽车作类比。汽车可以被看作一个空间或者场所，出租车司机在汽车内会比在网络空间内花费更长的时间，而长途旅行的乘客亦需在其中度过较长时间。如果将网络空间比作汽车，那么，网络空间就会像汽车一样具有规制我们行为的建筑架构。具言之，汽车的架构定义了“乘客”“司机”的角色，并且其会强制我们扮演这些角色。如果我们改变了汽车的结构，其空间也会相应地发生改变。[①] 虽然网络空间并不像汽车那样具有有形的固定框架，因而在这个意义上讲，它无法被改变，然而，这并不意味着人们对其无法塑造或者实行有效控制。网络空间的架构并不是通过钢筋铁板搭建的，而是通过功能设计实现的。[②] 据此，国家、网络平台与网络用户皆可对其施加影响。

一方面，在国家与网络平台之间要平衡好网络安全与技术革新之间的关系。毫无疑问，国家可以通过法律手段定制网络空间这一“产品”的规格，从而影响网络空间的发展方向。面对越来越多的网络安全威胁，过度强调管制的传统法制化治理虽然可在短时间内取得一定的安全效果，但是，长远来看，有可能会扼杀互联网创新，削弱互联网的活力，进而产生阻碍互联网发展的负面效应。在国家层面，《德国网络安全战略（2011）》规定了网络安全战略的两个基本原则：其一，网络安全的保证必须不阻碍网络空间的发展与运用；其二，网络安全必须以综合治理措施为基础，主要关注民用措施，加强国际合作。[③] 在行业层面，国外有专家主张，“网络空间应该是为了创新

---

① See Renato Mariotti, “Cyberspace in Three Dimensions”, *Syracuse Law Review*, vol. 55 (2005), pp. 273 - 274.

② See Lawrence Lessig, “The Law of the Horse: What Cyberlaw Might Teach”, *Harvard Law Review*, vol. 113 (December, 1999), pp. 505 - 506.

③ See Federal Ministry of the Interior, Cyber Security Strategy for Germany, February, 2011, available at http://www.cio.bund.de/SharedDocs/Publikationen/DE/Strategische-Themen/css_engl_download.pdf?__blob=publicationFile (last visited July 16, 2016).

和表达自由的地方；网络空间安全和互联网保护是私主体的责任，而政府的首要功能应该是支持和帮助私主体维护网络安全，在市场不能对网络安全提供充分保护的领域提供激励和管制”[①]。在学理层面，国外有学者认为，“只有在必要的时候，才应该为新技术进行新立法。这种必要的情形有三：一是，新技术带来新的或者重大的社会关系变革；二是，现有法律将会破坏对新技术的运用（假设新技术没有被认定为应该被废弃）；三是，现有法律将损害其本身”[②]。相比之下，我国传统依法治网路径中重条块轻整合、重管制轻激励、重打击轻引导的“刚性”治理模式亟须改变，建构技术对抗技术、行业自律、政府扶植、网络安全意识教育等综合治理的“柔性”治理机制，在网络科技的发展进步中解决网络安全问题。

另一方面，在国家与网络用户之间要协调好网络安全与网络自由之间的关系。网络空间作为消费“产品”，面对的受众是数量庞大的网络用户。首先，隐私和安全会产生冲突，国家可能会以安全的名义侵犯个人的作为隐私的“消费信息”。我国目前对网络隐私权的保障仍然停留在传统时代，即遵循告知、授权与匿名三大基本原则。可是，大数据时代对网络用户海量信息的再分析使传统的隐私保障机制变得成本巨大，而多组数据集的交叉检验也使匿名化操作失去意义。在此背景下，大数据时代网络信息权的法律治理需要实现由“隐私保障”向“财产保障”、由侵权补偿向合理使用、由个人管理向公共管理的柔性模式转变。具体而言，以数据财产化理论为根基，跳出隐私权保障的传统窠臼，赋予公众对相关网络数据的信息权；以信息财产权属性为基础，改变传统的侵权补偿模式，转而强调相关机构对网络信息的合理使用。其次，网络用户可能会滥用网络空间这一“产品”，以互联网为工具的网络犯罪成为互联网治理的重要问题。针对网络犯罪，应从犯罪学的角度研究其形成机理和表现形式，斩断其“人员链”、“资金链”和“技术链”；从刑法学的角度确定网络犯罪的处罚基准，将法益侵害轻微的违法行为排除在刑罚处罚范围之外；从刑事一体化的角度增强技术侦查能力，掌握科学证

① James Arden Barnett Jr.，“Cyber Security：Fixing Policy with New Principles and Organization”，2014 WL 2315048，pp. 4－5.

② Thomas C. Folsom，“Defining Cyberspace（Finding Real Virtue in the Place of Virtual Reality）”，*Tulane Journal of Technology and Intellectual Property*，vol. 9（Spring，2007），p. 118.

据，加强国际司法协同。

总之，作为“产品”的网络空间要求，国家在维护网络安全的同时，不得阻碍网络科技的发展，不得不当剥夺网络用户的网络自由和网络权益；网络服务提供者应保持中立，主动承担适当的社会义务；网络用户不应滥用网络技术。

3. 作为媒介的网络空间：社会稳定—网络秩序与言论自由—个人自由

媒介是网络空间的较为显著的维度。言论通过媒介传播，媒介随着科技的发展而发展。首先，人类自身就具有媒介的素质。我们在社群生活中从事着面对面的、本地化的交流，人的身体是面对面的交流活动得以实现的物质平台。此即人际传播。其次，新的类型的媒介——大众媒介伴随着印刷（传单、书籍、报纸、杂志）、电话、电影、广播和电视而诞生，以模拟信号传输为特征。此即大众传播。最后，互联网的出现预示着传播媒介的一次新的革命。1965 年，互联网作为一种新的交流媒介诞生于美国。1969 年，这个联网概念催生了更大的计算机网络，最为著名的是美国高级研究计划署网络（ARPANET），又称“阿帕网”。1972 年，电子邮件第一次出现。后来，传送控制协议/网间协议（TCP/IP）技术极大提高了人际交流的网络能力。[①] 网络化的个人计算机和手机之类的数字媒介借由数字技术催生了一对一、一对多、多对多的网络化交流与传播活动。此即网络传播。人际传播、大众传播、网络传播是传播媒介的三个维度。[②] 互联网如今方兴未艾，既超越大众媒介，又与其相互融合。原来在报纸、杂志等大众媒介出现的造谣、诽谤等言论转移到了网络之上，为网络治理带来了新挑战。

以诽谤为例：世界各国刑事法制千姿百态，诽谤罪却具有一贯的古老历史。诽谤是一种传播行为，因而传播媒介与诽谤行为的法律规制具有密切关系。从口头诽谤、书面诽谤到网络诽谤，正反映了从人际传播、大众传播到网络传播的媒介发展对诽谤行为的影响。18 世纪工业革命以降，大众传播获得了长足发展，反诽谤立法多以此为社会背景而建构，历经多年而不变；

① See Allison E. Horton, “Beyond Control?: The Rise and Fall of Defamation Regulation on the Internet”, *Valparaiso University Law Review*, vol. 43 (Spring, 2009), pp. 1274 - 1277.

② 参见［丹］克劳斯·布鲁恩·延森：《媒介融合：网络传播、大众传播和人际传播的三重维度》，刘君译，复旦大学出版社 2014 年版，第 63 - 74 页。

与此相应，关于诽谤案件的司法审判亦逐渐成熟，并在宪法层面言论自由的基本权利下开启了诽谤罪的非犯罪化进程：一方面，就整体而言，诽谤罪与煽动型犯罪相分离，经历了从维护统治阶层权威到保护国民个人法益、从科以重刑到处以轻刑的轻刑化过程；另一方面，自二战以后，诽谤行为与刑事诉讼渐行渐远，呈现出从绳之以刑事犯罪到论之以民事侵权、从一般法律规制到最高宪法审查的除罪化趋势。

反观我国，目前，对网络空间言论秩序的治理更多地依赖对网络造谣、侮辱诽谤等行为进行严厉打击。此种治理方式的弊端主要体现在两个方面：其一，它固然有利于在短时间内净化网络环境，但却可能不当扩大打击面，形成寒蝉效应；其二，对于造谣与侮辱诽谤之外的其他负面言论缺乏有效引导。在言论自由这一宪法上的基本权利效力的辐射下，对网络空间言论秩序的治理更应该依靠网络伦理、网络文明建设、网络舆论引导，发挥道德教化的“德治”作用。

总而言之，互联网治理法治化是创新社会治理体制、实现国家治理体系和治理能力现代化的必经之路。网络空间的场所维度要求维护网络主权，加强国际合作，平衡网络自治与网络规制。网络空间的产品维度要求国家协调网络安全与技术革新、网络自由，网络平台保持中立地位，网络用户不得滥用信息技术。网络空间的媒介维度要求缓解网络秩序稳定与网络言论自由之间的紧张关系。“虽然法治的含义包括了保护个人不受个人的不法侵害与个人不受政府的不法侵害，但是，其更广泛的意义铸造于每个人的政治观与哲学观之中。”[①] 随着网络技术的发展，互联网法治的内涵必将愈加丰富。但是，无论技术进步推动社会如何变迁，不变的应是对法治核心原则的追求。从网络空间的场所、产品、媒介三个维度所阐发的互联网治理的形式法治伦理，旨在促使国家、网络平台、网络用户三方主体能够均享法律利益，为网络安全、网络金融、网络犯罪、网络言论等各个网络领域的法治化治理提供可资参考的标准与规则。而后，需要认真对待的是，如果这些形式法治的伦理要求是良法的外在特征，那么，追求善治的统治者就会将其作为网络立法和涉网司法的价值目标，而达至这一目标正是实质法治需要解决的难题。

---

① Arthur H. Garrison, “The Traditions and History of the Meaning of the Rule of Law”, *Georgetown Journal of Law and Public Policy*, vol. 12 (Summer, 2014), p. 619.

（三）网络空间的安全关切

网络空间的安全是网络社会的重大关切。被誉为“互联网之父”的TCP/IP联合发明者温顿·瑟夫（Vinton Cerf）预测，“半个世纪以后，网络对人们来说可以视而不见了，因为网络无处不在，以至于人们不假思索地使用它，就如我们今天使用电一样”①。就像电一样，信息网络愈普及，社会对其愈依赖。而网络安全问题恰恰源于社会对网络的依赖。

一方面，随着“互联网+”的深入发展，私人、企业和政府等社会的各行各业越来越依靠信息网络技术来完成不计其数的日常任务与作业。这种依赖性导致大量个人和官方数据存储于信息网络系统之中。可是，信息网络系统本身并非铜墙铁壁，而是具有科技的脆弱性，如信息网络系统自身的漏洞和黑客的恶意入侵等，故对网络安全保护措施有极大且急迫的需求。质言之，在物理边界消弭且匿名的网络空间，人性恶的一面得到进一步张扬，作为规制手段的法律不但成为人性缺陷的补充物，也成为科技漏洞的填充物。于是，网络服务提供者成为网络时代不同于传统商业时代的经济社会的新型主体；计算机、计算机数据、信息网络等成为网络时代不同于农业、工业时代的特有法益；而非法利用信息网络本身可能会成为线下传统犯罪的入刑、法定刑升格或者从重处罚的条件。

另一方面，网络空间越是膨胀，对建构网络空间的网络技术就越依赖。网络空间具有全球性和分散性、匿名性、普遍性、持续快速的更新性，且各个特点之间相互作用：普遍与更新一起加深了个人与机构对网络技术依赖的深度和广度；网络匿名越容易，技术发展越迅速，安全漏洞也随之增长与恶化。② 于是，恶性循环随之产生：社会对网络越依赖，网络技术就越发展，网络空间就越扩张，网络空间特性就越突出，而正是网络空间的这些特点给有效的且合乎法治标准的网络治理带来了挑战——网络空间的虚拟性使犯罪分子不需要与被害人进行直接接触，网络空间的匿名性和分散性使犯罪分子容易逃避监管和侦查，网络空间的全球性和普遍性使犯罪分子转移到境外对

---

① 余晨：《看见未来：改变互联网世界的人们》，浙江大学出版社2015年版，第39-40页。

② See Susanna Bagdasarova, “Brave New World: Challenges in International Cybersecurity Strategy and the Need for Centeralized Governance”, *Penn. State Law Review*, vol. 119 (Spring, 2015), pp. 1012-1016, 1031.

境内实施犯罪行为，等等。由于面临严峻的网络安全形势，重打击容易成为刑事立法和司法的自觉倾向。

（四）网络空间的伦理建构

网络空间的伦理是网络社会的精神支柱。互联网与社会生活的深度融合使某些物理世界的旧伦理被打破，然而新的网络社会的伦理价值尚未形成。这是认识网络本身的第三大难题。“所谓的‘规范’把一些行为界定为‘不正常’，由此将这些行为置于社会（甚至人类）所能接受的范围之外……被评判为不正常的恐惧时刻约束着我们这些现代人。”① 然而，“不正常”的判断标准有时在网络社会并不清晰。

我们以为网络是自由的空间，但它也许是规训的场所。因为互联网的崛起，网络服务提供者成为新的主体类型，在人们相互之间的网络交往中起着枢纽作用。原本，“企业正在被改造，但不是为技术所改造。网络只是释放出了一种原始的人性需求，即通过交谈建立联系的渴望”②。但是，《刑法修正案（九）》针对网络服务提供者所新增的拒不履行信息网络安全管理义务罪表明，国家已经及时控制了这个枢纽，以刑罚强制其帮助国家建构和维护网络治理秩序，从而实现社会性控制。

我们以为网络是中立的空间，但它也许是政治的场所。一般而言，人们的直觉是，互联网的传播速度快，传播成本低，传播无损耗，传播范围广。人们只关心信息网络的工具价值，并对技术中立深信不疑。然而，在网络世界里，谁控制了搜索，谁就控制了人的存在；谁控制了社交，谁就控制了舆论导向。在互联网发展的现阶段，新媒体彻底取代旧媒体的数字革命尚未发生，现状是旧媒体与新媒体并存且以更为复杂的方式展开互动的媒介融合时代：“在这里新媒体和旧媒体相互碰撞、草根媒体与公司化大媒体相互交织、媒体制作人和媒体消费者的权力相互作用”③。而杂志、报纸、广播、电视等传统大众媒介产生于掌握有限资源的中央控制，所以媒体工具生来具有政

---

① ［美］加里·古廷：《福柯》，王育平译，译林出版社 2013 年版，第 87 页。

② ［美］里克·莱文等：《互联网的本质：传统商业的终结与超链接企业的崛起》，江唐、丁康吉译，中信出版集团股份有限公司 2016 年版，第 309 页。

③ 参见［美］亨利·詹金斯：《融合文化：新媒体和旧媒体的冲突地带》，杜永明译，商务印书馆 2012 年版，第 34、40－50、349－374 页。

治的或者文化的、团体的或者私人的主观价值倾向性。在媒介融合这一相当长的过渡期内，新兴网络媒介的去中心化的特点并没有达到极致——技术上的绝对分散化可能会使信息网络真正处于中立地位，而是使传统媒介的集中管控以分散的个人搜索和社区论坛的面貌欺骗世人。实际上，偏私的互联网仍无法被避免，它无法真正处于价值中立的客观立场。因此，网络空间并不是纯粹的，而是好恶的。

我们以为网络是宽容的空间，但它也许是狭隘的场所。美国麻省理工学院公民媒体研究中心主管伊桑·祖克曼的反思性观点具有警示性："不能想当然就认为互联网会让世界成为一体，互联网并没有我们想象的那么简单，它可能让我们越来越分裂、越来越孤立；我们大多数人，其实都在用互联网获取本地区或者本国的信息，真正用互联网进行国际联系的人少之又少。"[①] 互联网巨大的自然物理力量可能难以撬动思想文化杠杆：即使网络资源再丰富，你只能找到你预知的信息、认识和你一样的人、听到你想听到的声音。人既"太过于追随自己的个人兴趣"，搜索引擎的使用确实增加了信息量，搜索的却都是搜索者自己关注的事；人又"总喜欢和自己类似的人做朋友"，社交媒体向我们推荐了更多的朋友，殊不知我们只是喜欢自己的回声罢了。[②] 例如，微信朋友圈里的"朋友"一般都是和自己背景相似的人，点赞是对相册内容的认可性回应，好比回声一样，它会让人们感到舒服并更愿意待在这"回声屋"里，而难以听到其他声音，所以这会使微信用户本人变得愈加狭隘和自以为是。

总而言之，认识网络本身，就宏观而言，可为网络社会的发展提供指导性方向；就微观来说，可为涉网案件的审判提供考量性价值。就像马克斯·韦伯发现东方城市缺乏西方城市的"共同体"性格与"市民"身份资格一样[③]，从与现实空间比较的法律空间学角度，网络空间的社会性格与价值伦理也需要被发掘。法律概念具有承认、共识、储藏价值的功能[④]，当法律概

---

① 参见余晨：《看见未来：改变互联网世界的人们》，浙江大学出版社 2015 年版，第 167 - 169 页。

② 参见余晨：《看见未来：改变互联网世界的人们》，浙江大学出版社 2015 年版，第 170 页。

③ 参见［德］马克斯·韦伯：《法律社会学：非正当性的支配》，康乐、简惠美译，广西师范大学出版社 2011 年版，第 412 页。

④ 参见黄茂荣：《法学方法与现代民法》，作者自版 2006 年版，第 100 页。

念被适用于具体案件时，其所储藏的价值就被释放出来。然而，需要从法律概念中释放的网络社会关于某一事物或者事件的共同价值观可能远未形成。“相对主义是这样一种理论逻辑的产物，即由于我们对政治、社会领域所保有的不同的真理确信，在内容上是无法科学地加以认识的，从而不得不承认这种确信的等价性。”[①] 而司法是平衡的技术，旨在于各种竞争性的利益中作出正义的选择。司法的德行就体现在，中立地审视这些价值选项；全面地考虑每个人的利益；将某些广为接受的普遍原则作为判决的理性基础。虽然由于价值选项总可能是复数的，不可能出现唯一正确的判决的情况，但是，一个判决可以作为考虑了各个方面之后不偏不倚的理性结果而为人们所接受。[②] 而今，解释者和司法者也只能在价值相对主义的视阈下于网络自治与网络规制、网络安全与技术革新、网络秩序与网络自由等诸价值之间反复平衡，以缓解其紧张关系。

三、重视案件事实的隐喻推理

案件事实是法律的评价对象。虽然按照三段论式的演绎逻辑，作为小前提的案件事实排在法律之后，但是，按照诉讼程序的司法顺序，案件事实在作为评价规范的法律之前。就诉讼阶段来看，立案、侦查、审查起诉先于审判。一般而言，前三者的工作重心都在于案件事实。当然，这些诉讼活动都要围绕行为人违反的某个或者某些法律规范来进行，但“犯罪‘嫌疑人’”“‘涉嫌’××罪”无不表明了此时法律评价的模糊性与暂时性。而与之相反，根据现行《刑事诉讼法》第 171 条的规定，提起公诉的标准是“犯罪事实已经查清，证据确实、充分”。“案件事实总是千差万别，从不同的侧面可以得出不同的结论。事实上，许多案件之所以定性不准，是因为人们对案件事实认定有误。”[③] 显而易见，案件事实本身不清，法律适用便无从谈起；对案件事实的认识不清，法律适用就会出现偏差。可是，案件事实并未受到传统刑法学的足够重视。原因之一是程序法与实体法的二分：查明案件

① “拉德布鲁赫指出：相对主义可以宽容任何见解，但不能宽容僭称自己是绝对的见解。”（［日］铃木敬夫：《相对主义法哲学与东亚法研究》，法律出版社 2012 年版，第 217 页。）

② 参见［英］哈特：《法律的概念》，许家馨、李冠宜译，法律出版社 2011 年版，第 180 页。

③ 张明楷：《案件事实的认定方法》，《法学杂志》2006 年第 2 期。

的事实真相是诉讼法、证据法的研究内容，而刑法学者仅仅关注法律规范的制度或者体系建构。原因之二是生活与经验的惯性：人们因为无时无刻地亲身经历、体验、感知而了解、熟悉线下生活，刑法学者往往能够经验性地准确理解线下传统的案件事实。总之，在传统刑法学的视野中，案件事实是被预设已经固定好的且不言而喻，而刑法学者的任务只在法律评价的一端。

然而，在网络时代，信息网络的科技原理可能并不为法学家所明了，"互联网＋"背景下的市场经济运营新模式可能并不为法学家所知悉，而涉网案件事实中的科学技术因素和市场运营因素又可能影响犯罪性质的认定，因而准确理解、认定、整理、归纳案件事实就变得极为重要。普通法系的国家具有这样一项普遍规则：在一个案件有陪审团参加审判的情况下，事实问题必须由陪审团裁定，法律问题留给法官。[①] 虽然陪审团制度具有自身缺陷[②]，但是，陪审团裁定事实问题必然有助于法官对案件事实的理解，因为陪审团是由具有不同知识背景的多人组成的，多人都弄懂的案件事实，对法官而言更易理解。实际上，除了刑法结构理论研究、刑法法条适用条件研究、本体性刑法原理研究，刑法法律事实研究原本也是刑法教义学研究的重要方面之一。一者，法律作为一种应为秩序，是"在自然世界的基础上创造出了一个制度世界"，换言之，"法律将自然事实转化成了制度事实"，故而，法律是和对自然事实、社会事实的认知联系在一起的。[③] 二者，在传统的概念法学的"概念崇拜"中，"生活被认为只是法律概念的适用场所而非其源头"，但是，"新的方法所追问的，是生活和符合生活要求的秩序"，"这些研究今天必须占据重要地位。人们将其称为利益研究、法社会学和法律事实研究"[④]。所以，程序法意义上的案件事实之查明理应在我国刑法学研究中具有独立含义并占据独立地位。

---

① 参见［英］鲁伯特·克罗斯、J. W. 哈里斯：《英国法中的先例》，苗文龙译，北京大学出版社2011年版，第240页。

② 参见陈卫东、陆而启：《打开陪审团暗箱：事实认定的法庭结构理论分析》，《江苏行政学院学报》2010年第5期。

③ 参见［德］沃斯·金德豪伊泽尔：《适应与自主之间的德国刑法教义学——用教义学来控制刑事政策的边界?》，《国家检察官学院学报》2010年第5期。

④ ［德］菲利普·黑克：《利益法学》，傅广宇译，商务印书馆2016年版，第42-43页。

一方面，网络犯罪案件事实中的科学技术因素可能会成为行为定性的核心。例如，关于快播案，有法官道明："网络运行特征，也就是技术特征（或可称为技术行为），成为困扰犯罪行为认定的核心问题。由于P2P技术是互联网应用技术，只有互联网企业的软件工程师最了解本企业应用的此种技术解决方案，因而快播公司所设定的技术解决方案和网络平台架构就和快播犯罪行为紧密联系在一起。"按照这种思路，该法官首先对与快播网络平台架构有关的BT技术、P2SP技术、"P2P＋CDN"技术进行了介绍，并基于此认定快播公司的行为是"作为与不作为同时存在的集合行为"[①]。又如，"行为人利用信息网络，诱骗他人点击虚假链接而实际通过预先植入的计算机程序窃取财物构成犯罪的，以盗窃罪定罪处罚；虚构可供交易的商品或者服务，欺骗他人点击付款链接而骗取财物构成犯罪的，以诈骗罪定罪处罚"[②]。从该裁判要旨可以看出，在同为欺骗他人点击链接的情形下，根据财产损失的技术路径不同，可能得出盗窃罪或者诈骗罪不同的定罪结论。

另一方面，网络犯罪案件事实中的市场运营因素可能成为行为定性的基础。比如，关于快播案，有学者主张，"对快播案进行刑法教义学的分析，也应该以快播公司的经营模式为视角展开"；"应该说，对快播公司经营模式性质的认定，主要是一个事实问题，这是对快播公司定罪的基础"；"网络中立行为能否出罪"，"应当考虑到网络公司提供服务的性质"。按照这种方法，该学者对我国快播案中快播公司的经营模式与美国索尼案中索尼公司的销售模式进行了对比，认为索尼公司仅仅是网络播放器的提供者，而快播公司不仅仅是网络播放器提供者，还是播放内容的提供者，从而我国快播案不适用美国索尼案所确立的技术中立原则。[③] 还如，2013年4月2日"两高"《关于办理盗窃刑事案件适用法律若干问题的解释》第5条规定，盗窃不记名、不挂失的债权凭证的，按照票面数额计算盗窃数额；盗窃记名的债权凭证，已经兑现的，按照兑现部分的财物价值计算盗窃数额；没有兑现的，但失主无法通过挂失、补领、补办手续等方式避免损失的，按照给失主造成的实际

① 范君：《快播案犯罪构成及相关审判问题》，《中外法学》2017年第1期。

② 最高人民法院《关于发布第七批指导性案例的通知》指导案例27号臧进泉等盗窃、诈骗案。

③ 陈兴良：《快播案一审判决的刑法教义学评判》，《中外法学》2017年第1期。

损失计算盗窃数额。从该司法解释可以看出，虽然同为债权凭证，但其流通方式不同，导致犯罪数额的认定方法也迥异。

总之，案件事实的查明不仅是刑事诉讼法学的重要研究对象，也是刑法学的重要研究对象。而刑法学意义上的案件事实的查明，意味着刑法适用者必须明白案件事实是什么，而理解案件事实的过程，就是将案件事实向刑法规范拉近的过程。网络时代的兴盛使深度网络化的社会生活比在以往任何一个时代都更为复杂。由于在涉网案件中往往存在学者或者司法者一时所不了解的科学技术和市场运行等可能影响定罪量刑的事实因素，他们的关注重心，就会由传统情形的法律规范，转向网络场合的案件事实。相应地，传统情形下思维偏向更多“将法律规范适用于案件事实”，就会转向网络场合中不得不更费神的“依案例事实去探寻法律规范”，即使司法过程总体上始终体现为“上位规范与生活事实间来回穿梭观察”[①]。所以，在极端意义上讲，刑法解释的对象不是刑法文本，而是案件事实。或许，甚至应该树立这样一种观念：刑法文本需要解释，案件事实也需要解释。于是，关键问题就产生了：如何解释案件事实？这无疑是一个值得研究的方法论问题。

近年，我国的快播案和美国的优步案是较为典型且影响较大的涉网案件[②]，学者和司法者对两案的分析可能为对上述问题的探讨提供了隐喻的

① 参见王泽鉴：《民法思维：请求权基础理论体系》，北京大学出版社2009年版，第30页。

② 中国较有影响力的涉计算机、信息网络的案例还有许霆案。在许霆案中，学者也运用了隐喻的分析方法。例如，“‘知道取款机会出错’与‘知道飞机会失事’一样，都是一种‘撞大运’式、缺乏合理根据、不被刑法承认的认识”（高艳东：《从盗窃到侵占：许霆案的法理与规范分析》，《中外法学》2008年第3期）。再如，“ATM因发生故障多吐出钱款，如同银行柜员发生差错，多付给客户钱款一样”（杨兴培：《“许霆案”的技术分析及其法理思考》，《法学》2008年第3期）。又如，“医生甲经诊断发现病人乙有感冒症状，遂给乙开感冒药，这一开药行为是正常的治疗行为。但如果甲知道乙患心脏病，吃了这种感冒药就会诱发心脏病而死亡，基于希望乙死亡的故意仍然开出感冒药，结果吃药后致使乙死亡。从抽象来看，这一开药行为是对感冒的正常治疗行为，但在病人患心脏病吃了感冒药就会诱发心脏病而死亡的情况下仍然开药，这一开药行为就是一种杀人行为。在本案中也是如此，尽管许霆是以自己的银行卡在取款似乎是正常的交易行为，但许霆明知自动取款机发生故障而利用这一故障进行恶意取款，这已经不是一种交易行为而是一种犯罪行为”（陈兴良：《许霆案的法理分析》，《人民法院报》2008年4月1日第005版）。还如，“许霆与银行之间并不存在什么互动，许霆只是单方利用了ATM机的程序故障而取走现金。这种行为与将铁片当作硬币投入自动贩卖机，使其吐出商品进而取走的行为一样，是盗窃行为”（张明楷：《许霆案的刑法学分析》，《中外法学》2009年第1期）。“偷别人的东西是偷偷地将别人的东西拿走，而许霆是把取款机吐出来交给自己的钱取走，这在性质上有差别”（刘明祥：《许霆案的定性：盗窃还是信用卡诈骗》，《中外法学》2009年第1期。）

视角。

对于我国的快播案，学者和法官运用了隐喻来分析案件事实，并在此基础上得出了自己的结论（法律评价）。结论本身的合理性暂且不论，重要是观察他们是如何使用隐喻分析案件事实，并将其拉向法律规范的。例如，快播案的审理法院认定，被告单位快播公司主要的盈利方式是资讯快播和第三方软件捆绑，而非直接的淫秽物品传播。[①] 有学者在针对此案件事实论证传播淫秽物品牟利罪的“以牟利为目的”要件符合性时指出，“快播公司采用了互联网企业所常用的‘羊毛出在牛身上’的盈利方法”，“可以说是一种间接牟利”[②]。再如，有学者将“快播公司拒不履行信息网络安全管理义务”与“警察接到砍人报警后不出警，被害人被砍死”“警察知道东莞酒店有人组织卖淫而不管理”“广电局官员知道百度上有淫秽照片而不主动关闭网站”等情形进行对比，得出“不履行管理义务≠传播”的结论。[③] 还如，快播案的审理法院认定，被告单位快播公司在全国各地不同运营商处设置缓存服务器（CacheSever 应用程序）一千余台，在视频文件点播次数达到一定标准（如每 7 天点击量 20 次）后，缓存调度服务器即指令处于适当位置的缓存服务器程序“抓取”、存储该视频文件。[④] 有学者在针对此案件事实论证传播淫秽物品牟利罪的行为要件符合性时提出，“一个展览厅的管理者，不仅允许他人将淫秽图片存放在展览厅，而且允许不特定或者多数人进入展览厅观看淫秽图片的行为，当然属于传播淫秽物品。快播公司的行为与此相类似，也属于传播淫秽物品。”[⑤] 有法官就此认为，“快播公司建立了自己的‘仓库’”，即缓存服务器；它“决定‘仓库’里放什么‘货物’”，即（淫秽）视频资源；它“决定‘仓库’向用户提供‘货物’的条件和方式”。在此意义

---

① 参见北京市海淀区人民法院（2015）海刑初字第 512 号刑事判决书，北京市第一中级人民法院（2016）京 01 刑终 592 号刑事裁定书。

② 陈兴良：《快播案一审判决的刑法教义学评判》，《中外法学》2017 年第 1 期。

③ 参见高艳东：《质疑快播案判决：兼与陈兴良、张明楷教授商榷》，载http：//mp. weixin. qq. com/s? src = 3&timestamp = 1490363269&ver = 1&signature = WhgJjzWlyxkGV32gv7lKTLwuIVSCY0lMrkxtv2XGGH * W66B * THD-GXev3Pa3pz6rv3erBRtnBR7dAncX9M8jbKsblnu7GBnf3joSwpd8n84xtnus8v9 * LL-FaMco-AQ403lKMxdZDaMDTtcZcLMmCJO7G4G * BQfUyxUv * iar5Yjk=，访问时间：2017 年 3 月 24 日。

④ 参见北京市海淀区人民法院（2015）海刑初字第 512 号刑事判决书，北京市第一中级人民法院（2016）京 01 刑终 592 号刑事裁定书。

⑤ 张明楷：《快播案定罪量刑的简要分析》，《人民法院报》2016 年 9 月 14 日第 3 版。

上，快播公司的行为方式是作为。[①] 还有学者写道，“缓存服务器的存在以及拽取、缓存行为的实施，等于快播公司从甲用户手中‘收缴’了淫秽视频之后，再以快播公司的名义直接交给随时向其提出需求的乙、丙、丁等不特定的公众用户”。在此意义上，缓存行为积极地支配了犯罪进程，属于作为[②]。还有外国学者强调，“P2P缓存是由文件的流行度（基于P2P平台的网络用户的主动性）触发的自动化过程，没有任何人为干预以促使文件向人们更快传递”[③]。由此，“P2P网络服务提供者可能尝试辩称，P2P缓存服务器只是被动地答应网络用户上传文件的请求。但是，这个说法太过头了。P2P缓存场合的传播是通过将文件提供给网络用户来实现的，其方式与商店老板先在其商店存储侵权商品而后对外销售是一样的”[④]。其中，“羊毛出在牛身上”“抓取”“展览厅”“仓库”“货物”“收缴”“商店”都是一种隐喻。

对于美国的优步案，波斯纳法官亦运用了隐喻来分析案件事实，并在此基础上得出自己的结论（法律评价）。波斯纳法官将传统出租车与新型“网约车”的关系和狗与猫的关系作类比：一般城镇要求饲养者要有狗证，而不必有猫证。这是因为二者之间有很多不同。“狗通常比猫体型更大，更加强壮，更具攻击性，更多的人怕狗，可以给人造成严重的咬伤，在户外狂吠、嚎叫制造噪音。而野猫通常是无害的，很多家猫也被关在室内。狗的饲养人希望猫的饲养人也要有猫证，但他们不会说，政府不要求为‘竞争性’动物办理饲养许可证就是剥夺了他们的财产权。”基于此，波斯纳法官的判决结果是，出租车服务与共享车服务并不处于相同地位，因此，政府不让提供共享车服务的交通运输网络服务提供者（Transportation Network Providers，TNPs）面临与出租车所有者、经营者相同的监管负担，并不损害后者的平等保护权。[⑤] 波斯纳法官将传统出租车类比为狗，将“网约车”类比为猫。

---

① 参见范君：《快播案犯罪构成及相关审判问题》，《中外法学》2017年第1期。

② 参见周光权：《犯罪支配还是义务违反》，《中外法学》2017年第1期。

③ Assaf Jacob，Zoe Argento，“To Cache or not to Cache—That Is the Question；P2P ‘System Caching’ —The Copyright Dilemma”，*Whittier Law Review*，vol. 31（Spring，2010），p. 452.

④ Assaf Jacob，Zoe Argento，“To Cache or not to Cache—That Is the Question；P2P ‘System Caching’ —The Copyright Dilemma”，*Whittier Law Review*，vol. 31（Spring，2010），p. 453.

⑤ Illinois Transportation Trade Association v. City of Chicago，839 F. 3d 594，597－598（2016）.

这是一种隐喻。

中美两国的学者或者法官在分析案件事实时都用到了隐喻。我们日常所熟悉的隐喻又称暗喻，是修辞学上的一种修辞格，其基本表达形式为“A 是 B”[①]，如“北京是祖国的心脏”。“按传统观点，隐喻仅仅起修饰作用而不能表达真理”；“修辞既不利于追求公正，也不利于探索真理，因为修辞是产生错觉和假象的艺术，研究这门艺术的修辞学是在以精巧的方式守护谎言的世界和虚伪的世界”[②]。因而，隐喻常见于表达丰富的文学作品中。其若大量出现在所谓严谨的法学学术论文中，可能就会受到诸多批评。然而，修辞学与哲学同根同源，隐喻具有语言哲学和诠释学上的一般意义。[③]

隐喻的词源古老悠久。它的现代英文表达是 metaphor，源于中古法语 metaphore 和古法语 metafore，直接来自拉丁语 metaphora，最远可溯及希腊语 metapherein。其中，meta 是“跨越、转换（over/across）”的意思，pherein 具有“运送、运载（to carry/bear）”的含义。综合来说，metapherein 的字面意义就是“转移、传递、变换（transfer/carry over/change/alter）”[④]。据此源考，隐喻虽然在语言技术上被理解为一种形象的而非写实的描述，即形象化表达，但“写实与形象之间的运动，即将某一事物的含义转移到另一事物之中”这样对其结构的认识效果更好：“‘没有哪个词可以在所有的情景下都给别人传达唯一确定的观念。没有什么比在比喻的意义上使用一个单词更普遍的事情了。’这不是 20 世纪的语义学家的表达，而是一百五十年前伟大的首席法官的表达”[⑤]。隐喻不仅仅是一种语言现象，不只属于语言学的范畴；它有着丰富的哲学内涵，具有重要的法学方法论意义。

一方面，在感性经验上，隐喻有助于理解案件事实，依案例事实去探寻法律规范。“隐喻就是把一个事物的名称转用于另一事物”[⑥]。人们有许多对

① 基本表达形式为“A 像 B”的明喻从属于隐喻。“隐喻与明喻的共同因素是以名称的转用为基础的同化，换言之，是对两个词项的差别中的同一性的把握。”（［法］保罗·利科：《活的隐喻》，汪堂家译，上海译文出版社 2004 年版，第 29 - 30 页。）

② 汪堂家：《隐喻诠释学：修辞学与哲学的联姻——从利科的隐喻理论谈起》，《哲学研究》2004 年第 9 期。

③ 参见李蓓岚、郭继荣：《语言哲学视阈下的意义与隐喻》，《西安交通大学学报》2016 年第 2 期。

④ At http：//www.dictionary.com/browse/metaphor（last visited March 27，2017）.

⑤ ［美］大卫·梅林科夫：《法律的语言》，廖美珍译，张清校，法律出版社 2014 年版，第 518 页。

⑥ ［法］保罗·利科：《活的隐喻》，汪堂家译，上海译文出版社 2004 年版，第 8 页。

互联网的认识是通过隐喻来表达的，例如，“网络”、网络“空间”、信息“高速公路”、网络“社区”、IP“地址”、微信“朋友圈”、电子“眼”等。这些词语通过人们所知悉的物理世界的某一事物象征其本体事物意欲表达的含义。“隐喻正像是一条船、一艘渡轮、一座桥梁，在一个概念岸和另一个概念岸之间运载被称为意义（meaning）的货物。”[①] 这一对隐喻的隐喻揭示了隐喻的内部构造，即类比。有学者针对快播案指出，“将‘快播公司放任缓存服务器存储淫秽视频并使公众可以观看’的形式视为‘互联网陈列’行为”，“是类推思维使然”[②]。显然，“互联网陈列”是一种隐喻表达。正如该学者所指出的那样，该隐喻的内核是类推。如果法学家直接将“快播公司放任缓存服务器存储淫秽视频并使公众可以观看”评价为现行《刑法》第363条的“传播”，人们可能会对此加以排斥。但是，如果法学家在“快播公司放任缓存服务器存储淫秽视频并使公众可以观看”与现行《刑法》第363条的“传播”之间架起“互联网陈列”的桥梁，人们的反感可能会减弱许多。如果这样的目的得以达成，则说明该隐喻是有说服力的。

隐喻的说服力，即其有效性，来自论证对象与另一已经为人所知的事物的比较。诉讼的定分止争效果，体现在争讼者都接受中立者提供的纠纷解决方案。从该意义上讲，司法是说服的技术。“对于说服而言，最有效的论据是能够进入听众头脑的论据。”[③] 所以，听众很重要，“写作者一定要有读者/受众感，知道自己是在同谁说话”[④]。“说服并非一个绝对理性的过程，在很多情况下，而是非理性的。比如，引用故事是说服的技巧之一。这是因为故事会以严格理性的论据永远都无法实现的方式连接人们的潜意识，直达听众根深蒂固的价值观，从而使其产生共鸣。而隐喻就是小型化的故事。”[⑤] 隐喻本身就是论据，但它的参照物是听众所熟悉的事物，因而它是以共同的理

---

① See David Gurnham, “Law's Metaphors: Introduction”, *Journal of Law and Society*, vol. 43, no. 1 (March, 2016), p. 1.

② 参见刘艳红：《无罪的快播与有罪的思维——“快播案”有罪论之反思与批判》，《政治与法律》2016年第12期。

③ Jonathan K. Van Patten, “Metaphors and Persuasion”, *South Dakota Law Review*, vol. 58 (2013), p. 318.

④ 苏力：《只是与写作相关》，《中外法学》2015年第1期。

⑤ Jonathan K. Van Patten, “Metaphors and Persuasion”, *South Dakota Law Review*, vol. 58 (2013), p. 295.

解水平使用日常生活中的材料，用大众的语言说话，以大众的价值观表达观点，而不是以训话或者命令等威胁的方式使听众对论者所论产生有意识的怀疑和抵触。简洁、幽默、富有创造力和洞见力为隐喻的论据的真实本质提供了极大的伪装，一个巧妙的隐喻不会让听众觉得这是论争，而是不知不觉地抵达他/她的内心。“隐喻就像电影的背景音乐，它在发生作用，却不会惊起大家的注意。”[①] 总之，隐喻在人们的共同认知水平上将熟悉事物的意义过渡给案件事实中的陌生事物，并以该熟悉事物为跳板，不断接近法律规范。

另一方面，在法律概念中，隐喻有助于认识法律条文，将法律规范适用于案件事实。诚然，“隐喻不能取代法律分析”[②]，但是，“法概念的形成依赖前科学性质的各种概念。法教义学的素材并非无形的、不规则的现实，而是借助于前科学性质的，甚或是法教义学外的诸概念而预先形成的现实”[③]。而“语言隐喻的反复使用有助于建立跨认知域的对应关系，形成概念隐喻”。网络空间这一自然领域的事物概念即是如此。[④] 实际上，在法律领域中也存在一些隐喻，它们比较有影响力，以至于其意义固定并延续下来，成为一种专用的法律概念。譬如，讨论教会与国家之关系的“分离之墙”、证据法中的“毒树之果”、不当限制言论自由所导致的“寒蝉效应”等。再如，在西方的政治史和法律史中，“法律的眼睛”的形象经常出现在雕刻或者绘画中，意为“法律监视着‘一切’，也许连偶然的情形也可以应对，它的文本已经预见了未来所有的法律案件”[⑤]。从上述隐喻意义来看，“法律的眼睛”的隐喻除了具有威慑的含义，也颇有教义学的意味。[⑥] 因此，隐喻可以成为法律（概念）的表达方式，甚至可以说法律（概念）就是隐喻的。在成文法国家，

---

① Jonathan K. Van Patten, “Metaphors and Persuasion”, *South Dakota Law Review*, vol. 58 (2013), pp. 295 - 299, 318.

② Mark A. Lemley, “Place and Cyberspace”, *California Law Review*, vol. 91 (March, 2003), p. 542.

③ ［德］古斯塔夫·拉德布鲁赫：《法教义学的逻辑》，白斌译，《清华法学》2016 年第 4 期。

④ 参见陈新仁：《语言隐喻的来源与理解——Deirdre Wilson 与 Raymond Gibbs 的对话评议》，《当代语言学》2015 年第 2 期。

⑤ 参见［德］米歇尔·施托莱斯：《法律的眼睛——一个隐喻的历史》，杨贝译，中国政法大学出版社 2012 年版，第 4 页。

⑥ 法教义学预设现行法秩序大体是合理的，主张在实在法秩序的框架内描述、分析法律，并提出解决争议的办法。参见雷磊：《法教义学的基本立场》，《中外法学》2015 年第 1 期。

法条是法律规则的语言形式，而法条又是词语与语词的组合体。如此，法条的内核是表达各个法律概念的词语或者语词。如果说法条是对案件事实的一般性描述[①]，那么，法律概念便是对核心或者重要案件事实的一般性表达。从法律（概念）的隐喻属性的视角考察，案件事实的一般性表达的隐喻形式就是法律（概念），从而，司法，亦即法律解释或者法律适用的过程，就是不断揭示法律（概念）背后的隐喻意义的过程，亦即使一般性的案件事实不断丰满、具体化的过程[②]，而控制法律（概念）隐喻意义的边界的就是法律用语可能具有的含义，如图 9-1 所示。

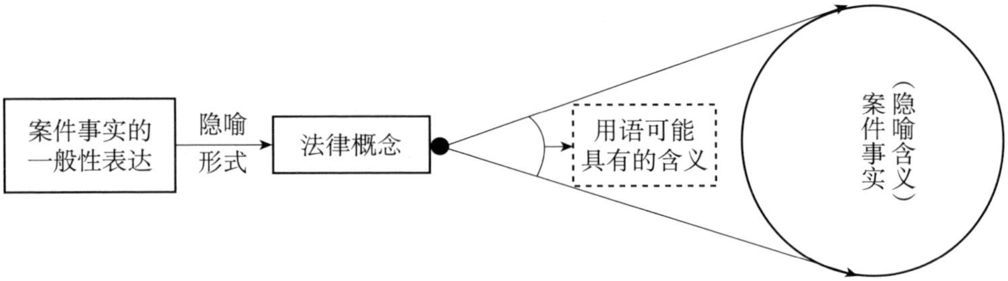

图 9-1　对法律概念的隐喻解读

其一，法律概念的隐喻解读赋予原本抽象的法律概念以具体性。抽象定义的概念的操作方式为涵摄。涵摄是一种必然推论、一种演绎，通过涵摄，得到一个非此即彼的推论。[③] 但“法学方法的核心不在于一种逻辑推论，而在于一种比较”[④]。刑法上的概念“不再被理解为一种抽象定义的概念，而是被理解为一种‘意义概念’、一种‘功能性概念’，也是一种类推性的概念，它仍然意味着一种在比较上是类似的事物”[⑤]。这在根本上源于语言的多义性与经验性。首先，假设语言的自然状态是一词一义，即每个

① 参见［德］卡尔·拉伦茨：《法学方法论》，陈爱娥译，商务印书馆 2003 年版，第 133 页。

② 因此，在查明案件事实时，如询问时，“法律制度应始终保持警惕，注意询问的措辞的潜在意义。语言不会真正中立。这在对抗制中尤为如此，因为各方都在使用语言策略，其唯一目的是赢得官司”（［美］彼得·蒂尔斯马：《彼得论法律语言》，刘蔚铭译，法律出版社 2014 年版，第 183 页）。

③ 参见徐育安：《刑法上类推禁止之生与死》，作者自版 1998 年版，第 74 页。

④ ［德］阿图尔·考夫曼：《法律获取的程序——一种理性分析》，雷磊译，中国政法大学出版社 2015 年版，第 154-155 页。

⑤ 参见［德］亚图·考夫曼：《类推与“事物本质”——兼论类型理论》，吴从周译，颜厥安审校，学林文化事业有限公司 1999 年版，第 89-91 页。

词项都只具有一个特定的义项，指代某一特定的事物或者现象，那么，社会的发展就会无限地扩充词汇，从而违反语言本身的经济原则；过多的词汇既不利于记忆，也不利于交流，从而又违反经验主体的交流规则。因此，“一词多义并不是一种病态现象，而是语言的健全性的特点”[①]。其次，概念隐喻的哲学基础是经验主义。“经验主义强调人类身体在概念形成中的作用，其核心主旨之一是‘具化’思想，即思维力和判断力以我们所有的特定自身人体为特性。”“隐喻被认为是基本的认知过程，是人们将经验和外部世界概念化的基本图式。”[②] 总之，如果一个词语只有一个含义，那么比较就无从谈起。相反，隐喻视角下的（法律）语言的多义性使比较成为可能。

其二，法律概念的隐喻解读赋予原本封闭的法律文本以开放性。“开放性文本是指一种具有潜在模糊性的术语在一些特别的使用情景中并不模糊。”[③] “‘制定法的意义’不是隐藏在法律中，而是（隐藏）在具体的生活事实中。”法律的适用，不是演绎的单向过程，而是归纳与演绎的整体。[④] 这是因为隐喻不仅仅是名称的转用或者意义的替代，而是对语义的不断更新活动。作为名称转移的隐喻，“是一种不仅影响名词和动词的语义内核的过程，而且是影响所有具有意义的语言实体的过程，并且这一过程表示意义变化本身”[⑤]。首先，法律文本不是客观的。客观即理性，客观主义要求清楚、精确的客观表达，但它没有看到“理解以及由此获得的真理必然跟我们的文化概念系统相关，而且，这种理解不能（被）框定在任何绝对或中立的概念系统中”。所以，开放的构成要件具有构成要件规定的不完整性和违法性判断的非自足性，仅根据关于构成要件的字面规定还不能判断行为的违法性，因而“需要法官从刑法规定的构成要件要素之外寻找其他的要件要素对条文进行

① ［法］保罗·利科：《活的隐喻》，汪堂家译，上海译文出版社2004年版，第157－158页。

② 参见［英］Marina Rakova：《字面意义的疆域：隐喻、一词多义以及概念理论》（影印本），北京大学出版社2004年版，第19页。

③ ［美］斯科特·布鲁尔：《范例推理：语义学、语用学与类比法律推理的理性力》，李晨译，柯华庆校，见郑永流主编：《法哲学与法社会学论丛》，总第15期，北京大学出版社2010年版，第129页。

④ 参见［德］阿图尔·考夫曼：《法律哲学》，刘幸义等译，法律出版社2011年版，第147页。

⑤ 参见［法］保罗·利科：《活的隐喻》，汪堂家译，上海译文出版社2004年版，第13－26页。

补充，来判断行为的违法性”[①]。其次，法律文本不是主观的。主观即想象，主观主义要求直觉、情感的主观表达，但它没有看到“即使是最富想象的理解，都是依据一个概念系统的，这个概念系统源自我们在自然环境和文化环境中的成功运作”。最后，法律文本是经验主义的。“隐喻是富于想象力的理性”，人类的概念系统本质上是隐喻的，隐喻概念的形成使概念之间互相关联，得以通过一种事物来富于想象地理解另一种事物。[②] 由此，隐喻从经验主义的视角将客观主义和主观主义联结起来，使概念具有主观的客观性。传统语言分析哲学主张语言的纯洁性，即词语或符号意义的同一性和不变性。它往往假定一种规范的描述性语言应当是字面的、稳定的和单义的。因此，这种纯洁语言环境下的概念系统使严格的逻辑推演成为可能。但如果词语或者符号的意义随着历史、实践而改变，或者说在不同的语境中具有不同的意义，则多义、歧义和意义的转换便使等价和限定的逻辑关系无法成立。[③] 总之，隐喻视角下的法律文本是鲜活的，它的含义会随着时代的发展而发展。

四、结语

综上所述，法律（概念）的隐喻维度与类型理论、目的解释论具有暗合之处。一方面，关于如何思考新问题，隐喻的方法是将其与旧问题作类比。例如，通过参考物理世界来思考网络空间，法院就可以将现实世界的法律适用于虚拟世界。但是，盲目地应用隐喻来达到特定结果，如毫无理由地将 A 与 B 两种不同的事物联系起来，可能会比事物本体原本所呈现的，使问题更加晦涩难解。[④] 只有当我们认识网络本身——网络世界不同于物理世界的那些方面，隐喻才能达到其目的。[⑤] 另一方面，法律（概念）具有字面含义和

---

① 刘艳红：《开放的犯罪构成要件理论研究》，中国政法大学出版社 2002 年版，第 148、152－158 页。

② 参见［美］乔治·莱考夫、马克·约翰逊：《我们赖以生存的隐喻》，何文忠译，浙江大学出版社 2015 年版，第 166－172 页；赵艳芳：《语言的隐喻认知结构——〈我们赖以生存的隐喻〉评介》，《外语教学与研究》1995 年第 3 期。

③ 参见郭贵春：《隐喻、修辞与科学解释》，科学出版社 2007 年版，第 80、85 页。

④ 例如，“认为二维码案的情节与‘在商户的钱柜下面挖个洞让所收款项掉到洞里被告人自己的袋子没有本质区别’的观点，是存在疑问的”（张明楷：《三角诈骗的类型》，《法学评论》2017 年第 1 期）。

⑤ See Mark A. Lemley, “Place and Cyberspace”, *California Law Review*, vol. 91 (March, 2003), p. 542.

隐喻含义。在越来越多的涉网新型案件中，在不超出法律用语可能具有的含义的前提下，法律（概念）的隐喻含义不断被挖掘。正如，而今的“指导性案例采用了一系列方法，包括美国学者所谓的‘文本主义’（textualist）和‘目的主义’（purposivist）的法律解释方法。在大量案件中，确实更多地采用了目的主义的方法”[①]。

总之，在网络时代，面对越来越复杂多样的案情，网络伦理的形成是互联网治理的前提；需要攻坚的是，提高对法律条文的解释能力，并且应将理解案件事实与解释法律条文置于同等重要的位置。

① The Harvard Law Review Association，“Chinese Common Law? Guiding Cases and Judicial Reform”，*Harvard Law Review*，vol. 129（June，2016），p. 2234.

第十章

实质解释的方法：网络时代修正的客观解释论之提倡

20 世纪以来，国家公共权力介入各个领域的现象日趋严重，比如，当下各国公法与私法之间的界限日趋模糊，因为公共权力介入私法领域的现象日益普遍。“如今的商法很难说是私法了，诸如劳动法和环境法这样的法律，都是国家利用公共权力来调整私人的事务。”① 刑法为公法中的重要法律部门，在网络时代下，刑法理论与刑事法官对一系列刑法概念结合时代特点与要求进行重新解释，比如将网络游戏装备解释为侵害财产犯罪中的财产，将在自杀网站播放令人想自杀的音乐解释为帮助自杀行为，将点击与转发不实信息解释为言论犯罪中的传播行为，将一些微信红包接龙游戏解释为赌博行为等。这些对传统刑法概念的重新解释，显示出公权力无所不在的趋势，而且，它们一律是以客观解释的方法来实现的。然而，法律的形式主义与概念主义传统固然有其缺陷，但却不能否定，以扩张为导向的刑法客观解释导致“客观解释等同于扩张解释”，形成了网络时代刑事治理的入罪化思维与导向，并造成法律公权力对技术性网络领域之自由的伤害、对网络时代公民自由权利的忽视。如何反思网络时代刑法客观解释的问题，并对传统刑法客观解释方法本身进行重新定位与解释，极需深入探讨。

---

① 徐爱国：《大陆法系与中国传统法的转型》，《社会科学辑刊》2010 年第 1 期。

一、网络时代的刑事治理："刑法客观解释应对网络犯罪"?

网络是指多台计算机经电话线连接可以互相交流以实现信息共享。网络的出现是人类世界的根本性变革，更是传播媒介的一次新革命。互联网作为一种新的交流媒介于1965年诞生在美国；互联网概念于1969年催生了更大的计算机网络，其中最为著名的是美国高级研究计划署网络（ARPANET），又称"阿帕网"。起初，网络是一个非常复杂的系统，主要由计算机研究者、专家、工程师和图书馆馆员使用。1972年，电子邮件第一次出现。后来，传送控制协议/网间协议（TCP/IP）技术极大地提高了人际交流的网络能力。[①] 20世纪60年代末70年代初发展起来的互联网，如今方兴未艾。网络媒介超越了大众媒介，且二者趋于融合。原来在现实世界领域出现的诸多违法犯罪行为转移到了网络之上，比如钓鱼赌博网站、色情聊天室、虚拟财产盗窃，等等，加之电子公告板、聊天室、网络日志（博客）、微博、微信等网络社区和自媒体的出现，对在大众媒介背景下发展起来的刑法规范产生了严峻的挑战。然而，刑法中的罪刑规范，如盗窃罪、抢劫罪、诽谤罪等等，以及宪法对公民基本权利的规定，都诞生于大众媒介时代。为此，针对网络领域的违法犯罪行为，是重新进行立法还是适用在大众传媒社会背景下发展起来的传统刑法规则，成为网络时代刑法适用面临的重要问题。当下我国现实是，缺乏专门的网络犯罪刑事立法，因而面对网络违法犯罪行为，仍以适用传统刑法规则为主。在此过程中，为了回应网络的特点与犯罪认定及治理目标，以对传统刑法概念进行客观解释为主，由此形成了"网络时代传统刑法概念客观解释"的大趋势。

案例1：倒卖游戏币案。

岳某在明知他人系非法获取网络游戏"魔兽世界"的账号和密码的情况下，仍购买账号和密码8.2万余组，并雇用他人非法登录其购买的游戏账号窃取约7.9亿个游戏金币，后将窃得的游戏金币在网上出售，共交易1.1万余次，销售金额为72万余元，获利约5万元。有观点认为对本案应定盗

---

① See Allison E. Horton, "Beyond Control: The Rise and Fall of Defamation Regulation on the Internet", *Valparaiso University Law Review*, vol. 43, no. 3 (2009), pp. 1274 - 1277.

窃罪。[①]

案例2："第一名"软件案。[②]

2012年5月，南京某科技公司负责人张某委托黄某编写了名为"第一名"的软件。该软件利用百度根据网页点击量对关键词搜索结果进行排名的原理，通过自动点击相关网页的方式增加点击量，可对百度搜索的关键词排序功能造成干扰。随后，张某以其公司名义经营该软件，并通过陶某对外销售，销售所得由张某与陶某按约定比例分成。经北京网络行业协会电子数据司法鉴定中心鉴定，"第一名"软件会干扰搜索引擎对关键字搜索结果的正常排序。截至2012年11月案发，张某、陶某先后向南京某妇科医院、上海某信息技术有限公司、北京某中医药研究院等单位销售"第一名"软件，违法所得为人民币18 800元。2014年，江苏省南京市秦淮区人民法院以破坏计算机信息系统罪处理本案。

案例3：贩卖电视棒案。

张某以贩卖小商品为生。2013年4月4日，张某从浙江义乌市场以19.5元的单价买进电视棒，在瑞安市某商业街以100元左右的价格贩卖。4月8日，张某被公安民警抓获。经查，张某卖出电视棒8支，被查获电视棒24支。法院认为"电视棒为淫秽物品"，并以贩卖淫秽物品牟利罪对张某定罪处罚。[③]

以案例1为代表的将虚拟财产客观解释为财产的盗窃犯罪最为常见。从盗窃游戏装备[④]到盗窃移动商城币[⑤]到盗卖游戏币[⑥]等，《刑法》第91、92条中的"财产"，《刑法》第264条规定的盗窃罪中的"财物"，一再地受到网络领域新型违法犯罪行为的冲击。面对打击网络犯罪的需要，客观（扩大）解释被广泛地运用于对虚拟财产盗窃行为的定性，从而导致盗窃虚拟财产构

① 参见康俯上、刘彬：《购买偷来账号倒卖游戏币构成何罪》，《检察日报》2014年9月5日第3版。

② 参见朱赫、孙国祥、刘艳红：《破坏计算机信息系统案件法律适用研讨》，《人民检察》2015年第8期。

③ 参见张茵：《浙江小贩贩卖淫秽物品"电视棒"被判刑》，载http：//news.qq.com/a/20130712/011511.htm，访问时间：2017年3月2日。

④ 参见广东省广州市天河区人民法院（2005）天法刑初字第1230号刑事判决书。

⑤ 参见左文洁、吴洪武、周培伟：《利用充值系统漏洞非法套取虚拟财产如何定性》，《人民法院报》2014年9月11日第7版。

⑥ 参见《网上盗卖游戏币被判盗窃罪》，《潇湘晨报》2009年3月13日第A12版。

成犯罪的案例骤增。

案例2中张某等人利用“第一名”软件自动点击相关网页增加点击量，从而影响百度搜索正常排序。《刑法》第286条规定的破坏计算机信息系统罪，是指对计算机信息系统或者其中的数据或程序等进行删改、增加或干扰，导致计算机不能正常运行等严重后果。“第一名”软件是普遍存在于网络领域的搜索引擎优化工具，它不同于删改、破坏或干扰计算机信息系统的犯罪行为。法院将被告人的行为客观（扩大）解释为《刑法》第286条中的“干扰”行为，从而判决被告人构成破坏计算机信息系统罪。

案例3中，电视棒是装有视频网站链接的U盘，将之插入电视机后，经过网络将服务器的信息传输到电视机，因此，“不同于存储介质，电视棒不内置色情内容，而系其传播媒介”[①]。但是，法院采用客观（扩大）解释方法，将电视棒解释成淫秽物品，并对被告人以贩卖淫秽物品牟利罪定罪处罚。

上述三个案例，虽然涉及的罪名不同，但是在对传统刑法规范进行解释、适用时，均采用了客观解释方法。盛行于19世纪的概念法学认为，法律是理性的产物，受理性万能主义的思想影响，法律被认为是一个自洽的体系，仅用理性的力量，立法者就能够“发现”一个理想且完美的刑法规则体系。因此，立法者都力图系统规划出各种各样的自然法的规则和原则，并将其全部纳入一部法典之中。[②] 这种法典当然便是一部全面详尽并且逻辑自洽的刑法典了。因此，任何被认为合理、科学的刑法解释都只不过是对立法意图的表述。为此，对法律的适用只需要进行数学式的概念推演与逻辑演绎。受其影响而形成的刑事古典学派，主张法官不需要也不应该对法律规范进行解释，只需要将案例事实与刑法条文进行对接；即使对法律条文进行解释，也必须围绕立法者的意图和目标而进行，即采用主观解释论。然而，进入20世纪后由于哲学解释的兴起以及受自由法运动的波及，客观解释论取代了主观解释论：法律的滞后性与现实生活的多样性、变化性，决定了对法律的解释应该跟随生活的变化而递进，对法律规范作出合乎生活现实需要的解

① 钱岩：《新型网络淫秽行为的刑法规制探析》，《人民法院报》2016年6月22日第6版。

② 参见［美］博登海默：《法理学：法律哲学与法律方法》，邓正来译，中国政法大学出版社1999年版，第64页。

释。为此，法学者开始探究“价值秩序的客观精神”或探究“对社会现实的评价”或以“社会实际”为导向纷纷主张“贴近生活”的客观解释论。[①] 上述网络犯罪案例中，盗窃没有规定在刑法所规定的“财产”或“财物”范围的虚拟财产，售卖并使用“第一名”软件这种不同于传统破坏计算机信息系统的行为，贩卖不属于刑法所规定的传统“淫秽物品”范畴的物品，它们均是传统刑法规范未能明确涵摄于其中的内容，但是在我国“净网行动”[②] 以及网络安全治理的现实需要之下，司法机关均选择对照传统刑法规范对上述行为进行客观解释，从而顺利实现了对它们的定罪量刑。对网络领域层出不穷的新型违法犯罪行为之治理需求，使客观解释成为当下我国最具优先地位的刑法解释方法；借助刑法客观解释，对传统刑法概念与规则体系进行重新演绎，“刑法客观解释应对网络犯罪”[③] 成为网络刑事治理的现状，客观解释成为化解网络时代传统刑法治理困境的最佳手段和不二选择。

二、网络时代刑法客观解释的演进方向：扩大化/入罪化

以客观解释应对时代发展需要，在法律规范没有变更的情况下，尤显必要。客观解释本身既可以是对刑法条文的限缩解释，比如把枪支解释成仅限于真枪，也可以是对刑法条文的扩大解释，比如把 QQ 账号解释成刑法中的财产。当采用限缩解释时，结果往往是出罪；当采用扩大解释时，结果往往是入罪。面对新型网络违法犯罪行为，刑法客观解释不但在整个网络领域“遍地开花”，而且还被等同于扩大解释与入罪解释，而基本没有或者甚少使用客观的限缩解释予以出罪的。扩大化与入罪化成为网络时代刑法客观解释的演进方向。

（一）网络时代刑法客观解释等同于扩大/入罪解释的外部现实动因

既然客观解释不等于扩大及入罪解释，为何在网络时代刑法客观解释几乎等同于扩大与入罪解释？探究此现象背后的原因，不难发现，网络犯罪的严峻现实、国家立法的目标需要、司法部门的有效治理，以及刑法理论的适时推波助澜，造成了网络犯罪刑事治理的扩大化与入罪化，从而使网络时代

① 参见［德］彼得·哈佛坎普：《概念法学》，纪海龙译，《比较法研究》2012 年第 5 期。

② 蔡长春：《网络犯罪以每年 30%以上速度增长》，《法制日报》2017 年 1 月 14 日第 2 版。

③ 参见卢建平、姜瀛：《犯罪“网络异化”与刑法应对模式》，《人民检察》2014 年第 3 期。

刑法客观解释彻底等同于扩大与入罪解释。

从社会现实与立法层面分析，国家急需加大力度动用刑法手段治理网络犯罪。“数据显示，当前，我国网络犯罪已占犯罪总数的三分之一，并以每年30%以上速度增长。”[①] 各种网络犯罪花样不断翻新、手段层出不穷，社会危害性日益严重。为此，“中国政府始终坚持依法打击网络犯罪，坚定维护网络安全。中国法律禁止任何形式的网络攻击和网络商业窃密行为。公安部对打击网络违法犯罪高度重视，近年来一直保持高压打击态势”[②]。《网络安全法》第5条规定，“国家采取措施……依法惩治网络违法犯罪活动，维护网络空间安全和秩序”。在刑事立法领域，《关于〈中华人民共和国刑法修正案（九）（草案）〉的说明》明确指出，《刑法修正案（九）》的制定是为了“维护信息网络安全，完善惩处网络犯罪的法律规定”[③]。很显然，网络犯罪的高发态势，推动了国家网络治理立法的跟进；而关于网络刑事治理的立法，又均是顺应“打击网络犯罪”的现实需求而产生的。也因此，有关网络犯罪的立法都是以入罪入刑为导向的。唯有如此，才能实现“打击网络犯罪”的目标。

从司法实务与理论层面分析，司法人员与刑法学者迫切希望动用刑法治理网络犯罪。“面对严峻的网络犯罪形势，政法机关该如何应对?”我国司法机关提出“提高打击新型犯罪能力增强群众安全感”[④]，通过“不断提高打击网络犯罪的能力，使执法部门的机制、技术与技能能够适应网络犯罪的治理需求”[⑤]。总之，司法机关打击网络犯罪决不能手软。各级司法机关在网络犯罪的立案、起诉与审理等各项活动中，对于案件性质难以确定的，或者依赖最高司法机关有关网络犯罪的司法解释的规定，这些司法解释基本上以入罪为主，比如2013年《网络诽谤案件解释》中关于“网络诽谤”立案标准的规定；或者通过客观解释方法入罪入刑。刑法学界对于网络犯罪的治理亦体现出强烈的入罪入刑倾向，比如有学者明确指出，面对日益严重的网络新型违法犯罪现象，“当代刑法立法的功能性特征极其明显，立法者的反应

① 蔡长春：《提高打击新型犯罪能力，增强群众安全感》，《法制日报》2017年1月18日第1版。

② 《依法打击网络犯罪，加强国际执法合作》，《人民法院报》2015年9月19日第1版。

③ 李适时：《关于〈中华人民共和国刑法修正案（九）（草案）〉的说明》，载http://www.npc.gov.cn/npc/lfzt/rlys/2014-11/03/content_1885123.htm，访问时间：2017年3月1日。

④ 蔡长春：《提高打击新型犯罪能力，增强群众安全感》，《法制日报》2017年1月18日第1版。

⑤ 姜敏：《如何加强网络犯罪治理》，《光明日报》2014年8月9日第7版。

更为迅捷，通过刑法控制社会的欲望更为强烈”①。对此，虽然有学者予以反对，认为“可以推动完善打击网络犯罪刑事立法，但坚决反对在法律未修改前，为打击网络犯罪随意解释法律”②，但是，在客观解释论者③的强大主张下，这种反对的声音显得极其式微，“刑法客观解释应对网络犯罪”已然成为网络犯罪刑事治理的突出现象。

（二）网络时代刑法客观解释等同于扩大/入罪解释的内在机理原因

网络时代刑法客观解释等同于扩大与入罪解释也是由刑法客观解释自身的性质决定的。较之于主观解释，客观解释更容易导致扩大或入罪解释，“客观解释的结果，多半是入罪”④。

主观解释论主张按照立法者的立法意图来解释刑法，客观解释论主张根据社会现实按照法的本义来解释刑法。客观解释论有利于保持刑法的灵活性，赋予法律文本以时代的生命力，满足刑法打击犯罪的社会保护之需求。它的缺陷则在于：其一，客观解释论否定对立法意图的遵守，其所进行的解释是解释者的任意解释，也因此是典型的主观解释；客观解释论之“客观”只是针对客观社会之现实，在对文本意义的探寻过程与结果上，是不折不扣的主观。其二，客观解释论因社会现实需要，在解释过程中，往往脱逸立法意图的约束，从而违反罪刑法定原则，加之客观解释论常常对法条作出因时因事的解释，故其便宜性有余而原则性不足。其三，客观解释论者从现实考量来解释刑法，立法的价值实际上被否定；在解释过程中，常常过多地掺入解释者的主观判断和利益衡量，成文的法律仅仅是无用的文字，解释者的意志已经完全取代了法律。这些缺陷，导致了客观解释常常被演变为扩大解释。

案例 4：信息网络传播行为是否为侵犯著作权罪中的“发行”行为？

张甲于 2013 年 3 月起，创建网站“2345 热播”“星级 S 电影网”等，并使用软件从其他网站上采集影视作品，未经著作权人许可，在上述二网站上

---

① 周光权：《积极刑法立法观在中国的确立》，《法学研究》2016 年第 4 期。

② 周斌：《核心法律缺失，打击网络犯罪“手软”》，载http：//www.legaldaily.com.cn/index_article/content/2013-12/23/content_5144523.htm？node=5955，访问时间：2017 年 3 月 2 日。

③ 参见张明楷：《网络时代的刑法理念——以刑法的谦抑性为中心》，《人民检察》2014 年第 9 期。

④ 储槐植：《善解罪刑法定》，见中国人民大学刑事法律科学研究中心编：《刑事法学的当代展开》（上），中国检察出版社 2008 年版，第 144 页。

传播他人影视作品，在网页刊登广告并收取广告费用。[①]

对于本案被告人通过信息网络渠道传播他人影视作品的行为，2004 年 12 月 8 日“两高”《关于办理侵犯知识产权刑事案件具体应用法律若干问题的解释》第 11 条第 3 款规定，“通过信息网络向公众传播他人文字作品、音乐、电影、电视、录像作品、计算机软件及其他作品的行为，应当视为刑法第二百一十七条规定的‘复制发行’”。据此，法院判决指出，“被告人张甲以营利为目的，未经著作权人许可，发行他人影视作品，情节严重，其行为已构成侵犯著作权罪”。

本案中，法院即对《刑法》第 217 条所规定的侵犯著作权罪中的“发行”行为作了客观解释，即将使他人影视作品在自己网站内传播的行为解释为“发行”，进而对被告人实行有罪判决。然而，这一客观解释值得商榷。2010 年 2 月 26 日《中华人民共和国著作权法》（2020 年修正）第 10 条规定，“发行权，即以出售或者赠与方式向公众提供作品的原件或者复制件的权利”。据此，侵犯著作权罪中的发行，是指以出售或赠与等方式向公众转移作品载体所有权的行为。侵犯著作权罪是行政犯，其对“发行”等罪状的理解必须结合《著作权法》的规定，这才符合打击知识产权犯罪保护著作产权的立法意图。但是，将信息传播行为解释为“发行”之后，即彻底偏离了《刑法》第 217 条的立法意图，偏离了法律条文对“发行”本义的约束，违背了罪刑法定原则。

客观解释“无视法律原义，甚至可以说是不承认有法律原义。无视法律原义就等于无视罪刑法定”；客观解释“着眼于现实需要，而所谓‘现实需要’在尚未形成高水平的法律职业共同体的背景下则很可能难以达成共识，各有各的需要”[②]。这些特性导致了客观解释多半是扩大化的入罪解释。

（三）网络时代刑法客观解释等同于扩大/入罪解释的种种表现

从网络在网络犯罪中的地位来看，网络犯罪可以分为三个阶段。第一阶段是网络“作为犯罪对象”，第二阶段是网络“作为犯罪工具”，第三阶段是

① 参见北京市海淀区人民法院（2014）海刑初字第 83 号刑事判决书。

② 储槐植：《善解罪刑法定》，见中国人民大学刑事法律科学研究中心编：《刑事法学的当代展开》（上），中国检察出版社 2008 年版，第 144 页。

网络“作为犯罪空间”[①]。为了满足全社会“进一步加大打击网络犯罪力度”的需求[②]，刑法客观解释在网络犯罪的各个阶段发挥着重要作用。

在网络“作为犯罪对象”的网络犯罪阶段，客观解释论不断对计算机犯罪的“容量”扩容，以有效保护计算机与网络安全。当网络是犯罪对象，比如黑客的攻击目标时，客观解释论的适用范围主要限于《刑法》第285条所规定的非法侵入计算机信息系统罪，非法获取计算机信息系统数据、非法控制计算机信息系统罪，提供侵入、非法控制计算机信息系统程序、工具罪，破坏计算机信息系统罪，第286条所规定的破坏计算机信息系统罪。

以前述案例2“第一名”软件案为例：何为破坏计算机信息系统罪中的“干扰”？对此问题，司法解释无明确的规定，司法实践中也存在不同认识。如果贯彻主观解释论，则可认为，干扰是指造成计算机信息系统不能按照既定的应用目标和规则进行采集、加工、存储、传输、检索信息等处理活动，亦即不能正常运行，同时，“干扰应该是与删除、修改和增加行为相当的破坏计算机信息系统功能的行为，因而，干扰也是对计算机信息系统运行机理造成的破坏，如干扰致使计算机系统分析信息时不能按照原来设定的规则进行，导致分析数据不正常。干扰的方式是多种多样的，包括如外挂程序、拦截信号、干扰传输等等。如果类似干扰的行为没有导致计算机信息系统运行机理发生重大变化，就不能认为是刑法所规定的‘干扰’”[③]。张某、陶某利用“第一名”软件自动点击相关网页增加点击量，从而影响百度搜索正常排序，但是，他们并未侵入百度搜索引擎的运营服务器内部进行数据的修改，并未使计算机信息系统的运行机理发生重大变化，也没有导致计算机不能正常运行。“第一名”软件向百度的服务器人为传递了错误的反馈信息，属于“信号干扰”。司法机关仅因此就将被告人的行为认定为破坏计算机信息系统罪，显然违背了《刑法》第286条所规定的客观违法要件“干扰”及“造成计算机信息系统不能正常运行”的原义，属于迁就网络治理现实需求扩大化与入罪化的客观解释。

① 参见刘艳红：《Web3.0时代网络犯罪的代际特征及刑法应对》，《环球法律评论》2020年第5期。

② 参见陈丽平：《进一步加大打击网络犯罪力度》，《法制日报》2015年1月7日第3版。

③ 朱赫、孙国祥、刘艳红：《破坏计算机信息系统案件法律适用研讨》，《人民检察》2015年第8期。

案例 5：全国首例流量劫持案

2013 年年底至 2014 年 10 月，付某、黄某等人租赁多台服务器，使用恶意代码修改互联网用户路由器 DNS 设置，进而使用户登录“2345. com”等导航网站时，跳转至其设置的“5w. com”导航网站。两人再将获取的互联网用户流量出售给“5w. com”导航网站获利。法院以破坏计算机信息系统罪对付某等人定罪处罚。[①]

以往，对于网络流量劫持行为一律是按照民事案件处理，考虑到流量劫持行为在网络领域愈演愈烈，甚至成为“网络世界久治不愈的顽疾”，法院认为，从“劫持流量产生的后果来看，其行为不仅导致了用户的流量流失而遭受经济损失，而且也因恶意软件的强行植入造成计算机系统的破坏，给网络的正常运行带来极大的安全隐患，符合刑法第 286 条关于破坏计算机信息系统罪的构成要件”。同时，该案被认为“提供了司法实践的典型‘判例’样本”，“彰显了样本意义”[②]。很显然，流量劫持侵犯的是财产利益，只是在短暂的时间内利用各种恶意软件修改浏览器、锁定主页或不停弹出新窗，以便劫取流量，故它不是破坏计算机信息系统的内在规则和正常使用即破坏计算机信息系统的行为。如果此类行为也被定罪，可以预言，计算机网络将不复存在。但是为了起到严厉打击网络犯罪的效果，司法机关采用客观解释，将“流量劫持”解释为“破坏”计算机信息系统的行为。通过不同判例对计算机犯罪罪名的客观解释，此类犯罪的内涵和外延日渐丰富。

在网络“作为犯罪工具”的网络犯罪阶段，客观解释论不断扩张传统犯罪构成要件的涵摄面，以使之适用于网络犯罪。当网络是犯罪工具时，客观解释论的适用范围是一切传统犯罪，如盗窃罪、诈骗罪、赌博罪、非法经营罪等等。在此阶段，全新的犯罪对象（比如虚拟财产）等与犯罪行为（比如开发外挂软件牟利）等屡屡冲击着人们对传统犯罪的固有认识。以盗窃虚拟财产为代表性问题的盗窃罪是最早冲击网络领域传统犯罪构成要件的罪名，其在司法实践中判决的数量之多[③]，非其他传统犯罪可比。

---

① 参见王治国、王烨捷：《上海浦东法院判决全国首例流量劫持案》，《中国青年报》2015 年 11 月 12 日第 4 版。

② 参见张智全：《首例流量劫持案判刑彰显样本意》，《法制日报》2015 年 11 月 12 日第 7 版。

③ 参见樊涛：《窃取网游装备应构成盗窃罪》，《人民法院报》2013 年 8 月 1 日第 7 版。

以前述案例2贩卖电视棒案为例。其一，法院认为“电视棒为淫秽物品”，属于典型的客观解释。《刑法》第367条规定，“……淫秽物品，是指具体描绘性行为或者露骨宣扬色情的诲淫性的书刊、影片、录像带、录音带、图片及其他淫秽物品”。电视棒不同于存储有色情内容的云盘，它只是一个传播媒介，它本身没有存储任何“具体描绘性行为或者露骨宣扬色情”的内容。将作为淫秽物品传播介质的物品解释为淫秽物品，违背了刑法有关淫秽物品的文义，突破了“法无明文规定不为罪不为刑”的刑法底线。此客观解释已经不仅仅是扩大解释，甚至可以说是类推解释。其二，在明确意识到电视棒偏离了《刑法》第367条所规定的淫秽物品这一“核心概念的边缘语义”之后，在它“能否属于淫秽物品”成为难以克服的解释学难题之后，有观点又主张“作为对网络社会的回应，将电视棒解释进传播类型化概念，符合政策精神，遵循立法本意”[①]。也即不解释为《刑法》第363条中的“淫秽物品”，而是解释为该条中的“传播淫秽物品”的“传播”行为。在淫秽物品犯罪中，贩卖电视棒的违法性至多在于其对传播淫秽物品行为具有帮助性，但是，其帮助的是何种性质的正犯，显然是不明确的。在此情况下，将之解释为“传播”淫秽物品的行为，是将帮助行为正犯化，通过客观的扩大解释，行解释性立法之实，因而同样是违反罪刑法定原则的。但无论如何，通过案例2的判决，网络时代淫秽物品犯罪的对象与行为，亦即构成要件的涵摄面，均通过此案而大为扩张。

在网络“作为犯罪空间”的网络犯罪阶段，客观解释论更是不断冲击着法治国基础的罪刑法定原则。法律技术论强调国家对社会的渗透力量、国家法对民间纠纷的管辖权。[②] 在这一点上，在网络作为犯罪空间的网络犯罪阶段，刑法对客观解释的运用及效果表现得尤为明显。《网络诽谤案件解释》第5条第2款规定，“编造虚假信息，或者明知是编造的虚假信息，在信息网络上散布，或者组织、指使人员在信息网络上散布，起哄闹事，造成公共秩序严重混乱的”，“以寻衅滋事罪定罪处罚”。该司法解释明确将“网络空间”解释为《刑法》第293条第4项中的“公共场所”，承认了刑法对网络

① 钱岩：《新型网络淫秽行为的刑法规制探析》，《人民法院报》2016年6月22日第6版。

② 参见储卉娟：《暴力的弱者：对传统纠纷解决研究的补充——基于东北某市监狱的实证研究》，《学术研究》2010年第6期。

空间公共秩序法益的保护。

案例 6：网络寻衅滋事案。

董某于 2012 年 5 月 17 日 9 时 23 分，使用新浪微博账户，编造虚假信息“自来水里的避孕药”，传播避孕药被用于水产养殖以及其污染环境和对人体健康的影响等虚假信息。该信息被大量转发、评论，误导社会公众产生错误认知，引发公众对公共服务安全的忧虑和质疑。[①] 董某的行为被司法机关被认为属于网络空间中的寻衅滋事罪，只因董某的犯罪情节轻微、认罪态度较好，检察院对之作出了不起诉决定。

分析本案及《网络诽谤案件解释》的规定，将网络虚拟空间解释为社会物理空间，并不是没有疑问的。根据《刑法》第 293 条，寻衅滋事罪的构成要件为，“随意殴打他人”“追逐、拦截、辱骂、恐吓他人”“强拿硬要或者任意损坏、占用公私财物”“在公共场所起哄闹事，造成公共场所秩序严重混乱”。很明显，该罪的实行行为应仅限于发生在物理性的公共场所之中的行为，因为诸如殴打、追逐、强拿硬要等行为都只能是物理性、实体性接触的行为，因此，该罪第四项罪状“在公共场所起哄闹事，造成公共场所秩序严重混乱”属于延续前三项罪状的规定，因此其在性质上必然与前三项规定一样，均为社会物理空间的寻衅滋事行为。更何况，在网上发表言论是信息网络的功能使然，并没有使计算机系统及通信网络遭受损害或造成其不能正常运转，也不存在影响他人上网及干扰正常的网络空间秩序。这表明，通过客观解释，将网络空间秩序解释为社会物理空间秩序，并非没有疑问。回溯到寻衅滋事罪的立法意图与法条文义，司法机关对董某某案之性质的认定，均有类推入罪之嫌。

综上所述，网络时代刑法客观解释的演进方向就是日益严重的扩大化与入罪化。“通过（客观的——笔者加）扩大解释方法，对大量复杂的、疑难的和定性困难的行为，都将其解释为犯罪行为，并将有关犯罪构成要件强行套用到这些行为之上。”一时间，几乎所有的网络领域失范行为“都可以被解释成犯罪行为”[②]。面对新型的网络犯罪行为，我国立法机关和司法机关

① 参见高哲远：《网络寻衅滋事罪中“公共秩序严重混乱”的认定》，《中国检察官》2015 年第 11 期。

② 陈瑞华：《脱缰的野马：从许霆案看法院的自由裁量权》，《中外法学》2009 年第 1 期。

均倾向于采用“对现行法律作嬗变的和扩张的解释或者主张”[①]。

三、网络时代刑法客观解释的新塑造：“主观的客观解释论”

客观解释等同于扩大解释，不但破坏了网络领域的自由，更损害了法的安定性与公民权利。针对网络领域层出不穷的新型违法犯罪行为，应该警惕对客观解释论的过度适用，反对，至少不提倡在网络时代客观解释论的全面适用，同时，结合主观解释论的法治基因优势，重新以“主观的客观解释论”塑造网络时代传统刑法的客观解释论。

（一）主/客观解释论的立场：“主观的客观解释论”之基理

如果“法律戴着面具出现”，这面具就是语言；如果按照吉普林（Kipling）所说，语言是人类“最强有力的药剂”，那么，它是一种有副作用的药剂。[②] 用语言写成的法律，决定了其适用必须经由法官对语言文字的个别化，这一过程就是法律解释。在法律解释方法论中，一直存在着主观解释论和客观解释论的对立：“作为法解释目标的法律意旨，究竟应是立法者制定法律规范时的主观意思，还是存在于法律规范的客观意思。”[③] 对前者的探究，即为主观解释论；对后者的穷析，则为客观解释论。刑法主观解释与客观解释这一对范畴历经了从主观解释到客观解释的发展，乃至客观解释对主观解释的批判与地位取代，以及当下二者的地位各异。主观解释论认为法律解释的目标是探求立法者在制定法律时的主观意思，即探求“立法原意”，寻求立法者在制定法律的当时是何种心理状态，换言之，“是以探求历史上立法者的心里意愿为解释目标的”[④]。它为温德施伊特（Windscheid）、比尔林（Bierling）等人所倡导。这一理论在19世纪和20世纪在西方法解释理论界占支配地位。主观解释论的哲学理论基础在于传统方法论哲学解释学。传统解释学原本是《圣经》研究的一个方法论分支，或者说是解释圣典的技巧。随着文艺复兴和宗教改革的兴起，传统解释学从《圣经》的研究方法与

① 参见［意］劳伦佐·彼高狄：《信息刑法语境下的法益与构成要件的建构》，吴沈括译，见赵秉志主编：《刑法论丛》，第23卷，法律出版社2010年版，第314页。

② 参见［德］伯恩哈德·格罗斯菲尔德：《比较法的力量与弱点》，孙世彦、姚建宗译，清华大学出版社2002年版，第135页。

③ 梁慧星：《法解释方法论的基本问题》，《中外法学》1993年第1期。

④ ［德］卡尔·拉伦茨：《法学方法论》，陈爱娥译，五南图书出版有限公司1996年版，第221页。

分支转变为人文科学的方法论。[①] 传统解释学一直假定并相信作品中有立于解释之外的“原意”，只待正确的理解重新现出原意来。基于这种假定和确信，传统解释学论者将解释的目标匡定为对解释对象“原意”的揭示。把解释学从《圣经》的研究、解释方法转变为人文科学方法论起到最有力推动作用的施莱尔马赫（Friedrich Schldeiermacher）。他认为，解释学的任务是把解释对象（作品、历史、文化传统等）自身所具有的意蕴（meaning）再现出来。[②] 另一位传统解释学巨匠狄尔泰（W. Dilthey）亦认为，“凭重新体验再创造作者的创造过程是解释的最重要部分，因为它可以使人看到作品是怎样符合作者的事业与他的时代环境的”[③]。总之，在主观解释论看来，作品的原意是理解和解释的标准，也是判断解释或理解是否正确的唯一尺度。传统方法论哲学解释学被作为普遍的方法论引入法解释学后，自然就被运用于法律解释之中。具体到刑法解释之上，它一般为刑事古典学派所采纳，如日本刑法学者佐伯千仞明确指出，“作超出刑法条文之语言原意的解释是不行的”[④]。

客观解释论认为，法律解释的目标就是阐释刑法条文客观上所表现出来的意义，而非立法者在制定当时赋予法律的主观意思。此也即“以解析法律内存的意义为目标”[⑤] 的论调。它强调法律解释不单单在于揭示立法意图，更重要的是从法律中找出适应社会客观现实的法律的现实含义。其代表人物有科勒（Kohler）、宾丁（Binding）。这一理论在 19 世纪末开始兴起并逐步取得在法解释学上的支配地位，如今成为最具影响力的法解释目标理论。具体到刑法解释上，它一般为刑事实证学派所倡，如泷川幸辰博士认为，“只要社会永远处于不断的发展变化之中，那么所有法律解释，当然刑法也不例外，就应适应这种新的社会现实”[⑥]。这是客观解释论的具体体现。客观解释论认为法律一经厘定，即与立法者相分离而成为一种独立的客观存在，从而法律解释的目标也就不可能在于探求历史上立法者的原意了，而在于探究

① 参见殷鼎：《理解的命运》，三联书店 1988 年版，第 5－6 页。
② 参见殷鼎：《理解的命运》，三联书店 1988 年版，第 7 页。
③ 张汝伦：《意义的探究》，辽宁人民出版社 1987 年版，第 48 页。
④ ［日］中山研一：《刑法的基本思想》，姜伟、毕英达译，国际文化出版公司 1988 年版，第 97 页。
⑤ ［德］卡尔·拉伦茨：《法学方法论》，陈爱娥译，五南图书出版有限公司 1996 年版，第 221 页。
⑥ ［日］中山研一：《刑法的基本思想》，姜伟、毕英达译，国际文化出版公司 1988 年版，第 74 页。

和阐明蕴含在法律中的对于现实的意义和规制社会的目的；并且，这种探究并非一劳永逸的。随着社会的变迁和发展，法律的意义和目的也会发生变化，法律解释的目标就是永远发现和阐明法律的客观意义。客观解释论者必然认为，法律包括刑法都有其不可避免的漏洞，并非自给自足的完美的规则体系。很显然，这种理论是理性万能主义理想破灭的产物，是科学和实证主义成为发展主流的佐证。

（二）网络时代客观解释的重新塑造："主观的客观解释论"

网络犯罪行为的刑法应对，看似更适于采用客观解释论而非主观解释论。网络领先着人类社会的变化速度，不切合社会现实的需求去探求法律规范的真意，恐怕难以实现法律的发展与司法的进步。然而，网络时代以"刑法客观解释应对网络犯罪"，网络时代刑法客观解释等同于扩大与入罪解释，这意味着客观解释可能正在被过度甚至不当使用；也意味着主观解释所宣扬的"探究立法意图"及恪守"刑法条文之语言原意"的价值需要重新审视；还意味着治理网络犯罪的优位解释方法即客观解释论，需要重新塑造。为此，宜以主观性纠偏过度的客观性，以"主观的客观解释论"重新塑造客观解释论。

在主观解释论与客观解释论之间，曾经历了一个此消彼长的态势。19世纪末至20世纪初，在概念法学主导下，主观解释论呈一时之兴。20世纪中后期至今，随着自由法运动与实用主义法学的大行其道，客观解释论占据绝对主导，甚至有彻底取代主观解释论之势。当下中国刑法学界谈"主"色变，似乎主观解释一定是充满主观性与随意性的，客观解释一定是充满客观性与理性的。这充满了对主观解释与客观解释的误解。

就主观解释论而言，它的确存在一些问题，这些问题都是围绕着立法意图是什么这一个核心，它们大致包括：立法意图如何寻找；立法意图是立法者当时的体现，如何在当下时代准确对之予以把握；立法意图产生之后与立法者之间的客观距离如何处理；随着社会的变化，立法意图的缺陷如何克服等。[①] 虽然有着上述缺憾，但主观解释论仍有着其突出的法治基因与优势。"主观论的真理在于：法律与自然法则不同，它是由人类为人类所创造的，

---

① 参见张明楷：《立法解释的疑问——以刑法立法解释为中心》，《清华法学》2007年第1期。

它表现立法者创造可能的——符合社会需要的——秩序的意志。法律背后隐含了参与立法之人的规定意向、其价值、追求，以及其对事物的考量。今日法律见解所要求之‘受法律约束’，不仅指受法律文字（约束），也包含（受）（立法当时的）立法者之评价及意向的拘束。”[①] 这一最大的真理性价值引出了主观解释论的法治基因与优势：要求探求出立法者的原意当然否定了解释的恣意和专横，这对于刑法的帝王原则——罪刑法定原则的维护极其重要，同时也限制了司法适用的擅断并维护了刑法的安定性与可预测性。[②]

相对于主观解释论，客观解释论有着其不可比拟的真理性价值与意义。其一，客观解释论更具有现实精神。法学的核心问题在于“法律规则在现实生活中是如何运作的”，为此，“忠实于法律秩序的实际情况”被很多不同法学派别作为其理论基础，进而“拒绝将那些已经逝去的观念作为法律上的现实”[③]，比如立法意图，就因此而不为客观解释论所关注。如何紧跟现实生活的变化并对法律作出妥当合理的解释，才是其追求的目标。其二，采客观解释论有利于探究法的实质要义。“法律应深入实质而非现实，关注精神而不是仅注重字面含义。”[④] 客观解释论在深入社会现实的同时亦深入对法律实质意义的寻找，而不仅仅是关注法条文字字面的含义，也因此，它更多地与实质解释融合在一起，这对于缓和概念法学的机械性具有很重要的作用。其三，采客观解释论有利于实现刑事个案的正义。“现实主义者热衷于单个的判决结论，强调个案的特殊性而不是一种趋向于统一的诉讼过程”[⑤]。相对于主观解释论对抽象与普遍正义的追求，“关注社会生活现实与法条适用效果的客观解释论”更注重个案正义的实现，对于刑法防卫社会具有整体性的意义。其四，采客观解释论可以让法条文字焕发出新的活力并使刑法规范的生命力长盛不衰。当然，前文已述，客观解释对立法意图的否定、对社会现实的灵活应变以及解释者主观性的过多介入，导致客观解释常常等同于扩大解释，它的灵活性容易导致违背罪刑法定原则随意出入人罪，因此需要予

---

① ［德］卡尔·拉伦茨：《法学方法论》，陈爱娥译，五南图书出版有限公司 1996 年版，第 222 页。

② 参见储槐植：《善解罪刑法定》，见中国人民大学刑事法律科学研究中心编：《刑事法学的当代展开》（上），中国检察出版社 2008 年版，第 144 页。

③ ［美］罗斯科·庞德：《法理学》，第 1 卷，余履雪译，法律出版社 2007 年版，第 202 页。

④ ［美］罗斯科·庞德：《法理学》，第 1 卷，余履雪译，法律出版社 2007 年版，第 338 页。

⑤ ［美］罗斯科·庞德：《法理学》，第 1 卷，余履雪译，法律出版社 2007 年版，第 206 页。

以警惕。

主观解释论与客观解释论是“我注六经”与“六经注我”的关系：在前者，得之原则性失之僵化性；在后者，得之现实性失之原则性。“主观的客观解释论”正是基于主、客观解释论各自的优、缺点，主张以客观解释为基本解释方法，在客观解释论的适用中贯彻主观解释论对“刑法条文之语言原意解释”之要求，以之作为对客观解释之限定。刑法乃刑事立法者的意志的具体化，其中既有主观的想法及意思或目标，同时也包含立法者当时不能全部予以认识的“客观”的目标及现实的必然要求。如果想真正了解、解释清楚刑法规范的含义，就不能不兼顾两者。一方面，针对网络时代不同于传统时代的全新特点，对网络犯罪的刑法适用应以客观解释论为主，以使刑法规范的全部意义得以在延续的现实世界虚拟世界——网络中进一步被挖掘被发现。故步自封于传统人际社会的模式与关系，刑法规范将不可避免地停滞不前。只有直面网络时代的犯罪与特征，对刑法规范作出与时代和空间发展同步的解释，才能有效解决现实生活中的种种法律适用难题。另一方面，探求刑法规范在网络领域的现实意义，也要注意这些意义必须与立法者当初之立法意图相结合。正如约瑟夫·拉兹所言，“无论某人在何时立法，他都想制定一部有价值的法律。认识意图的基本或微小的方面是重要的，因此要反对认为立法意图在理解立法时没有任何作用的观点，也要反对那些怀疑立法、权威和法律合法性之间联系的看法”①。固然网络犯罪表现形式多样且大多是传统刑法领域闻所未闻、见所未见的，而且我国现行刑法规范的制定针对的是传统现实世界，但是，即便如此，也不能将客观存在的立法者在制定刑法当时的意向和价值追求弃之不管。即便这样的意图可能不合宜于时代，也不能让解释者假解释之名行立法之实。

总之，“主观的客观解释论”的最终目标是，在立法者当初的价值取向和“刑法条文之语言原意”的最大射程内来探求刑法规范在现实生活所具有的规范意义，客观解释不得脱逸立法者与条文语言原意之范围。

（三）网络时代“主观的客观解释论”的独特价值与意义

针对网络时代刑法治理客观解释的扩大化、入罪化趋势，采“主观的客

---

① ［比］马克·范·胡克：《法律的沟通之维》，孙国东译，法律出版社2008年版，第179页。

观解释论”有利于树立“以刑法谦抑为中心网络时代的刑法理念”①。

网络时代新型违法犯罪层出不穷，网络刑事治理的手段是通过刑法客观解释扩大传统犯罪的适用范围，将网络新型违法犯罪行为入罪入刑，因而，网络犯罪的刑事治理尤其需要树立刑法的谦抑性理念。在“严打难遏网络犯罪高发、所有传统犯罪均‘触网’”② 的大背景下，如何有效节约司法资源并精准打击网络犯罪，是刑法理论研究的新课题。为此，在网络时代下强调和重申刑法谦抑性，尤其具有针对性，而采“主观的客观解释论”恰恰有利于树立和强化刑法谦抑性理念。

主观解释论的“主观性”常常使人们对之充满敌意。在立法意图模糊的难题之下，人们不但放弃了对主观解释所倡导的立法意图的探索，更连同主观解释论一同放弃了。事实上，主观解释论具有客观性，它所倡导的立法意图，恰恰是对刑法解释射程的客观规制。这是由主观解释论的自由主义法学理论基础决定的。按照三权分立学说，立法者制定法律，司法机关基于法律来进行裁判，法律解释只能是探求立法者在制定法律时的主观意思，否则就超出了法律的范围，从而也就违反了三权分立原则。同时，主观解释论强调法律的安定性和自由保障机能。法律是用来规范人们行为的，它必须具有稳定性和可预测性，没有安定性的法律是不能给人以预测可能性的，这样，人们在行为的时候就不会感到自由与安全。因此，法律解释，尤其司法的解释，必须从立法者的原本意思出发，否则就会伤害到法律的安定性和可预测性。而主观解释正是通过探求立法意图来探求法律规范的真实意义。在这一点上，主观解释比客观解释更为“客观”，后者只是切合社会现实之客观需求，而常常罔顾法律规范之真实（客观）含义。因此，在此点上，客观解释实乃解释者的个人偏好而已，它充满了解释者的主观性，而绝对不是在法条真实意义客观层面上的客观解释。因此，采“主观的客观解释论”有利于在进行客观解释时，从立法本意出发，从而充分实现罪刑法定原则；而罪刑法定原则的贯彻，直接有利于约束刑法的处罚范围，从而充分体现刑法谦抑理念。

---

① 张明楷：《网络时代的刑法理念——以刑法的谦抑性为中心》，《人民检察》2014 年第 9 期。

② 周斌：《严打难遏网络犯罪高发，所有传统犯罪均“触网”》，《法制日报》2015 年 10 月 14 日第 5 版。

相对于现实物理世界，网络新科技带来的结果以及出现的新事物尚需观望，采“主观的客观解释论”有助于网络刑事治理的公正性。网络领域新生事物层出不穷，要在网络犯罪刑事治理方面实现司法公正，绝非简单照搬传统刑法规则即可，其中，尚需对网络带来的新事物进行分析与考察。“如果法官还想克服他们这代人的欠缺，那么在雇佣毕业于技术日新月异之时代的法官助理时，就应当追求每年雇佣 1 到 2 位在某些与法律有关的技术领域内背景不错的申请人。我近年就是这么做的。”[①] 理查德·波斯纳（Richard A. Posner）法官如是说。这是因为他可以通过这名和科学打过交道的助理了解到某一技术领域的根本特点和必要的背景知识，这些将有助于他的公正审判。人类自身的各类行为，从人际传播开始，到大众传播，再到网络传播。人们在社群生活中从事着面对面的、本地化的交流，人的身体是面对面的交流活动得以实现的物质平台。此即人际传播。传统的盗窃有形物品的犯罪即属于在人际传播世界中所进行的行为。其后，新类型的媒介即大众传媒，伴随着印刷（图书、报纸、杂志）、电话、电影、广播和电视而诞生，以模拟信号传输为特征。最后，网络化的个人计算机和手机之类的数字媒介借助于数字技术催生了一对一、一对多、多对多的网络化交流与传播活动。此即网络传播。人际传播、大众传播、网络传播是三个维度的媒介[②]，它们的发展和变化决定了违法犯罪行为的变化趋势，即由有形到无形、由实际到虚拟、由线下到线上，从而不但影响到犯罪的形态变化，也影响到犯罪的认定，引发了传统刑法概念能否适用于网络领域犯罪的争议，如云盘能否被认定为淫秽物品，游戏币能否被认定为财物，深度链接影视作品能否被认定为侵犯著作权罪中的“发行”，等等。司法实践中针对盗窃网络虚拟财产[③]所作的两种完全相反的判决，显示了网络新事物对传统刑法与人类认知能力的挑战。的确，“几乎在每一个历史时期，法律和公正都被新科技远远地抛在后面”，“新科技带来的结果并不会立刻变得明朗。正因为如此，法律回应的

① ［美］理查德·波斯纳：《波斯纳法官司法反思录》，苏力译，北京大学出版社 2014 年版，第 374 页。

② 参见［丹］克劳斯·布鲁恩·延森：《媒介融合：网络传播、大众传播和人际传播的三重维度》，刘君译，复旦大学出版社 2014 年版，第 63－74 页。

③ 参见张宇、高坡：《盗取网游装备不属于盗窃财产》，《检察日报》2014 年 7 月 23 日第 3 版。

特征之一就是对现有原则的反应或调整”[①]。因此，与其动辄将网络新型违法犯罪行为入刑，莫如审慎观察，得其要义，然后再动用刑法，以免刑法的随意介入扼杀了网络领域的自由与健康发展。采“主观的客观解释论”有利于使刑法规则在面对网络时，不至于完全丧失对“刑法条文之语言原意”的探求，而此点恰恰是对传统世界的坚守与在网络空间刑法适用的审慎。

网络的中立特点需要刑法提供更多基于宪法权利的保护空间，“主观的客观解释论”适宜于网络刑事治理与自由发展的双重需要。面对网络中出现的种种新生事物，客观解释论不断扩大传统刑法概念的内涵与外延。这有力遏制了网络违法犯罪行为，但同时也扼杀了网络领域的自由。网络时代不同于传统媒体时代，网络革命的来临，相当程度上削弱了频段稀少性这个正当化传统传播通讯管制措施的基础，因为至少在理论上，信息网络科技使每个人都有可能成为独立的传播通讯业者。因此，国家就暂时失去了管制网络的理论基础，而作为新媒体的信息网络的科技伦理尚未形成。由此，目前，与因为频段的稀缺而最受管制的广播媒介相比，网络领域共享者理应被赋予更大的自由；国家在此领域不可动辄扩大入刑范围。关于盗窃虚拟财产能否构成盗窃罪，在刑法理论上与司法实务中从一开始到现在均存在着极大争议，恰恰与民众对于国家对网络过多介入的抵触与反感有关。反对者会认为，“网络空间可能是一个有变动、有趣味、有创造性甚至有利可图的地方。然而，它却不是一个和谐的场所”[②]，应该对网络服务提供者施以刑罚威慑。实际上，从美国经验看，对违法犯罪行为的规制当然会适用于新兴的信息技术，但同时也会考虑按这些新兴技术的特有属性来适用某些规则[③]，而这些特有属性总是在与旧媒体的比较中获得的。网络作为新媒体所具有的分散性、易入性、普及性、匿名性等独一无二的特性，决定了它理应获得更多的自由，否则，网络世界就会失去了其特性与存在的优势。

四、“主观的客观解释论”之贯彻：以全国首例“恶意”刷单为例

以“主观的客观解释论”重新塑造网络时代传统的客观解释论之后，如

---

① ［荷］简·梵·迪克：《网络社会——新媒体的社会层面》，蔡静译，清华大学出版社2014年版，第136页。

② ［美］彼得·德恩里科：《法的门前》，邓子滨译，北京大学出版社2012年版，第393页。

③ Turner Broadcasting System. Inc. v. FCC，512 U. S. 622（1994）.

何予以贯彻，是刑法适用于网络犯罪的实践性议题。针对“主观的客观解释论”之命题，允许并主张对传统刑法规范进行客观解释，但不得超越“刑法条文之语言原意”，达此要求者，客观解释结论成立，可以入罪；反之只能出罪。基于“破坏生产经营罪的网络化动向”及刑法理论界所主张的“扩大的客观解释”[①] 之应对措施，下文将以全国首例“恶意”刷单入刑案为例，贯彻适用“主观的客观解释论”，分析该行为是否构成刑法中的犯罪。

案例 7. 全国首例“恶意”刷单入刑案。

北京智齿数汇科技有限公司（以下简称智齿公司）在淘宝网上运营论文相似度检测业务。2014 年 4 月，董某为谋取市场竞争优势，雇用他人，多次以同一账号恶意大量购买智齿公司南京分公司的淘宝店铺商品，致使该公司店铺被淘宝公司认定为通过虚假交易刷销量，并对其搜索降权，造成消费者无法通过淘宝网的搜索栏搜索到该公司店铺的商品，严重影响该公司的正常经营，造成经济损失 5 万余元。法院以破坏生产经营罪对董某定罪处罚。[②]

要贯彻“主观的客观解释论”，必须先明确破坏生产经营罪的立法意图。1979 年刑法中，破坏生产经营罪被归入破坏社会主义经济秩序罪：“由于泄愤报复或者其他个人目的，毁坏机器设备、残害耕畜或者以其他方法破坏集体生产的”，构成破坏集体生产罪。1996 年 10 月 10 日现行刑法修订草案（征求意见稿）中，该罪被归入了“侵犯财产罪”一章，“同时考虑到 1979 年刑法典原先规定的‘集体生产’只能是指全民所有制单位和集体所有制单位的生产，无法涵盖其他性质的单位的生产经营，故对本罪的对象作了修改”[③]，最后形成了现行《刑法》第 276 条：“由于泄愤报复或者其他个人目的，毁坏机器设备、残害耕畜或者以其他方法破坏生产经营的”，构成破坏生产经营罪。1979 年刑法规定破坏集体生产罪的立法理由是，“保护社会主义全民所有的财产和劳动群众集体所有的财产，维护社会秩序、生产秩序、工作秩序”，“惩治毁坏机器设备、残害耕畜等破坏集体生产的犯罪行为，维

---

① 参见孙道萃：《破坏生产经营罪的网络化动向与应对》，《中国人民公安大学学报（社会科学版）》2016 年第 1 期。

② 参见曾梓民：《淘宝上恶意刷单损害竞争对手，全国首例以破坏生产经营罪入刑》，《三湘都市报》2016 年 12 月 29 日第 E2 版。

③ 高铭暄：《中华人民共和刑法的孕育诞生和发展完善》，北京大学出版社 2012 年版，第 503 页。

护集体经济利益和生产秩序”。1997年刑法修改并重新确立破坏生产经营罪的立法理由是：“随着改革开放的逐步深化，我国由计划经济向市场经济过渡，各种经营主体形式多样，刑法原来规定的破坏集体生产罪也要适时调整。在此基础上，1997年刑法对破坏集体生产罪进行了修改补充，将其规定了破坏生产经营罪，并调整了法定刑，以适应惩治犯罪的需要。”[①]

破坏生产经营罪从归入破坏社会主义市场经济秩序罪章到归入侵犯财产罪章这一立法章节的变化，是否意味着该罪保护的法益由生产经营秩序变为了纯粹的财产性利益？对此问题，学界有不同观点：一种是正常秩序说，认为该罪所保护的法益同1979年刑法规定的破坏集体生产罪所保护的法益一样，即为“公私财物的所有权和国家、集体或者个人生产经营的正常秩序”[②]。另一种是经济利益说，认为该罪所保护的法益“不是生产经营的正常秩序”，而是经济利益。[③] 还有一种是财产所有权说，认为该罪所保护的法益“应当是公私财物的所有权以及其他本权，也即本罪是通过对财产的侵害间接地对生产经营产生影响”[④]。以上观点均存在不足。一般而言，由于法益对刑法解释具有指导作用，理应承认立法章节的变化意味着保护法益的变动，除非有特殊缘由。因此，仅以生产秩序作为破坏生产经营罪的保护法益，显然是无视其隶属于“侵犯财产罪”的法典体系地位；仅以经济利益作为该罪保护的法益，显然是无视其隶属于“破坏社会主义市场经济秩序罪”的历史沿革以及其生产经营犯罪的罪质特性。为此，结合该罪的立法沿革，考虑该罪的立法现状，该罪所保护的法益应为正常的生产经营秩序与和生产经营活动相关的财产所有权及其他本权。理由是，纯粹考虑“财物的所有权以及其他本权”而不考虑正常的生产秩序法益，违背《刑法》第276条之立法规定。与《刑法》第五章“侵犯财产罪”中其他犯罪的构成要件不同，破坏生产经营罪并没有规定成立犯罪的量的要件（包括财产数额要件或次数要件），而只有对该罪构成要件质的规定性。这意味着，如果纯粹以财物的所

① 全国人大常委会法制工作委员会刑法室：《中华人民共和国刑法条文说明、立法理由及相关规定》，北京大学出版社2009年版，第574页。

② 高铭暄、马克昌主编：《刑法学》，7版，北京大学出版社、高等教育出版社2016年版，第519页。

③ 参见柏浪涛：《破坏生产经营罪问题辨析》，《中国刑事法杂志》2010年第3期。

④ 黎宏：《刑法学各论》，2版，法律出版社2016年版，第343页。

有权及其他本权作为该罪所保护的法益是违背现实的，因为，没有侵财数额大小的侵犯财物所有权的财产犯罪，无法认定犯罪的成立。如此一来，结论只有一种：破坏生产经营罪不是纯粹以财物所有权及其他本权为法益的犯罪。它有可能造成了财物的具体（数额）损失，也有可能没有造成财产具体（数额）损失。无论是哪一种情况，其共同之处一定是侵犯了正常的生产经营秩序；即或有财产损失，也一定是对社会经营活动的破坏导致的。因此，经济利益说、正常秩序说或者财产所有权说显然都有失片面，破坏生产经营罪的保护法益应为双重法益，即正常的生产经营秩序与和生产经营活动的财产所有权及其他本权。至此可以明确，破坏生产经营罪的立法意图是，保护一切正当的正常生产经营活动，避免因破坏生产经营活动而导致的财产损失。

根据破坏生产经营罪上述立法意图，以“主观的客观解释论”分析，法院对案例 7 的判决并不合理。

首先，智齿公司在淘宝网上运营论文相似度检测业务，是否属于破坏生产经营罪中的“生产经营”？立足于《刑法》第 276 条进行符合“刑法条文之语言原意”之解释，答案应该是肯定的。

在我国刑法中“生产经营”作为一个词组整体，只出现在第 276 条。“生产”一词在刑法典中其他条文中多次单处出现，如第 141 条中“生产、销售假药”、第 281 条中“非法生产、买卖人民警察制式服装”等；“经营”一词在其他条文中也多次单独出现，如第 165 条中“经营与其所任职公司、企业同类的营业”、第 225 条中“非法经营证券、期货、保险业务”、第 326 条中“倒卖国家禁止经营的文物”、第 382 条中“经营国有财产的人员”等。根据“主观的客观解释论”，在对生产经营进行扩大解释之前，理应恪守“刑法条文之语言原意”，因此，从文义及破坏生产经营罪对正常生产经营秩序法益的保护来分析，第 276 条中的“生产经营”既可以理解为“生产性经营”，也可理解为“生产＋经营”，同时也可理解为单纯的“生产”或者“经营”。而这里的“生产”，根据物理世界社会秩序中的词义，是指用工具创造各种生产资料和生活资料。它是物质性的生产或制造，如生产假药、生产警察服装、生产枪支弹药等含有“生产”二字的罪名均是如此。

但是，随着人类社会空间的拓展、网络虚拟空间的出现，“生产”一词不应仅限于物质性生产或制造，理应包括虚拟性或精神性生产或制造。换言之，用网络工具创造生产和生活资料的行为，当然也属于“生产”，比如大量非专业网民参与到网络新闻的制作过程中，这种行为就是一种“新闻生产”。如果这种生产衍生出产品，比如一条全新的新闻，其“生产”行为就具有创造性质了，行为人对之还享有著作权。总之，对破坏生产经营罪中的“生产”行为，可以根据网络领域的拓展而与时俱进，将网络中的虚拟物品或活动的制造，也称为“生产”。至于“经营”一词，其范围相当广泛。早在刑法颁布十年前的 1987 年《民法通则》第 42 条便指出，“企业法人应当在核准登记的经营范围内从事经营”。可见，这里的“经营”一词就不限于生产性经营，科技类、教育类、咨询类、文化传播类等第三产业几乎所有的业务活动均包含在其中。例如，《刑法》第 165 条中的经营同类营业、第 382 条中的经营国有财产等，就没有也不可能被限定为某种行业的经营。同时，这里的“经营”作为一种活动，当然既可能存在现实世界也可能存在网络世界。换言之，它包含物质性、现实性经营活动，也包括虚拟性、精神性的经营活动。

案例 7 中智齿公司在网上运营“论文相似度检测”业务的行为，是通过论文相似度软件的有偿使用而营利的行为。智齿公司围绕该项业务在淘宝网站投入人力物力来推广和运营此项业务，这种行为当然是“生产经营”。法院的判决并未涉及智齿公司经营论文相似度业务是否属于“生产经营”范畴之内，但毫无疑问，其对董某的有罪认定本身就表明，这个问题是毋庸置疑的前提。换言之，在此问题上，法院持一种主观的客观解释论之立场，该解释没有超出“刑法条文之语言原意”之范围，因而是合理的。

其次，虽然智齿公司在淘宝网上运营论文相似度检测业务，属于破坏生产经营罪中的“生产经营”范围，但是，董某的行为并不能被认定为“破坏生产经营”。

董某雇用他人多次以同一账号在竞争对手智齿公司的淘宝网店刷单，导致淘宝网认定智齿公司从事虚假交易并作出了商品搜索降权处罚，从而影响了智齿公司论文相似度检测业务的正常进行。此种行为是否构成破坏生产经营罪中的“破坏生产经营”的行为？根据《刑法》第 276 条的规定，破坏生产经营的行为方式有三种：一是“毁坏机器设备破坏生产经营”，二是“残害耕畜破坏生产经营”，三是“以其他方法破坏生产经营”。董某雇用他人在淘宝网上重复购买智齿公司的产品，其刷单交易导致淘宝公司对智齿公司搜索降权的行为属于何种破坏生产经营的行为？第一，可以肯定的是，董某的行为不属于“残害耕畜破坏生产经营”，只能考虑解释为第一或第三种行为。第二，董某的行为不能被解释为“毁坏机器设备破坏生产经营”。淘宝网商品搜索排名不是“机器设备”。（1）分析《刑法》第276条，“机器设备”与“耕畜”同属一类，即它们都是物质性的物体。将淘宝网搜索排名解释为“机器设备”，这种客观扩大解释完全超越了“刑法条文之语言原意”，不宜采纳。（2）根据淘宝网《淘宝规则》第29条，所谓商品搜索降权是指调整单一商品在搜索结果中的排序（非商品搜索屏蔽）。它是淘宝网对卖家违约而作出的一种临时性市场管控措施。“商品搜索降权”本身只是消费者在淘宝搜索栏进行检索时所显示的排名被调整而已，这与“机器设备”风马牛不相及，淘宝服务器依旧自我良好运行。退一步讲，即便董某通过技术手段入侵了淘宝的服务器，这也不是“毁坏机器设备”。（3）在信息时代，网站服务器依赖计算机设备，但它本身并不是机器设备，服务器只是设备的软件，软件瘫痪，机器设备本身是完好无损的。董某的行为均不符合上述行为要件，其行为不是“破坏”。第三，董某行为也不能被解释为“以其他方法破坏生产经营”。刑法及相关司法解释对于何谓“其他方法”没有明确规定，实践中容易引发争议。法院判决指出，董某“主观上具有报复和从中获利的目的，客观上实施了通过损害被害单位商业信誉的方式破坏被害单位生产经营的行为”[①]。换言之，法院通过客观解释，将董某的行为认定为“以其他方法破坏生产经营”，而董某的“其他方法”是恶意刷单，导致竞争对手被“搜索降权”，从而“损害被害单位商业信誉”。此种结论值得商榷。我国刑法分则条文中存在大量的“以其他方法”这一兜底条款。对此，学界共识认为，应当坚持同类解释规则，即对“其他方法”的解释必须符合与法条示例在形式和危险性上相当的方法，如《刑法》第114条中的“其他危险方法”必须是与放火、决水、爆炸、投毒等危险性相当的方法；行为的强度或强制性相当，如第263条中的“其他方法”是与暴力、胁迫强度相当的方法等。

① 孙婉婉、苏维：《全国首例“刷单”入刑案入选南京2016十大案件》，载http：//315js.ccn.com.cn/contents/668/930308.html，访问时间：2017年3月2日。

对《刑法》第 276 条中的“以其他方法破坏生产经营”，也必须按照同类解释规则，将之理解为与毁坏机器设备、残害耕畜等相当的方法。这种“相当”既是一种强度的同类，也是行为构成模式的同类。因此，破坏生产经营罪中的“其他方法”必须是毁坏、残害等物理性的破坏行为。这是基于“刑法条文语言原意”作同类解释后的结论，它有利于限定破坏生产经营罪的成立范围。

更何况，事实也证明，董某刷单致淘宝网对智齿公司搜索降权并未导致智齿公司运营的论文相似度检测业务受到破坏；搜索排名下降并不影响该公司此项业务的照常进行，也不影响网民点击使用论文相似度查询软件。董某的行为虽然对智齿公司的财产收入有损害，但是，该损害并不是通过对论文相似度业务的损害带来的，换言之，不是破坏智齿公司的生产经营活动而导致的财产损失，因而董某的行为也没有侵犯破坏生产经营罪的保护法益。

综上所述，智齿公司在淘宝网上运营的论文相似度检测业务属于“生产经营”范畴，董某重复刷单而致智齿公司被淘宝网“搜索降权”不是“以其他方法破坏生产经营”的行为。这样的解释结论，就是采用“主观的客观解释论”分析该案后的结论。采用彻底的主观解释论，则该案中智齿公司运营的论文相似度业务检测不能被认为是“生产经营”，董某的行为更不能被认为是破坏生产经营。法院采取的是彻底的客观解释论。前者离社会现实太遥远，看不到社会经营活动的发展与变化；后者离破坏生产经营罪的立法意图太遥远，看不到法条在法律解释中的作用，以及法条语言原意对法律解释的约束，从而使“其他方法”的范围无限扩大。采用“主观的客观解释论”，才可避免在网络时代下破坏生产经营罪迅速沦为一个口袋罪名。

五、结语

当下我国刑法为应对日益严重的网络犯罪，采取的主要手段是通过“探究社会秩序的客观精神”来谋求对“社会现实的客观评价”。在所有刑法解释方法中，刑法客观解释轻易获得了优位权。然而，法律的形式主义与概念主义传统固然有其缺陷不能否定，以扩张为导向的刑法客观解释将导致“客观解释等同于扩张解释”，形成了网络时代刑法网络治理的入罪化，并造成法律公权力对技术性网络空间自由的伤害、对网络时代公民自由权利的忽视。针对网络空间层出不穷的新型违法犯罪行为，应警惕客观解释论的过度适用；结合主观解释论的法治基因优势，宜以“主观的客观解释论”重新塑造网络时代刑法客观解释论，即在对网络犯罪的解释、适用中，以客观解释为基础，同时其解释不能超出“刑法条文之语言原意”，以主观解释作为客观解释之限定。

针对当下十分严重的网络犯罪及其刑事治理中存在的十分突出的“刑法客观解释应对网络犯罪”的趋向，为了防止以客观解释之名行“解释者立法”之实的危险，采用“主观的客观解释论”缓和纯粹的或者说极端的客观解释论，有助于遏制网络犯罪治理中一味的入罪化趋势。“主观的客观解释论”将主观解释与客观解释结合起来，以客观解释为主导，以主观解释约束客观解释，以使客观解释不至于在灵活性的道路上走得太远，从而僭越了刑法的法治底线。在国家网络犯罪立法全面修改之前，在刑法解释论上探讨克制性地适用传统刑法，对于营造健康的网络空间及保护网络安全与自由具有更为长远的意义。最高司法机关欲将传统犯罪（寻衅滋事罪）扩大适用于网络领域时，尚且动用准立法资源以司法解释的形式予以规定，刑法理论与司法实务工作者在将传统刑法概念适用于解决网络犯罪时，更应立于审慎与谦抑的态度。虽然刑法的谦抑性并不意味着刑法的处罚范围越窄越好，但是如果刑法的处罚范围越来越宽，则肯定是不谦抑的。刑法的适用既要坚守罪刑法定原则的法治理念，同时也要发挥法条面对活生生的社会现实的应变与跟进能力。面对网络犯罪带给传统刑法的诸多挑战，刑法的适用与解释方法更应恪守此点。

参考文献

一、典籍类

1. 德国刑法典．徐久生译．法律出版社，2002
2. 日本刑法典．张明楷译．法律出版社，2006
3. 美国模范刑法典及其评注．刘仁文等译．法律出版社，2005
4. 俄罗斯联邦刑法典．黄道秀译．北京大学出版社，2008
5. 冰岛刑法典．陈志军译．中国人民公安大学出版社，2009
6. 德国刑事诉讼法典．宗玉琨译注．知识产权出版社，2013

二、译著译文类

1. ［德］黑格尔．法哲学原理．范扬等译．商务印书馆，1961
2. ［德］考夫曼．类推与“事物本质”——兼论类型理论．吴从周译．学林文化事业有限公司，1999
3. ［德］考夫曼，哈斯默尔主编．当代法哲学和法律理论导论．郑永流译．法律出版社，2002
4. ［德］阿列克西．法律论证理论．舒国滢译．中国法制出版社，2002
5. ［德］恩吉施．法律思维导论．郑永流译．法律出版社，2004
6. ［德］罗克辛．德国刑法学总论．王世洲译．法律出版社，2005
7. ［德］拉德布鲁赫．法哲学．王朴译．法律出版社，2005
8. ［德］迪特尔·施瓦布．民法导论．郑冲译．法律出版社，2006
9. ［德］李斯特，施密特修订．德国刑法教科书．修订版．徐久生译．法律出版社，2006
10. ［德］冈特·施特拉腾韦特，洛塔尔·库伦．刑法总论：Ⅰ．杨萌译．

法律出版社，2006

11. ［德］约翰内斯·韦塞尔斯．德国刑法总论．李昌珂译．法律出版社，2008

12. ［德］马丁·沃尔夫．国际私法．李浩培等译．北京大学出版社，2009

13. ［德］耶林著，［德］贝伦茨编注．法学是一门科学吗？．李君韬译．法律出版社，2010

14. ［德］阿图尔·考夫曼．法律哲学．刘幸义等译．法律出版社，2011

15. ［德］英格博格·普珀．法学思维小学堂．蔡圣伟译．北京大学出版社，2011

16. ［德］罗伯特·阿列克西．法·理性·商谈：法哲学研究．朱光等译．中国法制出版社，2011

17. ［德］阿列克西．法理性商谈——法哲学研究．宋光等译．中国法制出版社，2011

18. ［德］罗克辛．刑事政策与刑法体系．蔡桂生译．中国人民大学出版社，2011

19. ［德］乌尔里希·齐白．全球风险社会与信息社会中的刑法．周遵友等译．中国法制出版社，2012

20. ［德］米歇尔·施托莱斯．法律的眼睛——一个隐喻的历史．杨贝译．中国政法大学出版社，2012

21. ［德］考夫曼，哈斯默尔主编．当代法哲学和法律理论导论．郑永流译．法律出版社，2013

22. ［德］魏德士．法理学．丁小春，吴越译．法律出版社，2013

23. ［德］埃里克·希尔根多夫．德国刑法学：从传统到现代．江溯等译．北京大学出版社，2015

24. ［德］乌尔斯·金德霍伊泽尔．刑法总论教科书．蔡桂生译．北京大学出版社，2015

25. ［德］考夫曼．法律获取的程序：一种理性分析．雷磊译．中国政法大学出版社，2015

26. ［德］赫尔穆特·查致格．国际刑法与欧洲刑法．王士帆译．北京大学出版社，2017

27. ［德］耶赛克，魏根特．德国刑法教科书．徐久生译．中国法制出版社，2017

28. ［德］诺依曼．法律教义学在德国法文化中的意义．郑永流译//郑永流主编．法哲学与法社会学论丛．中国政法大学出版社，2002

29. ［德］罗克辛．刑法的任务不是法益保护吗？．樊文译//陈兴良主编．刑事法评论：第19卷．北京大学出版社，2007

30. ［德］哈塞默尔．面对各种新型犯罪的刑法．冯军译//中国人民大学刑事法律科学研究中心编．刑事法学的当代展开．中国检察出版社，2008

31. ［德］基墨．安全、风险与刑法．江溯译//梁根林主编．当代刑法思潮论坛：第3卷·刑事政策与刑法变迁．北京大学出版社，2016

32. ［德］乌尔里希·贝克．从工业社会到风险社会．王武龙译．马克思主义与现实，2003（5）

33. ［德］基尔希曼．作为科学的法学的无价值性．赵阳译．比较法研究，2004（1）

34. ［德］拉伦茨．论作为科学的法学的不可或缺性．赵阳译．比较法研究，2005（5）

35. ［德］阿恩特·辛恩．德国犯罪理论的发展及现状．徐久生译．国家检察官学院学报，2009（2）

36. ［德］沃斯·金德豪伊泽尔．适应与自主之间的德国刑法教义学——用教义学来控制刑事政策的边界？．蔡桂生译．国家检察官学院学报，2010（5）

37. ［德］弗里希．法教义学对刑法发展的意义．赵书鸿译．比较法研究，2012（1）

38. ［德］拉德布鲁赫．法教义学的逻辑．白斌译．清华法学，2016（4）

39. ［德］扬森．民法教义学．朱晓喆，沈小军译．苏州大学学报（法学版），2016（1）

40. ［日］大谷实．刑法讲义总论．黎宏译．中国人民大学出版社，2008

41. ［日］大谷实．刑法讲义各论．黎宏译．中国人民大学出版社，2008

42. ［日］大塚仁．刑法概说（各论）．冯军译．中国人民大学出版社，2003

43. ［日］西田典之．日本刑法总论．［日］桥爪隆补订．王昭武，刘明祥译．法律出版社，2013

44. ［日］西田典之．日本刑法各论．［日］桥爪隆补订．王昭武，刘明祥译．法律出版社，2020

45. ［日］铃木敬夫．相对主义法哲学与东亚法研究．法律出版社，2012

46. ［日］松宫孝明．刑法总论讲义．钱叶六译．王昭武校．中国人民大学出版社，2013

47. ［日］伊东研祐．法益概念史研究．秦一禾译．中国人民大学出版社，2014

48. ［日］日高义博．违法性的基础理论．张光云译．法律出版社，2015

49. ［日］松原芳博．刑法总论重要问题．王昭武译．中国政法大学出版社，2015

50. ［日］上田宽．犯罪学．戴波，李世阳译．商务印书馆，2016

51. ［日］关哲夫．现代社会中法益论的课题．王充译//赵秉志主编．刑法论丛：第 12 卷．法律出版社，2007

52. ［日］高山佳奈子．“政治”主导下近年日本刑事立法．谢煜伟译．月旦法学，2009（172）

53. ［美］杰克·H. 弗兰德泰尔等．民事诉讼法．夏登峻等译．夏登峻校．中国政法大学出版社，2003

54. ［美］斯蒂文·N. 苏本等．民事诉讼法——原理、实务与运作环境．傅郁林等译．中国政法大学出版社，2004

55. ［美］唐·R. 彭伯．大众传媒法．张金玺，赵刚译．展江校．中国人民大学出版社，2005

56. ［美］罗斯科·庞德．法理学．余履雪译．法律出版社，2007

57. ［美］理查德·波斯纳．论剽窃．沈明译．北京大学出版社，2010

58. ［美］安东尼·刘易斯．言论的边界：美国宪法第一修正案简史．徐爽译．法律出版社，2010

59. ［美］安东尼·刘易斯．批评官员的尺度：《纽约时报》诉警察局长沙利文案．何帆译．北京大学出版社，2011

60. ［美］亨利·詹金斯．融合文化：新媒体和旧媒体的冲突地带．杜

永明译．商务印书馆，2012

61. [美] 理查德·D. 弗里尔．美国民事诉讼法：上．张利民等译．商务印书馆，2013

62. [美] 阿兰·艾德斯，克里斯托弗·N. 梅．美国宪法个人权利案例与解析．项焱译．商务印书馆，2014

63. [美] 理查德·波斯纳．波斯纳法官司法反思录．苏力译．北京大学出版社，2014

64. [美] 大卫·梅林科夫．法律的语言．廖美珍译．张清校．法律出版社，2014

65. [美] 里克·莱文等．互联网的本质：传统商业的终结与超链接企业的崛起．江唐等译．中信出版社，2016

66. [美] 尼尔·沙佛，阿隆·S. 罗特．美国应对环境犯罪的行政范式与刑事对策．颜九红译．刑事法学，2009 (10)

67. [美] 亨利·N. 蓬特尔，威廉·K. 布莱克，吉尔伯特·盖斯．忽视极端的犯罪率：理论、实践及全球经济崩溃．蔡雅奇译．中国刑事法杂志，2011 (1)

68. [英] 鲍桑葵．关于国家的哲学理论．汪淑钧译．商务印书馆，1995

69. [英] 彼得·斯坦，约翰·香德．西方社会的法律价值．王献平译．中国法制出版社，2004

70. [英] 安东尼·奥格斯．规制：法律形式学与经济学理论．骆梅英译．中国人民大学出版社，2008

71. [英] 洛克．政府论．叶启芳，瞿菊农译．商务印书馆，2009

72. [英] R. J. 约翰斯顿．哲学与人文地理学．蔡运龙，江涛译．商务印书馆，2010

73. [英] 约翰·仑尼·肖特．城市秩序：城市、文化与权利导论．郑娟，梁捷译．上海人民出版社，2010

74. [英] 鲁伯特·克罗斯，J. W. 哈里斯．英国法中的先例．苗文龙译．北京大学出版社，2011

75. [英] 伊丽莎白·费雪．风险规制与行政宪政主义．沈岿译．法律出版社，2012

76. [英] 大卫·哈维. 地理学中的解释. 高泳源等译. 高泳源校. 商务印书馆，2012

77. [英] 约翰·斯图亚特·密尔. 论自由. 顾肃译. 译林出版社，2012

78. [英] 罗杰·斯克鲁顿. 康德. 刘华文译. 译林出版社，2013

79. [法] 卡斯东·斯特法尼等. 法国刑法总论精义. 罗结珍译. 中国政法大学出版社，1998

80. [法] 保罗·利科. 活的隐喻. 汪堂家译. 上海译文出版社，2004

81. [法] 亨利·勒菲佛. 空间与政治. 李春译. 上海人民出版社，2008

82. [法] 狄骥. 法律与国家. 冷静译. 郑戈校. 中国法制出版社，2010

83. [荷] 简·梵·迪克. 网络社会——新媒体的社会层面. 蔡静译. 清华大学出版社，2014

84. [荷] 扬·斯密茨. 法学的观念与方法. 魏磊杰，吴雅婷译. 法律出版社，2017

85. [韩] 金日秀，徐辅鹤. 韩国刑法总论. 郑军男译. 武汉大学出版社，2008

86. [意] 贝卡里亚. 论犯罪与刑罚. 黄风译. 中国大百科全书出版社，1993

87. [阿塞] 拉基莫夫. 犯罪与刑罚哲学. 王志华，丛凤玲译. 黄道秀校. 中国政法大学出版社，2016

88. [瑞典] 亚历山大·佩岑尼克. 哲学有助于法律教义学吗?. 柳承旭译//葛洪义主编. 法律方法与法律思维：第4辑. 法律出版社，2007

三、中文著作类

1. 马克昌主编. 近代西方刑法学说史. 中国人民公安大学出版社，2016

2. 高铭暄，马克昌主编. 刑法学.8版. 北京大学出版社，高等教育出版社，2019

3. 高铭暄. 中华人民共和刑法的孕育诞生和发展完善. 北京大学出版社，2012

4. 储槐植. 刑事一体化论要. 北京大学出版社，2007

5. 赵秉志主编.《中华人民共和国刑法修正案（九）》理解与适用. 中

国法制出版社，2016
6. 陈兴良．规范刑法学．2 版．中国人民大学出版社，2017
7. 陈兴良．刑法哲学．中国人民大学出版社，2017
8. 张明楷．刑法学．5 版．法律出版社，2016
9. 张明楷．刑法格言的展开．北京大学出版社，2012
10. 张明楷．刑法分则的解释原理．中国人民大学出版社，2011
11. 张明楷．犯罪构成体系与构成要件要素．北京大学出版社，2010
12. 张明楷．外国刑法纲要．法律出版社，2020
13. 张明楷．法益初论．中国人民大学出版社，2000
14. 黎宏．刑法学．法律出版社，2016
15. 李海东．刑法原理入门（犯罪论基础）. 法律出版社，1998
16. 许玉秀．当代刑法思潮．中国法制出版社，2005
17. 劳东燕．刑法基础的理论展开．北京大学出版社，2008
18. 林东茂．刑法综览．一品文化出版社，2015
19. 甘添贵．刑法各论．三民书局股份有限公司，2015
20. 林钰雄．新刑法总则．元照出版股份有限公司，2014
21. 王皇玉．刑法总论．新学林文化出版股份有限公司，2014
22. 蔡圣伟．刑法案例解析方法论．元照出版股份有限公司，2014
23. 陈子平．刑法各论．作者自版，2013
24. 黄茂荣．法学方法与现代民法．作者自版，2006
25. 徐育安．刑法上类推禁止之生与死．作者自版，1998
26. 苏俊雄．刑法总论：2·犯罪总论．作者自版，1998
27. 蔡圣伟．刑法问题研究（一）. 元照出版股份有限公司，2008
28. 刘艳红主编．刑法学．2 版．北京大学出版社，2016
29. 刘艳红．实质犯罪论．中国人民大学出版社，2014
30. 刘艳红．实质刑法观．中国人民大学出版社，2019
31. 刘艳红．走向实质的刑法解释．北京大学出版社，2009
32. 刘艳红．开放的犯罪构成要件理论研究．中国政法大学出版社，2002
33. 刘艳红，周佑勇．行政刑法的一般理论．北京大学出版社，2020
34. 刘艳红等．中西刑法文化与定罪制度之比较．东南大学出版

社，2017
35. 陈家林．外国刑法：基础理论与研究动向．华中科技大学出版社，2013
36. 张文显．20世纪西方法哲学思潮研究．法律出版社，2006
37. 张文显主编．法理学．高等教育出版社，北京大学出版社，2018
38. 徐爱国．法学的圣殿——西方法律思想与法学流派．中国法制出版社，2017
39. 周佑勇．行政裁量基准研究．中国人民大学出版社，2015
40. 於兴中．法理学前沿．中国民主法制出版社，2015
41. 臧铁伟主编．中华人民共和国刑法修正案（九）解读．中国法制出版社，2015
42. 张翔主编．德国宪法案例选释：基本权利总论．法律出版社，2012
43. 张一兵．回到马克思：经济学语境中的哲学话语．江苏人民出版社，2013
44. 汪进元．基本权利的保护范围．法律出版社，2013
45. 樊崇义主编．刑事诉讼法学．法律出版社，2013
46. 何跃军．风险社会立法机制研究．中国社会科学出版社，2013
47. 高其才．法理学．清华大学出版社，2015
48. 郑文明．诽谤的法律规制——兼论媒体诽谤．法律出版社，2011
49. 蔡志方，蔡达智．论科技法律之概念与衍生之问题．正典文化出版社，2010
50. 陈金钊．法律解释学．湖南人民出版社，2009
51. 肖永平．法理学视野下的冲突法．高等教育出版社，2008
52. 舒国滢．思如浮萍．中国政法大学出版社，2007
53. 郭贵春．隐喻、修辞与科学解释．科学出版社，2007
54. 陈永革等主编．民事诉讼法教程．四川大学出版社，2017
55. 薛晓源，周战超主编．全球化与风险社会．社会科学文献出版社，2005
56. 何勤华．西方法学流派撮要．中国政法大学出版社，2003
57. 洪汉鼎．诠释学——它的历史和当代发展．人民出版社，2001

58. 吕世伦主编．现代西方法学流派．黑龙江美术出版社，2018

59. 林子仪．言论自由与新闻自由．元照出版股份有限公司，1999

60. 沈宗灵．现代西方法理学．北京大学出版社，1992

61. 殷鼎．理解的命运．三联书店，1988

62. 张汝伦．意义的探究．辽宁人民出版社，1987

63. 徐步衡，余振龙．法学流派和法学家．知识出版社，1981

64. 江必新，鞠成伟．国家治理现代化比较研究．中国法制出版社，2017

65. 李林，田禾．中国法院信息化发展报告 No.1（2017)．社会科学文献出版社，2017

66. 李建利，李宇尘．大数据在刑事侦查中的应用研究．吉林大学出版社，2017

67. 中国社会科学院法学研究所指数创新工程项目组．人民法院信息化3.0版建设应用评估报告——以山东法院为视角．中国社会科学出版社，2017

68. 王燃．大数据侦查．清华大学出版社，2017

69. 宋远升．技术主义司法改革与法治现代化．上海人民出版社，2017

70. 中国社会科学院法学研究所指数创新工程项目组．中国法院信息化第三方评估报告．中国社会科学出版社，2016

71. 江山．产业发展的政策选择与法律治理：以竞争法为中心展开．法律出版社，2016

72. 王小林．信息化时代司法公开的逻辑与进路．人民法院出版社，2016

73. 夏锦文，方乐．司法现代化．法律出版社，2016

74. 赵刚．大数据：技术与应用实践指南．电子工业出版社，2016

75. 周英等．大数据挖掘：系统方法与实例分析．机械工业出版社，2016

76. 吴军．智能时代：大数据与智能革命重新定义未来．中信出版集团股份有限公司，2016

77. 金范．数据质量管理与安全管理．上海科学技术出版社，2016

78. 曹颖杰．战略性新兴产业政策法律支持体系研究．辽宁民族出版社，2016

79. 高富平．个人数据保护和利用国际规则：源流与趋势．法律出版社，

2016

80. 孙笑侠．司法的特性．法律出版社，2016

81. 刘越．科技与法律．科技出版社，2016

82. 张文显．法治中国的理论建构．法律出版社，2016

83. 季卫东．中国的司法改革：制度变迁的路径依赖与顶层设计．法律出版社，2016

84. 张文显．良法善治：民主法治与国家治理．法律出版社，2015

85. 苏力．法治及其本土资源．北京大学出版社，2015

86. 左卫民，赖波军．司法运作与国家治理的嬗变——基于对四川省级地方法院的考察．北京大学出版社，2015

87. 中国科协学会学术部主编．大数据时代隐私保护的挑战与思考．中国科学技术出版社，2015

88. 党倩娜，曹磊，罗天雨．全球大数据产业技术创新态势及相关政策研究．上海科学普及出版社，2015

89. 张才琴等．大数据时代个人信息开发利用法律制度研究．法律出版社，2015

90. 齐爱民．大数据时代个人信息保护法国际比较研究．法律出版社，2015

91. 涂子沛．大数据：正在到来的数据革命．广西师范大学出版社，2015

92. 费孝通．乡土中国．人民出版社，2015

93. 涂子沛．数据之巅．中信出版社，2014

94. 李军．大数据：从海量到精准．清华大学出版社，2014

95. 公丕祥．近代中国的司法发展．法律出版社，2014

96. 陈陟云等．法院人员分类管理改革研究．法律出版社，2014

97. 张学群．审判监督与诉讼法实施．法律出版社，2014

98. 赵国栋等．大数据时代的历史机遇：产业变革与数据科学．清华大学出版社，2013

99. 罗荣渠．现代化新论——中国的现代化之路．华东师范大学出版社，2013

100. 冯仕政．当代中国的社会治理与政治秩序．中国人民大学出版

社，2013

101. 刘敏．人民法院审判运行机制构建．知识产权出版社，2013

102. 沈德咏．审判管理改革的路径与成效．人民法院出版社，2013

103. 沈志先．法院管理．法律出版社，2013

104. 王晨．审判管理体制机制创新研究．知识产权出版社，2013

105. 金华，陈平凡．云计算法律问题研究．法律出版社，2012

106. 钱锋．审判管理的理论与实践．法律出版社，2012

107. 夏锦文．传承与创新：中国传统法律文化的现代价值．中国人民大学出版社，2012

108. 夏锦文．冲突与转型：近现代中国的法律变革．中国人民大学出版社，2012

109. 张平，赵启杉．冲突与共赢：技术标准中的私权保护．北京大学出版社，2011

110. 张文显．司法理念与司法改革．法律出版社，2011

111. 苏力．送法下乡——中国基层司法制度研究．北京大学出版社，2011

112. 宋英辉．中国司法现代化研究．知识产权出版社，2011

113. 张卫平．民事诉讼：回归原点的思考．北京大学出版社，2011

114. 最高人民法院研究室．人民法院案件质量评估体系理解与适用．人民法院出版社，2011

115. 汪庆华．中国基层行政争议解决机制的经验研究．上海三联书店，2010

116. 公丕祥．审判管理理论与实务．法律出版社，2010

117. 章武生．司法公正的路径选择．中国法制出版社，2010

118. 翁子明．司法判决的生产方式．北京大学出版社，2009

119. 白建军．公正底线——刑事司法公正性实证研究．北京大学出版社，2008

120. 郑瑞法．法院现代化建设战略研究．人民法院出版社，2007

121. 王亚新等．法律程序运作的实证分析．法律出版社，2005

122. 吴永明．理念、制度与实践：中国司法现代化变革研究（1912—1928)．法律出版社，2005

123. 姚莉．反思与重构——中国法制现代化进程中的审判组织改革研究．中国政法大学出版社，2005

124. 褚红军．审判监督制度实证研究．人民法院出版社，2004

125. 张凤阳．现代性的谱系．南京大学出版社，2004

126. 麦永浩．中国电子政务建设与人民法院信息化．国防工业出版社，2003

127. 陈卫东．刑事审判监督程序研究．法律出版社，2001

128. 徐卉．涉外民商事诉讼管辖权冲突研究．中国政法大学出版社，2001

129. 左卫民，周长军．变迁与改革——法院制度现代化研究．法律出版社，2000

130. 公丕祥．法制现代化的理论逻辑．中国政法大学出版社，1999

131. 刁杰成．人民信访史略．北京经济学院出版社，1996

132. 罗荣渠．现代化新论．北京大学出版社，1993

133. 罗荣渠．罗荣渠与现代化研究．北京大学出版社，1993

四、中文论文类

1. 高铭暄．如何提高中国法治话语权．人民法治，2015（1）

2. 高铭暄．关于刑法实施中若干重要问题的建言．法治研究，2013（4）

3. 高铭暄，曹波．当代中国刑法理念研究的变迁与深化．法学评论，2015（3）

4. 高铭暄，张海梅．网络诽谤构成诽谤罪之要件．国家检察官学院学报，2015（4）

5. 赵秉志，彭新林．“严重危害社会秩序和国家利益”范围如何确定——对刑法典第246条第2款但书规定的理解．法学评论，2009（5）

6. 陈兴良．刑法知识的教义学化．法学研究，2011（6）

7. 陈兴良．社会危害性理论的再清理．中国法学，2006（3）

8. 陈兴良．刑法知识的去苏俄化．政法论坛，2006（5）

9. 陈兴良．刑法教义学方法论．法学研究，2005（2）

10. 张明楷．网络时代的刑事立法．法律科学，2017（3）

11. 张明楷．论《刑法修正案（九）》关于恐怖犯罪的规定．现代法学，

2016 (1)

12. 张明楷．论帮助信息网络犯罪活动罪．政治与法律，2016 (2)

13. 张明楷．也论刑法教义学的立场．中外法学，2014 (2)

14. 张明楷．简评近年来的刑事司法解释．清华法学，2014 (1)

15. 张明楷．论刑法中的没收．法学家，2012 (3)

16. 张明楷．网络诽谤的争议问题研究．中国法学，2015 (3)

17. 张明楷．盗窃与抢夺的界限．法学家，2006 (2)

18. 白建军．大数据对法学研究的些许影响．中外法学，2015 (1)

19. 孙国祥．刑法教义学与刑事一体化关系论要．法治现代化研究，2017 (4)

20. 齐文远．中国刑法学该转向教义主义还是实践主义．法学研究，2011 (6)

21. 冯军．法学研究方法的理论与实践．法学研究，2013 (6)

22. 冯军．刑法教义学的立场与方法．中外法学，2014 (1)

23. 孙道萃．网络刑法知识转型与立法回应．现代法学，2017 (1)

24. 于志强．我国网络知识产权犯罪制裁体系检视与未来建构．中国法学，2014 (3)

25. 梁根林．传统犯罪网络化：归责障碍、刑法应对与教义限缩．法学，2017 (2)

26. 卢勤忠．钟菁，网络公共场所的教义学分析．法学，2018 (12)

27. 王秀梅．普遍管辖权的司法适用——以美国为例．政法论丛，2020 (3)

28. 陈洪兵．双层社会背景下的刑法解释．法学论坛，2019 (2)

29. 邹兵建．“明知”未必是“故犯”——论刑法“明知”的罪过形式．中外法学，2015 (5)

30. 孙运梁．帮助信息网络犯罪活动罪的核心问题研究．政法论坛，2019 (2)

31. 孙万怀，郑梦凌．中立的帮助行为．法学，2016 (1)

32. 涂龙科．网络服务提供者的刑事责任模式及其关系辨析．政治与法律，2016 (4)

33. 涂龙科．网络内容管理义务与网络服务提供者的刑事责任．法学评

论，2016（3）

34. 刘艳红．刑法学变革的逻辑：教义法学与政法法学的较量．法商研究，2017（6）

35. 刘艳红．网络犯罪帮助行为正犯化之批判．法商研究，2016（3）

36. 刘艳红．环境犯罪刑事治理早期化之反对．政治与法律，2015（7）

37. 刘艳红．当下中国刑事立法应当如何谦抑？——以恶意欠薪行为入罪为例之批判性分析．环球法律评论，2012（2）

38. 车浩．刑事立法的法教义学反思——基于《刑法修正案（九）》的分析．法学，2015（10）

39. 车浩．谁应为互联网时代的中立行为买单？．中国法律评论，2015（3）

40. 黄国瑞．刑法在风险社会的课题．警大法学论集，2016（30）

41. 徐育安．资讯风险与刑事立法．台湾大学法学论丛，2014（91）

42. 古承宗．风险社会与现代刑法的象征性．科技法学评论，2013（1）

43. 李维宗．网路犯罪之审判权与管辖权．军法专刊，2013 年第 59 卷第 1 期

44. 刘静怡．网路中立性原则和言论自由：美国法制的发展．台湾大学法学论丛，2012（3）

45. 陈耀祥．全球化时代之国际人权保障——以网路言论自由为例．台湾国际法季刊，2012（4）

46. 陈宜中．色情管制争议中的言论自由．人文及社会科学集刊，2009（3）

47. 彭贤恩，刘怡静，彭晓珍．刑法应用于网路诽谤案例之分析．资讯社会研究，2006（11）

48. 吴从周．论民法第一条之“法理”．东吴大学法律学报，2004 年第 15 卷第 2 期

49. 吴永乾．美国诽谤法所称“真正恶意”法则之研究．中正大学法学集刊，2004（15）

50. 林钰雄．诽谤罪之实体要件与诉讼证明——兼评大法官释字第 509 号解释．台湾大学法学论丛，2003（2）

51. 何建志．诽谤罪之体系建构与法理分析：二元化言论市场管制模式．台北大学法学论丛，2004（54）

52. 陈妙芬．Rechtsdogmatik——法律释义学，还是法律信条学化．月旦法学杂志，2000（3）

53. 林山田．论诽谤罪．军法专刊，1995（3）

54. 邓正来．中国法学向何处去（上）．政法论坛，2005（1）

55. 张文显．世纪之交的中国法学发展趋势．中国法学，1994（2）

56. 苏力．“法治中国何以可能”背后：伪假定 VS 真命题．探索与争鸣，2016（10）

57. 苏力．中国法学研究格局的流变．法商研究，2014（5）

58. 苏力．中国法学研究格局中的社科法学．法商研究，2014（5）

59. 苏力．中国法理学需要回答具体问题．文史博览，2010（9）

60. 苏力．遭遇哈姆雷特．读书，2002（5）

61. 苏力．也许正在发生．比较法研究，2001（3）

62. 陈金钊．法律人思维中的规范隐退．中国法学，2012（1）

63. 王利明．论网络侵权中的通知规则．北方法学，2014（2）

64. 周汉华．习近平互联网法治思想研究．中国法学，2017（3）

65. 张志铭．《法律解释学》的内容框架与写作场景．国家检察官学院学报，2016（1）

66. 於兴中．时代的法理学：世界与中国．浙江社会科学，2016（1）

67. 韩大元．人大法学六十年：特色与贡献——中国法学的“人大学派”．法学家，2010（4）

68. 季卫东．法律议论的社会科学研究新范式．中国法学，2015（6）

69. 谢晖．创建我国的法学流派初论．法商研究，1995（6）

70. 谢晖．西北法学研究与中国法学流派．甘肃政法学院学报，2010（1）

71. 钱弘道．中国法治实践派的历史与使命．浙江大学学报（人文社会科学版），2013（5）

72. 肖永平．最密切联系原则在中国冲突法中的应用．中国社会科学，1992（3）

73. 肖永平，徐鹏．网络诽谤国际管辖权问题初探．法商研究，2003（3）

74. 肖永平，徐锦堂．中国法学流派的创生和珞珈学派的可能．学术界，2006（1）

75. 汤唯．中国法学流派分野的基本端倪．法律科学，2006（5）

76. 汤唯．创建中国法学流派的主客观特征．法学，2005（6）

77. 支振锋．互联网全球治理的法治之道．法制与社会发展，2017（1）

78. 支振锋．将网络主权切实融入网络强国战略．中国信息安全，2017（5）

79. 陈瑞华．法学研究方法的反思．中外法学，2015（1）

80. 胡潇．空间的社会逻辑——关于马克思恩格斯空间理论的思考．中国社会科学，2013（1）

81. 郑震．空间：一个社会学的概念．社会学研究，2010（5）

82. 冯雷．当代空间批判理论的四个主题——对后现代空间论的批判性重构．中国社会科学，2008（3）

83. 陈林林．法治的三度：形式、实质与程序．法学研究，2012（6）

84. 张翔．形式法治与法教义学．法学研究，2012（6）

85. 宋旭光．面对社科法学挑战的法教义学．环球法律评论，2015（6）

86. 白斌．论法教义学：源流、特征及其功能．环球法律评论，2010（3）

87. 贺剑．法教义学的巅峰．中外法学，2017（2）

88. 凌斌．什么是法教义学——一个法哲学追问．中外法学，2015（1）

89. 许德风．法教义学的应用．中外法学，2013（5）

90. 侯猛．社科法学的传统与挑战．法商研究，2014（5）

91. 邵六益．社科法学的知识反思．法商研究，2014（5）

92. 陈柏峰．社科法学及其功用．法商研究，2014（5）

93. 焦宝乾．法教义学的观念及其演变．法商研究，2006（4）

94. 唐莱．舒纳曼教授学术演讲介绍．法学家，2000（3）

95. 杨帆．法国法社会学的发展与转型——兼议中国语境下的法学研究范式之争．法学家，2018（1）

96. 伍德志．欲拒还迎：政治与法律关系的社会系统论分析．法律科学，2012（2）

97. 王本存．论行政法教义学——兼及行政法教科书的编写．现代法学，

2013（4）

98. 赵云锋．以刑制罪法理分析与适用考察．政法论丛，2016（2）

99. 蒋晓伟．时代呼唤法学流派和法学家．政治与法律，1999（4）

10. 郑伟．德国刑法的最新发展．法学，1997（4）

101. 朱庆育．私法推理的典型思维：从三段论到意思表示解释理论//郑永流主编．法哲学与法社会学论丛（五）．中国政法大学出版社，2002

102. 刘仁文．再返弗莱堡．法制日报，2017－12－30（9）

103. 张文显．中国法治实践学派是一个成长中的学派．光明日报，2016－10－24（10）

104. 张新宝，任彦．网络主权的理论与网络空间法治．法制日报，2016－09－28（9）

105. 殷泓，王逸吟．刑法为什么这样改．光明日报，2015－08－31（10）

106. 陈兴良．刑法教义学彰显对法条的尊崇．检察日报，2014－07－01（3）

107. 尤陈俊．不在场的在场：社科法学和法学教义学之争的背后．光明日报，2014－08－13（16）

108. 雷磊．什么是我们所认同的法教义学．光明日报，2014－08－13（16）

109. 周光权．法学专家释疑“两高”网络诽谤司解五热点．法制日报，2013－09－26（5）

五、外文类

1. Peter-Alexis Albrecht. Das nach-praventive Strafrecht, in: Institut für Kriminalwissenschaften und Rechtsphilosophie Frankfurt a. M. (Hrsg.), Jenseit des rechtsstaatlichen Strafrechts, 2007

2. Claus Roxin. Strafrecht Allgemeiner Teil, Band I, 2006

3. Tomas Weigend. Grenzen strafbarer Beihilfe, in Festschrift für Haruo Nishihara, 1998

4. Wolfgang Frisch. Tatbestandsmäßiges Verhalten und Zurechnung des Erfolgs, Heidel- berg, 1988

5. Marcus Wohlleben. Beihilfe durch äusserlich neutrale Handlungen, 1996

6. Jakobs. Strafrencht AT：Die Grundlagen und die Zurechnungslehre, 2. Aufl. 1991

7. Kindermann. Symbolische Gesetzgebung，in：Grimm/Maihofer（Hrsg.），Gesetzgebungstheorie und Rechtspolitik（Jahrbuch für Rechtssoziologie und Rechtstheorie 13），1988

8. Krems. Grundfragen der Gesetzgebungslehre，Berlin：Dunker & Humblot GmbH，1979

9. Peter Noll. Gestzgebungslehre，Hamburg：Rowohlt，1973

10. Harald Niedermaier. Straflose Beihife durch neutrale Handlungen?, ZStW 107（1995）

11. 小野清一郎．新订刑法讲义総论．有斐阁，1950

12. 平野龙一．刑法総论 2. 有斐阁，1975

13. 山中敬一．刑法総論．2 版．成文堂，2008

14. 曽根威彦．刑法総論．4 版．成文堂，2008

15. 井田良．講義刑法学・総論．有斐阁，2008

16. 山口厚．刑法総論．2 版．有斐阁，2009

17. 松宮孝明．刑法総論講義．4 版．成文堂，2009

18. 西田典之．刑法総论．2 版．弘文堂，2010

19. 福田平．全订刑法総论．5 版．有斐阁，2011

20. 大谷实．刑法讲义総论．新版第 4 版．成文堂，2012

21. 高桥则夫．刑法総论．2 版．成文堂，2013

22. 川端博．刑法総論講義．3 版．成文堂，2013

23. 松原芳博．刑法総论．日本评论社，2013

24. 日高义博．刑法総论．成文堂，2015

25. 照沼亮介．体系的共犯論と刑事不法論．弘文堂，2005

26. 守山正，安部哲夫．ビギナーズ刑事政策．成文堂，2008

27. 豊田兼彦．共犯の処罰根拠と客観的帰属．成文堂，2009

28. 豊田兼彦．中立的行為による幇助と共犯の処罰根拠——共犯論と客観的帰属論の交錯領域に関する一考察．神山敏雄先生古稀祝賀論文集：第 1 巻．成文堂，2006

29. 泉克幸．公衆送信権と電子掲示板//中山信弘ほか編．著作権判例百選．4 版．有斐阁，2009

30. 塩見純．中立的行為と幇助//山口厚，佐伯仁志编．刑法判例百選総論．7 版．有斐阁，2014

31. 佐久間修．共犯の成立範囲と帰属原理．曽根威彦先生田口守一先生古稀祝賀論文集：上巻．成文堂，2014

32. 高山佳奈子．未必の故意．成城法学，1998（55）

33. 上野幸彦．関与体系の諸相と日本法の位相．日本法学，1998 年第 57 卷第 4 号

34. 島田聡一郎．広義の共犯の一般的成立要件：いわゆる《中立的行為による幇助》に関する近時の議論を手がかりとして一．立教法学，2001 年第 57 卷

35. 曲田統．日常的行為と従犯——ドイツにおける議論を素材にして．法学新報，2004 年第 111 卷第 3、4 号

36. 小野上真野．ファイル共有ソフトの提供につき公衆送信権侵害罪の幇助が否定された事例．早稲田法学，2010（4）

37. 園田寿．Winnyの開発・提供に関する刑法的考察．刑事法ジャーナル，2007（8）

38. 豊田兼彦．Winny 事件と中立的行為．刑事法ジャーナル，2010（22）

39. 園田寿．Winnyの開発提供に関する刑法的考察再論．刑事法ジャーナル，2010（22）

40. 西貝吉晃．中立的行為による幇助における現代的課．東京大学法科大学院ローレビュー，2010 年第 5 卷

41. 上野幸彦．日常的行為と可罰的幇助．日本法学，2011 年第 77 卷第 1 号

42. 小野上真野．弁護士の職務行為による従犯の成否．千葉大学法学論集，2011 年第 26 卷第 3 号

43. 名取俊也．自動車盗難防止システムを解除することができる器具（通称イモビカッター）をインターネットオークションで販売した行為につ

いて窃盗幇助罪の成立を認めた事例（名古屋地方裁判所平成 23・5・13 判決・公刊物未登載）．研修，2011 年第 758 号

44. 濱田新．幇助犯の処罰範囲限定理論について．法学政治学論究，2012 年第 93 巻第 6 号

45. 豊田兼彦．幇助犯における線引きの問題について．立命館法学，2012（5）（6）

46. 前田雅英．インターネット犯罪の法益侵害性とその認識．警察学論集，2012（3）

47. 亀井源太郎．Winny 事件最高裁決定と中立的行为论文．法学研究：法律・政治・社会，2014（3）

48. Ithiel de Sola Pool. Technologies of Freedom：On Free Speech in an Electronic Age. Cambridge：Belknap Press of Harvard University Press，1983

49. Joe Trippi. The Revolution Will Not Be Televised：Democracy，the Internet，and Overthrow of Everything. New York：Harper Collins Publishers，2004

50. Douglas Husak. The Philosophy of Criminal Law：Selected Essays. New York：Oxford University Press Inc.，2010

51. Jonathan Clough. Principles of Cybercrime. 2th ed.. Cambridge：Cambridge University Press，2015

52. Michael W. Carroll，Robert Schrader. Computer-Related Crimes. American Criminal Law Review，vol. 32（Winter，1995）

53. David R. Johnson & David Post. Law and Borders：The Rise of Law in Cyberspace. Stanford Law Review，vol. 48（May，1996）

54. Michael Edmund O'Neill. Old Crimes in New Bottles：Sanctioning Cybercrime. George Mason Law Review，vol. 9（Winter，2000）

55. Eric J. Bakewell，Michelle Koldaro，Jennifer M. Tjia. Computer Crime. American Criminal Law Review，vol. 38（Summer，2001）

56. Scott Sterling. International Law of Mystery：Holding Internet Service Providers Liable for Defamation and the Needs for a Comprehensive International Solution. Loyola of Los Angeles Entertainment Law Review，vol. 21，no. 2（2001）

57. Amalie M. Weber. The Council of Europe's Convention on Cybercrime. Berkeley Technology Law Journal, vol. 18 (2003)

58. Susan W. Brenner. Cybercrime Metrics: Old Wine, New Bottles? . Virginia Journal of Law & Technology, vol. 9 (Fall, 2004)

59. Michael F. Sutton. Legislating the Tower of Babel: International Restrictions on Internet Content and the Marketplace of Ideas. Federal Communications Law Journal, vol. 56, no. 2 (2004)

60. Lenese C. Herbert. Cybercrimes and Hacking Issues. ALI-ABA Course of Study, vol. SK102 (April, 2005)

61. Allison E. Horton. Beyond Control?: The Rise and Fall of Defamation Regulation on the Internet. Valparaiso University Law Review, vol. 43, no. 3 (2009)

62. Shahid M. Shahidullah. Federal Laws and Judicial Trends in the Prosecution of Cyber Crime Cases in the United States: First and Fourth Amendment Issues. Criminal Law Bulletin, vol. 45, no. 6 (Winter, 2009)

63. Lieutenant Colonel Patrick W. Franzese. Sovereignty in Cyberspace: Can It Exist? . Air Force Law Review, vol. 64 (2009)

64. Assaf Jacob & Zoe Argento. To Cache or not to Cache—That Is the Question; P2P "System Caching" —The Copyright Dilemma. Whittier Law Review, vol. 31 (Spring, 2010)

65. John F. Manning. The New Purposivism. Supreme Court Review, 2011

66. Georgios I. Zekos. Cyber-Territory and Jurisdiction of Nations. Journal of Internet Law, vol. 15, no. 12 (June, 2012)

67. Wolff Heintschel von Heinegg. Territorial Sovereignty and Neutrality in Cyberspace. International Law Studies, vol. 89 (2013)

68. Jason M. Shepard and Genelle Belmas. Anonymity, Disclosure and First Amendment Balancing in the Internet Era: Developments in Libel, Copyright, and Election Speech. Yale Journal of Law and Technology, vol. 15, no. 1 (2013)

69. Joanna Schorr. Malicious Content on the Internet: Narrowing Immu-

nity Under the Communications Decency Act. St. John's Law Review, vol. 87, no. 2 (2013)

70. Arthur H. Garrison. The Traditions and History of the Meaning of the Rule of Law. Georgetown Journal of Law and Public Policy, vol. 12 (Summer, 2014)

71. Catherine Pelker. Anthony J. Palmer, Brittany Raia, Jamin Agosti. Computer Crime. American Criminal Law Review, vol. 52 (Fall, 2015)

72. Kristen E. Eichensehr. The Cyber-Law of Nations. Georgetown Law Journal, vol. 103 (January, 2015)

73. Eric Talbot Jensen. Cyber Sovereignty: The Way Ahead. Texas International Law Journal, vol. 50 (Spring-Summer, 2015)

74. Georgios I. Zekos. Cyber versus Conventional Personal Jurisdiction. Journal of Internet Law, vol. 18, no. 10 (April, 2015)

75. Convention on Cybercrime, Nov. 23, 2001, European Treaty Series, No. 185

76. Beauharnais v. Illinois, 343 U. S. 250 (1952)

77. Pennoyer v. Neff, 95 U. S. 714, 722, 723, 727 (1877)

78. International Shoe Co. v. State of Wash., Office of Unemployment Comp. & Placement, 326 U. S. 310, 316, 317, 319 (1945)

79. Babcock v. Jackson, 12 N. Y. 2d 473, 481, 191 N. E. 2d 279, 283 (1963)

80. Stromberg v. People of State of Cal., 283 U. S. 359, 51 S. Ct. 532, 75 L. Ed. 1117, 73 A. L. R. 1484 (1931)

81. Texas v. Johnson, 491 U. S. 397, 109 S. Ct. 2533, 105 L. Ed. 2d 342, 57 USLW 4770 (1989)

82. Abrams v. United States, 249 U. S. 47 (1919)

83. New York Time v. Sullivan, 376 U. S. 254 (1964)

84. Cubby, Inc. v. CompuServe Inc., 776 F. Supp. 135 (S. D. N. Y. 1991)

85. Zeran v. America Online, Inc., 129 F. 3d 327 (1997)

86. Blumenthal v. Drudge, 992 F. Supp. 44 (1998)

后　记

当下时代人类正生活在网络社会之中，网络社会对传统社会中人们的观念和行为方式等提出了诸多挑战。违法犯罪行为的新常态是网络犯罪，适用于传统线下犯罪的刑法规范和刑法理论均受到了极大挑战。如何因应网络时代的新发展，对传统刑法理论予以更新，使之符合网络犯罪的新趋势并解决准确认定网络犯罪的诸多新问题，成为摆在刑法理论工作者面前的重要课题。本书即是为解决这一课题而做的尝试。

2014 年，我申报了江苏省哲学社会科学基金项目重大课题“把握互联网‘最大变量’核心问题法治化研究”，该课题正是我写作此书的开始。在国家治理层面，急需将互联网从“最大变量”变为“最大增量”，这一改变只有寄希望于法治化路径，其中，刑法作为所有部门法的保障法，在网络治理中发挥着最后防线的举足轻重的作用。为此，我对本课题的研究并未抽象地在加快推进国家治理体系和治理能力现代化的层面展开，而是将这一课题要求的宏观主题最终落地于网络领域的刑事治理这一相对中观的主题，并通过微观层面对诸多个罪个案的分析，使本课题的研究相对而言比较接地气并尽量体现出刑事法的学科属性。

时下，研究网络犯罪的论著颇多，基于何种立场展开研究，体现了不同学者和成果之间的差别。通过借鉴法学领域社科法学、政法法学、教义法学三大流派的有关理论，分析社科法学与政法法学对于刑法学以及具体犯罪如网络犯罪的研究的不合适，本书确立了以教义法学作为网络犯罪的研究立场。从网络犯罪的立法、网络犯罪的代际特征到刑法挑战，从网络犯罪的基本概念到网络犯罪的根本性质，从网络空间的刑法介入边界到网络中立帮助行为的可罚性，从对网络时代刑法解释立场的反思到实质出罪立场的确立，尤其是对以网络言论自由为代表的网络犯罪的处罚范围的分析等，均秉承罪刑法定主义，从犯罪构成理论、法益论等刑法基本教义出发，充分贯彻网络犯罪研究的法教义学之立场。与此同时，在我的"实质刑法三部曲"出版之后，本书自然也是对我的实质刑法立场的贯彻。一如既往地，这种贯彻是以法律的实质理性为前提，以可罚的定型的实质犯罪论为框架，以实质出罪为方向的。这样的立场，体现在本书全书之中。无论是对网络犯罪理论问题如解释立场的确立，还是对网络犯罪的管辖空间与效力等一般性问题的解决，抑或是对具体犯罪如帮助信息网络犯罪活动罪等的分析，又或是对实务中的个案比如快播案、秦火火案等的探讨，均体现了我所主张的实质出罪的基本立场。

学刑法的人，应该调适抽象正义与个案正义之间的矛盾，关注个体自由与社会秩序之间如何平衡的问题。在这个社会，真正让人无限感动的是，一个成熟的人，真诚耐心地对后果感到负有责任，按照责任伦理形式，在某一情况来临时如同马克斯·韦伯说："这就是我的立场，我只能如此。"网络领域违法失范行为呈几何倍数增长，网络犯罪的发展日新月异。研习刑法的人，不能对这些显性或隐性的"犯罪"无动于衷，要真诚而耐心地对定罪或不定罪的后果抱有责任感。入罪是容易的，出罪是困难的；判决是容易的，说理是困难的。但是，基于对每一个刑事案件的后果的责任感，以往、现在，乃至今后，我都会一如既往地选择实质出罪的立场。我只能说，"这就是我的立场，我只能如此。"

感谢我可爱的学生们。感谢储陈城、高磊、夏伟、魏超、阮晨欣、龚善要、李勇、张喆锐、童斯楠等几位或已毕业或在读的博士（生）为本书校对和资料的查找所付出的辛苦劳动。另外，也要感谢我院陆璐副教授翻译并校对了本书的英文目录和摘要。

感谢中国人民大学出版社的大力支持！

2021年3月1日
江苏南京

策划编辑：方　明
责任编辑：易玲波
装帧设计：肖　辉　彭莉莉

图书在版编目（CIP）数据

网络犯罪的法教义学研究/刘艳红著．--北京：中国人民大学出版社，2021.3
（国家哲学社会科学成果文库）
ISBN 978-7-300-29123-9

Ⅰ.①网…　Ⅱ.①刘…　Ⅲ.①互联网络－计算机犯罪－研究　Ⅳ.①D917.7

中国版本图书馆 CIP 数据核字（2021）第 047761 号

网络犯罪的法教义学研究
WANGLUO FANZUI DE FAJIAOYIXUE YANJIU
刘艳红　著

中国人民大学出版社 出版发行
（100080　北京中关村大街 31 号）
涿州市星河印刷有限公司印刷　新华书店经销
2021 年 3 月第 1 版　2024 年 12 月第 3 次印刷
开本：710 毫米×1000 毫米 1/16　印张：23.5
字数：362 千字　印数：2,000—3,000 册
ISBN 978-7-300-29123-9　定价：108.00 元
邮购地址 100080　　北京中关村大街 31 号
中国人民大学出版社读者服务部　电话（010）62515195　82501766